Maria Antonieta

Stefan Zweig na Zahar
Coordenação: Alberto Dines

Autobiografia: o mundo de ontem
Memórias de um europeu

A cura pelo espírito
Em perfis de Franz Mesmer, Mary Baker Eddy e Sigmund Freud

Joseph Fouché
Retrato de um homem político

Maria Antonieta
Retrato de uma mulher comum

O mundo insone
E outros ensaios

Novelas insólitas
Segredo ardente | Confusão de sentimentos | A coleção invisível
Júpiter | Foi ele? | Xadrez, uma novela

Três novelas femininas
Medo | Carta de uma desconhecida | 24 horas na vida de uma mulher

Alberto Dines foi presidente da Casa Stefan Zweig, inaugurada em 2012 em Petrópolis com o propósito de homenagear e preservar a memória do escritor austríaco. www.casastefanzweig.org

Stefan Zweig

Maria Antonieta

Retrato de uma mulher comum

Tradução:
Irene Aron

Prefácio e posfácio:
Alberto Dines

5ª reimpressão

Copyright do prefácio e posfácio © 2013 by Alberto Dines

A tradução desta obra contou com o subsídio do Goethe-Institut, apoiado pelo Ministério das Relações Exteriores alemão.

Grafia atualizada segundo o Acordo Ortográfico da Língua Portuguesa de 1990, que entrou em vigor no Brasil em 2009.

Título original
Marie Antoinette: Bildnis eines mitteleren Charakters

Capa
warrakloureiro

Imagem da capa
Retrato de Maria Antonieta de Habsburgo-Lorraine (1755-93), óleo sobre tela
© Museu Antoine Lecuyer, Saint-Quentin, França/The Bridgeman Art Library

Preparação
Angela Vianna

Revisão
Eduardo Farias
Joana Milli

CIP-Brasil. Catalogação na fonte
Sindicato Nacional dos Editores de Livros, RJ

	Zweig, Stefan, 1881-1942.
Z96m	Maria Antonieta: retrato de uma mulher comum / Stefan Zweig; tradução Irene Aron. – 1ª ed. – Rio de Janeiro: Zahar, 2013.
	il.
	Tradução de: Marie Antoinette: Bildnis eines mitteleren Charakters.
	Anexo
	ISBN 978-85-378-1035-4
	1. Maria Antonieta, Rainha, consorte de Luís XVI, Rei da França, 1755-1793. 2. Rainhas – França – Biografia. I. Título.
	CDD: 923.1
13-0011	CDU: 929.7

Todos os direitos desta edição reservados à
EDITORA SCHWARCZ S.A.
Praça Floriano, 19, sala 3001 – Cinelândia
20031-050 – Rio de Janeiro – RJ
Telefone: (21) 3993-7510
www.companhiadasletras.com.br
www.blogdacompanhia.com.br
facebook.com/editorazahar
instagram.com/editorazahar
twitter.com/editorazahar

Sumário

Prefácio
"Marie Antoinette c'est moi", por Alberto Dines   9

Prólogo   13

O casamento de uma criança   19

Segredo de alcova   37

Estreia em Versalhes   49

A batalha por uma palavra   59

A conquista de Paris   76

Le Roi est mort, vive le Roi!   85

Retrato de um casal régio   93

Rainha do rococó   106

Trianon   121

A nova sociedade   133

O irmão visita a irmã   142

Maternidade   153

A rainha torna-se impopular   162

O raio sobre o teatro rococó   174

O caso do colar   188

Processo e sentença   206

O povo acorda, a rainha desperta   218

O verão decisivo 226

Os amigos fogem 235

Surge o amigo 244

Foi ou não foi? (Um parêntese) 255

A última noite em Versalhes 266

O cortejo fúnebre da monarquia 276

Recolhimento 285

Mirabeau 296

Prepara-se a fuga 307

A fuga para Varennes 317

A noite em Varennes 327

A volta 333

Um engana o outro 342

O amigo aparece pela última vez 351

O refúgio na guerra 360

Os últimos apelos 367

O dia 10 de agosto 374

O Templo 385

Maria Antonieta sozinha 399

A extrema solidão 408

A Conciergerie 420

A última tentativa 427

A grande infâmia 435

Começa o processo 446

A audiência 452

A última viagem 466

Lamento fúnebre   474

Epílogo   481

Cronologia histórica   487

Posfácio: O making-of de M.A., por Alberto Dines   490

Anexo: A história e a tela, por Stefan Zweig   500

Prefácio
Marie-Antoinette c'est moi

ALBERTO DINES

STEFAN ZWEIG PODERIA PARAFRASEAR GUSTAVE FLAUBERT quando este, pressionado pela curiosidade em torno da inspiradora do seu romance, respondeu desafiador: *"Madame Bovary c'est moi."*

Discreto, recatado, o escritor austríaco não se permitiria tal ousadia. Mas na introdução à *Maria Antonieta* tal é o seu empenho em humanizá-la, entendê-la e explicá-la, que parece estar desenhando uma projeção de si mesmo. A personalidade comum que o destino caprichoso escolheu para testar e agigantar no auge da Revolução Francesa pode ser o próprio biógrafo, dispensado de usar a primeira pessoa do singular. Jamais se considerou sumidade literária, enxergava-se e se sentia melhor como simples mediador.

Sua preferência pelos derrotados e seu desprezo pelo triunfalismo já eram conhecidos desde o drama pacifista "Jeremias", escrito durante a Primeira Guerra Mundial. A superioridade moral dos vencidos era um de seus bordões, identificava-se naturalmente com os perdidos e perdedores, com os desnorteados que num assomo – sua hora estelar mudavam o curso de suas vidas e da história.[1]

Não era um marginal: na aparência um dândi, no estilo de vida sugeria o burguês assentado. Na alma, porém, carregava os vírus da perplexidade e da angústia, que o aproximavam invariavelmente dos atônitos e espantados.

O filtro que utilizava para selecionar seus biografados eliminava de saída os bem-sucedidos, os vencedores. Levava para o pedestal justamente

---

[1] *Sternstunde der Menschheit*, "Horas estelares da humanidade", coleção de treze miniaturas históricas, foi publicada no Brasil com o título de *Momento supremo* em sucessivas edições a partir de 1940 (volume XIII, da Edição Uniforme das Obras de Stefan Zweig, Editora Guanabara, Rio de Janeiro).

aqueles que viviam na zona de sombra. Maria Antonieta – jovem, linda, solta e sonsa, em teoria a rainha da poderosa nação francesa – serviu-lhe admiravelmente para descrever a queda e a redenção da mulher média, igual às demais. Sua maestria residia justamente em operar a inversão do sólito em insólito, do banal em grandioso, do corriqueiro em trágico.

Exatos dez anos depois do espetacular lançamento da biografia da desgraçada princesa austríaca, o escritor mais traduzido do mundo, agora acusado de comercial, superado e acabado, ao se ver confrontado também com o aniquilamento do seu mundo graças ao rancor disseminado pela Segunda Guerra Mundial, matou-se com a mulher num modesto bangalô em Petrópolis. Sua morte ressuscitou-o, sua vasta obra reescreveu-se em outra dimensão e, terminada a guerra, era novamente um best-seller. De *revival* em *revival*, chega aos nossos dias refeito, atual, porta-voz de si mesmo.

O mais veemente dos seus prólogos: o retrato que fez da infeliz conterrânea é solidário, algo cúmplice. Não é compaixão – esse sentimento pulsa ao longo do único romance que começará a escrever em seguida.[2] Aqui joga com um jogo de espelhos onde se fundem e confundem biógrafo e biografada, verdade documentada e percepções intuídas.

> O trágico igualmente assoma quando uma natureza mediana ou mesmo frágil se vê impelida por um destino extraordinário ... o destino procura de tempos em tempos um herói insignificante para demonstrar que é capaz de impor maior tensão a um enredo frágil, de construir uma grande tragédia a partir de uma alma fraca e apática.

Recém-saído de um forte envolvimento com a psicanálise vivenciado no perfil do mestre-amigo Sigmund Freud, na obra seguinte não poderia desprezá-la. Com a perspectiva de 150 anos passados desde a queda da Monarquia, liberado de constrangimentos em devassar intimidades de uma celebridade e descomprometido com qualquer enfoque ideológico, Zweig fez uma das mais perfeitas experiências de psico-história.

---

[2] O único romance, *Ungeduld des Herzens*, de 1939, foi intitulado em francês *La pitié dangereuse* ("A piedade perigosa") e, em inglês, *Beware of Pity* ("Cuidado com a piedade"); no Brasil apareceu como *Coração inquieto* (volume XII da Edição Uniforme).

Prefácio

O subtítulo original referia-se a um "caráter mediano", *mittleren Charakters*, personagem médio, de qualquer sexo. Foi certamente ideia do amigo e editor americano, Ben Huebsch, alterar o gênero e convertê-lo em "retrato de uma mulher comum" que depois se impôs. E nesta condição Maria Antonieta, a rainha que ergueu a cabeça antes de ser decapitada, se junta à inesquecível galeria de personagens ficcionais femininos de Zweig – a missivista desconhecida, a dupla passional Madame Henriette-Senhora C e a assustada Irene.[3]

Fascinado por imagens e cinema (àquela altura, seis títulos de sua autoria já haviam sido produzidos nos estúdios alemães e um na antiga URSS), evitou designar o relato como biografia, temia soar empertigado. Naqueles tempos trepidantes, mais apropriada e moderna seria a qualificação de *Bildnis* ("retrato" em alemão, *portrait* em francês), já usada na narrativa sobre Joseph Fouché, o político-camaleão que passou incólume pelo Antigo Regime, a Revolução e o período napoleônico. Sua capacidade de sobreviver fascinou os leitores inclinados para a política (Fidel Castro contou que à noite, em Sierra Maestra, os revolucionários liam e discutiam a boa literatura, tendo *Fouché* de Zweig entre seus preferidos). Na realidade, a trajetória do profissional do poder, desprovido de princípios e servido apenas pela ambição, não se distinguia do noticiário dos jornais.

Com o novo *portrait* Zweig pretendia um público maior. A protagonista fogosa e hedonista era o símbolo de uma frivolidade que imaginava sacudir. Através dela, o angustiado que pressentia uma violenta irrupção na Europa lembrava aos seres comuns e despreocupados que o vulcão já fumegava.

Marie Antoinette c'est moi, seria um truque narrativo para alcançar a transferência biógrafo-biografada. É mais do que isso: um susto – formidável esforço para fazer o passado soar como advertência.

---

[3] Elenco de personagens ficcionais de Zweig mais conhecidas: a autora da *Carta de uma desconhecida*, a protagonista e a narradora de *24 horas na vida de uma mulher* e a amante chantageada de *Medo*.

Prólogo

ESCREVER A HISTÓRIA da rainha Maria Antonieta significa resgatar um processo mais que secular, no qual acusantes e defensores se enfrentam de maneira muito acalorada. Os acusantes são responsáveis pelo tom mais passional do debate. Para atingir a realeza, a revolução deveria atacar a rainha, e na rainha, a mulher. Ora, a verdade e a política raramente habitam sob o mesmo teto, e onde uma personagem está prestes a ser cunhada para fins demagógicos é de se esperar pouca justiça da parte dos cúmplices subservientes da opinião pública. Contra Maria Antonieta, nenhum meio foi poupado, tampouco nenhuma calúnia, no intuito de levá-la à guilhotina; todos os vícios, todo aviltamento moral, toda sorte de perversidade foram atribuídos à *louve autrichienne*,[1] sem comedimento algum, em jornais, panfletos e livros. Até no próprio recinto da justiça, na sala do tribunal, o defensor público comparou pateticamente a "viúva Capeto" às mais famosas mulheres dissolutas da história, como Messalina, Agripina e Fredegunda.[2] Mais decisiva ainda foi a reviravolta quando, em 1815, novamente um Bourbon ascendeu ao trono da França. Para bajular a dinastia torna-se necessário retocar a diabólica imagem com cores mais benevolentes. Nenhuma representação de Maria Antonieta nessa época aparece sem a moldura de

---

[1] *Louve autrichienne*: "Loba austríaca", na gíria francesa, "prostituta austríaca". Todas as passagens em língua estrangeira desta edição seguem a opção de Stefan Zweig, inclusive em termos de grafia. Todas as notas de rodapé foram criadas para esta edição.

[2] Messalina (c.20-48): terceira esposa do imperador romano Cláudio, descrita como mulher cruel, ambiciosa e promíscua; Agripina (14 a.C.-33 d.C.): esposa do aristocrata Germânico, mãe de Calígula, depois da morte do marido conspirou para substituir o imperador Tibério por um de seus filhos; Fredegunda (m.597): esposa do rei franco Chilperico, famosa pela maldade e por se envolver em diversos assassinatos.

uma nuvem de incenso e uma auréola sagrada. Panegíricos sucedem-se, a virtude imaculada de Maria Antonieta é defendida ferozmente, seu espírito de sacrifício, sua bondade, seu heroísmo puro são celebrados em verso e prosa; e histórias urdidas principalmente por mãos aristocráticas envolvem o rosto transfigurado da *reine martyre*, a rainha mártir.

A verdade psicológica situa-se aqui, como de costume, próxima do meio-termo. Maria Antonieta não foi a grande santa da realeza, tampouco a prostituta, a *grue*[3] da revolução, e sim um caráter medíocre, na verdade uma mulher comum, não particularmente esperta, não especificamente insensata, nem fogo nem gelo, sem especial inclinação para a bondade e sem nenhum apego ao mal, a mulher mediana de ontem, hoje e amanhã, sem pendor para o demoníaco, sem ânsia pelo heroico e, talvez por isso, tema pouco adequado a uma tragédia. A história, porém, esse grande demiurgo, não necessita de um caráter heroico como personagem principal para construir um drama comovente. A tensão trágica não resulta apenas da grandeza de uma personagem, mas sobretudo da falta de harmonia entre um ser humano e seu destino. A tensão dramática pode vir à tona quando um ser grandioso, um herói, um gênio, entra em conflito com o mundo que o cerca, e esse mundo mostra-se estreito demais, hostil demais para a tarefa que lhe foi imposta ao nascer – como um Napoleão, por exemplo, sufocado no exíguo cárcere de Santa Helena, um Beethoven enclausurado em sua surdez. Ela emerge a toda hora e por toda parte em relação a uma grande figura que não encontra sua medida e sua expressão. Todavia, o trágico igualmente assoma quando uma natureza mediana ou mesmo frágil se vê impelida por um destino extraordinário e envolvida em responsabilidades pessoais que a oprimem e destroem – e essa forma do trágico me parece a mais pungente do ponto de vista humano. Pois o ser humano extraordinário procura de modo inconsciente um destino extraordinário; de acordo com sua natureza supradimensional, está organicamente apto a viver de maneira heroica ou, segundo Nietzsche, de maneira "perigosa". Ele desafia o mundo com a violenta exigência

---

[3] *Grue*: literalmente "grou"; na gíria francesa, "mulher leviana".

Prólogo

inerente a seu caráter. Assim, o gênio, afinal, não deixa de ser culpado por seu sofrimento, porque a missão a ele destinada anseia de forma mística por essa prova de fogo como fator desencadeante de um derradeiro impulso. Tal como a tempestade impele a gaivota, assim também seu imperioso destino o conduz cada vez mais adiante e mais alto. O caráter medíocre, ao contrário, por sua própria natureza, reclama uma existência pacata, almeja, sente de fato a necessidade de tensões pouco fortes, prefere viver calmamente e à sombra, ao abrigo dos ventos e sob temperaturas amenas. Por isso defende-se, por isso amedronta-se, por isso foge quando uma mão invisível o lança em meio a turbulências. Ele não anseia por responsabilidades históricas; ao contrário, teme-as. Não procura o sofrimento; este, ao contrário, lhe é imposto. É forçado por fatores externos, e não internos, a ser maior que sua medida. Esse sofrimento do não herói, do homem medíocre, uma vez que lhe falta visão clara, não me parece menor que o sofrimento patético do herói verdadeiro, e talvez seja ainda mais devastador, pois o homem comum deve suportá-lo sozinho; e não possui, como o artista, a salvação venturosa de transformar seu tormento em obras, em formas duradouras.

Porém, por vezes o ser humano medíocre consegue revolver o destino e afastá-lo violentamente para longe de sua própria mediocridade, como resposta a uma exigência pessoal. Nesse sentido, a vida de Maria Antonieta talvez seja disso o exemplo histórico mais evidente. Essa mulher percorre um caminho desinteressante durante os primeiros trinta de seus trinta e oito anos de vida, só que em uma esfera extravagante. Nunca extrapola a medida do meio-termo, nem em relação à bondade nem em relação à maldade: uma alma morna, um caráter medíocre que, do ponto de vista histórico, a princípio desempenha apenas o papel de figurante. Sem o irromper da revolução sobre seu alegre e despreocupado mundo lúdico, essa pouco significativa representante dos Habsburgo teria continuado a viver de maneira imperturbável, como milhares de mulheres de todos os tempos. Teria se dedicado à dança, às conversas, ao amor, às gargalhadas; teria se coberto de enfeites; teria feito visitas e sido generosa com as esmolas; teria dado à luz filhos e, por fim, se deitado tranquila numa cama para morrer, sem ter verdadeiramente vivenciado o espírito de seu tempo. Teria recebido um solene funeral de rainha. Depois, contudo, desapareceria da memória da humanidade como todas aquelas outras incontáveis princesas, as Maria Adelaides e Adelaide Marias, as Ana Catarinas e Catarina Anas, cujas lápides com inscrições frias e impessoais passam despercebidas no *Gotha*.[4] Nunca um ser humano vivo teria sentido a curiosidade de indagar sobre sua grandeza, sobre sua alma estagnada. Ninguém ficaria sabendo quem realmente foi. E – isso é o mais importante – nem mesmo ela, Maria Antonieta, a rainha da França, teria tomado conhecimento de sua provação e compreendido quem realmente era. Pois faz parte da felicidade ou infelicidade do ser humano medíocre o fato de ele, por si mesmo, não sentir a coação de conhecer sua medida, não ter a curiosidade de questionar-se antes que o destino o faça. Deixa que suas capacidades adormeçam dentro de si, intocadas, que suas verdadeiras inclinações esmaeçam, que suas forças se debilitem como músculos nunca utilizados, antes que a necessidade real de defesa os enrijeça. Um caráter medíocre deve primeiro emergir de dentro de si mesmo para ser tudo aquilo que poderia ser, talvez mais do que antes imaginava e supunha. Para tanto, o destino não possui outro instrumento de açoite além da infelicidade. Assim como um artista, para pôr à prova sua força criativa, por vezes procura intencionalmente um tema em aparência simples, em lugar de outro pateticamente abrangente, também o destino procura de tempos em tempos um herói insignificante para demonstrar que é capaz de impor maior tensão a um enredo frágil, de construir uma grande tragédia a partir de uma alma fraca e apática. Tal tragédia é uma das mais belas desse heroísmo involuntário, e chama-se Maria Antonieta.

Pois com que arte, com que riqueza imaginativa de episódios, em que dimensões extraordinárias a história insere esse ser humano medíocre em seu drama! Como contrapõe com engenho os princípios em torno dessa protagonista originalmente pouco fecunda! Com argúcia diabólica,

---

[4] Gotha: cidade da Turíngia, sede de editora que publicou famosa obra, conhecida como *Gotha*, sobre a genealogia da aristocracia europeia.

Prólogo

primeiro afaga essa mulher. Presenteia a criança com uma casa que é uma corte imperial, a adolescente com uma coroa. Pródigo, cumula a jovem mulher de todos os dotes de beleza e riqueza; além disso, concede-lhe um coração despreocupado, que não pergunta o preço nem o valor desses bens. Durante anos ele estraga esse coração leviano com mimos e carinhos, até que todos os seus sentidos se percam, e ele se torne cada vez mais desatento. No entanto, tão rápido e facilmente quanto alça essa mulher às alturas máximas da felicidade, ardiloso, o destino deixa-a cair de maneira terrível e lenta. Com dureza melodramática, a tragédia põe frente a frente contrastes extremos. Ele a expulsa de uma casa imperial de cem cômodos para lançá-la em uma cela humilhante, do trono real para a guilhotina, da carruagem dourada de cristal para a carroça do verdugo, do luxo para a privação, da popularidade para o ódio, do triunfo para a calúnia, cada vez mais fundo, cada vez mais baixo, inexoravelmente, até a mais abissal profundeza. E esse ser pequeno, esse ser medíocre, surpreendido de súbito em seu mundo de mimos, esse coração desatento, não compreende o que aquele poder estranho almeja; sente apenas um punho forte a comprimi-lo, garras de fogo na carne torturada; esse ser ingênuo, inerte e desafeito a qualquer sofrimento defende-se e resiste, geme, escapa e tenta fugir. Porém, com a inexorabilidade de um artista que não desiste até que extraia a maior tensão, a última possibilidade de seu enredo, a mão atenta da infelicidade não se desprende de Maria Antonieta até que tenha transformado a alma suave e frágil em rijeza e dignidade, até que tenha extraído plasticamente toda a grandeza de pais e antepassados que se escondia naquela alma. Afinal desperta em seu sofrimento a mulher torturada, que nunca questionara a si mesma, e reconhece a transformação. Sente, justamente agora que seu poder exterior chega ao fim, que tem início dentro de si algo novo e grandioso – que sem tal provação não teria sido possível. "Somente pelo sofrimento sabe-se verdadeiramente quem somos": essas palavras, em parte altivas, em parte comovidas, soam-lhe de repente dos lábios surpresos. Vem-lhe à mente um pressentimento de que, com esse sofrimento, sua pequena existência medíocre será um exemplo para o futuro. E sob essa consciência de um dever maior, seu caráter assume proporções que o elevam acima de si mesmo. Pouco antes de os restos mortais sucumbirem, a obra-prima de arte foi concluída, pois na hora final, em seu último instante de vida, Maria Antonieta, o ser medíocre, atinge enfim a medida trágica e se torna tão grande quanto seu destino.

O casamento de uma criança

DURANTE SÉCULOS, Habsburgo e Bourbon lutaram pelo domínio da Europa em dezenas de campos de batalha alemães, italianos e flandrenses; finalmente cansaram-se, tanto uns quanto outros. Na décima segunda hora, os antigos rivais reconhecem que seu incansável ciúme abriu caminho para outras famílias nobres; assim, um povo herege da ilha inglesa lança-se à conquista do império do mundo, e também a região protestante de Brandemburgo torna-se um reino poderoso; assim também a Rússia semipagã prepara-se para estender sua esfera de poder até o infinito. Portanto, não seria melhor – começam a se perguntar os governantes e seus diplomatas, como sempre tarde demais – selar a paz entre si, em lugar de mais uma vez retomar o fatídico jogo de guerra a favor de arrivistas incrédulos? Choiseul, na corte de Luís XV, Kaunitz, como conselheiro de Maria Teresa, firmaram uma aliança. Para que fosse duradoura e significasse mais do que meramente um intervalo de descanso entre duas guerras, sugeriram ambos que as dinastias dos Habsburgo e dos Bourbon se unissem por laços de sangue. Em época alguma faltaram princesas casadouras na casa de Habsburgo; também desta vez lá se encontra uma rica variedade de todas as idades. Primeiro os ministros cogitam arranjar o casamento de Luís XV com uma princesa dos Habsburgo, não obstante ele já ser avô e seus costumes serem mais que duvidosos. No entanto, o rei extremamente cristão abandona rapidamente o leito da Pompadour em troca de outra favorita, Du Barry. O imperador José, viúvo pela segunda vez, não demonstra autêntica intenção de desposar uma das três filhas solteironas de Luís XV. Assim, como aliança natural resta apenas uma terceira opção, a de selar um compromisso de noivado entre o delfim adolescente, o neto de Luís XV e futuro detentor da coroa francesa, e uma filha de Maria Teresa. Em 1766, já se pode considerar Maria Antonieta, na ocasião com onze anos, uma séria candidata. O embaixador austríaco escreve, literalmente, em 24 de maio à imperatriz: "O rei expressou a seu modo que Sua Majestade pode considerar o projeto como certo e decidido." Diplomatas, contudo, não seriam diplomatas se não dedicassem todo seu orgulho a tornar problemáticas as coisas mais simples, sobretudo em adiar engenhosamente qualquer assunto importante. Intrigas são tecidas de corte a corte, um ano se passa, o segundo e o terceiro, e Maria Teresa teme, não sem razão, que seu vizinho incômodo, Frederico da Prússia, *Le Monstre*, como o denomina em efusivo ressentimento, atrapalhe esse plano tão decisivo para o poderio austríaco com uma de suas diabruras maquiavélicas; dessa maneira, ela investe a máxima amabilidade, paixão e astúcia para não mais livrar a corte francesa daquela meia promessa. Infatigável como uma casamenteira profissional, com a paciência tenaz e inflexível de sua diplomacia, mantém Paris sempre informada a respeito dos atributos da princesa; seus mensageiros são portadores de gentilezas e presentes no intuito de trazer de Versalhes um pedido formal de casamento. Mais imperatriz que mãe, mais interessada no fortalecimento do "poder dinástico" que na felicidade de sua filha, não hesita mesmo diante da comunicação prudente de seu emissário de que a natureza tinha sido parcimoniosa na concessão de dotes especiais ao delfim. Teria este uma inteligência limitada, era tido como grosseiro e totalmente insensível. Contudo, por que precisa uma arquiduquesa ser feliz se simplesmente será rainha? Quanto mais Maria Teresa insiste no pacto e na promessa, de maneira tanto mais prepotente se esquiva o experiente rei Luís XV. Durante três anos solicita que lhe mandem retratos e relatórios sobre a pequena arquiduquesa e declara-se basicamente propenso a concordar com o plano de casamento. Porém não pronuncia a palavra decisiva, não se compromete.

A ingênua garantia desse importante negócio de Estado, Toinette, a menina de onze anos, de doze anos, de treze anos, de compleição delicada, graciosa, esbelta e sem dúvida bela, brinca e pula enquanto isso, cheia de temperamento, com irmãs, irmãos e amigas pelos quartos e jardins de

O casamento de uma criança

Schönbrunn; pouco se dedica aos estudos, aos livros e à educação. Com sua amabilidade natural e vivacidade radiante, sabe muito bem manobrar as governantas e os abades que devem educá-la, e assim consegue escapar dos deveres escolares. Maria Teresa, que nunca pôde dedicar-se com zelo especial a qualquer um dos filhos de sua prole numerosa, percebe certo dia com surpresa que a futura rainha da França, aos treze anos, mal sabia escrever corretamente, seja em alemão seja em francês; tampouco, nem em superfície, captou rudimentos de história e conhecimentos gerais; as aptidões musicais não se revelam de melhor nível, embora ninguém menos que Gluck[5] lhe ministrasse aulas de piano. Na décima segunda hora, faz-se necessário recuperar o atraso, e a mimada e preguiçosa Toinette deve ser agora transformada em uma dama educada. É importante para a futura rainha da França que saiba principalmente dançar bem e que fale francês com sotaque correto. Para esse fim, Maria Teresa contrata às pressas o grande mestre de danças Noverre e dois atores de uma trupe francesa, na época em turnê em Viena, um deles para cuidar da pronúncia, o outro para o canto. No entanto, mal o emissário francês comunica tal fato à corte de Bourbon, prontamente ecoa de Versalhes um tom de indignação: uma futura rainha da França não poderia receber aulas de um grupelho de comediantes. Apressadamente, novas negociações diplomáticas são preparadas, pois Versalhes já considera a educação da prometida noiva do delfim um assunto próprio, e, após longas idas e vindas, por recomendação do bispo de Orléans, é enviado a Viena o abade Vermond como preceptor; de sua autoria são os primeiros relatórios confiáveis acerca da arquiduquesa de treze anos. Graciosa e simpática, segundo ele, "com um rosto encantador, reúne toda a possível elegância em seu porte e, assim esperamos, quando crescer um pouco terá todos os atributos que se podem desejar para uma tão nobre princesa. Seu caráter e seu temperamento são excelentes." Significativamente, o bom abade se expressa de maneira mais cuidadosa sobre os reais conhecimentos e

---

[5] Christoph Willibal Gluck (1714-1787): compositor alemão radicado em Viena, autor de inovadoras óperas, como *Ifigênia* e *Orfeu e Eurídice*.

Maria Antonieta. Óleo sobre tela de Martin II Mytens, s/d.

o empenho nos estudos de sua aluna. Dispersa, desatenta e brincalhona, de vivacidade radiante, a pequena Maria Antonieta, apesar da facilidade de aprendizado, nunca demonstrou o menor pendor para dedicar-se a qualquer assunto sério. "Possui mais raciocínio do que sempre se julgou, infelizmente, porém, até os doze anos, esse raciocínio nunca se habituou a concentração alguma. Um pouco de preguiça e um tanto de frivolidade dificultaram-me ainda mais as aulas. Durante seis semanas dediquei-me aos fundamentos da literatura, ela captou tudo muito bem, com julgamentos corretos; contudo, nunca pude levá-la a deter-se mais profundamente em tema algum, embora sentisse que ela possui tal capacidade. Assim, afinal, tive de admitir que só será possível educá-la se ao mesmo tempo for possível entretê-la."

Dez, vinte anos depois queixam-se ainda todos os homens de Estado dessa preguiça mental, não obstante a grande inteligência ao esquivar-se entediada de qualquer conversa mais profunda. Já na menina de treze anos

O casamento de uma criança

revela-se todo o perigo daquele caráter que tudo poderia fazer, todavia nada deseja de verdade. Porém, na corte francesa, desde a instituição das amantes, preza-se muito mais a aparência de uma mulher do que seu íntimo; Maria Antonieta é bonita, representativa e possui correção de caráter – é o quanto basta. E finalmente, em 1769, é remetida a carta tão esperada de Luís XV a Maria Teresa, na qual, solene, o rei pede a mão da jovem princesa para seu neto, o futuro Luís XVI, e propõe como data de casamento a Páscoa do ano seguinte. Feliz, Maria Teresa concorda; após anos de preocupação, aquela mulher tragicamente resignada vive um momento de felicidade. Parece-lhe estar agora assegurada a paz do império e também da Europa; através de mensageiros e estafetas anuncia-se com pompa a todas as cortes que os Habsburgo e os Bourbon, antes inimigos, tornaram-se aliados de sangue para sempre. "Bella gerant alii, tu, felix Austria, nube".[6] Mais uma vez confirma-se o antigo lema dos Habsburgo.

A TAREFA DOS DIPLOMATAS foi concluída com sucesso. Contudo, só agora se percebe: essa foi a parte mais fácil. Pois convencer os Habsburgo e os Bourbon a chegar a um acordo, reconciliar Luís XV e Maria Teresa é uma brincadeira de crianças comparada à dificuldade jamais imaginada de fazer com que os cerimoniais palacianos das cortes francesa e austríaca cheguem a um acordo diante de tão representativa solenidade. É certo que os mestres de cerimônias de ambos os lados e mais um sem-número de organizadores teriam um ano inteiro para elaborar o importantíssimo protocolo das festividades do casamento nos mínimos detalhes; no entanto, o que significa um fugaz ano de apenas doze meses para aqueles complicados fanáticos por etiqueta? Um herdeiro do trono francês casa-se com uma arquiduquesa austríaca – quantas questões cruciais envolvendo suscetibilidades desencadeia tal acontecimento, quão minuciosamente deve ser tratado cada detalhe, quantos deslizes incontornáveis deveriam ser evitados pelo estudo de documentos centenários! Dia e noite os santos

---

[6] "Que outros guerreiem, enquanto tu, feliz Áustria, contratas casamentos."

guardiões dos usos e costumes queimam as pestanas tanto em Versalhes quanto em Schönbrunn; dia e noite os embaixadores debatem cada um dos convites, mensageiros com propostas e contrapropostas correm de um lugar para outro, pois, admita-se, que catástrofe imensurável (pior que sete guerras somadas) poderia ocorrer se, por ocasião desse acontecimento sublime, a vaidade e o orgulho de uma das duas casas reinantes fossem feridos! Em incontáveis textos eruditos deste e daquele lado do rio Reno ponderam-se e discutem-se questões melindrosas, como, por exemplo, qual nome deve ser citado em primeiro lugar no contrato de casamento, o da imperatriz da Áustria ou o do rei da França? Quem deveria assinar primeiro? Que presentes ofertar? Qual o dote a ser combinado? Quem deveria acompanhar a noiva? Quem deveria recebê-la? Quantos cavalheiros, damas de honra, oficiais, cavaleiros da guarda, camareiras e subcamareiras, cabeleireiros, confessores, médicos, escribas, secretários e lavadeiras deveriam acompanhar o séquito nupcial de uma arquiduquesa da Áustria até a fronteira? E quantos acompanhariam a herdeira do trono francês da fronteira até Versalhes? Enquanto cabeças ornadas com perucas ainda não conseguem chegar a um acordo sobre como agir em questões básicas, em ambas as cortes, cavalheiros e suas damas, como se lutassem pela chave do paraíso, discutem entre si, brigam uns com os outros, disputam a honra de acompanhar o séquito nupcial ou de recebê-lo, cada parte defende seu direito com um código inteiro de pergaminhos. Embora os mestres de cerimônias trabalhem como condenados às galés, não chegam ao longo de um ano inteiro a conclusão alguma a respeito daquelas questões de suma importância, relativas à preferência e às regras do protocolo. No último instante, por exemplo, a apresentação da nobreza alsaciana é riscada do programa a fim de "eliminar as complicadas questões de etiqueta para cuja solução não sobra mais tempo". E caso o decreto real não tivesse fixado a data, os guardiões do cerimonial estariam até hoje em dúvida sobre a forma "correta" do casamento, e não teria havido uma rainha Maria Antonieta e talvez tampouco uma Revolução Francesa.

Embora tanto a França quanto a Áustria necessitassem de medidas drásticas de economia, ambos os lados prepararam o casamento com

O casamento de uma criança

máxima pompa e luxo. Os Habsburgo não querem ser colocados atrás dos Bourbon, e estes não querem ficar à sombra daqueles. O palácio dos emissários franceses em Viena revela-se pequeno demais para os mil e quinhentos convidados; centenas de operários constroem apressados as dependências anexas, enquanto em Versalhes, ao mesmo tempo, prepara-se um salão de óperas especialmente para a cerimônia do casamento. Para os fornecedores do palácio, para os costureiros e alfaiates, joalheiros, construtores de carruagens, floresce aqui e acolá uma época abençoada. Apenas para o transporte da princesa, Luís XV encomenda a Francien, o fornecedor real em Paris, duas carruagens de um luxo jamais visto: madeira nobre e vidros de cristal, forradas de veludo por dentro, por fora prodigiosamente ornadas com desenhos encimados por coroas reais, e, apesar desse esplendor, com molejo e funcionamento esplêndidos. Para o delfim e a corte real são confeccionadas roupas ricamente bordadas com joias preciosas, o mais maravilhoso diamante daquela época, o grande Pitt, adorna o chapéu nupcial de Luís XV, e com igual luxo Maria Teresa organiza o enxoval de sua filha: rendas encomendadas em Malines, linhos finos, sedas e joias. Finalmente chega a Viena o embaixador Durfort para o pedido oficial, um espetáculo esplendoroso para os curiosos vienenses: quarenta e oito carruagens puxadas por seis cavalos, entre elas as duas obras esplêndidas em cristal, deslizam solenemente pelas ruas enfeitadas de flores em direção ao palácio. Só as librés dos cento e dezessete guardas e lacaios que acompanham o embaixador custaram cento e sete mil ducados, o cortejo todo, nada menos que trezentos e cinquenta mil. Desse momento em diante, uma festa segue-se à outra: pedido de casamento formal e público, solene renúncia de Maria Antonieta a seus direitos austríacos, diante do Evangelho, do crucifixo e de velas acesas; cumprimentos da corte, da universidade; parada militar; *théâtre paré*;[7] recepção e baile no palácio de Belvedere para três mil pessoas, retribuídos com recepção e banquete para mil e quinhentos convidados no palácio de Liechtenstein; finalmente, em 19 de abril, o casamento *per procurationem* na igreja dos Capuchinhos, na

---

[7] *Théâtre paré*: "seção de gala".

qual o arquiduque Fernando representa o delfim. Em seguida, ainda um jantar íntimo familiar e, no dia 21, a despedida festiva, o último abraço. Passando por respeitosas fileiras de honra, a carruagem do rei da França conduz a antiga arquiduquesa da Áustria, Maria Antonieta, ao encontro de seu destino.

Difícil para Maria Teresa a despedida de sua filha. Ano após ano, aquela mulher já cansada pelo peso da idade almejou esse casamento como a máxima felicidade em prol do aumento do "poder dinástico" dos Habsburgo; contudo, na última hora, causa-lhe preocupação o destino que impôs à própria filha. Num exame mais atento de suas cartas, de sua vida, percebese: essa soberana trágica, o único grande monarca da casa da Áustria, carrega a coroa agora apenas como fardo. Com incansável empenho, em guerras intermináveis, manteve em unidade o império construído à custa de casamentos, e de certa forma artificialmente, defendendo-o contra os prussianos e turcos, contra o oeste e contra o leste. Todavia, justamente agora que ele parece seguro exteriormente, arrefece-lhe a coragem. Oprime a venerável mulher um estranho pressentimento de que tal império, ao qual dedicou toda energia e paixão, irá decair e se esfacelar sob seus sucessores; ela, a mulher política, clarividente e quase profética, sabe quão frágil é essa mistura de nações aleatoriamente interligadas, e quanta precaução e discrição, quanta passividade prudente são necessárias para prolongar sua existência. No entanto, quem continuará a obra que ela iniciou com tanto empenho? Decepções profundas em relação a seus próprios filhos despertaram nela o espírito de Cassandra. Neles sente falta daquilo que determina a força de sua natureza, a grande paciência, o planejamento lento e seguro e a perseverança, a capacidade de renúncia e a prudente anulação de si mesma. Entretanto, nas veias de seus filhos flui uma quente onda de inquietação provinda do sangue loreno do marido; todos são capazes de destruir possibilidades incalculáveis por um instante de prazer; uma pequena linhagem de pouca seriedade, de pouca fé, empenhando-se apenas em sucessos passageiros. Seu filho e corregente, José II, com a paciência

O casamento de uma criança

de um príncipe herdeiro, bajula Frederico o Grande, que a perseguiu e ridicularizou durante anos; corteja Voltaire, a quem ela, católica fervorosa, despreza como o anticristo. Outra filha, a quem igualmente determinou para um trono, a arquiduquesa Maria Amália, mal chegada a Parma chama a atenção de toda a Europa com sua leviandade; em dois meses dilapida as finanças, desorganiza o país, diverte-se com amantes. Também a outra filha, em Nápoles, não lhe dá motivos de orgulho. Nenhuma das filhas demonstra seriedade e correção moral, e a imensa obra construída à custa de esforços, sacrifícios e deveres parece vã à grande imperatriz que pagou para tanto o inexorável preço de sua vida pessoal e particular, privando-se de alegrias e de qualquer prazer fácil. De bom grado buscaria o refúgio de um convento, e apenas pelo temor, pelo correto pressentimento de que seu precipitado filho poria a perder com experimentos impensados tudo que a mãe construíra, a incansável lutadora mantém o cetro na mão que, desde há muito, já mostrava sinais de cansaço.

Também em relação à filha mais nova, Maria Antonieta, a perspicaz conhecedora de caracteres não se deixa ludibriar por ilusão alguma; sabe de suas qualidades – a grande bondade e cordialidade, a inteligência viva e autêntica, o temperamento humano e puro; da filha caçula, no entanto, sabe igualmente os riscos: falta de maturidade, leviandade, infantilidade, distração. No intuito de aproximar-se dela, para ainda no último minuto transformar em rainha aquela criatura temperamental, permite que Maria Antonieta durma com ela em seus aposentos durante os dois meses anteriores à partida; em longas conversas, tenta prepará-la para seu grande papel; para receber a graça dos céus, leva a menina para uma peregrinação a Mariazell. Contudo, quanto mais se aproxima a hora da despedida, mais inquieta se torna a imperatriz. Algum pressentimento sombrio lhe oprime o coração. Prevendo desgraças futuras, investe todos os esforços para afugentar as forças obscuras. Antes da partida, entrega a Maria Antonieta um minucioso manual de comportamento e obriga a criança ingênua a lhe prometer que se dedicará todos os meses à sua leitura detalhada. Além do documento oficial, escreve também uma carta particular a Luís XV, na qual a senhora idosa clama ao senhor idoso que leve em consideração a infantil falta de seriedade da menina de catorze anos. Sua inquietação, porém, não consegue diminuir. Maria Antonieta ainda não pode ter chegado a Versalhes e já repete ela a advertência de reler e buscar aconselhamento naquele manual: "Minha adorada filha, gostaria de lembrar-te de reler aquelas páginas no dia 21 de cada mês. Leva este desejo meu em consideração, peço-te: nada mais temo em ti que tua negligência nas orações e nas leituras, e o descuido e a indolência daí resultantes. Luta contra isso, ... e não te esqueças de tua mãe, que, embora distante, não cessará de preocupar-se contigo até o último instante de vida." Em meio ao regozijo do mundo inteiro em relação ao triunfo de sua filha, a velha senhora dirige-se à igreja e suplica a Deus que impeça a desgraça, a qual foi a única pessoa a pressentir.

ENQUANTO A IMENSA CAVALGADA – trezentos e quarenta cavalos trocados em cada posto dos correios – segue lentamente pela Áustria e pela Baviera e se aproxima da fronteira após incontáveis festas e recepções, marceneiros e tapeceiros trabalham numa estranha construção na ilha do rio Reno, entre Kehl e Estrasburgo. Aqui, os mestres de cerimônias de Versalhes e Schönbrunn tiram seu grande trunfo da manga; após intermináveis reuniões para determinar se a entrega da noiva deve dar-se em território austríaco ou apenas em solo francês, um dos gênios imaginou a solução salomônica: construir numa das pequenas ilhas de areia inabitadas do Reno, entre a França e a Alemanha, portanto, em terra de ninguém, um pavilhão de madeira para a entrega solene, uma maravilha de neutralidade; duas antecâmaras na margem direita do rio, nas quais Maria Antonieta entrará ainda como arquiduquesa, duas antecâmaras na margem esquerda, da qual sairá após a cerimônia como delfina da França; no meio, o grande salão da entrega solene, no qual a arquiduquesa se transformará definitivamente na herdeira do trono francês. Tapeçarias valiosas vindas do palácio episcopal cobrem as paredes de madeira instaladas às pressas, a Universidade de Estrasburgo empresta um baldaquim, cidadãos ricos da cidade cedem sua melhor mobília. Esse santuário de luxo principesco

O casamento de uma criança

está evidentemente vedado ao olhar burguês. Algumas moedas de prata, contudo, convencem os guardiões do santuário, e assim, poucos dias antes de Maria Antonieta, alguns jovens estudantes alemães adentram aqueles aposentos semiacabados para satisfazer sua curiosidade. Um deles, em especial, alto, de olhar apaixonado, a auréola do gênio sobre a fronte viril, não se cansa de admirar os preciosos gobelins bordados segundo um modelo de Rafael; despertam no jovem, a quem o espírito da arte gótica acabara de revelar-se na catedral de Estrasburgo, o desejo arrebatador de captar com igual ímpeto a arte clássica. Com entusiasmo explica aos companheiros menos eloquentes esse mundo inesperadamente revelado a ele, envolvendo o mundo da beleza dos mestres italianos. De súbito para, mostra-se irritado, zangado, franze as sobrancelhas espessas e escuras, anuviando o olhar até então apaixonado. Pois somente nesse instante dera-se conta do que as tapeçarias representavam, de fato, uma lenda totalmente descabida para uma festa de casamento, a história de Jasão, Medeia e Creusa, o exemplo crasso de matrimônio funesto. Sem prestar atenção à surpresa dos companheiros, o jovem genial exclama em voz alta: "Como se permite apresentar aos olhos de uma jovem rainha, logo à sua entrada, o exemplo de um matrimônio terrível que talvez jamais tenha se consumado? Não haverá entre os arquitetos franceses, entre os decoradores e tapeceiros, ninguém que compreenda que imagens representam alguma coisa, que imagens produzem efeitos sobre os sentidos e os sentimentos, que causam impressões, que provocam presságios? É como se tivessem enviado à fronteira, ao encontro dessa dama linda, conforme se ouve, cheia de vitalidade o mais abominável dos fantasmas."

Com muito esforço os amigos conseguem acalmar o jovem apaixonado, quase à força retiram Goethe – pois é ele o jovem estudante – da construção de madeira. Logo, porém, aproxima-se aquele "enorme comboio de luxo e realeza" acompanhando o cortejo nupcial e inunda com conversas animadas e alegre disposição aquelas salas ricamente adornadas, sem imaginar que poucas horas antes o olhar clarividente de um poeta anteviu o fio negro da fatalidade tecido naquela tapeçaria multicor.

A ENTREGA DE MARIA ANTONIETA deve representar a despedida de tudo e todos que a ligam à Casa da Áustria; também para isso os mestres de cerimônias criaram um símbolo especial. Não apenas ninguém de seu séquito austríaco deve acompanhá-la ao outro lado da fronteira, a etiqueta exige mesmo que sobre seu corpo não reste fio algum de produção austríaca, nem sapatos, nem meias, nem camisa, nem sequer uma fita. A partir do instante em que se torna delfina da França, somente tecidos de procedência francesa podem cobri-la. Assim, nas antecâmaras austríacas, a menina de catorze anos deve despir-se completamente diante do séquito austríaco; totalmente nu, o delicado corpo de menina ainda por florescer brilha por instantes na penumbra; logo em seguida, cobrem-na com uma camisa de seda francesa, *jupons*[8] de Paris, meias de Lyon, sapatos confeccionados pelo sapateiro da corte, rendas e fitas; não pode guardar consigo nenhuma peça como lembrança de valor afetivo, nenhum anel, nenhum crucifixo – o mundo da etiqueta não viria abaixo caso guardasse para si uma única fivela ou a fita preferida? –, nunca mais poderá olhar para um só daqueles rostos há tanto tempo familiares. É, pois, de se admirar que a menina, assustada com tanta pompa e circunstância, lançada tão abruptamente num mundo estranho, caia em prantos como uma criancinha? Mas a ordem é compor-se de imediato, pois não se admitem demonstrações de sentimento num matrimônio de interesses políticos. Do outro lado, na outra sala, já aguarda o séquito francês, e seria vergonhoso confrontar esse novo cortejo com olhos úmidos, vermelhos e assustados. O acompanhante da noiva, o conde de Starhemberg, estende-lhe a mão para os passos decisivos; e, vestida à francesa, acompanhada pela última vez por seu séquito austríaco, adentra a austríaca por dois minutos ainda o salão onde se dará a entrega, no qual a aguarda, em luxo e ostentação, a delegação dos Bourbon. O procurador de Luís XV pronuncia um discurso solene, lê-se o protocolo e logo – todos prendem a respiração – inicia-se a grande cerimônia. Esta foi programada passo a passo como um minueto, ensaiada e estudada antes. A mesa ao centro da sala representa simbo-

---

[8] *Jupons*: "anáguas".

O casamento de uma criança

licamente a fronteira. Diante dela os austríacos, atrás dela os franceses. Primeiro o acompanhante da noiva, conde de Starhemberg, solta a mão de Maria Antonieta; em seu lugar, o acompanhante francês toma-lhe a mão e conduz a menina trêmula, devagar, com passos contidos, em torno da mesa. Durante esses minutos detalhadamente calculados o séquito austríaco afasta-se em direção à porta, enquanto o séquito francês caminha na direção da futura rainha, de tal maneira que no exato instante em que Maria Antonieta alcança a corte francesa a delegação austríaca já deixou o recinto. Em silêncio, de maneira exemplar, grandiosa e ao mesmo tempo fantasmagórica transcorre essa orgia da etiqueta. Apenas no último momento a intimidada menina não resiste a essa fria cerimônia. E, em vez de receber com frieza a devota mesura de sua nova dama de companhia, a condessa de Noailles, lança-se atônita, soluçando, em seus braços, um gesto belo e comovente de abandono que os grão-coptas do cerimonial de ambos os lados se esqueceram de programar. Sentimentos, todavia, não estão calculados nos logaritmos das regras reais. Já aguarda lá fora a carruagem de cristal, já soam os sinos da catedral de Estrasburgo, já se ouvem as salvas de tiros e, cercada pelo júbilo, Maria Antonieta abandona para sempre o inocente estágio da infância. Começa seu destino de mulher.

A CHEGADA DE MARIA ANTONIETA torna-se uma comemoração inesquecível para o povo francês, há muito não mais afeito a celebrações. Há décadas Estrasburgo não via uma futura rainha, talvez nunca tivesse visto uma tão encantadora quanto esta jovem. Cabelos de um loiro cinzento, corpo esbelto, a menina com seus travessos olhos azuis ri e sorri de dentro da carruagem transparente para a incalculável multidão vestida com lindos trajes típicos de todas as aldeias e cidades da Alsácia, que saúda o cortejo pomposo. Centenas de crianças de roupas brancas precedem a carruagem espalhando flores, um arco de triunfo foi montado, os portões foram enfeitados com flores, o chafariz da praça verte vinho, bois inteiros são assados no espeto, enormes cestos com pães são distribuídos aos pobres. À noite, todas as casas são iluminadas, fileiras de velas acesas escalam a torre da catedral, o rubro relevo rendado da casa de Deus resplandece transparente. Incontáveis navios e barcas com tochas coloridas deslizam pelo Reno, portando lampiões como laranjas em brasa, árvores enfeitadas com adornos redondos de vidro, iluminados por velas, à vista de todos; da ilha flameja como arremate de uma grandiosa queima de fogos, em meio a figuras mitológicas, o monograma entrelaçado do delfim e da delfina. Madrugada adentro, o povo curioso percorre as ruas e as margens do rio. Música soa e ressoa, em centenas de locais, homens e mulheres divertem-se dançando; uma era dourada de felicidade parece ter se instaurado com aquela loira mensageira vinda da Áustria, e mais uma vez enche-se de esperança o coração do povo amargurado e desiludido da França.

Contudo, também essa imagem grandiosa esconde uma minúscula fissura, também aqui, tal qual no gobelim da sala de recepção, o destino teceu simbolicamente um sinal de desgraça. Quando, no dia seguinte, Maria Antonieta quer assistir à missa antes de sua partida, em vez do reverendo bispo, cumprimenta-a no pórtico da catedral como coadjutor e chefe da Igreja o sobrinho deste. Em seu largo paramento cor de púrpura, com uma aparência algo feminina, o mundano sacerdote profere um discurso galante e patético – não foi à toa que a academia o acolheu em suas fileiras – culminando com as frases galantes: "Representais para nós a imagem viva da venerada imperatriz que há muito é admirada pela Europa tanto quanto a posteridade a admirará. A alma de Maria Teresa une-se agora à alma dos Bourbon." Após tais palavras de boas-vindas, o cortejo respeitosamente avança para o interior azulado da catedral, o jovem religioso conduz a jovem princesa até o altar e, com as finas e galantes mãos enfeitadas por anéis, ergue a custódia. Este é o príncipe Luís de Rohan, o primeiro a dar-lhe as boas-vindas na França, mais tarde, o herói tragicômico do episódio do colar, seu oponente mais temível, seu inimigo fatal. E a mão que agora lhe abençoa a cabeça é a mesma que mais tarde lançará sua coroa e sua honra na lama e no desprezo.

O casamento de uma criança 33

MARIA ANTONIETA NÃO PERMANECE muito tempo em Estrasburgo, a região quase familiar da Alsácia: quando um rei da França espera, qualquer atraso seria uma profanação. Passando por multidões em júbilo nas margens, por arcos de triunfo e portais floridos, o cortejo nupcial dirige-se finalmente a seu primeiro destino, à floresta de Compiègne, onde a família real, com enorme comboio de carros e carruagens, aguarda sua nova integrante. Cortesãos, cortesãs, oficiais, guardas de honra, tambores, trombetas e flautas, todos em roupas riquíssimas, aguardam perfilados segundo a hierarquia; toda a floresta, com a vegetação esparsa de maio, brilha sob o colorido flamejante. Tão logo as fanfarras de ambos os séquitos anunciam a aproximação do cortejo nupcial, Luís XV deixa sua carruagem para recepcionar a mulher de seu neto. Com passos leves Maria Antonieta vai ao seu encontro e ajoelha-se com a mais graciosa das mesuras (não por acaso aluna do grande mestre da dança Noverre) diante do avô de seu futuro esposo. O rei, com sua experiência na caça de cervos, bom conhecedor de tenras meninas e sensível à graça e à beleza, carinhosamente curva-se satisfeito em direção àquela jovem loira e apetitosa, ajuda a noiva de seu neto a erguer-se e a beija nas faces. Só então apresenta a ela o futuro esposo, que, com seus cinco palmos de altura, tímido e desajeitado, encontra-se a seu lado; agora finalmente ergue seus olhos míopes e sonolentos, e sem muito jeito beija formalmente sua noiva no rosto, segundo reza a etiqueta. Na carruagem, Maria Antonieta senta-se entre o avô e o neto, entre Luís XV e o futuro Luís XVI. O velho senhor parece representar melhor o papel do noivo, conversa animadamente e até mesmo a corteja um pouco, enquanto o futuro esposo se encolhe num canto, entediado e mudo. À noite, quando os noivos e cônjuges *per procurationem* se recolhem em quartos separados, o triste amante não dirigiu sequer uma única palavra de carinho à encantadora jovem, e em seu diário escreve como resumo daquele dia decisivo simplesmente as palavras secas: "Entrevue avec Mme la Dauphine."[9]

Trinta e seis anos depois, naquela mesma floresta de Compiègne, outro soberano da França, Napoleão, aguardará sua esposa, outra arquiduquesa

---

[9] "Encontro com a senhora Delfina."

austríaca, Maria Luísa. Não será tão bonita nem tão jovem quanto Maria Antonieta a rechonchuda e tediosamente meiga Maria Luísa. Porém, aquele pretendente enérgico tomará carinhosa e apaixonadamente posse imediata da noiva prometida. Ainda na mesma noite pergunta ao bispo se o casamento em Viena já lhe concedia direitos conjugais; e sem esperar pela resposta tira suas próprias conclusões: na manhã seguinte o casal já toma seu desjejum na cama. Maria Antonieta, porém, não encontrou na floresta de Compiègne um amante ou um homem, encontrou simplesmente um noivo oficial.

A SEGUNDA CERIMÔNIA DE CASAMENTO, a verdadeira, realizou-se no dia 16 de maio, em Versalhes, na capela de Luís XIV. Um ato real e oficial da dinastia cristã significa um assunto por demais íntimo, familiar, augusto e soberano para que se permita a participação do povo, ou para que este simplesmente forme alas diante das portas. Apenas sangue nobre – de famílias centenárias – tem direito de entrar na capela, e o radiante sol primaveril iluminando os vitrais coloridos, tal qual um último fanal do mundo antigo, faz cintilar, magníficos, os adornos dos brocados, as sedas brilhantes, o incomensurável fausto das estirpes ungidas. O arcebispo de Reims oficializa o matrimônio. Abençoa as treze moedas de ouro e a aliança que sela a união; o delfim coloca o anel no dedo anular de Maria Antonieta, entrega-lhe as moedas de ouro, em seguida ajoelham-se ambos para receber a bênção. Ao som do órgão, inicia-se a missa, e durante o padre-nosso ergue-se um baldaquim prateado sobre as cabeças do jovem casal. Então o rei assina o pacto do casamento, seguido por todos os parentes sanguíneos, em minuciosa ordem hierárquica. Trata-se de um documento extremamente longo, com muitas dobraduras; ainda hoje se leem naquele pergaminho amarelecido as quatro palavras em letra arrastada e desajeitada, Marie Antoinette Josepha Jeanne, escritas com esforço em letra infantil pela menina de catorze anos; e ao lado (sussurros gerais), um mau presságio: um enorme borrão de tinta escapa da pena pouco flexível de Maria Antonieta, só de sua pena, entre todos os que assinaram o documento.

Então, finda a cerimônia, permite-se de modo magnânimo que o povo saúde a festa dos monarcas. Multidões imensas – meia Paris se faz presente – rejubilam nos jardins de Versalhes, que até hoje revelam ao *profanum vulgus*[10] suas fontes e cascatas, seus caminhos sombreados e gramados; o gáudio maior virá da magnífica queima de fogos noturna, jamais vista numa corte real. No entanto, os céus apresentam seu próprio espetáculo. Nuvens escuras formam-se à tarde, num prenúncio de desgraça uma tempestade se forma, chove torrencialmente, e o povo, revoltado por perder seu espetáculo, retorna em bandos para Paris. Enquanto isso, dezenas de milhares de pessoas, tremendo de frio, fogem em tumulto pelas ruas encharcadas, impelidas pela tormenta, as árvores pesadas de chuva vergam no parque, e atrás das janelas da recém-construída *salle de spectacle*, iluminada por centenas de velas, tem início o banquete de núpcias, seguindo um rigoroso cerimonial, imune a qualquer furacão ou catástrofe natural. Pela primeira e última vez Luís XV tenta superar o esplendor e a pompa de seu grande predecessor Luís XIV. Seis mil nobres empenharam-se por um convite, não para participar do banquete, mas só para observar respeitosamente da galeria como aqueles vinte e dois membros da casa real levam os talheres à boca. Os seis mil observadores prendem a respiração para não perturbar a atmosfera solene do grandioso espetáculo; das arcadas de mármore, uma orquestra de oitenta músicos acompanha o banquete real com peças delicadas e suaves. Em seguida, sob a salva de tiros da Guarda Francesa, toda a família real caminha entre a fileira formada por nobres humildemente curvados. A cerimônia oficial chega ao fim, e ao noivo real não resta senão a obrigação de qualquer outro marido comum. Tendo à direita a delfina, à esquerda o delfim, o rei conduz o casal de crianças (juntos mal somam trinta anos) à alcova. Até dentro dos aposentos da noiva a etiqueta se faz presente, pois quem senão o rei da França em pessoa poderia entregar a camisola ao herdeiro do trono; e à delfina, quem a não ser a mais jovem recém-casada dama da corte da mais alta linhagem, nesse caso, a duquesa de Chartres? Porém, da cama propriamente dita, à

---

[10] *Profanum vulgus*: "vulgo profano".

exceção dos noivos, apenas pode aproximar-se o arcebispo de Reims, que a benze aspergindo-a com água benta.

Finalmente a corte deixa o aposento íntimo; Luís e Maria Antonieta permanecem pela primeira vez a sós como casal e sobre eles desliza o baldaquim da cama, cortina de brocados de uma tragédia invisível.

Segredo de alcova

NAQUELA CAMA A PRINCÍPIO não acontece... nada. E revela-se um duplo sentido extremamente fatal quando o jovem marido na manhã seguinte escreve em seu diário: "Rien." Nem as cerimônias da corte nem a bênção do arcebispo sobre o leito conjugal provocaram qualquer efeito sobre um impedimento embaraçoso concernente à natureza do delfim, *matrimonium non consummatum est*, o matrimônio propriamente dito não se consuma, nem hoje, nem amanhã, nem nos próximos anos. O esposo de Maria Antonieta é um *nonchalant mari*, um marido negligente; a princípio pensa-se em timidez, inexperiência ou uma *nature tardive* (diríamos hoje um retardamento infantil), que torna o rapaz de dezesseis anos incapaz diante daquela jovem encantadora. Impõe-se não apressar, não inquietar o jovem psicologicamente bloqueado, pensa a mãe experiente, e aconselha Antonieta a não levar muito a sério a decepção conjugal – "point d'humeur là dessus",[11] escreve ela em maio de 1771, e sugere à filha "caresses cajolis", carícias, afagos, mas, por outro lado, certa moderação: "trop d'empressement gâterait le tout."[12] Porém, quando a situação já dura um ano, dois anos, a imperatriz começa a preocupar-se com essa "conduite si étrange"[13] do jovem esposo. Não se duvide de sua boa vontade, pois mês após mês o delfim mostra-se cada vez mais carinhoso com sua graciosa esposa; incansável, renova suas visitas noturnas, suas tentativas fracassadas; contudo, no último e decisivo carinho, tolhe-o uma espécie de *maudit*

---

[11] "Nada de piadas a esse respeito."
[12] "Muita pressa estragaria tudo."
[13] "Conduta tão estranha".

charme,[14] um misterioso e fatal distúrbio. A inexperiente Maria Antonieta imagina ser aquilo apenas "maladresse et jeunesse", apenas inabilidade e juventude; em sua inexperiência, a pobre jovem contesta categoricamente "os rumores maldosos que circulam por aqui". Todavia, agora a mãe toma as rédeas do assunto. Solicita a presença do médico da corte, Van Swieten, e o consulta a respeito da "froideur extraordinaire du dauphin".[15] O médico dá de ombros. Se uma jovem com tais encantos não consegue excitar o delfim, nenhuma droga medicinal fará efeito. Maria Teresa envia cartas e mais cartas a Paris. Finalmente o rei Luís XV, experiente e versado nessas questões, chama o neto às falas; o médico da corte francesa, Lassone, é convocado, submete-se o triste amante a um exame e comprova-se então que a impotência do delfim não é de causa psicológica, e sim provocada por um insignificante defeito orgânico (uma fimose): "Quien dice que el frenillo sujeta tanto et prepucio que no cede a la introduccion y causa un dolor vivo en el, por el qual se retrahe S.M. del impulso que conviniera. Quien supone que el dicho prepucio esta tan cerrado que no puede explayarse para la dilatacion de la punta o cabeza de la parte, en virtud de lo que no llegua la ereccion al punto de elasticidad neccessaria." (Relatório confidencial do embaixador espanhol.)[16] Seguem-se agora consultas e aconselhamentos para decidir se o cirurgião deve interferir com o bisturi – "pour lui rendre la voix",[17] tal qual sussurra-se cinicamente nas antecâmaras. A própria Maria Antonieta, esclarecida agora por suas amigas mais experientes, faz o possível para convencer seu esposo à cura cirúrgica. ("Je travaille à le déterminer à la petite opération, dont on a déjà parlé et que je crois nécessaire",[18] em carta à mãe, de 1775.) Luís XVI, todavia – o delfim

---

[14] "Encantamento maldito".

[15] "Extraordinária frieza do delfim".

[16] "Diz que a membrana aperta de tal forma o prepúcio que não cede, na introdução, e nele causa uma dor vívida, que por isso se retrai S.M. do impulso conveniente. Que supõe que o dito prepúcio está tão fechado que não pode se expandir para a dilatação da ponta ou cabeça da parte, em virtude do que não chega a ereção ao ponto de elasticidade necessária."

[17] Literalmente, "para lhe dar voz"; "para liberá-la".

[18] "Esforço-me para convencê-lo a fazer a pequena operação, da qual já falamos e que julgo ser necessária."

Segredo de alcova

entrementes já se tornou rei, porém não tomara a esposa como mulher após cinco anos –, conforme seu caráter vacilante, não consegue decidir-se a nenhuma ação enérgica. Hesita e titubeia, tenta e experimenta; no entanto, a situação terrível, asquerosa e ridícula das eternas tentativas e dos fracassos eternos, para humilhação de Maria Antonieta, para escárnio de toda a corte, para a cólera de Maria Teresa, para vexame de Luís XVI, dura mais dois anos, no total; portanto, sete terríveis anos, até que, finalmente, o imperador José viaja pessoalmente a Paris para convencer seu pouco destemido cunhado à operação. Somente então esse triste César do amor consegue atravessar o Rubicão com sucesso. Contudo, o reino psíquico, enfim conquistado, já está devastado por sete anos de lutas ridículas, pelas duas mil noites nas quais, como mulher e esposa, Maria Antonieta sofreu a extrema humilhação de seu sexo.

NÃO TERIA SIDO POSSÍVEL (pergunta-se talvez algum espírito sensível) deixar de mencionar esse melindroso e sagrado segredo de alcova? Não teria sido suficiente dissimular o fracasso real, até mesmo ocultá-lo, esquivar-se com timidez da tragédia do leito conjugal e, quando muito, veladamente, à boca pequena, mencionar a "maternidade não alcançada"? Seria realmente imprescindível a ênfase de tais pormenores íntimos para uma descrição de caráter? Na verdade, ela é imprescindível, pois todas as tensões, sujeições, obrigações e hostilidades que vão surgindo aos poucos entre o rei e a rainha, entre os pretendentes ao trono e a corte, alcançando proporções que influenciam a história, tornam-se incompreensíveis caso não se investigue diretamente sua origem. Consequências historicamente muito mais importantes do que se quer admitir originaram-se nas alcovas reais e sob os baldaquins dos leitos conjugais; em nenhum outro caso, porém, o elo lógico entre o motivo particular e seu efeito histórico-político evidencia-se de maneira tão drástica quanto nessa tragicomédia íntima, e qualquer descrição de caráter se tornaria desonesta caso ocultasse um segredo que a própria Maria Antonieta denominou *article essentiel*, o cerne de suas preocupações e aspirações.

No entanto, desvenda-se de fato um segredo ao se falar honesta e livremente da incapacidade conjugal de Luís XVI por longos anos? Absolutamente não. Apenas o século XIX, com sua doentia falsa moral em assuntos sexuais, produziu um *noli me tangere*[19] a respeito de qualquer consideração direta e desinibida sobre as relações fisiológicas. No século XVIII, contudo, como nos anteriores, não se considerava a capacidade ou a incapacidade conjugal de um rei, a fertilidade ou a infertilidade de uma rainha um assunto privado, e sim um assunto político e público, pois determinava a "sucessão do trono" e, dessa maneira, o destino de todo o país; a cama, portanto, pertencia tão notoriamente à existência humana quanto a pia batismal ou o esquife. Na correspondência entre Maria Teresa e Maria Antonieta, que passava pelas mãos do arquivista oficial e do copista, falavam francamente na época uma imperatriz da Áustria e uma rainha da França sobre todas as particularidades e contrariedades dessa incomum situação conjugal. Eloquente, Maria Teresa descreve à filha as vantagens do leito comum e faz sutis alusões femininas a fim de, habilmente, não deixar escapar nenhuma oportunidade para uma relação íntima; a filha, por sua vez, relata a ocorrência ou não do incômodo mensal, o fracasso do esposo, cada um deles "un petit mieux", e, finalmente, cheia de alegria, a gravidez. Uma ocasião, até o compositor de *Ifigênia*, Gluck, já que partiria em viagem antes do mensageiro, é encarregado de ser portador de tais novidades íntimas: no século XVIII, as coisas naturais são ainda consideradas totalmente naturais.

Porém, fosse a mãe a única ciente de tais fracassos secretos! Na verdade, todas as camareiras futricam a respeito, também todas as damas da corte, cortesãos e oficiais; os criados e as lavadeiras na corte de Versalhes sabem disso, até à própria mesa o rei tem que engolir certas piadas grosseiras. Além disso, uma vez que a incapacidade de um Bourbon de procriar representa um assunto de grande importância política tendo em vista a sucessão ao trono, todas as cortes estrangeiras ocupam-se intensamente da questão. Nos relatórios dos embaixadores prussianos, saxões, sardos

---

[19] *Noli me tangere*: "não me toques".

encontram-se considerações detalhadas do delicado assunto; o mais dedicado deles, o conde Aranda, embaixador espanhol, até suborna criados para que examinem os lençóis do leito real, à procura de vestígios daquele acontecimento fisiológico. Por toda a Europa, riem-se reis e príncipes, e ridicularizam por carta e pessoalmente aquele desajeitado colega nobre; não apenas em Versalhes, mas também por toda Paris e na França inteira, o fiasco conjugal do rei é um segredo de polichinelo. Fala-se disso nas ruas, passa de mão em mão como panfleto, e, por ocasião da nomeação do ministro Maurepas, circulam, para gáudio geral, os versos alegres:

Maurepas était impuissant,
Le Roi l'a rendu puissant,
Le Ministre reconnaissant
Dit: "Pour vous, Sire,
Ce que je désire,
D'en faire autant."[20]

Todavia, o que soa divertido tem na verdade um significado verdadeiro e perigoso. Pois esses sete anos de fracassos determinam psicologicamente o caráter do rei e da rainha e contribuem para consequências políticas que, sem o conhecimento desse fato, seriam incompreensíveis: o destino de um casamento une se aqui aos destinos do mundo.

SEM O CONHECIMENTO DE TAL DEFEITO ÍNTIMO, o estado psicológico de Luís XVI permaneceria incompreensível. Pois com clareza quase clínica seu comportamento humano mostra todas as características típicas de um complexo de inferioridade oriundo da fraqueza viril. Assim como na vida particular, falta a essa criatura reprimida também na vida pública qualquer energia para uma ação criativa. Não sabe apresentar-se em público, não

---

[20] "Maurepas era impotente, /O rei o tornou potente. /O ministro, reconhecido, /Diz: 'A vós, sire, /Desejo /o mesmo.'"

sabe demonstrar sua vontade e muito menos impô-la; desajeitado e tímido, esse ser intimamente envergonhado foge de toda e qualquer comemoração da corte, principalmente do contato com mulheres, pois esse homem, no fundo íntegro e honrado, sabe que seu infortúnio é conhecido por todos na corte, e o sorriso irônico dos que compartilham seu segredo reprime seu comportamento. Por vezes tenta impor à força certa autoridade, certa aparência de virilidade. Nessas ocasiões, exagera sempre, torna-se grosseiro, ríspido e brusco, uma típica fuga num gesto de fanfarronice que ninguém leva a sério. Porém, jamais adota uma atitude franca, natural, firme, e muito menos majestática. Como não é capaz de ser o marido na alcova, tampouco é capaz de representar o papel de rei diante dos outros.

O fato de suas inclinações pessoais se revelarem como as mais viris possíveis, a caça e o trabalho físico pesado – construiu para si uma oficina de ferreiro cuja bigorna pode ser vista ainda hoje –, não contradiz de maneira alguma aquele quadro clínico, ao contrário, somente o reforça. Pois justamente quem não é homem de fato inconscientemente gosta de desempenhar um papel viril; justamente aquele que é fraco costuma apresentar-se diante das pessoas como se fosse forte. Quando monta seu cavalo fogoso durante horas perseguindo um javali pelos bosques, quando trabalha na bigorna até cair de cansaço, a consciência de uma força apenas física compensa a fraqueza oculta: sente-se bem como Vulcano quem serve mal a Vênus. Porém, nem bem Luís veste o uniforme de gala e se mistura aos cortesãos, sente que essa força advém apenas dos músculos, não do coração, e de imediato retrai-se. Raramente ri, poucas vezes é visto realmente feliz e contente.

Todavia, esse sentimento oculto de fraqueza mostra-se da maneira mais perigosa do ponto de vista do caráter na relação psicológica com a mulher. Muitos aspectos do comportamento da esposa contrariam seu gosto pessoal. Ele não aprecia suas companhias, aborrece-o aquele constante burburinho de festa, o desperdício, a frivolidade pouco nobre. Um homem de verdade saberia pôr fim a essa situação da maneira mais rápida possível. No entanto, como poderia um homem impor-se durante o dia diante da esposa que o envergonha e que vivencia todas as noites seu desamparo e seu ridículo

Segredo de alcova

fracasso? Por ser impotente, Luís XVI torna-se totalmente indefeso diante da esposa; ao contrário, quanto mais dura a situação humilhante, tanto mais lamentável sua total dependência, sua submissão. A esposa pode exigir dele o que quiser, assim com ilimitada condescendência compensa seu íntimo complexo de culpa. Para interceder em sua vida de maneira autoritária, para impedir suas loucuras, falta-lhe qualquer coragem, que, ao fim, não representa nada mais que a expressão psicológica da potência física. Desesperados, os ministros o percebem, a mãe imperial o percebe, a corte toda percebe que, por essa trágica impotência, todo o poder recai nas mãos de uma jovem inquieta, que o desperdiça de maneira leviana. Mas um paralelogramo de forças, uma vez estabelecido num casamento, permanece inalterável como constelação psicológica, conforme dita a experiência. Mesmo quando Luís XVI se torna marido verdadeiro e pai de seus filhos, ele, que deveria ser o soberano da França, continua o indolente vassalo de Maria Antonieta, apenas por não ter sido seu esposo no devido tempo.

O FRACASSO SEXUAL DE LUÍS XVI influencia de maneira também fatídica o desenvolvimento psicológico de Maria Antonieta. De acordo com a oposição dos sexos, um mesmo distúrbio provoca sintomas opostos no caráter masculino e no feminino. Quando o homem está sujeito a distúrbios de ordem sexual, o resultado é a inibição e a insegurança; quando a entrega passiva da mulher de nada adianta, forçosamente vêm à tona uma superexcitação, a desinibição e uma vivacidade exagerada. Por natureza, Maria Antonieta é absolutamente normal, uma mulher feminina e carinhosa, destinada à maternidade, talvez esperando apenas a oportunidade de submeter-se a um homem de verdade. Contudo, a fatalidade quer que justamente ela, a mulher capaz de sentir e pronta para fazê-lo, tivesse um casamento anormal, unida a um homem que não é homem. É verdade que é apenas uma menina de catorze anos por ocasião do casamento; portanto, o irritante fiasco de seu marido ainda não deveria expressar-se como pressão psicológica; pois quem consideraria pouco natural do ponto de vista fisiológico que uma moça permanecesse virgem até os vinte e dois anos! Porém, o que nesse caso particular provoca o abalo e a perigosa agitação de seu estado de nervos é o fato de que aquele marido destinado a ela por interesses políticos não permite que ela passe esses sete anos de pseudocasamento num estado de castidade ingênua e intocada; ao contrário, durante duas mil noites, aquele homem desastrado e inibido tenta invariavelmente possuir seu corpo. Durante anos excita-lhe o marido sua sexualidade inutilmente, de maneira insatisfatória, humilhante e deprimente, sem um único momento de satisfação. Assim, não é necessário ser neurologista para determinar que a fatal vivacidade da jovem, a eterna instabilidade e o eterno descontentamento, a incessante procura de diversões e entretenimentos representam do ponto de vista clínico as consequências típicas daquela constante excitação e insatisfação sexual provocadas por seu esposo. Sem chegar a emoções profundas e atingir uma relaxante satisfação, aquela mulher ainda não conquistada após sete anos de matrimônio necessita de constante agitação em torno de si, e aos poucos aquilo que no início era apenas alegre infantilidade torna-se uma mania de divertimentos, compulsiva e doentia, escandalosa para toda a corte, que Maria Teresa e todos os amigos tentam combater em vão. Tal qual o rei substitui a virilidade mal-resolvida pelo trabalho grosseiro de ferreiro e a paixão pela caça, um esforço muscular pesado e fatigante, assim também os sentimentos da rainha, desastradamente intocados e desperdiçados, transformam-se em delicada amizade por mulheres, em namoricos com jovens cavalheiros, em vaidade e outros prazeres pessoais igualmente insatisfatórios. Noite após noite evita o leito conjugal, o triste local de sua humilhação de mulher, e enquanto seu esposo e não esposo se refaz da exaustão das caçadas, ela frequenta até as quatro, cinco horas da madrugada, salas de ópera, salões de jogos, banquetes, em companhia duvidosa, aquecendo-se em fogos estranhos, uma rainha indigna a quem coube um esposo indigno. Porém, o fato de que tal frivolidade não lhe cause alegria, que não passe de um exagero de danças e divertimentos, reflexo de uma decepção interior, fica patente em alguns momentos de melancolia irada e, mais expressamente, num brado, quando uma parenta, a duquesa de Chartres, dá à luz uma criança morta. Nessa ocasião, escreve

Segredo de alcova 45

à sua mãe: "Não obstante seja terrível, quisera eu ter chegado a esse ponto." Melhor um filho morto, ao menos um filho! Que pudesse simplesmente sair dessa situação devastadora, indigna, se pudesse ser simplesmente a mulher normal de seu marido, e não a eterna virgem após sete anos de vida comum. Quem não é capaz de entender o desespero feminino escondido por trás da mania compulsiva de diversões não consegue explicar nem compreender a transformação curiosa que ocorre quando Maria Antonieta afinal se torna mulher e mãe. De súbito os nervos se acalmam visivelmente, surge outra, uma segunda Maria Antonieta, aquela mulher comedida e obstinada, a mulher ousada da segunda parte de sua vida. Essa transformação, contudo, ocorre tarde demais. Como na época da infância, as primeiras vivências de qualquer casamento são também as mais decisivas. Décadas são incapazes de reparar aquilo que um minúsculo distúrbio provoca na fina e sensível matéria que constitui a alma. Justamente essas feridas íntimas e invisíveis do sentimento não conhecem a cura total.

Tudo isso seria apenas uma tragédia pessoal, uma fatalidade como as que ocorrem até hoje diariamente atrás de portas fechadas. Nesse caso, todavia, as consequências fatídicas de tais dissabores conjugais vão além da vida particular. Pois aqui homem e mulher são rei e rainha, sua imagem se reflete indelével no espelho côncavo, distorcido, da atenção pública; o que para outros se mantém no foro íntimo, alimenta em relação a eles o mexerico e a crítica. Uma corte tão maledicente quanto a francesa não se satisfaz naturalmente com a constatação deplorável da fatalidade e fica a farejar incessante, em busca de respostas, se Maria Antonieta não teria sua parcela de culpa na impotência do marido. Veem uma jovem mulher encantadora, altiva e coquete, uma criatura cheia de temperamento, na qual fervilha o sangue jovem, e sabem qual leito lamentável foi destinado a essa amante divinal; agora todo aquele bando de bisbilhoteiros desocupados ocupa-se de uma só questão: com quem ela trai o esposo. Justamente porque não há o que contar, a honra da rainha torna-se assunto de um frívolo falatório. Uma cavalgada com um cavalheiro qualquer, um Lauzun ou um

Coigny, e já os inúteis tagarelas o nomeiam seu amante; um passeio matinal no parque em companhia de cortesãos e cortesãs, e imediatamente são relatadas as mais incríveis orgias. Sem parar, a vida amorosa da desiludida rainha ocupa o pensamento de toda a corte; os falatórios servem de tema a canções, folhetos, panfletos e poesias pornográficas. Primeiro as damas da corte, escondidas atrás de seus leques, passam uma à outra tais versinhos venenosos; em seguida, atrevidas, saem por aí a cantá-los; depois são impressos e distribuídos entre o povo. Quando então começa a propaganda revolucionária, os jornalistas jacobinos não precisam buscar muito os argumentos para pintar Maria Antonieta como a fonte de todos os vícios, como desavergonhada criminosa, e apenas é necessário um gesto do promotor público em direção a essa caixa de Pandora cheia de calúnias galantes para fazer repousar a cabeça delgada sob a guilhotina.

No que diz respeito ao destino, à falta de sorte, à fatalidade, as consequências de um distúrbio conjugal atingem portanto os caminhos da história: a destruição da autoridade real não se iniciou na Bastilha, e sim em Versalhes. Pois não foi por acaso que a notícia do fracasso do rei e as mentiras maldosas sobre o apetite sexual da rainha saíram depressa do âmbito do palácio de Versalhes e chegaram ao conhecimento da nação inteira; de fato, isso tudo esconde razões secretas político-familiares. É que nesse palácio vivem quatro ou cinco pessoas, os parentes mais próximos, que têm interesse pessoal na desilusão conjugal de Maria Antonieta. São sobretudo os dois irmãos do rei que se comprazem extremamente com o fato de que o ridículo defeito fisiológico e o temor de Luís XVI pelo cirurgião não afetam apenas a vida normal dos cônjuges, mas também a sucessão normal à coroa, pois percebem aí uma oportunidade inesperada de subir ao trono. O irmão abaixo de Luís XVI, o conde de Provence, mais tarde Luís XVIII – alcançou seu objetivo e só Deus sabe por que caminhos tortuosos –, nunca se conformou com o fato de ter que passar a vida atrás do trono como segundo filho, em vez de sustentar o cetro real. A ausência de um herdeiro do trono o tornaria regente, até herdeiro do rei, e mal domina a impaciência. Como, no entanto, também sobre ele pairam dúvidas como marido e não tem filhos, o outro irmão, o conde de Artois, leva vantagem sobre a incapacidade do irmão mais velho de gerar filhos, pois isso torna seus filhos os legítimos herdeiros do trono. Sendo assim, ambos consideram uma felicidade o que caracteriza o infortúnio de Maria Antonieta, e quanto mais tempo durar aquela situação horrível, mais seguros sentem-se eles em relação a suas pretensões. Daí o ódio desmedido, desenfreado, quando, no sétimo ano, Maria Antonieta consegue afinal o milagre da súbita masculinidade do marido, e o relacionamento sexual entre rei e rainha se torna normal. O conde de Provence nunca perdoará Maria Antonieta por esse golpe terrível que destrói todas as esperanças; e tenta conseguir por caminhos tortuosos aquilo que não o beneficia por caminhos retos; desde que Luís XVI é pai, seu irmão e parentes se tornaram seus inimigos mais ferozes. A revolução teve boa ajuda na corte, mãos de príncipes e nobres lhe abriram as portas e depuseram as melhores armas em suas próprias mãos; esse episódio de alcova destruiu a autoridade por dentro, mais que qualquer outro acontecimento externo, levando-a à ruína. Quase sempre é um misterioso destino que atrai aquela fatalidade visível e pública, quase todo fato da história é reflexo de um conflito íntimo e pessoal. Os grandes segredos da história costumam muitas vezes deflagrar consequências imprevisíveis a partir de causas diminutas, e não seria a última vez que o distúrbio sexual temporário de um indivíduo provocava uma perturbação em todo o cosmo: a impotência de Alexandre da Sérvia, sua dependência sexual envolvendo sua libertadora, Draga Maschin, o assassinato de ambos, a nomeação da dinastia dos Karageorgevitch, o rompimento com a Áustria e a Guerra Mundial provocam igualmente um lógico e inexorável efeito dominó. Pois a história tece com teias de aranha a rede indefectível do destino; em seu mecanismo maravilhosamente construído, uma simples e pequena roda motriz põe em movimento forças terríveis; assim também um fato insignificante torna-se um fator poderoso na existência de Maria Antonieta, aquele acontecimento em aparência ridículo, das primeiras noites de seus anos conjugais, não só moldou seu caráter, mas também a configuração do mundo.

TODAVIA, BEM LONGE, ainda distante, engendra-se essa tormenta amea-çadora! As consequências e os enredamentos estavam ainda distantes no pensamento infantil daquela mocinha de quinze anos que brinca inocente com seu companheiro desajeitado e, com seu pequenino coração palpi-tante e os olhos claros e curiosos, imagina sorrindo galgar os degraus do trono – e, no fim, lá está a guilhotina. Mas a quem o destino funesto foi designado, os deuses não conferem nenhum sinal ou indício. De maneira ingênua e cândida permitem que a criatura siga adiante em seu caminho, e então o destino a alcança.

Estreia em Versalhes

AINDA HOJE VERSALHES aparenta ser o mais magnífico e desafiador gesto da autocracia. Sem qualquer motivo visível, ergue-se, afastado da capital, no meio da paisagem, sobre uma colina artificial, um gigantesco palácio, e dirige seu olhar pela imensidão, através de centenas de janelas, sobre canais construídos artificialmente e jardins artisticamente recortados. Nenhum rio corre por ali levando comércio ou transformações, nenhuma rua ou estrada aí se entrecruza; ao acaso, capricho de pedra de um grande soberano, o palácio exibe a olhares admirados seu magnífico esplendor absurdamente excessivo.

Justamente isso era o que almejava o desejo cesáreo de Luís XIV: erigir um altar resplandecente ao seu próprio orgulho, ao seu pendor pela autoidolatria. Autocrata decidido, onipotente, logrou êxito ao impor unidade ao país dividido; ao reino, a ordem; a uma sociedade, a moral; a uma corte, a etiqueta; a uma crença, a unidade; à língua, a pureza. Esse desejo de unidade emanava de sua pessoa, e deveria então refluir à sua pessoa todo o brilho. "Onde estou está o Estado", onde habito está o centro da França, o umbigo do mundo. Para simbolizar essa absoluta incondicionalidade de sua posição, o Rei Sol transporta deliberadamente seu palácio para fora de Paris. Ao construir sua residência num lugar totalmente ermo, enfatiza que um rei da França não precisa da cidade, dos cidadãos e da massa como sustentáculo ou pretexto de seu poder. Basta que estenda o braço e ordene, logo surgem no terreno pantanoso e areento os jardins e os bosques, cascatas e grutas, o mais maravilhoso e grandioso palácio; desse ponto astronômico, escolhido ao seu arbítrio, ocorrerá a partir de agora o nascer e o pôr do sol de seu reino. Versalhes foi construído para mostrar à França que o povo nada é, e o rei é tudo.

Porém, a força criadora permanece sempre aliada à pessoa que a possui; apenas a coroa passa adiante, não o poder, a majestade nela implícita. Almas estreitas, pobres de sentimentos e hedonistas, pouco criativas, nas figuras de Luís XV e Luís XVI, herdam o amplo palácio, o grande reino conquistado. Exteriormente nada se altera sob seu governo: as fronteiras, a língua, a moral, a religião, o Exército; aquela mão decidida tinha-lhes fortemente cunhado as formas para que não desaparecessem por cem anos; logo, porém, falta conteúdo às formas, a matéria incandescente do impulso criador. Como imagem, Versalhes não se transforma sob o reinado de Luís XV, apenas como significado: ainda circulam três, quatro mil criados em librés luxuosas pelos corredores e pátios, ainda se abrigam dois mil cavalos nas estrebarias; com suas dobradiças bem azeitadas, ainda funciona o aparelho artificial da etiqueta em todos os bailes, recepções, salões e mascaradas, ainda desfilam os cavalheiros e as damas pelos salões de espelhos e aposentos dourados, vestindo roupas de brocados, sedas cobertas de pedrarias, essa corte ainda é a mais famosa, mais requintada e cultivada da Europa na época. Contudo, o que antes fora expressão de poder absoluto, há muito é um mecanismo vazio, sem alma e sem sentido. Novamente um Luís é rei, porém não mais um soberano, e sim um apático conquistador de mulheres; também ele reúne arcebispos, ministros, generais, arquitetos, poetas e músicos na corte, entretanto, como não é um Luís XIV, aqueles não chegam aos pés de Bossuet, Turennes, Richelieu, Mansart, Colbert, Racine e Corneille, são um bando de ambiciosos, espertalhões, intrigantes que só quer usufruir sem nada criar, parasitas do passado, em vez de mantê-lo vivo com força de vontade e espírito. Nessa estufa de mármore não mais se elaboram planos ousados, decisões inovadoras, obras poéticas, apenas crescem as ervas dos pântanos, a intriga e a galanteria vicejam por aqui. Não mais é a capacidade que decide, mas a cabala; nada de mérito, e sim a patronagem. Quem consegue se curvar mais quando a Pompadour ou a Du Barry se levantam alcança as mais altas posições; a palavra vale mais que a ação, a aparência mais que a essência. Umas para as outras,

Estreia em Versalhes

num eterno incesto, essas pessoas representam inutilmente seus papéis com a maior graça, como reis, estadistas, sacerdotes, generais; a França e a realeza foram esquecidas, pensam somente em si mesmas, em suas carreiras, seu prazer. Versalhes, imaginado por Luís XIV como o *forum maximum* da Europa, rebaixa-se sob o reino de Luís XV a um teatro de e para amadores aristocráticos, porém, o mais artístico e caro que o mundo jamais conheceu.

NESSE PALCO MAGNÍFICO, surge agora pela primeira vez, com o passo inseguro de debutante, uma moça de quinze anos. Ela representa de início apenas um pequeno papel experimental: o de delfina, herdeira do trono. Porém, o público aristocrático sabe que estará destinado mais tarde a essa pequena arquiduquesa da Áustria o papel principal em Versalhes, o papel de rainha; por isso, imediatamente após sua chegada, todos os olhares se concentram nela. A primeira impressão é excelente, há muito não se via uma jovem tão cativante, a encantadora figura esbelta como uma estatueta de Sèvres, a cútis de porcelana pintada, vivos olhos azuis, uma boca brejeira, travessa, que sabe gargalhar da maneira mais infantil ou expressar um gracioso enfado. Porte impecável, passos gentis, encantadores ao dançar, no entanto – não por acaso se é filha de uma imperatriz –, um andar firme e altivo ao passar pela galeria de espelhos, cumprimentando à direita e à esquerda sem timidez. As damas da corte, que na ausência de uma prima-dona ainda se outorgavam o papel de protagonistas, com mal disfarçado aborrecimento reconhecem na menina esguia ainda por desabrochar a rival vitoriosa. Aquela rígida sociedade da corte, porém, admite unânime apenas uma falha de comportamento: a criança de quinze anos tem o curioso desejo de nunca percorrer esses salões sagrados com um andar ereto, e sim de maneira naturalmente infantil; travessa por natureza, a pequena Maria Antonieta corre com sua saia esvoaçante em brincadeiras com os irmãos mais novos de seu esposo; ainda não consegue adaptar-se ao ritmo contido, à fria moderação que se exige sempre da esposa de um príncipe real. Sabe comportar-se impecavelmente em grandes ocasiões, uma vez que foi criada sob uma etiqueta também pomposa, a etiqueta hispano-habsburguesa. No palácio de Viena e em Schönbrunn era costume comportar-se de maneira assim formal em grandes solenidades, em recepções; o cerimonial era exibido como um vestido de gala, posto de lado tão logo a guarda húngara fechava as portas atrás dos convivas. Então relaxavam, num ambiente aconchegante e familiar, as crianças podiam brincar alegremente e divertir-se; em Schönbrunn, utilizava-se a etiqueta, porém, não se sujeitavam a ela de maneira submissa como a um deus. Aqui, todavia, nessa corte pretensiosa e antiquada, não se vive para viver, só para representar, e quanto mais alta a posição tanto maiores são as regras. Assim, por Deus, nunca um gesto espontâneo, jamais comportar-se naturalmente, isso seria uma violação irreparável dos bons costumes. De manhã à noite, de noite e de dia, somente comportamento, postura, compostura, caso contrário reclamariam os impiedosos cortesãos de plantão, cuja existência se resume a viver nesse teatro e unicamente por esse teatro.

Maria Antonieta, seja como menina, seja como rainha, nunca teve a mínima complacência com essa terrível seriedade gravitacional, esse endeusamento do cerimonial em Versalhes; não entende nem jamais entenderá a extrema importância que as pessoas conferem aqui a um aceno de cabeça, a um andar hierárquico à frente dos outros. Caprichosa por natureza, teimosa e sobretudo francamente sincera, odeia qualquer tipo de restrição; como típica austríaca, quer ficar à vontade, viver à vontade, sem precisar conviver sempre com essa insuportável encenação e afetação. Assim como em casa fugia aos deveres da educação, também aqui tenta escapar à vigilância de sua severa dama de companhia, Mme de Noailles – a quem chama sarcasticamente de "Madame Etiqueta". Inconscientemente, essa criança tão cedo destinada à política deseja apenas aquilo que o esplendor de sua posição lhe nega: viver alguns anos de genuína infância.

UMA PRINCESA, TODAVIA, não deve nem pode mais ser uma criança: todos se unem no intuito de fazê-la lembrar-se do compromisso com uma dignidade inabalável. Ao lado da tutora principal, muito religiosa, sua educação cabe às três tias, às filhas de Luís XV, três solteironas beatas e maldosas, cuja virtude não é contestada nem mesmo pelas línguas mais viperinas. Mme Adélaïde, Mme Victoire, Mme Sophie, essas três parcas dedicam-se de maneira aparentemente simpática a Maria Antonieta, a esposa desprezada pelo marido; entre as paredes de seu boudoir iniciam-na nas estratégias da guerrilha da corte, lá ela deve aprender a arte da *médisance*, das maldades pérfidas, das intrigas obscuras, a técnica das pequenas alfinetadas. A princípio, essas lições divertem a pequena e inexperiente Maria Antonieta, ingenuamente repete os *bons-mots*[21] apimentados, no fundo, porém, sua sinceridade inata rebela-se contra tais maldades. Para sua infelicidade, Maria Antonieta nunca aprendeu a fingir, ocultar seus sentimentos, seja ódio ou afeição, e por puro instinto logo se liberta da tutela das tias: essa desonestidade contraria sua maneira de ser franca e desinibida. Também a condessa de Noailles tem pouca sorte com a aluna. O temperamento indomável da jovem de quinze, de dezesseis anos rebela-se continuamente contra a *mesure*,[22] contra o cronograma diário preestabelecido, sempre submetido a determinado parágrafo do manual de etiquetas. No entanto, nada pode ser mudado em relação a isso. Assim, ela descreve seu dia: "Levanto-me às nove e meia ou às dez, visto-me e faço minha oração matinal. Em seguida, tomo o desjejum e vou até as tias, onde geralmente encontro o rei. Isso dura até as dez e meia. Depois, às onze horas, arrumo os cabelos. À hora do almoço, chamam meu entourage, e todos podem entrar, menos aqueles sem posição e nome. Passo carmim nos lábios e lavo as mãos diante dos presentes, em seguida os homens se afastam, as damas permanecem e visto-me em sua presença. Ao meio-dia, missa. Se o rei está em Versalhes, vou com ele, meu esposo e as tias à igreja. Se não está presente, vou sozinha com o senhor delfim, mas sempre à mesma hora. Depois da missa, almoçamos os dois, em público, e o almoço termina à uma e meia, pois ambos comemos muito rapidamente. Depois vou ter com o senhor delfim e, se está ocupado, retorno a meus aposentos,

---

[21] *Bons-mots*: "Ditos espirituosos".
[22] *Mesure*: "medida", "moderação".

leio, escrevo ou trabalho, pois estou bordando um casaco para o rei, mas o progresso é lento; espero, porém, com a ajuda de Deus, que fique pronto dentro de alguns anos. Às três horas vou novamente até as tias, para onde o rei se dirige a essa hora; às quatro visita-me o abade, às cinco o professor de piano e o de música, até às seis horas. Às seis e meia vou ter quase sempre com as tias, caso não dê um passeio. Deves saber que meu esposo quase sempre me acompanha até as tias. Das sete às nove horas, joga-se, mas em dias bonitos vou passear, e então o jogo não acontece em meus aposentos, e sim nas acomodações das tias. Às nove jantamos, e, quando o rei não se encontra aqui, as tias jantam conosco. Quando, porém, ele está presente, juntamo-nos a elas depois do jantar. Aguardamos o rei, que geralmente chega às quinze para as onze. Eu, contudo, deito-me nesse ínterim sobre um grande canapé e durmo até a chegada do rei; mas quando ele não está, vamos dormir às onze horas. Assim transcorre o meu dia."

Não resta muito espaço para diversões nesse cronograma, porém, é justamente por isso que seu coração inquieto anseia. O borbulhante sangue juvenil que lhe corre nas veias quer divertir-se, ela quer brincar, fazer estrepolias, contudo, imediatamente "Madame Etiqueta" ergue o dedo severo e adverte sobre isso e aquilo, na verdade, tudo que Maria Antonieta deseja seria inconciliável com a posição de uma delfina. Pior ainda são as restrições a ela impostas pelo abade Vermond, seu antigo preceptor, agora seu confessor e leitor. De fato, Maria Antonieta ainda teria que aprender muitíssimo, pois sua educação está bastante abaixo da média: aos quinze anos, praticamente já esqueceu seu alemão e ainda não domina totalmente o francês, sua caligrafia é terrivelmente canhestra, em seu estilo vicejam as impropriedades e os erros ortográficos; ainda necessita da ajuda do prestimoso abade para escrever suas cartas. Além disso, ele deve ler em voz alta para ela durante uma hora e obrigá-la também à leitura, pois Maria Teresa nunca deixa de perguntar por tais sessões. O fato é que não dá grande crédito às notícias de que sua Toinette realmente lê e escreve todas as tardes. "Tenta encher tua cabeça com boas leituras", adverte a mãe, "isso é mais necessário para ti do que para qualquer outra pessoa. Aguardo há dois meses pela lista do abade e temo que não te dediques seriamente a isso, os burros e cavalos fizeram com que te esquecesses do tempo destinado aos livros. Não te descuides dessa ocupação agora no inverno, pois não dominas realmente nenhuma outra, seja a música seja o desenho, a dança, a pintura ou qualquer outra das demais belas-artes." Infelizmente Maria Teresa tem razão em seus temores, pois de maneira tão ingênua quanto habilidosa Maria Antonieta consegue dominar tão completamente o abade Vermond – não se pode forçar ou castigar uma delfina! – que a hora de leitura torna-se de fato uma hora de conversa; Maria Antonieta aprende pouco ou quase nada, e nem a insistência da mãe consegue obrigá-la a dedicar-se seriamente a uma ocupação. Seu desenvolvimento progressivo, saudável, fora perturbado pela imposição do casamento precoce. Mulher apenas pelo título, na realidade ainda uma criança, Maria Antonieta deve representar com majestade a dignidade de sua posição e, por outro lado, recuperar num banco escolar o atraso de seus conhecimentos, ainda de nível elementar; ora tratam-na como grande dama, ora é repreendida como uma colegial imatura; a dama de honra exige dela a representação, as tias impõem-lhe a intriga, a mãe a educação; seu jovem coração, porém, nada mais deseja do que viver e ser jovem, e pelas contradições de sua idade e posição, da própria vontade e da vontade dos outros, surge naquele caráter em si correto incontrolável inquietação e impaciência, o anseio de liberdade que determinará mais tarde, tão fatidicamente, o destino de Maria Antonieta.

MARIA TERESA TEM CONHECIMENTO dessa posição perigosa e arriscada de sua filha na corte estrangeira, sabe também que essa criatura jovem demais, pouco séria e inquieta, nunca será capaz de evitar por instinto próprio todas aquelas armadilhas da intriga e os obstáculos da política palaciana. Assim, convoca para a filha o melhor homem que possui dentre os diplomatas, o conde de Mercy, como fiel conselheiro. "Temo", escreveu-lhe ela com maravilhosa franqueza, "o excesso de juventude de minha filha, o exagero de adulação ao seu redor, sua indolência e a ausência de disposição para uma atividade séria, e, como confio plenamente no senhor, encarrego-o de zelar por ela a fim de que não caia em mãos indignas." A imperatriz não poderia ter feito melhor escolha. Belga de nascimento, porém totalmente devotado à monarca, um homem da corte sem ser cortesão, calculista sem ser frio, inteligente sem ser genial, esse celibatário rico e desprendido, que nada mais deseja na vida do que servir completamente à soberana, aceita a função de protetor com o máximo tato e fidelidade comovente. Em aparência embaixador da imperatriz na corte de Versalhes, na verdade apenas é o olho, o ouvido, a mão prestimosa da mãe: como através de um telescópio, graças a seus relatórios minuciosos Maria Teresa pode observar a filha a partir de Schönbrunn. Sabe cada palavra pronunciada por ela, cada livro que lê, ou melhor, não lê, conhece cada vestido que veste, toma conhecimento de como Maria Antonieta passa ou desperdiça cada dia, com que pessoas conversa, quais erros comete, pois Mercy montou com grande habilidade uma rede de malhas estreitas em torno de sua protegida. "Tenho em minhas mãos três pessoas da criadagem da arquiduquesa, faço Vermond observá-la dia após dia e sei pela marquesa Durfort cada palavra que conversa com as tias. Possuo ainda muitos artifícios para fazer chegar a mim tudo que acontece junto ao rei quando a delfina lá se encontra. Além disso, acrescento minhas próprias observações, assim não há sequer uma hora do dia de que eu não possa prestar contas acerca do que ela fez, disse ou ouviu. E sempre amplio minhas observações de modo a conceder à Sua Majestade toda a tranquilidade necessária." Esse fiel servidor relata tudo o que ouve e observa com sinceridade implacável. Uma vez que o roubo mútuo de correspondências representava na ocasião a maior arte da diplomacia, mensageiros especiais transportam esses relatórios íntimos, destinados exclusivamente a Maria Teresa, pois graças a envelopes selados com a inscrição *tibi soli*[23] tais relatos não chegam nem às mãos do secretário de Estado e do imperador José. Por vezes, de fato, a inocente Maria Antonieta surpreende-se quão rápida e detalhadamente estão cientes em Schönbrunn de todas as particularidades de sua vida, porém, jamais imagina que esse senhor grisalho, paternal

---

[23] *Tibi soli*: "confidencial", "só para vós".

Estreia em Versalhes

e simpático, é o espião de sua mãe, e que as cartas cheias de exortações, misteriosamente oniscientes de sua mãe, foram solicitadas e coordenadas pelo próprio Mercy. Pois este não possui nenhum outro instrumento para influenciar aquela moça indomável além da autoridade materna. Como embaixador de uma corte estrangeira, embora amiga, não lhe é permitido ditar regras de conduta moral à esposa do herdeiro do trono, não pode dar-se ao atrevimento de querer educar ou influenciar a futura rainha da França. Assim, cada vez que tenta conseguir algo, solicita uma daquelas cartas severas, porém amorosas, que Maria Antonieta recebe e abre cheia de palpitações. Submissa a ninguém mais no mundo, essa criança leviana sente um sagrado respeito quando ouve a voz da mãe – mesmo que seja por uma carta; curva respeitosamente a cabeça mesmo diante da mais severa reprimenda. Graças a essa vigilância incessante, Maria Antonieta está protegida nos primeiros anos do perigo mais grave: sua própria exuberância. Outro espírito, um espírito mais forte, a grande e perspicaz inteligência de sua mãe, pensa por ela, uma seriedade decidida zela por sua leviandade. E a mãe tenta redimir-se com mil preocupações por aquilo que a imperatriz deve a Maria Antonieta ao sacrificar essa vida tão jovem às razões de Estado.

Bondosa, calorosa e indolente, Maria Antonieta, a criança, na verdade não nutre nenhuma antipatia por todas essas pessoas. Estima bastante o avô do marido, Luís XV, que a mima com carinho, dá-se razoavelmente bem com as velhas solteironas e com "Madame Etiqueta", tem confiança no bom confessor Vermond e um apreço de infantil respeito pelo amigo silencioso e cordial de sua mãe, o embaixador Mercy. Mas... Mas são todos velhos, todos eles sérios, comedidos, solenes, cerimoniosos, e ela, a menina de quinze anos, gostaria muito de ter uma amizade espontânea, alegre e confiável; gostaria de ter companheiros de folguedos, e não apenas preceptores, tutores e educadores; sua juventude anseia por juventude. Porém, com quem compartilhar a alegria nessa casa terrivelmente solene, de mármore frio, com quem brincar aqui? De acordo com a idade, o mais adequado parceiro de brincadeiras a acompanharia de bom grado, seu próprio marido, apenas um ano mais velho que ela. Todavia, mal-humorado, encabulado e de tanto acanhamento por vezes até grosseiro, esse companheiro desajeitado foge de qualquer intimidade com a jovem mulher; também nunca demonstrou o mínimo desejo de ter sido desposado tão cedo, e é necessário um longo tempo para que finalmente se decida a ser razoavelmente gentil com aquela desconhecida. Assim, restam apenas os irmãos mais jovens do marido, os condes de Provence e de Artois; com os rapazes de catorze e treze anos, Maria Antonieta entrega-se por vezes a um prazer infantil, tomam roupas emprestadas e brincam secretamente de teatro; no entanto, tudo precisa ser rapidamente escondido tão logo se aproxime "Madame Etiqueta"; uma delfina não deve ser surpreendida em meio a brincadeiras! Essa criança indomada, porém, necessita de algo para poder ser alegre, carinhosa; numa ocasião solicita ao embaixador que lhe enviem um cãozinho de Viena, "un chien mops";[24] em outra, a severa governanta descobre que a esposa do herdeiro da França – assombro! – mandou trazer a seus aposentos os dois filhos pequenos de uma arrumadeira e sem dar atenção às lindas roupas rola e brinca com eles pelo chão. Da primeira à última hora, a alma humana livre e espontânea de Maria Antonieta luta contra a artificialidade desse ambiente herdado pelo casamento, contra a falta de naturalidade patética dessas pessoas engomadas em suas crinolinas e espartilhos. A vienense despreocupada e leviana sempre se sentiu uma estranha naquele pomposo palácio de Versalhes com suas mil janelas.

---

[24] "Um cão da raça pug", "um cão de raça pequena".

A batalha por uma palavra

"Não te intrometas na política, não te imiscuas nos assuntos alheios", repete Maria Teresa desde o início à filha – na verdade, advertência desnecessária, pois para a jovem Maria Antonieta nada além de seu próprio prazer é importante nesse mundo. Todas as coisas que exigem uma reflexão profunda ou um raciocínio sistemático aborrecem de modo indescritível a jovem mulher apaixonada por si mesma; de fato, é totalmente contra sua vontade que logo nos primeiros anos se veja no meio daquela guerrinha lastimável de intrigas que substitui na corte de Luís XV a abrangente política de Estado de seu predecessor. Logo à chegada, encontra Versalhes dividido em dois partidos. A rainha há muito está morta, e assim, por direito, o primeiro posto feminino e toda autoridade pertencem às três filhas do rei. Porém, desajeitadas, simplórias e pedantes, essas três damas intrigantes e beatas não sabem utilizar sua posição senão para sentar-se à missa na primeira fileira e ter a precedência durante as recepções. Solteironas maçantes e rabugentas, não exercem qualquer influência sobre seu real pai, que apenas almeja seu próprio prazer, e isso de forma sensual, grosseira, até indelicada; como não possuem poder algum, nenhuma influência, como não distribuem cargos, nem sequer o mais simples dos cortesãos empenha-se por seus favores, e todo o brilho, toda a honra recai sobre aquela que pouco tem a ver com a honra: a última amante do rei, Mme du Barry. Oriunda da mais inferior camada do povo, de obscura vida pregressa e, caso se deva dar crédito aos rumores, chegando ao leito real após estágio em uma casa de tolerância, a fim de obter certo ar de legitimidade na corte conseguiu que seu amante fraco lhe arranjasse um marido nobre, o conde du Barry, um homem complacente que desaparece para sempre um dia após o casamento de mentira. Não obstante, seu nome tornou-se digno da corte por causa daquela mulher de vida fácil. Pela segunda vez foi encenada diante dos olhos de toda a Europa a farsa ridícula e humilhante de um rei cristão que anuncia sua notória favorita oficialmente como uma dama nobre desconhecida, fazendo-a apresentar-se à corte. Legitimada por tal recepção, a amante do rei mora no Grand Palais, a uma distância de apenas três aposentos das filhas escandalizadas, em acomodações ligadas aos aposentos reais por uma escada construída apenas para esse fim. Com seu corpo bem-treinado e com o de meninas inexperientes, bonitas e solícitas que leva ao velho sátiro para alegrá-lo, domina completamente o erótico mas senil Luís XV; nenhum caminho que não passe primeiro por seu salão leva à mercê do rei. Naturalmente todos os nobres a cortejam, pois ela detém o poder nas mãos; os embaixadores de todos os soberanos aguardam respeitosos em sua antecâmara, reis e príncipes enviam-lhe presentes; ela pode demitir ministros, distribuir cargos, pode mandar construir castelos para si, dispor do tesouro real; pesados colares de brilhante fulguram em seu farto pescoço, anéis imensos cintilam em seus dedos beijados com reverência por todas as eminências, príncipes e aduladores, e, invisível, brilha-lhe a coroa sobre os fartos cabelos castanhos.

Toda a luz dos favores reais recai sobre essa ilegítima soberana do leito, toda a adulação e a veneração envolvem essa amante atrevida que se pavoneia, mais prepotente que qualquer rainha. Nos aposentos ao fundo, porém, moram as rabugentas filhas do rei, a choramingar e lamentar a presença da insolente meretriz que cobre de vergonha a corte toda, que torna seu pai ridículo, o governo impotente, e impossível qualquer vida familiar cristã. Com todo o ódio de sua virtude involuntária – o único bem que possuem, pois são destituídas de graça, espírito e dignidade –, essas três filhas odeiam a prostituta babilônica que, em lugar de sua mãe, recebe as honras de rainha; de manhã à noite não têm outro pensamento senão ridicularizá-la, desprezá-la e prejudicá-la.

Surge então na corte, que benfazejo sopro da fortuna, aquela criança estrangeira, de nobre estirpe, Maria Antonieta, de quinze anos apenas, mas que, pela posição que lhe cabe como futura rainha, ocupa de direito o lugar da primeira dama da corte. Promover a intriga entre ela e a Du Barry torna-se tarefa mais do que bem-vinda para as três solteironas, e desde o primeiro instante empenham-se em instigar a menina despreparada e ingênua. Ela deve dar o primeiro passo, dizem, enquanto elas próprias permanecem à sombra; ela deve ajudar a abater aquele animal impuro. Assim sendo, carinhosamente atraem a princesinha para seu círculo. Sem que perceba, após poucas semanas Maria Antonieta está envolvida numa batalha impiedosa.

AO CHEGAR, MARIA ANTONIETA não tinha conhecimento da existência nem da posição singular de certa Mme du Barry. Na rígida corte de Maria Teresa desconhecia-se de todo o significado de uma amante real. Maria Antonieta apenas notara, no primeiro banquete, entre outras damas da corte, uma senhora de seios fartos, roupas chamativas, com joias valiosíssimas, que a observa com curiosidade por sobre a mesa, e ouve que a chamam de "condessa", condessa du Barry. Contudo, as tias, que de pronto se encarregam da moça inexperiente, esclarecem-na intencionalmente sobre tudo, pois algumas semanas depois Maria Antonieta já escreve à mãe a respeito da "sotte et impertinente créature".[25] Sem refletir, em alto e bom som repete todas as observações maldosas e maliciosas que as queridas tias lhe assopram nos ouvidos inexperientes. Então, aquela corte entediada e sempre ávida por sensacionalismos assiste a um espetáculo magnífico, pois Maria Antonieta pôs na cabeça – ou melhor, as tias incutiram-lhe isso – podar pela raiz a intrusa desavergonhada que se comporta como um pavão. Segundo a lei férrea da etiqueta em Versalhes, nunca uma dama de posição inferior pode dirigir a palavra a uma dama de posição superior, mas deve esperar respeitosamente que esta lhe dirija a palavra. Claro, na ausência de uma rainha, a delfina é hierarquicamente superior, e usa e abusa desse direito. Fria, sorridente e provocadora, faz

---

[25] "Criatura estúpida e impertinente".

a condessa du Barry esperar longo tempo por uma palavra sua; durante semanas, meses, deixa a impaciente condessa na ávida expectativa de uma só palavra. Claro, os mexeriqueiros e aduladores logo percebem o jogo e sentem imenso prazer nesse duelo infernal, a corte toda se aquece com prazer no fogo preparado com cuidado pelas tias. Todos voltam seu olhar atento para a Du Barry, que, com ira mal contida, sentada entre as outras damas da corte, é obrigada a assistir como aquela menina de cachos loiros conversa longa e alegremente, talvez de maneira premeditada troca palavras com todas as damas; só em relação a ela Maria Antonieta faz sempre um muxoxo com a boca típica dos Habsburgo, não pronuncia uma palavra sequer e olha a condessa coberta de diamantes como se ela fosse vidro transparente.

Todavia, na verdade, a Du Barry não é má pessoa. Como típica mulher do povo, possui todas as qualidades das camadas inferiores, certo espírito bonachão próprio dos arrivistas sociais, uma jovialidade amigável para todos que a tratam bem. Por vaidade, facilmente torna-se cortês com quem a lisonjeia; descuidada e generosa, acolhe de bom grado quem lhe faz algum pedido; de modo algum é uma mulher cruel ou invejosa. Todavia, por ter ascendido depressa das camadas mais baixas, a Du Barry não se contenta em farejar o poder, deseja também usufruí-lo de modo palpável e visível; vaidosa e exuberante, quer refestelar-se em seu brilho ilícito e principalmente quer que aceitem seu poder como lícito. Quer sentar-se à primeira fila das damas da corte, quer enfeitar-se com os mais belos brilhantes, possuir os vestidos mais luxuosos, as carruagens mais lindas, os cavalos mais velozes. Tudo isso lhe é concedido sem esforço algum por aquele homem de caráter fraco, sexualmente dependente dela. Nada lhe é recusado. No entanto – tragicomédia de todo poder ilegítimo, ela ocorre até com um Napoleão! –, sua última e máxima ambição é justamente ser reconhecida pelo poder legítimo. Assim, embora adulada por todos os príncipes, mimada por todos os cortesãos, a condessa du Barry, apesar de todos os desejos realizados, tem ainda outro desejo: o de ter sua existência reconhecida pela primeira dama da corte, ser recebida calorosa e amigavelmente pela arquiduquesa da casa de Habsburgo. Todavia, não

A batalha por uma palavra

basta que aquela "petite rousse"[26] (assim ela chama Maria Antonieta em sua ira incontida), aquela tolinha de dezesseis anos que nem sabe falar francês direito, que nem consegue realizar o feito insignificante de convencer seu próprio marido a cumprir seu dever conjugal, não basta que essa virgenzinha involuntária franza os lábios e a ignore diante de toda a corte; ela ousa divertir-se aberta e despudoradamente à sua custa, à custa dela, da mulher mais poderosa da corte. Isso não, isso ela não pode admitir de maneira alguma!

O DIREITO NESSA DISPUTA HOMÉRICA está incontestavelmente do lado de Maria Antonieta. É sua a posição hierárquica superior, ela não precisa falar com a "dama", com aquela condessa que, como tal, está abaixo da esposa do herdeiro do trono, embora diamantes no valor de sete milhões lampejem sobre seu seio. Contudo, por trás da Du Barry situa-se o poder propriamente dito: ela tem o rei nas mãos. Já próximo do degrau mais baixo de sua decadência moral, totalmente indiferente em relação ao Estado, à família, aos súditos e ao mundo, um cínico presunçoso – "Après moi, le déluge"[27] –, Luís XV deseja apenas e somente sua tranquilidade e seu prazer. Deixa que tudo siga ao acaso, seja como for, não se incomoda com os bons modos e costumes em sua corte, sabendo decerto que, caso contrário, deveria começar a mudança em si mesmo. Já governou o bastante, que tudo ao seu redor ou atrás de si vá à breca. Por tal razão, a súbita eclosão da guerrinha entre as mulheres perturba-lhe terrivelmente o sossego! Segundo seus princípios epicuristas, de preferência não gostaria de imiscuir-se naquilo. A Du Barry, contudo, não cessa de encher-lhe os ouvidos; ela não se rebaixaria diante de uma garotinha, não se deixaria ridicularizar diante da corte toda, ele que a protegesse, que defendesse a honra dela e, assim fazendo, a sua própria. Por fim, essas cenas e lágrimas tornam-se para o rei um aborrecimento tal que chama à sua presença a

---

[26] "Lourinha".
[27] "Depois de mim, o dilúvio."

dama de companhia de Maria Antonieta, Mme de Noailles, a fim de que afinal se soubesse de que lado soprava o vento. A princípio expressa apenas amabilidades a respeito da esposa do neto. Pouco a pouco, todavia, passa a entremeá-las com toda a sorte de observações: diz que a delfina se permite falar um pouco livremente demais a respeito do que vê, seria bom chamar-lhe a atenção para o fato de que tal comportamento poderia provocar um efeito negativo no círculo íntimo da família. A dama de companhia logo relata (como se esperava) essa reprimenda a Maria Antonieta, esta conta às tias e a Vermond, este a passa adiante ao embaixador austríaco Mercy, que, é natural, fica profundamente consternado – a aliança, a aliança! – e reporta todo o caso à imperatriz em Viena pelo correio expresso.

Constrangedora situação para a religiosa, para a beata Maria Teresa! Justo ela, que com seu famoso comitê a favor dos bons costumes em Viena manda açoitar impiedosamente senhoras dessa laia e as interna em casas de correção, deveria prescrever à própria filha como se mostrar cortês diante de tal criatura? Contudo, por outro lado, pode ela tomar partido contra o rei? A mãe católica fervorosa e a mulher política entram em terrível conflito. Enfim, como velha e experiente diplomata, livra-se do problema empurrando-o para a chancelaria do Estado. Não é ela quem escreve à filha, mas ordena que seu ministro de Estado, Kaunitz, elabore uma resolução real dirigida a Mercy, para que este lesse a determinação política a Maria Antonieta. Dessa maneira, por um lado, a posição moral está assegurada; por outro, fica dito à pequena como deve comportar-se, pois Kaunitz considera: "Negar cortesia a pessoas que o rei aceitou em sua companhia significa ofender tal companhia, e como tal deveriam ser julgadas todas as pessoas que o próprio soberano considera de sua confiança, e ninguém pode permitir-se a liberdade de julgar se isso está certo ou errado. A escolha do príncipe, do próprio monarca, deve ser acatada de forma incontestável."

Isso está claro e até claro demais. Maria Antonieta, porém, encontra-se sob o efeito das fogueiras das tias. Quando lhe é lida a carta, diz a Mercy um indiferente "Sim, sim" e "Está bem", à sua maneira acomodada; contudo, pensa com seus botões que aquele emperucado Kaunitz poderia

A batalha por uma palavra

falar e dizer o que quisesse – pois nenhum chanceler haveria de meter o bedelho em seus assuntos pessoais. Desde que percebe como se irrita aquela pessoa tola, a "sotte créature", a história diverte ainda mais a menina presunçosa; como se nada tivesse ocorrido, persiste em seu silêncio público com maldoso prazer. Todos os dias encontra a favorita em bailes, festas, nas bancas de jogos, até à mesa do rei, e fica observando como ela espera, arregala os olhos e treme de agitação quando dela se aproxima. Que espere, que espere até o juízo final: sempre o muxoxo de desprezo quando seu olhar casualmente resvala em sua direção e passa por ela indiferente; a palavra tão ansiada pela Du Barry, pelo rei, por Kaunitz, Mercy e secretamente também por Maria Teresa não é pronunciada.

Agora a guerra está publicamente declarada. Como numa rinha de galos, os cortesãos cercam as duas mulheres que, decididas, se enfrentam em silêncio, uma com olhos marejados de lágrimas de ódio, a outra com um pequeno sorriso de superioridade nos lábios. Todos querem ver, acompanhar, apostar se a soberana legítima da França ou a soberana ilegítima conseguirá impor sua vontade. Há anos que Versalhes não apresentava espetáculo tão divertido.

Pois então chega a hora de o rei aborrecer-se. Acostumado a que todos no palácio o obedeçam, à maneira bizantina, ao menor movimento de suas sobrancelhas, que todos corram para satisfazer sua vontade antes mesmo que ele a expresse, ele, o cristianíssimo rei da França, sente pela primeira vez uma resistência: uma mocinha mal saída da infância ousa desacatar publicamente uma ordem sua. A coisa mais simples seria a mais natural, chamar à ordem a menina desobediente e passar-lhe uma boa descompostura; porém, nesse homem totalmente cínico e imoral manifesta-se ainda um resquício de acanhamento; é constrangedor para ele impor à esposa adulta de seu neto que entabule conversa com a amante do senhor seu avô. Assim, Luís XV, em seu embaraço, age como Maria Teresa em seu constrangimento: transforma um assunto particular num caso político. Para sua surpresa, o embaixador austríaco Mercy é instado pelo Ministério das Relações Exteriores a comparecer a uma reunião não nas salas de audiência, e sim nos aposentos da condessa du Barry. Logo começa a imaginar toda sorte de motivos relacionados àquele peculiar local de reunião, e acontece exatamente o que calculara: mal trocara algumas palavras com o ministro, entra a condessa du Barry, cumprimenta-o calorosamente e narra-lhe em detalhes como é injustiçada quando lhe atribuem sentimentos hostis em relação à delfina; ao contrário, ela é que seria objeto de calúnias, calúnias infames. O embaixador Mercy sente-se constrangido ao ver-se transformado de representante da imperatriz em confidente da Du Barry, e com diplomacia diz isso e aquilo. Então, em silêncio, abre-se a porta secreta, coberta por tapetes, e Luís XV intervém pessoal e majestaticamente naquela conversa delicada. "Até o presente", diz a Mercy, "o senhor tem sido o embaixador da imperatriz, pois seja agora, por favor, meu representante por algum tempo." Expressa-se então francamente sobre Maria Antonieta. Acha-a encantadora, porém é jovem e viva demais, e ainda por cima esposa de um marido incapaz de dominá-la, por isso presa fácil de intrigas e vítima de maus conselhos (numa alusão às tias, as próprias filhas). Assim, pede a Mercy que exerça toda sua influência a fim de que a delfina mude sua atitude. Mercy logo compreende que o assunto tornou-se político, trata-se de uma clara e direta ordem a ser impreterivelmente cumprida: o rei exige capitulação incondicional. Claro, Mercy de imediato reporta os fatos a Viena e, a fim de atenuar o constrangimento de sua missão, retoca com cores simpáticas a imagem da Du Barry; não seria tão ruim assim, seu desejo é apenas uma coisa simples, que a delfina lhe dirija a palavra em público uma só vez. Ao mesmo tempo, faz uma visita a Maria Antonieta com insistências e pedidos, nem ao menos poupando meios mais enérgicos. Ele a intimida, insinua algo a respeito de venenos com os quais muitas pessoas de posição teriam sido eliminadas na corte francesa, e de maneira bastante eloquente menciona a discórdia que poderia se instalar entre os Habsburgo e os Bourbon. Este é seu maior trunfo: atribui a Maria Antonieta – e só a ela – toda a culpa caso seu comportamento faça cair por terra a aliança, a obra máxima de sua mãe.

A batalha por uma palavra

E de fato o tiro certeiro começa a fazer efeito: Maria Antonieta deixa-se convencer. Com olhos marejados de lágrimas iradas, promete ao embaixador dirigir a palavra à Du Barry em determinado dia, durante os jogos. Mercy respira aliviado. Deus seja louvado! A aliança está salva!

Uma cena de gala de primeiríssima qualidade aguarda os íntimos da corte. Circula de boca em boca o anúncio secreto do espetáculo: hoje à noite, enfim, a delfina irá dirigir pela primeira vez a palavra à Du Barry! Com esmero prepara-se o cenário e com antecedência determina-se qual será a deixa. À noite, no círculo restrito à família – assim é o combinado entre o embaixador e Maria Antonieta –, terminados os jogos, o embaixador deveria se aproximar da condessa du Barry e com ela entabular uma breve conversa. Então, como que por acaso, a delfina por ali passaria, aproximando-se do embaixador, e o cumprimentaria; nessa oportunidade, então, diria algumas palavras também à favorita. Tudo é planejado em detalhes. Infelizmente, porém, a programação noturna não se desenrola conforme o plano, pois as tias impedem o triunfo público da odiada rival; por seu lado, decidem fazer cair a cortina de ferro antes que chegasse a hora do dueto de reconciliação. Com a melhor das intenções Maria Antonieta comparece à reunião, a cena é montada. Mercy representa seu papel conforme o programado. Como que por acaso aproxima-se de Mme du Barry e inicia uma conversa. Nesse ínterim, seguindo exatamente o plano, Maria Antonieta começa a circular entre os presentes. Troca algumas palavras com esta dama, depois com aquela e com a dama seguinte; talvez por medo e agitação alonga um tanto a última conversa; agora há apenas uma, a última, entre ela e a Du Barry – dois minutos, um minuto mais, e terá se aproximado de Mercy e da favorita. Nesse instante decisivo, contudo, Mme Adélaïde, a principal intrigante das tias, põe em prática seu grande golpe. Aproxima-se abruptamente de Maria Antonieta e lhe diz em tom imperioso: "É hora de irmos. Venha! Temos que esperar o rei nos aposentos de minha irmã Victoire." Surpresa e assustada, Maria Antonieta perde a coragem; atemorizada como está, não ousa negar, por outro lado não possui suficiente presença de espírito para dirigir depressa uma palavra qualquer à Du Barry, ainda à espera. Enrubesce, atrapalha-se e foge, mais correndo que andando, e a palavra, a palavra tão esperada, encomendada, a palavra diplomaticamente conquistada e combinada por quatro pessoas, tal palavra não é dita. Todos ficam paralisados. Toda a cena foi montada em vão; em vez de reconciliação, teve o efeito de um novo rebaixamento. Os maldosos entre os membros da corte esfregam as mãos, até nos quartos dos empregados mais humildes relata-se entre risos como a Du Barry esperara em vão. Esta espuma de ódio, e, fato ainda mais preocupante, Luís XV visivelmente explode de raiva. "Vejo, senhor de Mercy", diz furioso ao embaixador, "que seus conselhos não surtiram o menor efeito. Faz-se mister que eu mesmo interfira nesse caso."

O REI DA FRANÇA está zangado e faz ameaças, Mme du Barry vocifera em seus aposentos, a aliança austro-francesa está abalada, a paz da Europa vê-se ameaçada. De pronto o embaixador anuncia a Viena a mudança dos rumos. Agora chega a vez de a imperatriz, a "luz que brilha sete vezes", intervir. Agora Maria Teresa precisa interceder, pois somente ela entre todas as pessoas possui autoridade sobre aquela criança teimosa e impulsiva. Maria Teresa fica assustadíssima com tais acontecimentos. Quando mandou sua menina à França, nutria com honestidade o desejo de poupar à filha a obscura arte da política e escreveu de antemão a seu embaixador: "Confesso sinceramente que não desejo que minha filha exerça qualquer influência sobre os assuntos públicos. Por experiência própria, bem sei quão pesado é o fardo de governar um grande império; ademais, conheço a juventude e a leviandade de minha filha, além de sua falta de inclinação para qualquer esforço mais sério (não possui também conhecimento algum); tudo isso não me faz esperar nada de bom para o governo de uma Monarquia tão decadente como a francesa. Se minha filha não conseguir uma melhora nesse estado de coisas, ou mesmo se a situação vier a piorar, preferiria que um ministro qualquer levasse a culpa, e não minha filha. Por tal motivo, não consigo decidir-me a conversar

A batalha por uma palavra

com ela sobre política e assuntos de Estado." Dessa vez, porém – fatalidade! –, aquela trágica mulher idosa deve descumprir sua promessa, pois Maria Teresa é acometida há tempos por sérias preocupações políticas. Uma questão sombria e um tanto sórdida ocorre em Viena. Há meses chegara da parte de Frederico o Grande, que ela considera a personificação de Lúcifer na terra, e de Catarina da Rússia, em quem igualmente não deposita a menor confiança, a embaraçosa proposta de uma partilha da Polônia, e a acolhida entusiástica que tal ideia encontra por parte de Kaunitz e do corregente José II lhe perturba desde então o pensamento. "Qualquer divisão é basicamente iníqua e prejudicial para nós. Não posso deixar de lamentar categoricamente essa proposta, e devo reconhecer que me envergonho de aparecer em público." De imediato reconhecera nessa ideia política o que ela é, um crime moral, uma apropriação ilícita cometida contra um povo indefeso e inocente. "Com que direito podemos roubar um inocente a quem protegemos, tendo sempre nos vangloriado disso?" Recusa a proposta com profunda e genuína indignação, indiferente ao fato de que suas ponderações morais pudessem ser atribuídas à fraqueza. "É preferível que nos considerem fracos a desonestos", assevera de forma nobre e prudente. No entanto, Maria Teresa há muito não é mais a soberana absoluta. José II, seu filho e corregente, sonha apenas com a guerra, a ampliação do império e com reformas, ao passo que ela, sabiamente consciente da frágil e artificial reforma política da Áustria, pensa só em sua conservação e manutenção; para fazer frente à influência dela, o filho temeroso volta-se para o homem com ideias militares que foi inimigo ferrenho de sua mãe, Frederico o Grande; profundamente consternada, aquela mulher envelhecida observa seu mais fiel servidor, Kaunitz, a quem ajudara a galgar os mais altos postos, voltar-se cada vez mais em direção à estrela ascendente de seu filho. Enfraquecida, exaurida, decepcionada em suas esperanças como monarca e como mãe, preferiria renunciar ao poder. Mas a responsabilidade a detém, ela pressente com certeza profética – aqui a situação assemelha-se à de Francisco José, que, também cansado, tampouco abriu mão do poder – que o espírito distraído e inquieto daquele reformador apressado logo provocaria desordens no império conquistado a duras penas. Assim, aquela mulher religiosa e profundamente íntegra luta até o último instante por aquilo que considera o maior bem: a honra: "Confesso", escreve, "que durante toda minha vida nunca me senti tão receosa. Quando meus domínios foram reclamados, apoiei-me em meu direito e na ajuda de Deus. Sozinha agora neste caso em que o direito não se encontra ao meu lado, e ao contrário conspiram contra mim as obrigações, o direito e a equidade, meu coração não se permite nenhum sossego, mas somente alvoroço e repreensões; não posso enganar ninguém e tampouco a mim mesma, nem fazer valer a duplicidade no lugar em que se esperaria franqueza. Fidelidade e fé estão perdidas para sempre, embora sejam o maior tesouro e a verdadeira força de um monarca diante dos outros."

Frederico o Grande, porém, tem uma consciência inabalável e ironiza em Berlim: "A imperatriz Catarina e eu, nós dois somos antigos guerreiros, mas como aquela beata se arranja com seu confessor?" Ele insiste e José II ameaça. Frederico invoca sempre a inevitabilidade de uma guerra caso a Áustria não ceda. Por fim, aos prantos, com a consciência torturada e a alma ferida, a imperatriz Maria Teresa cede: "Não sou forte o bastante para conduzir os *affaires* sozinha, e com o maior sofrimento, contudo, deixo que sigam seu caminho por si mesmos", e assina o tratado com a ressalva: "Pois todos os homens experientes e argutos assim mo aconselham." Todavia, no íntimo de seu coração, sente-se culpada e teme o dia em que o tratado secreto e suas consequências se tornem públicos ao mundo. O que dirá a França? Aceitará indiferente esse ataque predatório contra a Polônia em atenção à aliança, ou lutará por uma reivindicação que ela mesma qualificava como ilegítima (de próprio punho, Maria Teresa risca a palavra "legítima" do decreto de ocupação). Tudo depende só do estado de espírito cordial ou frio de Luís XV.

Eis que chega em meio a essas preocupações, a esse doloroso conflito de consciência, a carta alarmante de Mercy: o rei estaria aborrecido com Maria Antonieta, manifestara seu desagrado pessoalmente ao embaixador, e isso justo no momento em que Viena ludibriava o ingênuo embaixador, o príncipe Rohan, de modo tão perfeito que, com tantas festas e caçadas, este nada percebera dos bastidores políticos. Como Maria Antonieta continuava a não dirigir uma palavra à Du Barry, a partilha da Polônia poderia tornar-se uma questão política, talvez até uma guerra – Maria Teresa apavora-se. Não, no momento em que ela, a mulher de cinquenta e cinco anos, tinha que fazer um sacrifício tão doloroso em prol das razões de Estado, sua própria filha, aquela menina inocente de dezesseis anos, não deveria ser mais realista que o rei, mais moralista que sua mãe. Escreve então uma carta mais enérgica que nunca para quebrar de uma vez por todas a obstinação da pequena. Naturalmente nenhuma palavra sobre a Polônia, nada sobre as razões de Estado, e sim (deve ter sido bem difícil para a velha imperatriz) reduzindo todo o caso a uma bagatela: "Ah, por que esse receio e inibição de falar ao rei, o melhor dos pais? Ou àquelas pessoas que te aconselham a assim agir? Que receio é esse de dizer apenas um bom dia?! Uma simples palavra sobre uma ninharia qualquer te custa tantos trejeitos ou até mais? Permitiste te envolveres em tal escravidão que pelo visto a razão ou até tua obrigação não tem mais forças para te persuadir? Já não posso me calar. Após a conversa com Mercy e seu relato sobre aquilo que deseja o rei e tua obrigação de ti exige, ousaste não obedecer-lhe! Podes apresentar-me um só motivo razoável? Nenhum. Tens que tratar a Du Barry exatamente como tratas todas as outras damas da corte que o rei admite em sua companhia. Como primeira súdita do rei, deves te comportar diante da corte de modo que o desejo de teu soberano seja cumprido de pronto. Naturalmente, se de ti exigem baixezas ou mesmo intimidades, nem eu nem ninguém poderia aconselhar-te a tanto; contudo, é uma simples palavra corriqueira, não por causa dessa senhora, e sim por causa do avô, teu soberano e benfeitor!"

Essa saraivada de tiros (argumentos não muito honestos) quebra a resistência de Maria Antonieta; indomável, obstinada, teimosa, nunca ousou reagir contra a autoridade de sua mãe. A disciplina familiar da casa de Habsburgo revela-se aqui vitoriosa, como sempre. No entanto, Maria Antonieta resiste um pouco por uma questão formal. "Não digo que não e não digo que nunca falarei com ela. Apenas não posso obrigar-me a falar com ela a uma determinada hora de determinado dia, para que ela não possa anunciar o fato com antecedência e festejar seu triunfo." Na realidade, todavia, sua resistência interior se quebrou, e essas palavras são apenas uma retirada estratégica: a capitulação fora selada de antemão.

O DIA DE ANO-NOVO de 1772 traz finalmente o desfecho dessa guerra heroico-cômica entre mulheres, traz o triunfo de Mme du Barry, a submissão de Maria Antonieta. Mais uma vez a cena é teatralmente montada, mais uma vez a corte está reunida, solene, como testemunha e espectadora. A grandiosa cerimônia de cumprimentos tem início. Uma após outra, de acordo com a hierarquia de sua posição, desfilam as damas da corte diante da delfina, entre elas a duquesa de Aiguillon, esposa do ministro, com Mme du Barry. A delfina dirige algumas palavras à duquesa de Aiguillon, vira então a cabeça mais ou menos em direção a Mme du Barry e pronuncia, não exatamente para ela, no entanto de modo que se considere com boa vontade que é a ela que se dirige – todos prendem a respiração para não perder uma só sílaba –, a palavra tão ansiada, a palavra tão obstinadamente conquistada, a palavra inaudita, fatal. Ela diz à Du Barry: "Há muitas pessoas hoje em Versalhes." Seis palavras, exatamente seis palavras foi o que Maria Antonieta conseguiu pronunciar a duras penas; contudo, um acontecimento inédito na corte, mais importante que a conquista de uma província, mais excitante que todas as reformas há muito necessárias – a delfina afinal falou à favorita! Maria Antonieta capitulou, Mme du Barry venceu. Agora está tudo bem novamente, no céu de Versalhes ressoam as harpas. O rei recebe a delfina de braços abertos, aperta-a carinhosamente como a um filho pródigo; Mercy agradece-lhe comovido; como um pavão, a Du Barry circula pelos salões, as tias vociferam, furiosas, a corte toda está agitada, murmúrios e rebuliço das torres ao porão, e tudo porque Maria Antonieta disse à Du Barry: "Há muitas pessoas hoje em Versalhes."

Essas seis palavras banais, porém, carregam um sentido mais profundo. Com essas seis palavras selara-se um crime político, com elas comprou-se o acordo tácito da França para dividir a Polônia. Com essas seis

A batalha por uma palavra 73

palavras, não só a Du Barry, mas também Frederico o Grande e Catarina conseguiram impor sua vontade. Não foi só Maria Antonieta a humilhada, mas também todo um país.

MARIA ANTONIETA FOI VENCIDA, bem o sabe, seu orgulho ainda jovem e infantilmente indomável recebeu um golpe mortal. Pela primeira vez teve que curvar a cabeça, porém não a curvará a segunda vez até a guilhotina. De repente ficou claro nesses acontecimentos que a criatura meiga e ingênua, que a "bonne et tendre Antoinette"[28] esconde uma alma orgulhosa e inabalável quando se trata de sua honra. Amargurada, diz a Mercy: "Dirigi-lhe a palavra uma vez, porém estou decidida a não mais fazê-lo. Esta mulher jamais ouvirá novamente o som de minha voz." Também mostra claramente à mãe que não esperasse outros sacrifícios após aquela única condescendência: "Podes ter a certeza de que sempre oculto meus preconceitos e resistências, mas apenas enquanto não exigem de mim alguma atitude ostentativa ou algo que contrarie minha honra." Inútil foi a reprimenda enérgica da mãe, contrariada com a primeira atitude independente de sua cria: "Tu me fazes rir ao imaginar que eu ou meu embaixador jamais te daríamos um conselho que contrariasse tua honra ou mesmo a mais insignificante norma de decência. Temo por ti quando vejo tanta celeuma por umas poucas palavras. E se dizes que não mais o farás, isso me faz tremer por ti." Inútil que Maria Teresa lhe escreva repetidas vezes: "Cumpre que fales com ela como com qualquer outra dama da corte do rei. Deves isso ao rei e a mim." Inútil que Mercy e os outros tentassem sempre convencê-la a ser simpática com a Du Barry e assim assegurar as graças do rei: tudo esbarra na autoconfiança recém-conquistada. Os estreitos lábios de Maria Antonieta, herança dos Habsburgo, que se abriram uma única vez contra sua vontade, permanecem obstinadamente cerrados, nenhuma ameaça, nenhuma promessa consegue mais entreabri-los. Seis palavras foram dirigidas à Du Barry, nunca aquela mulher execrada ouviu a sétima.

---

[28] "Boa e doce Antoinette".

Nessa única vez, no dia 1º de janeiro de 1772, Mme du Barry conquistou seu triunfo sobre a arquiduquesa da Áustria, sobre a delfina da França; e provavelmente a favorita do rei poderia continuar sua batalha contra a futura rainha com aliados poderosos como um rei Luís e uma imperatriz Maria Teresa. Mas há batalhas em que o vencedor, ao reconhecer a força de seu oponente, sente-se estremecer perante sua vitória e passa a refletir se não é mais sensato abandonar o campo de batalha e selar a paz. Mme du Barry não se sente muito à vontade com seu triunfo. Interiormente, essa criatura bonachona e insignificante não nutre antipatia alguma por Maria Antonieta; ferida em seu orgulho, nada mais desejava que aquela reparação. Está satisfeita agora, mas envergonha-se de sua vitória pública e sente-se receosa. Pois apesar de tudo é bastante esperta para saber que seu poder repousa sobre bases pouco sólidas, sobre as pernas reumáticas de um homem quase senil. Basta que o soberano de sessenta e dois anos sofra um derrame e já no dia seguinte essa *petite rousse* se tornará rainha da França; uma *lettre de cachet*,[29] passaporte fatal para a Bastilha, pode ser assinada depressa. Por isso, logo após sua vitória, Mme du Barry faz as tentativas mais veementes e sinceras de reconciliação. Engole sua ira, controla seu orgulho; frequenta cada vez mais assiduamente as reuniões noturnas da delfina e, embora não seja distinguida com nenhuma palavra, não se mostra irritada; através de mensageiros ou mexeriqueiros faz chegar recados à delfina, demonstrando-lhe seu apreço e estima. De mil maneiras tenta elogiar a antiga adversária a seu amante real, e por fim lança mão até de um meio arrojado: como não pode ganhar Maria Antonieta pela cortesia tenta comprar seu favorecimento. Sabe-se na corte – e sabe-se disso bem demais, como o caso do colar o demonstrará mais tarde – que Maria Antonieta tem uma queda incontrolável por joias caras. Assim, Du Barry pensa – é significativo que o cardeal de Rohan siga exatamente a mesma linha de raciocínio uma década mais tarde –, talvez seja possível dobrá-la com presentes. Um grande joalheiro, o mesmo homem oriundo

---

[29] *Lettre de cachet*: ordem de prisão ou exílio emitida pelo rei sem julgamento formal prévio.

A batalha por uma palavra

da Boêmia ligado ao caso do colar, possui brincos de brilhantes avaliados em setecentas mil libras. Provavelmente Maria Antonieta já admirou essa joia secreta ou publicamente, e a Du Barry talvez tenha tomado conhecimento de seu desejo. Pois certo dia manda-lhe recado através de uma dama da corte: caso Maria Antonieta realmente deseje os brincos de brilhantes, estaria disposta a convencer Luís XV a fazer-lhe um presente. Maria Antonieta, contudo, não lhe concede uma única palavra de réplica à proposta indecorosa, ignora-a com desdém e continua a fingir que não enxerga a inimiga; não, nem mesmo por todas as joias da coroa essa Mme du Barry, que uma vez a humilhou publicamente, ouvirá uma sétima palavra de seus lábios. Um novo orgulho, uma nova segurança toma posse da moça de dezessete anos; ela não precisa mais de joias por graça ou favores alheios, pois já sente sobre a fronte o diadema de rainha.

A conquista de Paris

EM NOITES ESCURAS, contrastando contra o céu, das colinas de Versalhes veem-se claramente os reflexos das luzes flamejantes de Paris, tão próxima do palácio está a cidade; um cabriolé de boas molas percorre a estrada em duas horas, um caminhante não precisa nem de seis horas – não seria, pois, natural que a futura rainha fizesse uma visita à capital de seu futuro reino já no segundo, terceiro ou quarto dia depois do casamento? Mas o sentido verdadeiro, ou melhor, o absurdo do cerimonial consiste justamente em sufocar ou deformar o que havia de natural em todas as formas da vida. Entre Versalhes e Paris coloca-se um obstáculo invisível para Maria Antonieta: a etiqueta. Pois somente após anúncio oficial ou autorização prévia do rei um herdeiro do trono pode entrar na capital pela primeira vez com sua esposa. Os diletos parentes, todavia, tentam adiar tanto quanto possível esse desfile comemorativo, a *joyeuse entrée*[30] de Maria Antonieta. Não importa quanto se odiassem mutuamente, nesse ponto as velhas tias carolas, a Du Barry e os dois irmãos ambiciosos, os condes de Provence e de Artois, concordavam plenamente, evitando a ida de Maria Antonieta a Paris. Não lhe concedem um triunfo que deixasse clara e evidente demais sua futura posição. Toda semana, todo mês a camarilha descobre um novo empecilho, mais outra desculpa, e assim transcorrem-se seis, doze, vinte e quatro, trinta e seis meses, um, dois, três anos, e Maria Antonieta ainda continua presa atrás das grades douradas de Versalhes. Finalmente, em maio de 1773, Maria Antonieta perde a paciência e parte para o ataque franco. Como os mestres de cerimônias balançam negativamente as ca-

---

[30] *Joyeuse entrée*: "entrada triunfal".

A conquista de Paris   77

beças emperucadas ao seu desejo, ela vai à presença de Luís XV. Este não acha nada de extraordinário na aspiração e, fraco diante de toda e qualquer mulher bonita, diz sim e amém à charmosa esposa de seu neto, para aborrecimento de toda a parentada. Permite até que ela mesma escolha o dia do triunfal desfile de entrada em Paris.

Maria Antonieta escolhe o dia 8 de junho. Agora que o rei lhe concedeu afinal a permissão, a menina travessa sente prazer em pregar uma peça no odioso protocolo palaciano que a manteve prisioneira durante três anos. E assim como dois pombinhos apaixonados tratam de celebrar a noite de núpcias antes da bênção do padre para aliar o prazer ao encanto da proibição, Maria Antonieta convence o esposo e seu cunhado a fazerem uma visita secreta a Paris antes do desfile oficial. Algumas semanas antes da *joyeuse entrée,* tarde da noite, mandam vir as carruagens e, sob disfarce, comparecem ao baile do Teatro da Opéra, da Meca-Paris, a cidade proibida. E uma vez que compareçam comportados e pontuais à missa matinal na manhã seguinte, a aventura proibida não é descoberta. Não houve escândalo, e Maria Antonieta, feliz, festejou sua primeira vingança contra a etiqueta.

Mais grandioso ainda lhe parece o solene desfile oficial após ter sentido o gosto do fruto proibido, Paris.

Depois do rei da França, também o rei dos céus deu mostras de seu assentimento, e 8 de junho é um dia radiante e claro de verão que atrai multidões de espectadores. Ao longo da estrada inteira de Versalhes a Paris perfila se uma densa e colorida coluna humana aplaudindo, chapéus ao ar, brandindo bandeiras e flores. À entrada da cidade, o marechal de Brissac, o governador, recepciona a carruagem de gala para ofertar, numa salva de prata, as chaves da cidade aos pacíficos conquistadores. Depois as vendedoras do mercado, hoje solenes e festivas (como será diferente mais tarde a recepção a Maria Antonieta!), oferecem aos príncipes a primeira colheita do ano, frutas e flores acompanhadas de saudações. Soam os canhões do palácio dos Invalides, da Prefeitura e da Bastilha. Lentamente, a carruagem real percorre a cidade toda, ao longo do cais das Tulherias até Notre-Dame; por toda parte, na catedral, nos conventos, na universidade, são saudados com discursos, atravessam um arco de triunfo construído para a ocasião, passando por um mar de bandeiras, porém, a recepção mais calorosa lhes é oferecida pelo povo. Centenas, milhares acorrem de todas as ruas da imensa cidade para ver o jovem casal, e a visita dessa mulher inesperadamente encantadora provoca um entusiasmo indizível. Aplaudem, gritam, agitam lenços e chapéus; crianças, mulheres se aproximam; ao vislumbrar as infindáveis fileiras da multidão entusiasmada do terraço das Tulherias, Maria Antonieta quase se assusta: "Meu Deus, que multidão!" Nessa hora, curva-se ao seu lado o marechal de Brissac e responde com galanteria tipicamente francesa: "Madame, sem ofender Sua Alteza, o delfim, veem-se aqui duzentas mil pessoas apaixonadas por Sua Alteza, a delfina."

É enorme a impressão desse primeiro contato de Maria Antonieta com o povo. Por natureza pouco dada à reflexão, mas dotada de talento para a compreensão rápida, capta todos os acontecimentos sempre a partir da impressão pessoal, a partir dos sentidos, da percepção sensorial. Somente nesse instante em que um mar de bandeiras, aplausos e gritos, uma massa anônima a saúda com calor e cordialidade, compreende pela primeira vez o brilho e a grandeza da posição a que o destino a conduziu. Até agora se dirigiam a ela em Versalhes como *Madame la Dauphine*; tratava-se, contudo, de um título apenas entre outros mil, um grau superior na rígida e infinita escala de títulos de nobreza, uma palavra oca, um conceito frio. Agora Maria Antonieta compreende de verdade, visualmente, pela primeira vez, o sentido caloroso e o prenúncio orgulhoso contido na expressão "esposa do herdeiro da França". Comovida, escreve à mãe: "Na última terça-feira, presenciei uma festa que jamais esquecerei enquanto viver: nosso desfile triunfal em Paris. Recebemos homenagens que mal podemos imaginar, mas não foi isso que me comoveu profundamente, e sim o carinho e a paixão do povo pobre, que, apesar dos impostos que o oprime, estava cheio de alegria em nos ver. No jardim das Tulherias havia uma multidão tal que durante três quartos de hora não pudemos nem avançar nem retroceder, e, na volta desse passeio, permanecemos ainda meia hora no balcão do palácio. Cara mãe, não consigo descrever-te as manifestações de amor e alegria com que nos honraram naquele momento. Antes de nos retirarmos, acenamos e cumprimentamos o povo, que correspondeu com toda sua alegria. Quão felizes somos em nossa posição quando conquistamos o afeto com tanta facilidade. E, no entanto, nada mais há de tão valioso, senti-o muito bem e nunca o esquecerei."

São essas as primeiras palavras verdadeiramente pessoais que encontramos nas cartas de Maria Antonieta à mãe. Sua natureza facilmente emotiva mostra-se aberta a impressões fortes, e a apaixonada emoção gratuitamente demonstrada, tão calorosa, do amor do povo despertou-lhe um sentimento de generosa gratidão. Mas tão depressa quanto surge tal compreensão, assim também ela desaparece no esquecimento. Depois de outras visitas, aceita tais manifestações de júbilo como homenagens corriqueiras, algo comum à sua posição e seu título, e alegra-se com isso, tão infantil e irrefletidamente quanto aceita todos os outros presentes da vida. Parece-lhe maravilhoso deixar-se adorar por esse povo desconhecido; daí por diante usufrui o amor daqueles vinte milhões de pessoas como um direito, sem imaginar que o direito também exige responsabilidades, e que também o amor mais puro acaba por se esgotar quando não se sente retribuído.

Maria Antonieta conquistou Paris em sua primeira viagem. Porém, ao mesmo tempo, também Paris conquistou Maria Antonieta. A partir desse dia, ela sucumbe a seus encantos. Muitas vezes, e logo com bastante frequência, viaja para a cidade tentadora com suas infindáveis diversões; ora durante o dia, com acompanhamento principesco das damas da corte, ora também à noite, com um pequeno e íntimo séquito para visitar os teatros, os bailes e divertir-se à grande, por vezes de maneira inofensiva, outras não. Somente agora que se libertara do entediante cerimonial palaciano essa menina ainda por amadurecer, a mocinha indomada percebe quão horrivelmente enfadonha era Versalhes, aquela construção de mármore e pedra, com suas mesuras e intrigas, suas festas desanimadas, como eram aborrecidas aquelas tias maledicentes e rabugentas que devia acompanhar todas as manhãs à missa e à noite durante as sessões de tricô. Toda a vida da corte lhe parecia petrificada e artificial, sem alegria e liberdade, com atitudes horrivelmente afetadas, um infindável minueto com personagens eternamente iguais e sempre as mesmas observações de horror ao mínimo *faux pas*,[31] se comparada à plenitude borbulhante da vida em Paris. Parece-lhe ter escapado de uma estufa para o ar livre. Aqui, no burburinho da grande metrópole, é possível desaparecer e mergulhar no anonimato, escapar aos inexoráveis ponteiros do relógio da corte e brincar com o acaso, aqui é possível viver e fruir, enquanto lá se vivia apenas para o espelho. Assim, com regularidade, uma carruagem escapa, agora duas, três vezes por semana, à noite, para Paris, com passageiras alegremente enfeitadas, para voltar somente ao amanhecer.

Mas o que Maria Antonieta vê em Paris? Por curiosidade, nos primeiros dias ainda visita pontos turísticos, museus, grandes magazines, vai a uma feira popular e até a uma exposição de pinturas. A partir daí, e pelos próximos vinte anos, sua sede de cultura em Paris estará totalmente saciada. De resto, dedica-se apenas aos locais de diversão, frequenta com regularidade o Opéra, a Comédie Française, a *commedia* italiana, bailes, mascaradas, visita os cassinos, justamente a "Paris at night, Paris city of pleasure"[32] das ricas americanas de hoje. Atraem-na, sobretudo os bailes do Teatro da Opéra, pois a liberdade das máscaras é a única permitida a ela, à prisioneira de sua posição. Com a máscara sobre os olhos, uma mulher pode permitir-se algumas brincadeiras que seriam impossíveis a uma *Madame la Dauphine*. Por alguns minutos, pode atrair cavalheiros desconhecidos para conversas alegres – o esposo enfadonho, incapaz, dorme em casa –, pode dirigir francamente a palavra a um encantador jovem conde sueco de nome Fersen e conversar com ele por trás da máscara, até que as damas da corte insistam no retorno ao camarote; pode dançar, aliviar toda a ten-

---

[31] *Faux pas*: "passo em falso".
[32] "Paris à noite, Paris, cidade do prazer."

são do corpo ardente, ágil, até o cansaço; aqui se pode rir à larga. Ah, em Paris pode-se viver maravilhosamente! Nunca, porém, nesses anos todos, entra numa casa burguesa, nunca participa de uma sessão do Parlamento ou da Academia, nunca visita um hospital, um mercado, nem uma única vez tenta tomar conhecimento da vida cotidiana de seu povo. Nas escapadelas a Paris, Maria Antonieta permanece sempre no faiscante círculo fechado dos prazeres mundanos e julga fazer o suficiente pelo bom povo, o *bon peuple*, ao responder displicente, sorrindo, à sua aclamação entusiasmada; e multidões de pessoas do povo, encantadas, continuam a prestar-lhe homenagens, também os nobres e a burguesia rica a aclamam quando à noite aproxima-se da balaustrada de seu camarote. A toda hora e em todo lugar a jovem mulher sente a aprovação de seu alegre ócio, de suas festas ruidosas, à noite, quando se dirige à cidade e as pessoas retornam cansadas do trabalho, e também de manhã cedo, às seis horas, quando "o povo" novamente sai para o trabalho. Portanto, o que pode haver de mal nesse estouvamento, nessa alegre libertinagem? Na impetuosidade de sua juventude tresloucada, Maria Antonieta considera que o mundo inteiro é divertido e despreocupado, já que ela mesma sente-se despreocupada e feliz. Todavia, enquanto em sua ingenuidade imagina dar as costas à corte e tornar-se popular em Paris com suas alegres expedições, na verdade, durante vinte anos, em sua luxuosa e suave carruagem transparente, ela passa ao longe do verdadeiro povo e da verdadeira Paris.

A IMPRESSÃO GRANDIOSA da recepção parisiense transforma algo em Maria Antonieta. A admiração dos estranhos sempre aumenta a autoestima: uma jovem mulher, aclamada por milhares por sua beleza, torna-se imediatamente mais bela pela crença em sua beleza; assim também se sente aquela menina assustada que até então sempre se vira como estrangeira e supérflua em Versalhes. Entretanto, agora, um novo orgulho, surpreendente por si mesmo, faz esvanecer de seu ser toda a insegurança e timidez; desaparece a mocinha de quinze anos, adulada e admirada por embaixadores e confessores, por tias e parentes, que percorria furtivamente os aposentos e baixava a cabeça diante de qualquer dama da corte. Agora Maria Antonieta aprende de imediato a tão esperada atitude soberana, interiormente assume uma postura ereta; altaneira, com andar gracioso e ritmado, passa por todas as damas da corte como se fossem suas subordinadas. Tudo nela se transforma, a personalidade começa a aflorar, até a letra transforma-se de súbito: desajeitada até então, com enormes garranchos infantis, comprime-se agora em delicados bilhetes com nervosos traços femininos. No entanto, a impaciência, a impetuosidade, a irregularidade e irreflexão de seu caráter nunca desaparecerão por completo de sua letra; no conteúdo, porém, revela-se certa autonomia. Agora essa moça ardente, totalmente impregnada pelo sentimento de palpitante juventude, estaria bastante madura para viver uma vida pessoal, para amar alguém. A política, todavia, uniu-a àquele esposo desajeitado que ainda não se tornou homem, e como Maria Antonieta até agora não descobriu seu coração e não conhece nenhuma pessoa a quem amar, essa moça de dezoito anos apaixona-se por si mesma. Quente, o doce veneno da adulação percorre-lhe as veias. Quanto mais a admiram, tanto mais quer ver-se admirada, e antes mesmo de ser soberana por lei ou pela graça quer, como mulher, tornar a corte, a cidade e o reino submissos a ela. Tão logo se torna consciente de sua força, sente a necessidade de pô-la em prática.

A primeira prova da jovem mulher para testar se pode submeter a corte e a cidade a seus desejos reverte, por felicidade – quase excepcionalmente, pode-se dizer –, a uma boa causa. O mestre Gluck concluiu sua *Ifigênia* e deseja estreá-la em Paris. Para a corte vienense, extremamente musical, o sucesso de Gluck é considerado uma espécie de questão de honra, e Maria Teresa, Kaunitz e José II esperam da delfina que ela lhe abra as portas. Ora, a capacidade de avaliação de Maria Antonieta em questões artísticas não era de maneira alguma digna de nota, fosse em música, fosse em pintura ou literatura. Possuía certo gosto natural, não baseado em juízo independente, e sim apenas displicentemente curioso, que aceita qualquer nova moda e se interessa com entusiasmo passageiro por tudo aquilo que goza de prestígio social. Maria Antonieta, que nunca leu um livro até o fim e sabia evitar qualquer conversa mais profunda, não possuía

A arte para ela nunca foi mais
a indispensável condição para um discernimento verdadeiro: seriedade,
respeito, empenho e capacidade de reflexão. A arte para ela nunca foi mais
que um adorno da vida, uma diversão entre outras diversões, conhecia
apenas o prazer artístico fácil, portanto, nunca o verdadeiro. Interessava-
se pela música como por tudo, superficialmente; não foi muito longe nas
aulas de piano de mestre Gluck em Viena, era uma amadora no cravo, tal
qual fora diletante como atriz no palco e como cantora no círculo familiar.
Natural que fosse incapaz de compreender a inovação e a grandiosidade
da *Ifigênia*, tanto mais que nem mesmo percebera a presença em Paris de
seu conterrâneo Mozart. Maria Teresa, contudo, tinha-lhe recomendado
Gluck calorosamente, e ela sente de fato uma sincera simpatia por aquele
homem de humor duvidoso, expansivo e jovial; além disso, justamente
por haver em Paris uma disputa entre as óperas italiana e francesa, com
seus artifícios maldosos contra os "bárbaros", ela imagina poder aproveitar
a oportunidade de mostrar seu poder. De imediato exige que tal ópera,
considerada "impraticável" pelos senhores músicos da corte, seja aceita
e que os ensaios comecem sem delongas. Na verdade, aquele homem
inábil, colérico, possuído pela fanática inflexibilidade do grande artista,
não tornou fácil a patronagem. Ele chama atenção das mimadas cantoras
de maneira tão brusca que elas, aos prantos, correm aos braços principescos de seus amantes para queixar-se; inexorável, dá ordens aos músicos
pouco acostumados a tamanha exatidão e esbraveja como um tirano, a
voz poderosa ecoa como um trovão através das portas fechadas. Dúzias
de vezes ameaça abandonar tudo, voltar a Viena, e apenas o temor de sua
benfeitora real evita mais um escândalo. Finalmente, a estreia é marcada
para o dia 13 de abril de 1774, a corte já reserva seus lugares, seus coches.
Então um cantor adoece e deve ser depressa substituído por outro. Não,
ordena Gluck, a estreia será adiada. Desesperadamente o convencem do
absurdo da ideia, a corte já teria disposto de seu tempo; um compositor,
além do mais um compositor burguês, e ainda por cima estrangeiro, não
deveria ousar atrapalhar a nobre programação da corte, a disponibilidade
de todos aqueles digníssimos senhores por causa de um intérprete melhor
ou pior. Tudo isso lhe era indiferente, rugiu a rude teimosia, preferia jogar

sua partitura às chamas a exibir uma ópera de maneira apenas sofrível; furioso, corre para sua benfeitora Maria Antonieta, que se diverte com esse homem selvagem. De imediato ela toma partido do *bon* Gluck, os coches reais são dispensados para desgosto do príncipe e a première adiada para o dia 19. Além disso, Maria Antonieta toma medidas por intermédio do comandante da polícia para evitar que os nobres senhores expressassem seu aborrecimento pelo músico indelicado com apupos e vaias; com energia, ela torna público que é também sua a causa de seu compatriota.

De fato, a première da *Ifigênia* transforma-se num triunfo, mais de Maria Antonieta que de Gluck. Os jornais, o público mostram uma recepção fria; acham que a ópera apresenta "alguns trechos muito bons, ao lado de outros muito insípidos", pois, como sempre ocorre na arte, à primeira vista, a audácia grandiosa é mal compreendida por um público despreparado. Maria Antonieta, porém, arrastou a corte toda para o teatro; até seu esposo, que jamais renunciaria às caçadas em prol da música das esferas celestiais, a quem um cervo abatido era mais importante que todas as nove musas juntas e somadas, teve de acompanhá-la dessa vez. Como a reação calorosa do público não parece logo vir à tona, efusivamente Maria Antonieta, em seu camarote, aplaude a cada ária; por cortesia, os cunhados, cunhadas e toda a corte devem secundá-la em suas palmas. E assim, apesar de todos os contratempos, essa noite torna-se um acontecimento da história da música. Gluck conquistou Paris, Maria Antonieta impôs pela primeira vez sua vontade à cidade e à corte. É a primeira vitória de sua personalidade, a primeira manifestação dessa jovem mulher diante de toda a França. Algumas semanas mais, e o título de rainha reforça um poder que ela já conquistara por suas próprias forças.

Le Roi est mort, vive le Roi!

No dia 27 de abril de 1774, durante a caçada, o rei Luís XV é acometido de súbita fraqueza; com fortes dores de cabeça, volta a seu palácio preferido, o Trianon. À noite os médicos constatam febre e mandam chamar Mme du Barry para junto do leito real. Na manhã seguinte, já preocupados, ordenam o transporte para Versalhes. Mesmo a morte inexorável deve dobrar-se às leis ainda mais inexoráveis da etiqueta: um rei da França não pode adoecer seriamente ou falecer senão em seu leito real. "C'ést à Versalhes, Sire, qu'il faut être malade."[33] Lá, de pronto, seis médicos, cinco cirurgiões, três farmacêuticos, um total de catorze pessoas cerca o leito real, seis vezes em cada hora, cada qual toma-lhe o pulso. Porém, só o acaso facilita o diagnóstico quando à noite um criado ergue a vela acesa e um dos presentes descobre as fatais manchas vermelhas no rosto, e logo toda a corte e todo o palácio, do porão às torres, fica sabendo: varíola! Um murmúrio assustado percorre o enorme palácio, medo do contágio que de fato atinge algumas pessoas nos dias subsequentes, e talvez temor ainda maior dos cortesãos, de perder seus postos em caso de morte do rei. As filhas mostram a coragem das pessoas verdadeiramente religiosas, e durante o dia velam o rei em seu leito; à noite, Mme du Barry, abnegada, fica à cabeceira do enfermo. Porém, as regras da casa proíbem que o delfim e a delfina se aproximem dos aposentos reais, pelo perigo de contágio. Há três dias sua vida tornou-se muito mais preciosa. Agora, porém, ocorre uma súbita cisão na corte; à cabeceira de Luís XV, tremendo, vela a antiga geração, o poder de ontem, as tias e a Du Barry; sabem perfeitamente que

---

[33] "É em Versalhes, Sire, que cabe adoecer."

sua influência termina com o último sopro de vida daqueles lábios febris. No outro aposento reúne-se a geração do porvir, o futuro rei da França, Luís XVI, a futura rainha Maria Antonieta e o conde de Provence, que secretamente aspira ao trono enquanto o irmão Luís não se decide a conceber descendência. Entre esses dois aposentos acha-se o destino. Ninguém pode entrar no quarto do enfermo, onde se põe o velho sol do poder, e ninguém pode entrar no aposento onde nasce o novo sol; entre ambos, no *oeil-de-boeuf*, a grande antecâmara, a multidão de cortesãos aguarda temerosa e hesitante, sem saber para que lado dirigir suas orações, para o rei moribundo ou para o futuro rei, ao pôr do sol ou à aurora.

Entrementes, a doença corrói com virulência fatal o organismo abatido, velho e cansado do rei. Horrivelmente intumescido, coberto de pústulas, o corpo ainda vivo se desfaz em terrível decomposição, enquanto a consciência não o abandona por um instante. As irmãs e Mme du Barry necessitam de toda coragem para resistir, pois um cheiro pestilento invade o quarto real, apesar das janelas abertas. Logo os médicos se afastam, consideram o caso perdido – e agora se inicia a outra luta, a batalha pela alma pecadora. Horror! Os padres recusam-se a aproximar-se do leito do enfermo, a ouvir-lhe a confissão e conceder-lhe a comunhão; primeiro o rei moribundo, que vivera durante anos à margem da religião, apenas para seus prazeres, deveria mostrar arrependimento. Primeiro a pedra da discórdia deveria ser removida, a amante que desesperada faz vigília junto ao leito real, compartilhado em pecado. Difícil a decisão do rei nesse terrível momento de extrema solidão, mandar afastar-se dali a única pessoa a quem se sente ligado intimamente. Contudo, o pavor do fogo do inferno lhe comprime cada vez mais a garganta. Com voz abafada despede-se de Mme du Barry; imediata e furtivamente ela é levada numa carruagem ao pequeno castelo de Rueil, que fica perto: ali deve esperar e regressar caso o rei ainda se recupere.

Só agora, após ato tão visível de contrição, torna-se possível a confissão e a comunhão. Só agora o homem que fora durante trinta e oito anos o

Le Roi est mort, vive le Roi!

mais desocupado em toda a corte adentra o aposento real: o confessor de Sua Majestade. Atrás dele fecha-se a porta e, para desgosto dos curiosos cortesãos na antecâmara, não se ouve (seria tão interessante!) o registro dos pecados do rei do Parc des Cerfs. Relógio à mão, contam-se lá fora cuidadosamente os minutos para pelo menos acrescentar esse dado ao maldoso prazer pelos escândalos: quanto tempo Luís XV precisou para confessar todos os pecados e libertinagens. Afinal, após dezesseis minutos exatos, abre-se de novo a porta, o confessor deixa o quarto. Vários sinais indicam que Luís XV ainda não recebeu a absolvição final exigida pela Igreja, além dessa confissão secreta, maior humilhação ainda para um monarca que durante trinta e oito anos não purificou seu coração pecaminoso e que, diante dos olhos de seus filhos, viveu em pecado, voltado para os prazeres carnais. Justamente por ter sido o soberano máximo do mundo, despreocupado, julgando-se acima de leis espirituais, impõe a Igreja que ele se curve profundamente ante o Altíssimo. Em público, diante de todos e para todos, o rei pecador deveria proclamar arrependimento por sua vida devassa. Só então lhe seria administrada a comunhão.

Cena magnífica na manhã seguinte: o mais poderoso autocrata da cristandade deve fazer penitência cristã diante de seus próprios súditos reunidos. Ao longo de toda a escadaria do palácio, os guardas com armas ao ombro, a Guarda Suíça a postos, da capela até o quarto do moribundo, rufam os tambores abafados tão logo o alto clero se aproxima sob o baldaquim, portando a hóstia. Cada um deles tem uma vela acesa à mão. Atrás do arcebispo e seu séquito seguem o delfim e seus dois irmãos, os príncipes e princesas, para acompanhar o cibório até a porta. Param junto à soleira e caem de joelhos. Apenas as filhas do rei e os príncipes excluídos da sucessão adentram com o alto clero o aposento do moribundo.

No silêncio sepulcral ouve-se o cardeal pronunciar uma fala em voz baixa, vê-se através da porta aberta quando concede a sagrada comunhão. Então – num instante que provoca arrepios e surpresa reverente – aproxima-se do umbral da antecâmara e dirige-se com voz alta à corte reunida: "Meus senhores, o rei incumbe-me de dizer-lhes que pede perdão a Deus pelas ofensas cometidas e pelo mau exemplo dado a seu povo. Se Deus lhe restituir a saúde, Sua Majestade promete fazer penitência, preservar a fé e aliviar o destino de seu povo." Ouve-se um abafado gemido partindo do leito. É perceptível apenas para os mais próximos o murmúrio do moribundo: "Queria eu mesmo ter forças para dizê-lo."

O QUE SE SEGUE ENTÃO nada mais é que horror. Não se assiste à morte de um ser humano, e sim de uma massa inchada e enegrecida que se decompõe. Porém, o corpo de Luís XV luta com força hercúlea contra a destruição inexorável, como se toda a força dos Bourbon, de todos os seus antepassados, nele se concentrasse. Esses dias são terríveis para todos. Os criados desfalecem diante do odor fétido, as filhas velam à cabeceira com suas últimas energias, há muito os médicos se retiraram, sem esperanças, a corte aguarda sempre mais inquieta pelo término daquela horrível tragédia. Há dias as carruagens atreladas esperam embaixo, pois, para evitar o contágio, o novo Luís deve transferir-se imediatamente com todo seu séquito para Choisy tão logo o velho rei exale seu último suspiro. Os cavaleiros já arrearam sua montaria, as bagagens estão prontas, hora após hora os criados e cocheiros ficam à espera lá fora; todos fixam seu olhar na pequena chama da vela colocada junto à janela do agonizante, que – um sinal combinado – será apagada no momento final. Contudo, o corpo gigantesco do velho Bourbon trava sua batalha por mais um dia inteiro. Finalmente, na terça-feira, dia 10 de maio, às três e meia da tarde, apaga-se a vela. De pronto os sussurros transformam-se em murmúrios. De sala em sala corre – qual imensa onda – a notícia, o clamor, o turbilhão crescente: "O rei morreu. Viva o rei!"

Maria Antonieta espera com seu esposo numa pequena sala. De súbito, ouvem aquele misterioso murmúrio sempre mais alto; sempre mais próximo, percorre de sala em sala um turbilhão de palavras incompreensíveis. Agora, como se a tempestade a tivesse impelido, abre-se a porta, Mme de Noailles aproxima-se, cai de joelhos e saúda a rainha. Atrás dela acorrem os outros, muitos, sempre mais, a corte toda, pois cada um quer aproximar-se depressa, prestar homenagem, cada qual quer mostrar-se,

Le Roi est mort, vive le Roi!   89

fazer-se notar entre os primeiros a dirigir-lhe os cumprimentos. Rufam os tambores, os oficiais desembainham suas espadas e de centenas de lábios soa o brado: "O rei morreu. Viva o rei!"

Maria Antonieta deixa como rainha a sala na qual entrou como delfina. Enquanto na casa vazia depressa se coloca com alívio o cadáver enegrecido de Luís XV no ataúde já há muito preparado para enterrá-lo sem chamar muito a atenção, a carruagem conduz um novo rei, uma nova rainha pelos portões dourados de Versalhes. Pelas ruas, o povo os saúda e aplaude, como se com o velho rei a velha miséria tivesse sido deixada para trás, e com os novos soberanos começasse um novo mundo.

A VELHA TAGARELA MME CAMPAN narra em suas memórias ora piegas ora chorosas que Luís XVI e Maria Antonieta, ao serem notificados da morte de Luís XV, teriam caído de joelhos e murmurado, aos prantos: "Meu Deus, protegei e poupai-nos, somos muito jovens, jovens demais para governar!" Trata-se de uma história comovente e, só Deus sabe, adequada para um conto infantil; pena que ela, como a maioria das histórias sobre Maria Antonieta, possua o pequeno defeito de ser canhestra demais e psicologicamente incorreta. Com efeito, tal emoção exagerada nada tem a ver com o sangue gélido de Luís XVI, que não tinha motivo para exasperar-se com um acontecimento que a corte toda aguardava durante uma semana, hora após hora, de relógio na mão; e muito menos combina com Maria Antonieta, que aceitou despreocupada esse presente do destino como se fora qualquer outro. Não que tivesse ânsia de poder ou se impacientasse para assumir as rédeas; nunca Maria Antonieta sonhara tornar-se uma Elisabeth, uma Catarina, uma Maria Teresa. Sua energia psicológica era reduzida demais para tanto, limitado demais era o alcance de seu espírito, sua maneira de ser, muito indolente. Seus desejos não vão muito além de sua própria pessoa, como sói acontecer com um caráter medíocre; essa mulher jovem não possui ideias políticas nem deseja impô-las ao mundo, nenhuma inclinação para subjugar ou humilhar os outros; apenas lhe é característico, desde a juventude, um instinto forte, obstinado e por vezes pueril de independência; não deseja dominar, tampouco ser dominada e influenciada por ninguém. Ser soberana significa para ela nada mais que ser livre. Somente agora, após mais de três anos de tutela e vigilância, sente-se pela primeira vez desimpedida, posto que ninguém mais a tolhe (a mãe severa mora a quilômetros de distância, e os protestos receosos do esposo submisso eram ignorados com um sorriso). Elevada a um decisivo degrau de esposa do herdeiro do trono, a rainha situa-se enfim muito acima de todos, sujeita apenas aos caprichos de seu humor. Acabaram-se as rabugices das tias, acabaram-se as obrigações de pedir permissão ao rei para ir ou deixar de ir aos bailes do Opéra, acabou-se a pretensão de sua odiada rival, a Du Barry; amanhã a *créature* será enviada ao exílio para sempre, nunca mais seus brilhantes faiscarão durante os jantares, nunca mais os príncipes e reis se perfilarão em sua alcova para beijar-lhe a mão. Orgulhosa e sem envergonhar-se de seu orgulho, Maria Antonieta agarra a coroa a que faz jus: "Embora Deus já me tenha feito nascer na posição que agora ocupo, não posso deixar de admirar as dádivas da Providência que escolheu a mim, a mais nova de seus filhos, para o mais lindo reino da Europa", escreve à mãe. Quem não sentir vibrar nessa mensagem o tom da alegria possui ouvido pouco delicado. Justamente por perceber apenas a grandeza de sua posição, e não sua responsabilidade, Maria Antonieta sobe ao trono leve e despreocupada.

E tão logo se senta ao trono chegam-lhe aos ouvidos as manifestações de regozijo e júbilo. Ainda nada fizeram, prometeram ou cumpriram, e, no entanto, o entusiasmo aclamava os jovens soberanos. Não será esse o prenúncio de uma era dourada, pensa o povo, sempre na expectativa de milagres, agora que a amante perdulária fora degredada, que Luís XV, o velho e indiferente rei libertino, fora enterrado, agora que um rei jovem, simples, parcimonioso, modesto, religioso e uma rainha encantadora, terna e bondosa reinariam sobre a França? Em todas as vitrines acham-se expostos os retratos dos novos monarcas, amados e admirados com esperanças ainda não frustradas; cada uma de suas ações é saudada com entusiasmo. Também a corte, paralisada de medo, começa a alegrar-se; agora novamente viriam os bailes e paradas, o regozijo e um novo

Le Roi est mort, vive le Roi!

alento para a vida, e começaria o reinado da juventude e da liberdade. Um suspiro de alívio acolhe a morte do velho soberano e os sinos de finados nas igrejas de toda a França soam tão alegres e venturosos como se anunciassem uma festa.

APENAS UMA PESSOA na Europa inteira ficou verdadeiramente abalada e assustada com a morte de Luís XV, perseguida por negros presságios: a imperatriz Maria Teresa. Como soberana, conhece o fardo de uma coroa após árduos trinta anos; como mãe, sabe das fraquezas e defeitos de sua filha. Sinceramente gostaria de ver adiado o momento da ascensão ao trono até que aquela criatura leviana e impulsiva amadurecesse um pouco mais e estivesse protegida das tentações de sua prodigalidade. Essa mulher idosa sente o coração pesar, prenúncios sombrios parecem afligi-la. "Sinto-me ainda muito abalada", escreve ao fiel embaixador quando recebe a notícia, "e muito mais ainda preocupa-me o destino de minha filha que deverá ser ou grandioso ou muito infeliz. A posição do rei, dos ministros, do Estado, não me fornece indício algum que pudesse me acalmar, e ela própria ainda é tão jovem! Nunca soube o que significa um esforço mais sério e nunca ou talvez nunca o saberá." Em tom melancólico responde igualmente à participação orgulhosa da filha: "Não te envio felicitações pelo teu novo título que custou caro e será mais caro ainda se não puderes decidir-te a manter a mesma vida tranquila e inocente que tiveste durante esses três anos, graças à bondade e complacência de tão bom pai, que permitiu a ti e a teu marido conquistarem a aprovação e o amor de teu povo. Isso significa uma grande vantagem para a posição que ora ocupais; mas agora trata de saber mantê-la e bem utilizá-la para o bem-estar do rei e do Estado. Sois ainda muito jovens e o fardo é pesado; por isso estou preocupada, realmente apreensiva... Só posso vos aconselhar a não vos precipitares; observai tudo com vossos próprios olhos, não mudeis coisa alguma, deixai que tudo siga seu curso, caso contrário o caos e a intriga serão infindos, e vós, meus queridos filhos, seríeis envolvidos em uma trama da qual jamais poderíeis vos libertar." De longe, do alto da experiência de anos, a sábia soberana, com seu olhar de Cassandra, percebe a situação frágil da França muito melhor que aqueles que a observam de perto, insiste enfaticamente que ambos preservassem sobretudo a amizade com a Áustria, assegurando com isso a paz no mundo. "Nossas monarquias precisam apenas de tranquilidade para pôr ordem em seus assuntos. Se continuarmos a agir em estreita colaboração ninguém perturbará nosso trabalho, e a Europa desfrutará da felicidade e da tranquilidade. Não só o nosso povo será feliz, mas também todos os outros povos." Ainda com mais insistência adverte a filha por sua leviandade pessoal, por sua inclinação a prazeres. "Preocupo-me com isso mais que com qualquer outra coisa em relação a ti. É de suma importância que te dediques a coisas sérias e, principalmente, que não sejas tentada a gastos muito excessivos. Tudo depende da estabilidade nesse início alvissareiro, que supera todas as nossas expectativas e vos tornará felizes à medida que fizerdes o povo feliz."

Maria Antonieta, comovida com os temores de sua mãe, faz promessas e mais promessas. Reconhece sua fraqueza em relação a qualquer ocupação mais séria e promete emendar-se. Todavia, a preocupação daquela mulher idosa, um temor profético, não quer ceder. Não acredita na felicidade do reino, tampouco na felicidade de sua filha. E enquanto o mundo todo celebra e inveja Maria Antonieta, ela dirige o desabafo materno ao embaixador, seu confidente: "Creio que seus dias mais felizes ficaram para trás."

Retrato de um casal régio

Nas primeiras semanas após a ascensão ao trono, os artistas, gravadores de cobre, pintores, escultores e cunhadores de medalhas, sempre e onde quer que seja, têm muito a fazer. Também na França, com pressa apaixonada, o retrato do rei Luís XV, há muito não mais o "Bem-amado", é guardado e substituído pelo retrato dos novos soberanos, emoldurados por coroas: "O rei morreu. Viva o rei!"

Um hábil cunhador de medalhas nem teria de recorrer demais à arte da lisonja para dar um ar cesáreo ao rosto simples e comportado de Luís XVI. Pois, à exceção do pescoço curto e forte, não se poderia dizer que a cabeça do novo rei fosse pouco nobre: uma fronte alta e regular, uma curva acentuada, quase audaz, do nariz, lábios carnudos e sensuais, um queixo cheio, porém bem-modelado, resultam em um conjunto harmonioso, num perfil imponente, bastante simpático. Quando muito, é necessário algum retoque de beleza no olhar, pois sem o lornhão o soberano, extremamente míope, não reconhece ninguém a três passos de distância; aqui, o buril do gravador precisa acrescentar expressão e conteúdo para conferir um pouco de autoridade àqueles olhos bovinos, mortiços, de pálpebras pesadas. Também o porte de Luís o Lerdo oferece dificuldades; fazê-lo assumir porte ereto e imponente no manto oficial representa árdua tarefa para todos os pintores da corte, pois, precocemente obeso, desajeitado e canhestro até o ridículo graças à miopia, não obstante a altura de quase um metro e oitenta e a figura bastante apresentável, Luís XVI parecia infeliz em todas as ocasiões oficiais ("La plus mauvaise tournure qu'on pût voir").[34] Percorre os assoalhos lustrosos de Versalhes com passos pesados e ombros curvados

---

[34] "A aparência mais feia que se pôde observar."

"como um camponês ao arado", não sabe dançar, tampouco jogar bola; à mera tentativa de apressar o passo, já tropeça na própria espada. O pobre homem tinha consciência plena dessa falta de habilidade física que o enche de constrangimento, e este constrangimento aumenta ainda mais sua falta de jeito; desse modo, todos têm primeiro a impressão de ver no rei da França um pobre labrego.

Luís XVI, todavia, não é nem tolo nem limitado. Entretanto, como seu modo de se comportar é ditado pela miopia, seu espírito é francamente tolhido pela timidez (que no fundo talvez se deva à falta de virilidade). Manter uma conversa significa sempre para esse soberano patologicamente tímido um esforço psicológico, sabe como é lenta e fraca sua capacidade de reflexão, e por isso Luís sente um pavor inominável das pessoas inteligentes, espirituosas e espertas, que têm o dom da palavra fácil; envergonhado, aquele homem íntegro sente sua própria incapacidade ao comparar-se a eles. Porém, caso lhe concedam tempo de coordenar as ideias, se não o forçam a decisões e respostas rápidas, ele surpreende mesmo interlocutores céticos, como José II ou Pétion,[35] por seu bom-senso, jamais excepcional, porém bastante honrado e franco; tão logo domina sua timidez psicológica, parece absolutamente normal. Em geral, prefere ler e escrever a falar, pois livros são mudos e não constrangem; Luís XVI (mal dá para acreditar) gosta de ler e lê muito, possui bons conhecimentos de história e geografia, aprofunda sempre suas noções de inglês e latim, contando para isso com o auxílio de sua prodigiosa memória. Mantém seus documentos e livros de contabilidade em ordem minuciosa; todas as noites, com sua letra clara, redonda, quase caligráfica anota os insignificantes detalhes de sua vida ("Abati seis cervos", "Tomei um purgativo") num diário que, por sua omissão ingênua de fatos históricos importantes, provoca impressão realmente perturbadora – de fato, a imagem exemplar de um intelecto medíocre, nada criativo, por sua natureza adequado a um confiável funcionário da aduana ou da chancelaria, a alguma atividade

---

[35] Alexandre Pétion (1770-1818): militar e poeta haitiano, participou da revolta negra contra os colonizadores, em 1791; foi nomeado presidente do Haiti em 1807.

Retrato de um casal régio

puramente mecânica e subalterna, à sombra dos acontecimentos – para tudo e qualquer coisa, menos para uma: para um soberano.

A verdadeira desgraça da natureza de Luís XVI resume-se nisso: possui chumbo no sangue. Algo grosso e pesado percorre-lhe as veias, nada lhe é fácil. Esse homem realmente esforçado precisa sempre superar uma resistência da matéria, uma espécie de sonolência, para realizar qualquer coisa, para pensar ou apenas sentir. Seus nervos, qual elásticos frouxos, não conseguem retesar-se, tensionar-se, dobrar-se, não vibram de eletricidade. Esse embotamento inato dos nervos inibe qualquer forte reação emocional por parte de Luís XVI: amor (seja no sentido psicológico ou físico), alegria, prazer, dor, medo, todos esses sentimentos não conseguem vir à tona através da pele de paquiderme de sua indiferença, nem mesmo um perigo de vida imediato pode tirá-lo de sua letargia. Enquanto revolucionários assaltam as Tulherias, os batimentos de seu pulso não se aceleram um segundo sequer, tampouco a noite antes da guilhotina abala um dos dois alicerces de seu bem-estar, o sono e o apetite. Nunca esse homem empalidecerá, mesmo com a pistola apontada ao peito, nunca a ira fará seus olhos mortiços se iluminarem, nada consegue assustá-lo, também nada consegue entusiasmá-lo. Apenas o maior esforço físico, como a bigorna ou a caça, põe seu corpo em movimento, ao menos exteriormente; ao contrário, tudo que fosse suave, requintado, gracioso, portanto, a arte, a música, a dança, não afeta sua sensibilidade; musa alguma, deus algum é capaz de fazer vibrar os seus sentidos, nem mesmo Eros. Em vinte anos, Luís XVI nunca cobiçou outra mulher que não fosse a esposa determinada por seu avô; com ela vive feliz e satisfeito, como também, em sua irritante falta de pretensão, dá-se por satisfeito com tudo. Por isso tratou-se de uma diabólica maldade do destino exigir justamente de tal natureza inerte e grosseiramente animal as mais importantes decisões históricas de todo o século, colocar uma pessoa tão inclinada à contemplação diante da mais terrível catástrofe universal. Pois é ali onde começa a ação, onde os músculos da vontade devem retesar-se para o ataque ou a defesa, que aquele homem fisicamente robusto torna-se fraco da maneira mais deplorável possível: cada decisão significa para Luís XVI um embaraço incontornável. Só é capaz de ceder, de fazer o que os outros determinam, porque seu único desejo é paz e sossego, nada mais que paz e sossego. Coagido e surpreendido, promete a cada qual o que este exige e com igual condescendência promete ao interlocutor seguinte exatamente o contrário; quem dele se aproxima já o conquistou. Por essa fraqueza sem igual, Luís XVI torna-se sempre um culpado inocente e desonesto diante de qualquer intenção honesta, joguete nas mãos de sua mulher, de seus ministros, um rei fantoche sem alegria ou pose, feliz quando o deixam em paz, exasperado e exasperante nas horas em que realmente deveria reinar. Se a revolução, em vez de pedir seu pescoço curto e grosso, tivesse concedido uma casinha de camponês com um pequeno jardim e uma atividade insignificante a esse homem ingênuo e embotado, isso o teria tornado mais feliz do que aquilo que o arcebispo de Reims o fizera com a coroa da França – que esse soberano indiferente usou ao longo de vinte anos, sem prazer e sem dignidade.

Nem o mais áulico de todos os bardos da corte jamais ousaria exaltar um homem assim bonachão e pouco viril como grande imperador. Ao contrário, todos os artistas competiam para endeusar a rainha sob todas as formas e palavras, em mármore, terracota, porcelana, pintura, representá-la em delicadas miniaturas de marfim e poesias graciosas, pois seu rosto, seus gestos refletem de maneira extremamente perfeita o ideal da época. Delicada, esbelta, graciosa, encantadora, faceira e coquete, a moça de dezenove anos torna-se desde a primeira hora a deusa do rococó, o tipo exemplar da moda e do gosto dominante. A mulher que deseja ser considerada bela e atraente esforça-se para parecer-se com ela. No entanto, Maria Antonieta na verdade não tem um semblante significativo nem muito expressivo; seu fino rosto oval, bem-talhado, com as pequenas irregularidades caprichosas, como o grosso lábio inferior dos Habsburgo e a fronte um tanto plana demais, não encanta pela expressão de inteligência, tampouco por algum traço fisionômico pessoal. Algo frio e vazio, como um esmalte liso, emana do rosto de menina, ainda imaturo, curioso em

Retrato de um casal régio

relação a si mesmo. Somente o passar dos anos lhe acrescentarão certa plenitude majestática e maior firmeza. Somente os olhos ternos, que depressa mudam de expressão, prontos a se encher de lágrimas, para brilhar logo em seguida de alegria e prazer, revelam vivacidade de sentimentos, e a miopia confere ao suave tom de azul não muito intenso um caráter lânguido e comovente. Porém, a força de vontade não impõe nenhum traço mais duro no pálido rosto oval: sente-se apenas uma natureza branda, flexível, que se deixa mover pelos sentimentos, e, extremamente feminina, que obedece apenas às ondas de suas emoções. Essa graça delicada é justamente o que todos admiram em Maria Antonieta. Na verdade, o que de fato determinava o belo nessa mulher era a essência feminina, o cabelo farto, indo do loiro acinzentado ao ruivo faiscante, o branco-porcelana e a suavidade de sua tez, a maciez carnuda de suas formas, as linhas perfeitas de seus roliços braços de marfim, a beleza cuidada de suas mãos, o botão e a flagrância de uma menina-moça ainda por desabrochar, um encanto sem dúvida demasiado fugaz e sublimado para ser totalmente captado pelos retratos.

Pois mesmo seus retratos menos felizes revelam-nos a marca predominante de sua natureza, a característica peculiar da impressão por ela provocada. De hábito, retratos conseguem apreender apenas a pose estática de uma pessoa, ao passo que o verdadeiro encanto de Maria Antonieta consistia na graça inimitável de seus gestos, conforme opinião unânime. Somente por gestos e movimentos é que Maria Antonieta revela a musicalidade inata de seu corpo, ao percorrer elegante, de saltos altos, as alas das galerias de espelhos, ao recostar-se numa poltrona, dócil e coquete, para uma conversa, ao levantar-se de um salto e correr às pressas pelos degraus da escada, ao estender com gesto gracioso a mão imaculadamente alva para o beija-mão ou passar o braço gentil em torno da cintura da amiga; nessas ocasiões seus gestos parecem, sem nenhum esforço, o resultado perfeito de uma intuição física feminina. "Quando está de pé", escreve inebriado o inglês Horace Walpole, habitualmente bastante frio, "parece a estátua da beleza; quando se move, a graça em pessoa." De fato, joga bola, cavalga como uma amazona; toda vez que participa dos jogos com seu corpo flexível e bem torneado, supera as mulheres mais belas de sua corte, não só pela habilidade, mas também pelo encanto sensual; e Walpole, encantado, refuta com veemência a constatação de que ela errava os passos e o ritmo da dança com as palavras lisonjeiras de que, tal fosse o caso, a música é que era culpada. Por instinto – toda mulher conhece o poder de sua beleza – Maria Antonieta ama os gestos e os movimentos. A inquietação é seu elemento natural; ao contrário, ficar sentada, prestar atenção, ler, escutar, meditar e, em certo sentido, até dormir são para ela provas insuportáveis de paciência. O que importa é andar de um lado para o outro, de cá para lá, iniciar algo novo, sempre algo diferente, e nada terminar, estar sempre ocupada e ser distraída sem nenhum esforço próprio; sentir a toda hora que o tempo não para, correr atrás dele, alcançando-o, atropelando-o! Não comer devagar, somente petiscar um pouco os doces, não dormir um sono prolongado, não pensar demais, sempre em frente e adiante, num ócio alternado! Assim, os vinte anos de reinado de Maria Antonieta transformam-se num eterno carrossel girando em torno do próprio eu, que, sem objetivo algum, seja interior, seja exterior, termina num total giro em falso, seja humano, seja político.

A instabilidade, a incapacidade de fixar-se em si mesma, o desperdício de uma energia grande e mal utilizada é o que mais amargura a mãe em relação a Maria Antonieta: a velha conhecedora do ser humano sabe muito bem que a menina, com o talento e o vigor com que a natureza a dotara, poderia realizar muitas coisas, centenas de coisas mais. Bastaria que Maria Antonieta apenas quisesse ser exatamente aquilo que de fato é, e ela teria o poder real; contudo, uma fatalidade, por comodismo vive sempre abaixo de seu próprio nível intelectual. Como boa austríaca, possui sem sombra de dúvida muitos e variados talentos; infelizmente, porém, nenhuma força de vontade para utilizar ou nem sequer aprofundar seriamente qualquer desses dotes inatos; levianamente desperdiça seus talentos para desperdiçar a si mesma. "Seu primeiro impulso", sentencia José II, "é sempre o certo, e se ela o acatasse, se refletisse um pouco mais, seria perfeita." Pois justamente essa reflexão, por pequena que fosse, já se torna um fardo para seu temperamento inquieto; qualquer pensamento que não fosse aquele que assoma espontaneamente significa para ela esforço, e sua natureza caprichosa e despreocupada odeia qualquer sorte de esforço mental. O que deseja é apenas jogar, brincar, tão somente a facilidade, nada de dificuldades, nada de trabalho verdadeiro. Maria Antonieta conversa exclusivamente com a boca, e não com a cabeça. Quando lhe dirigem a palavra, distraída, ouve apenas parte do que dizem; nas conversas, usando de artimanhas, com encantadora gentileza e ofuscante frescor, afasta qualquer pensamento tão logo algum se manifesta, nada fala, nada pensa, nada lê até o fim, a nada se atém para tentar apreender o sentido e a essência da verdadeira experiência. Por isso não aprecia os livros, os assuntos do governo, nada de sério que exija paciência e atenção; contra a vontade, com rabiscos impacientes, cuida da correspondência mais urgente; mesmo nas cartas à mãe percebe-se amiúde a pressa em terminá-las. Nada que lhe dificulte a vida, nada que torne a cabeça sombria, pesada ou melancólica! Quem puder contornar sua preguiça mental é visto por ela como o homem mais inteligente; quem dela exige esforço é um inoportuno pedante, e de um salto foge de todos os conselheiros sensatos, em busca de cavalheiros e companheiras de igual mentalidade. Usufruir, nada além de prazeres, e não se deixar importunar por pensamentos, cálculos e economias, é assim que pensa, e assim pensam todos em seu círculo. Viver apenas para os sentidos, não para a sensatez: essa é a moral de toda uma geração, a geração do *Dix-huitième*, a quem o destino a impôs simbolicamente como rainha, para que vivesse com ele e com ele morresse.

Poeta algum poderia criar antítese caracterológica mais crassa do que a daquele casal totalmente díspar; até o mais ínfimo dos nervos do corpo, até o ritmo de sua circulação sanguínea, até a mais expressiva vibração de seu temperamento, Maria Antonieta e Luís XVI, com todas as suas qualidades e características, constituem uma antítese verdadeiramente exemplar. Ele grave, ela leve; ele desajeitado, ela flexível; ele rígido, ela maleável; ele apático, ela agitada e nervosa. E do ponto de vista psicológico: ele indeciso, ela de rápidas decisões; ele de reflexão lenta, ela espontânea nos sins e nos nãos; ele um fervoroso beato, ela ditosamente apaixonada; ele humildemente modesto, ela conscientemente coquete; ele pedante, ela agitada; ele econômico, ela esbanjadora; ele extremamente sério, ela extremamente frívola; ele navio pesado em maré adversa, ela espuma na dança das ondas. Ele sente-se melhor sozinho, ela em companhia agitada e ruidosa; com satisfação bárbara e animal, ele gosta de comer muito e de beber vinhos encorpados, ela nunca toca o vinho, come pouco e depressa. O elemento dele é o sono, o dela a dança; o mundo dele é o dia, o dela a noite. Assim, os ponteiros de seus relógios vitais andam em direções opostas, como o sol e a lua. Às onze horas, quando Luís XVI se recolhe para dormir, é então que Maria Antonieta começa de fato a vibrar, hoje nos salões de jogos, amanhã num baile, sempre num lugar diferente; de manhã, quando ele já passou horas cavalgando a perseguir a caça, ela apenas começa a despertar. Em parte alguma, em ponto nenhum, seus hábitos, suas inclinações, seus horários se cruzam. Na verdade, Maria Antonieta e Luís XVI passaram grande parte de sua existência numa *vie à part*, assim como mantêm quase sempre (para desgosto de Maria Teresa) *lit à part*.[36]

Era então um casamento malsucedido, repleto de brigas, mantido a duras penas? De maneira alguma! Ao contrário, um casamento bastante prazenteiro, cheio de satisfação – e não fosse o fracasso inicial da virilidade com os conhecidos efeitos desagradáveis seria até um casamento completamente feliz. Pois para que ocorram tensões é necessário que exista certa energia despendida por ambas as partes, uma vontade deve opor-se a outra, força contra força. Os dois, porém, Maria Antonieta e Luís XVI, evitam qualquer tensão e desavença, ele, por inércia física, ela, por inércia psicológica. "Não compartilho dos mesmos gostos do rei", afirma Maria Antonieta de maneira despreocupada numa carta, "ele se interessa unicamente pela caça e pelo trabalho mecânico... A senhora há de convir que minha colaboração junto a uma bigorna não teria uma graça especial: eu não seria um Vulcano, e o papel de Vênus talvez desagradasse ainda mais a meu esposo que minhas outras predileções." Luís XVI, por seu lado, não

---

[36] *Vie à part*: "vida à parte"; *lit à part*: "camas separadas".

Retrato de um casal régio

se entusiasma nada pela maneira turbulenta e ruidosa dos divertimentos da esposa. Contudo, aquele homem frouxo não possui vontade nem força para impor alguma restrição enérgica; benevolente, sorri para o descomedimento da esposa e no fundo mostra-se orgulhoso de ter uma mulher tão admirada e encantadora. Até onde suas fracas emoções se mostram capazes de alguma vibração segundo seu jeito de ser – sério e tranquilo –, esse homem é total e inexoravelmente submisso à bela mulher que o supera em inteligência; cônscio de sua inferioridade, esquiva-se sempre para não lhe fazer sombra. Ela, por sua vez, esboça um ligeiro sorriso em relação ao esposo sossegado, todavia sem maldade alguma, pois nutre afeição por ele de maneira indulgente, como por um grande e peludo cão são-bernardo que vez por outra recebe carícias e afagos, que nunca rosna, jamais reclama e obedece com terna submissão ao menor aceno; enfim, nem que fosse por gratidão, não consegue ficar zangada com aquele bondoso animal. Ademais, ele a deixa fazer o que quer, segundo seus humores, afasta-se delicadamente quando não se sente bem-vindo, nunca entra em seu quarto sem primeiro anunciar-se, um marido ideal, que, mesmo sendo muito econômico, nunca deixa de pagar as dívidas da esposa e lhe permite tudo – no fim, até o amante. Quanto mais tempo Maria Antonieta vive com Luís XVI, tanto mais aumenta sua consideração pelo nobre caráter do marido, oculto por trás de todas as suas fraquezas. Esse casamento selado pela diplomacia torna-se aos poucos um verdadeiro relacionamento de camaradagem, um convívio bom e cordial, bem mais cordial que a maioria dos casamentos reais daquela época.

Porém, nesses casos, é melhor deixar de lado o amor, esse grande e sagrado sentimento. Falta àquele homem pouco viril qualquer energia do coração para o verdadeiro amor. A inclinação de Maria Antonieta por ele revela, por outro lado, demasiada compaixão, demasiada complacência e misericórdia para que tal mistura morna possa ser chamada de amor. A mulher delicada e sensível podia e devia entregar-se fisicamente ao marido por dever ou razões de Estado, mas seria um absurdo supor que o homem cordato e acomodado, esse Falstaff, pudesse despertar ou mesmo satisfazer qualquer torrente de emoções eróticas daquela mulher vibrante. "Ela não sente nenhum amor por ele", anuncia clara e francamente José II, numa ponderação objetiva, ao retornar a Viena de uma visita a Paris; e quando ela escreve à mãe afirmando que dos três irmãos ainda prefere aquele que Deus lhe concedeu como esposo, o "ainda", esta palavra traidora que lhe escapou por entre as linhas, revela muito mais do que ela, conscientemente, gostaria de expressar: já que não consegui um marido melhor, o esposo correto, comportado, "ainda" é a compensação mais aceitável. Nesta palavra mede-se a temperatura morna de seu relacionamento. Afinal, Maria Teresa poderia dar-se por satisfeita com essa concepção elástica de casamento – ela tem ouvido coisas muito piores de Parma, de sua outra filha – se Maria Antonieta demonstrasse um pouco mais da arte da dissimulação e mais tato em seu comportamento, se ao menos soubesse ocultar dos outros que, como homem, considera seu esposo real uma perfeita nulidade, uma *quantité négligeable*! Maria Antonieta, entretanto – e isso Maria Teresa não lhe perdoa – esquece de manter a postura e com isso a honra de seu esposo; felizmente é a mãe que capta a tempo uma dessas palavras levianas. Um de seus amigos diplomatas, o conde de Rosenberg, tinha chegado a Versalhes para uma visita e Maria Antonieta tomara-se de tal afeição pelo fino e galante senhor, depositara tanta confiança nele que escreve a Viena uma carta cheia de indiscrições dirigida a ele, contando como pregara uma peça em seu marido quando o duque de Choiseul solicitara a ela uma audiência. "Peço-lhe que acredite que não o recebi sem comunicar o fato ao rei. O senhor não será capaz de imaginar quanta habilidade tive que empregar para não evocar a impressão de estar pedindo uma autorização. Disse-lhe que gostaria muito de ver o senhor de Choiseul, apenas ainda não sabia a hora mais propícia para tanto, e planejei tudo isso tão bem que o pobre homem ["le pauvre homme"] fixou ele mesmo a hora mais apropriada para que eu o visse. Sou de opinião de que nesse caso utilizei à larga apenas meu direito de mulher." A expressão *pauvre homme* escapa sem mais nem menos de sua pena. Despreocupada ela sela a carta, pois julga ter narrado uma história divertida, uma vez que a expressão *pauvre homme* significa, na linguagem de seu coração, honestamente e sem maldade, apenas "o querido e bom

Retrato de um casal régio

homem". Em Viena, todavia, a mistura de palavras de simpatia, compaixão e desprezo é entendida de maneira diversa. Maria Teresa reconhece de imediato a perigosa falta de tato que reside no fato de a rainha da França, numa carta particular, chamar o rei da França, o soberano máximo da cristandade, de *pauvre homme*, não respeitando e honrando no marido nem mesmo a figura do monarca. Em que tom essa cabecinha de vento deve expressar-se verbalmente nas festas ao ar livre e nos bailes a respeito do rei da França, com as Lamballe e Polignac, com os jovens cortesãos! De imediato, reúne-se em Viena o conselho familiar, e escreve-se a Maria Antonieta uma carta tão enérgica que durante décadas o arquivo imperial impediu sua divulgação. "Não posso ocultar-te", a velha imperatriz admoesta a filha estouvada, "que tua carta ao conde de Rosenberg causou-me a maior consternação. Que linguagem, que leviandade! Onde foi parar o coração bondoso, terno e tão afetuoso da arquiduquesa Maria Antonieta? Nele só vejo intrigas, ódio mesquinho, sarcasmo e maldade; uma intriga na qual uma Pompadour, uma Du Barry poderiam representar o seu papel, mas não uma princesa, ainda mais uma grande princesa da casa de Habsburgo-Lorena, cheia de bondade e tato. Teu rápido sucesso e toda essa adulação que te cerca, neste último inverno em que te atiraste aos divertimentos e às modas ridículas e encenações, isso tudo sempre me fez tremer por ti. Essa ânsia por divertimentos e mais divertimentos sem o rei, embora saibas que tais coisas não o agradam e que ele apenas te faz companhia ou as aceita por pura condescendência, tudo isso me impeliu a expressar minha justa preocupação em cartas anteriores. Tua carta apenas a confirmou. Que linguagem! "Le pauvre homme!" Onde está o respeito e a gratidão por toda sua bondade? Deixo-te entregue às tuas próprias reflexões e nada mais digo, embora ainda muito houvesse a dizer... Porém, se eu continuar a perceber outras impropriedades de tal sorte não poderei me calar, pois é grande meu amor por ti; infelizmente, contudo, prevejo mais incidentes que nunca, porque sei quão leviana és, como és impetuosa e irrefletida. Tua felicidade pode transformar-se num segundo e lançar-te na maior infelicidade por tua própria culpa, e tudo por conta dessa terrível sede de prazeres que te priva de qualquer ocupação séria. Que livros lês? E depois ousas imiscuir-te em tudo, nos mais importantes assuntos políticos e na escolha dos ministros?... Parece que o abade e Mercy se tornaram inoportunos para ti, pois não imitam esses reles aduladores e só desejam fazer-te feliz, e não meramente divertir-te ou aproveitar-se de tuas fraquezas. Algum dia perceberás isso, porém, será demasiado tarde. Espero não viver esse momento, e rogo a Deus que dê fim aos meus dias o mais depressa possível, pois não suportaria perder ou ver sofrer minha filha que amarei ternamente até meu último suspiro."

NÃO ESTARÁ ELA EXAGERANDO, não estará antecipando desgraças por causa de uma expressão divertida que lhe escapara por leviandade, *pauvre homme*? Maria Teresa, porém, detecta nesse caso não apenas uma simples expressão, mas um sintoma. Tal expressão revela-lhe de maneira inequívoca quão pouco respeito Luís XVI goza no próprio casamento, assim como em toda a corte. Sua alma se inquieta. Num Estado, se o desprezo pelo monarca já compromete os alicerces mais firmes, a própria família, como então manter intactos os outros pilares e vigas numa tempestade? Como poderia uma monarquia ameaçada subsistir sem monarca, um trono cercado de meros figurantes que não sentem a ideia do rei soberano nem no sangue, nem no cérebro ou no coração? Um fracote e uma mundana, um muito pusilânime, outra muito estouvada, como podem aqueles levianos defender sua dinastia em tempos ameaçadores? Ela, na verdade, não está nem um pouco furiosa com sua filha, a velha imperatriz apenas se preocupa com ela.

De fato, como guardar rancor dos dois, como condená-los? Mesmo à Convenção que os acusou tornou-se difícil considerar esse "pobre homem" um tirano e um malfeitor; no fundo, não havia grão algum de maldade nesses dois personagens; e, como costuma ocorrer em naturezas medíocres, nenhuma dureza, nenhuma crueldade, nem mesmo presunção ou vaidade grosseira. Contudo, infelizmente, também seus méritos não vão além da mediocridade burguesa: honesta afabilidade, grande indulgência, complacência temperada. Tivessem vivido uma época tão medíocre

Retrato de um casal régio

quanto eles próprios, teriam se mantido com honra e feito boa figura. Entretanto, nem Maria Antonieta nem Luís souberam opor a uma época cada vez mais dramática uma elevação moral equivalente, por meio de uma transformação interior; mais do que viver fortes e heroicos, souberam morrer com decência. Cada pessoa é atingida apenas pelo destino que não consegue dominar – em cada sujeição existe sempre um sentido e uma culpa. No caso de Maria Antonieta e de Luís XVI, Goethe os avaliou de maneira sábia e justa:

> Warum denn wie mit einem Besen
> Wird so ein König hinausgekehrt?
> Wären's Könige gewesen,
> Sie ständen alle noch unversehrt.[37]

---

[37] "Por que nobreza como essa /É expulsa a vassouradas? /Tivessem sido soberanos de peso, /Ainda estariam ilesos."

Rainha do rococó

No momento em que Maria Antonieta, a filha de sua antiga oponente Maria Teresa, galgou o trono da França, Frederico o Grande, o inimigo secular da Áustria, ficou inquieto. Enviou cartas e mais cartas ao embaixador da Prússia para que este investigasse cuidadosamente os planos políticos da nova rainha. De fato, o perigo é grande para ele. Bastaria que Maria Antonieta assim o quisesse e se esforçasse um pouquinho, e todos os fios da diplomacia francesa passariam apenas por suas mãos. A Europa seria dominada por três mulheres: Maria Teresa, Maria Antonieta e Catarina da Rússia. Porém, para sorte da Prússia e desgraça de si mesma, Maria Antonieta não se sente minimamente atraída pela missão histórica, nem ao menos pensa em compreender a sua época, mas só em usufruir de seu tempo, com negligência apossa-se da coroa como se fosse um brinquedo. Em vez de utilizar o poder que lhe coube, deseja apenas desfrutá-lo.

Desde o início, esse foi o erro mais fatal de Maria Antonieta: queria vencer como mulher, não como rainha; seus pequenos triunfos femininos eram-lhe mais valiosos que os grandes e abrangentes triunfos da história; como seu coração pueril e mimado não soube atribuir conteúdo espiritual algum à ideia monárquica, viu-lhe apenas uma forma perfeita, em suas mãos a elevada missão esvaiu-se em jogos fugazes, sua nobre função tornou-se um papel teatral. Ser rainha durante quinze anos frívolos significa para Maria Antonieta apenas o seguinte: ser admirada como a mulher mais elegante da corte, a mais coquete, a mais bem-vestida, a mais mimada e sobretudo a mais divertida de todas; ser a *arbiter elegantiarum*,[38]

---

[38] *Arbiter elegantiarum*: "árbitra da elegância".

Rainha do rococó

a que dava o tom daquele mundo social requintado e extravagante, um mundo que se considera o universo propriamente dito. Durante vinte anos, em seu palco particular de Versalhes, construído como uma passarela enfeitada de flores japonesas sobre um abismo, ela representa com estilo e graça o papel da perfeita rainha do rococó.

PORÉM, COMO É POBRE O REPERTÓRIO dessa comédia social: mínimas e fugazes delicadezas, intrigas insignificantes, pouquíssimo espírito e muita dança. Nos jogos e brincadeiras, não tem a seu lado um companheiro à altura, que faça o papel de rei, não possui um herói verdadeiro para secundá-la, representava tediosamente o mesmo e esnobe espetáculo mágico, enquanto milhões de súditos esperam por sua soberana do lado de fora dos portões dourados. Todavia, aquela mulher inebriada de si mesma não abandona seu papel, não se cansa de satisfazer seu coração insensato com novas futilidades; mesmo quando ressoam de Paris os trovões ameaçadores sobre os jardins de Versalhes ela persiste na representação. Só quando a revolução a arranca violentamente daquele minúsculo palco rococó, lançando-a em meio à história grande e trágica, reconhece o enorme erro de ter escolhido um papel limitado demais, o de *soubrette*,[39] o de dama de salão, ao passo que o destino lhe concedera energia e força de ânimo para o papel de heroína. Muito tarde reconhece o erro, contudo, não tarde demais. Pois justamente no instante em que não precisa mais viver o papel de rainha, tendo apenas a morte diante de si, no epílogo trágico daquela comédia pastoral, atinge ela a medida verdadeira. Somente quando o jogo se torna sério e a coroa lhe é tomada, Maria Antonieta torna-se realmente rainha do fundo de seu coração.

Essa negligência, ou melhor, o sentimento de culpa pela irreflexão de Maria Antonieta ao sacrificar durante vinte anos o essencial à futilidade, a obrigação ao prazer, as dificuldades às amenidades, a França a Versalhes, o mundo real a seu mundo lúdico – essa culpa histórica é quase incompreen-

---

[39] *Soubrette*: "criadinha", "empregadinha".

sível. Para entendê-la em sua falta de sentido, de maneira mais palpável, é preciso pegar a título de experiência um mapa da França e desenhar ali o minúsculo espaço no qual Maria Antonieta passou os vinte anos de seu reinado. O resultado é surpreendente. Pois o círculo é tão pequeno que se torna um mero pontinho num mapa de tamanho médio. Versalhes, Trianon, Marly, Fontainebleau, Saint-Cloud, Rambouillet, em seis palácios, no interior de um espaço ridículo de poucas horas de distância um do outro, gira sem parar de um lado para outro o pião dourado de seu movimentado tédio. Nem uma só vez Maria Antonieta sentiu, quer no espaço quer no espírito, a necessidade de ultrapassar esse pentagrama no qual manteve preso o mais tolo de todos os demônios, o demônio do entretenimento. Nem uma só vez em praticamente um quinto de século a soberana da França dobrou-se ao desejo de conhecer seu próprio reino, as províncias das quais é rainha, o mar que banha as costas, as montanhas, fortalezas, cidades e catedrais, aquele país vasto e multifacetado. Nem uma só vez roubou uma hora de sua ociosidade para visitar um súdito ou ao menos para pensar neles, nem uma única vez pôs os pés numa casa burguesa. Todo esse mundo real fora de seu círculo aristocrático não existia factualmente para ela. Que uma cidade gigantesca se estende para além do Opéra de Paris, cheia de miséria e descontentamento; que por trás dos riachos do Trianon, com seus patos chineses, cisnes e pavões bem alimentados, por trás daquela aldeia artificial projetada por arquitetos da corte, por Hameau, as verdadeiras choupanas dos camponeses caem em pedaços e os celeiros estão vazios; que por trás das grades douradas de seus parques um milhão de pessoas trabalha, passa fome e tem esperanças. Isso tudo Maria Antonieta nunca soube. Talvez somente a ignorância e a intenção de ignorar o lado trágico e obscuro do mundo pudessem conferir ao rococó aquela graça encantadora, aquela graça leve e despreocupada. Somente quem não conhece a seriedade do mundo pode jogar de modo tão ditoso. Mas uma rainha que esquece seu povo ousa muito num jogo arriscado. Uma simples pergunta teria revelado o mundo a Maria Antonieta. Mas ela não queria formulá-la. Um simples olhar atento a faria compreender seu tempo, mas ela não queria compreendê-lo. Queria simplesmente permanecer em seu canto, alegre, jovem e imperturbável. Guiada por fogos-fátuos, gira sempre em círculos e perde com as marionetes da corte, em meio a uma cultura artificial, os anos mais decisivos de sua vida, para sempre irrecuperáveis.

ESSA É SUA CULPA, sua culpa inegável: ter chegado à missão mais grandiosa da história com uma leviandade sem par, ter enfrentado o mais duro conflito do século com um coração frívolo demais. Uma culpa inegável, contudo perdoável, pois compreensível no alcance da tentação à qual nem o caráter mais forte poderia ter resistido. Passando praticamente do berço ao leito conjugal, do dia para a noite, deixando as salas de brinquedo de um palácio para ocupar ainda sonolenta o posto mais poderoso, ainda em formação, ainda não despertada espiritualmente, aquela alma ingênua, não muito forte, não muito arguta, sente-se de súbito cercada de adoração, assim como a dança dos planetas circunda o sol. E que pérfida habilidade possui essa estirpe do século XVIII para seduzir uma jovem mulher! Que maestria na mistura venenosa de finas adulações, que inventividade na aptidão para encantar com futilidades, que empenho na alta escola da galanteria e na arte airosa de levar uma vida despreocupada! Mestres e doutores em todas as formas de sedução e de enfraquecimento da alma, desde o início os cortesãos atraem a menina inexperiente, ainda curiosa de si mesma, para seu círculo de encantos. Desde o primeiro dia de seu reinado Maria Antonieta paira sobre uma nuvem de incenso de desmedida idolatria. O que diz é considerado de máxima inteligência, o que faz é lei, o que deseja se realiza. Se um dia tem um capricho, no dia seguinte ele torna-se moda. Caso cometa alguma tolice, a corte inteira a imita entusiasmada. Para aquela multidão fátua e ambiciosa, ela se compara ao sol, seu olhar é uma dádiva, seu sorriso uma felicidade, sua presença uma festa. Quando recebe em audiência, todas as damas, tanto as velhas quanto as jovens, as de nobreza antiga ou as recém-enobrecidas, fazem os mais obstinados esforços, ou os mais alegres, os mais ridículos ou os mais tolos empenhos para, com a ajuda de Deus, obter sua atenção por

Maria Antonieta. Óleo sobre tela
de Elisabeth Vigée le Brun, s/d.

um mísero segundo, para conquistar uma cortesia, uma palavra; caso contrário, que fossem pelo menos vistas, e não ignoradas. Nas ruas, por sua vez, o povo presente em multidão a aplaude fiel e entusiasticamente; nos teatros o público levanta-se da primeira à última fila para saudá-la, e quando passa por um espelho vê refletida nele, com vestes suntuosas e emoldurada de triunfo, uma mulher jovem e bonita, despreocupada e feliz, tão linda quanto as mais lindas mulheres da corte. Assim sendo – ela confunde a corte com o mundo –, a mais linda do mundo. Como lutar com um coração infantil e com uma força medíocre contra uma poção mágica tão inebriante de felicidade, uma mistura composta das essências mais fortes e doces do sentimento, do olhar dos homens, da inveja admirada das mulheres, da devoção do povo, do próprio orgulho? Como o dinheiro aparece à simples confecção de pequenos bilhetes contendo uma palavra, uma única palavra, "Payez", escrita sobre eles? Como do nada surgem ducados e pedras preciosas? Num passe de mágica, jardins e castelos? Como o brando ar da felicidade é tão doce e acalma os nervos tão suavemente? Como não se tornar despreocupada e frívola se do céu pendem cordões que prendem os jovens e radiantes ombros? Como não perder o chão sob os pés se tal atração seduz?

Essa leviandade na concepção da vida, indubitavelmente culpa sua, do ponto de vista da história, foi ao mesmo tempo a culpa de sua geração; pela absoluta sanção do espírito de seu tempo, Maria Antonieta é a típica representante do século XVIII. O rococó, essa representação deturpada e exageradamente sutil de uma cultura ancestral, o século das mãos finas e ociosas, do espírito frívolo e mimado, pretendia, antes de declinar, ver-se representado numa figura. Porém, nenhum rei nem homem algum poderiam representar esse século feminino no álbum da história. Apenas na figura de uma mulher, de uma rainha, poderia ele refletir sua imagem plástica, e Maria Antonieta tornou-se a figura exemplar da rainha do rococó. A mais despreocupada dos despreocupados, a mais esbanjadora entre os esbanjadores, a mais delicadamente galante, a mais consciente-mente coquete entre as galantes e coquetes, ela expressou em sua própria pessoa, de maneira documental e inesquecível, os usos e a vida artificial do século XVIII. "É impossível", escreve sobre ela Mme de Staël, "conferir mais graça e bondade à cortesia. Ela possui certa maneira de ser amável que nunca lhe permite esquecer que é uma rainha, ao mesmo tempo que não o pretende ser." Maria Antonieta tangia as cordas de sua vida como se tocasse um instrumento delicado e frágil. Em vez de se tornar humanamente grande para todas as épocas, tornou-se típica de sua época; enquanto negligencia sua força interior de maneira absurda, encontra uma atribuição: nela atinge-se a plenitude do século XVIII. Com Maria Anto nieta o século chega ao fim.

Qual a primeira preocupação de uma rainha do rococó quando acorda pela manhã em seu palácio de Versalhes? Os relatórios da cidade, do Es-tado? As cartas dos embaixadores relatando as vitórias dos exércitos ou que será declarada guerra à Inglaterra? De modo algum. Maria Antonieta, como de costume, voltou às quatro ou cinco horas da madrugada – dormiu apenas poucas horas, sua inquietação não necessita de muito repouso. O dia começa com importante cerimônia. A camareira-chefe encarregada do guarda-roupa entra em seus aposentos com algumas camisas, lenços e toalhas para a toalete matinal, auxiliada pela primeira camareira. Esta se curva e estende um mostruário para inspeção, no qual estão pregadas com alfinetes pequenas amostras de tecido de todos os vestidos que compõem o guarda-roupa. Maria Antonieta deve decidir que vestimentas trajar naquele dia. Que escolha difícil, cheia de responsabilidade, pois para cada estação estão prescritos doze vestidos de gala novos, doze roupas de fantasia, doze de cerimônia, sem contar uma centena de outros adquiridos a cada ano (imagine a humilhação que é para a rainha da moda repetir uma roupa!). Além disso, roupões, roupas de baixo, lencinhos de renda, xales, toucas, casacos, cintos, luvas, meias e anáguas do arsenal invisível que ocupa um exército de costureiras e roupeiras. A escolha em geral demora um longo tempo. Por fim, as amostras dos vestidos que Maria Antonieta deseja para aquele dia são marcadas com alfinetes, o vestido de cerimônia para a recepção, o *déshabillé* para a tarde, o vestido de gala para a noite. A primeira preocupação foi resolvida, o mostruário é levado embora e as roupas escolhidas trazidas no original.

Não admira que, considerando a importância do vestuário, a modista-chefe, a divina Mlle Bertin, goze de mais poder sobre Maria Antonieta que todos os ministros de Estado, sendo estes substituíveis às dúzias, e aquela, única e incomparável. Embora de origem simples, chapeleira das classes inferiores do povo, rude, ambiciosa, de cotovelos fortes para abrir seu espaço, maneiras mais vulgares do que finas, aquela mestra da *haute couture* mantém Maria Antonieta sob seu jugo. Por sua causa tramou-se uma revolução no palácio dezoito anos antes da revolução propriamente dita: Mlle Bertin derruba os ditames da etiqueta que veda a uma mulher burguesa o acesso aos *petis cabinets*[40] da rainha; essa artista em seu *métier* consegue o que Voltaire e outros poetas e pintores da época jamais obtive-

---

[40] *Petits cabinets*: "aposentos privados".

Rainha do rococó

ram: ser recebida a sós pela rainha. Quando aparece duas vezes por semana com seus novos figurinos, Maria Antonieta deixa suas damas da corte e dirige-se a uma reunião secreta, a portas fechadas, com a estimada artista, nos aposentos privados, para decidir com ela uma moda nova, mais louca que a da véspera. Logicamente a ambiciosa modista tira o maior proveito possível desse triunfo para seu próprio bolso. Depois de induzir Maria Antonieta ao luxo dispendioso, submete toda a corte e a aristocracia às suas chantagens. Manda colocar uma tabuleta em sua loja na rue Saint-Honoré anunciando em letras garrafais seu título de modista particular da rainha e explica com pretensão e displicência às clientes à sua espera: "Acabei de chegar de meu trabalho com a rainha." Logo dispõe de um batalhão de costureiras e bordadeiras, pois quanto mais elegante vestir-se a rainha mais impetuosas se tornam as outras damas a fim de não ficarem para trás. Algumas delas subornam a fada desleal com pesadas moedas de ouro para lhes confeccionar um modelo que a rainha ainda não tivesse usado; o luxo dos figurinos alastra-se como uma praga. Nem de longe as desordens pelo país, os confrontos com o Parlamento, a guerra com a Inglaterra perturbaram tanto aquelas aristocratas vaidosas quanto os novos lançamentos de Mlle Bertin: o novo tom de marrom, as curvas especialmente ousadas nas crinolinas, ou mesmo uma nova nuance da seda produzida pela primeira vez em Lyon. Uma dama que se preze sente-se obrigada a acompanhar passo a passo aquele furor de exageros; e, suspirando, um esposo lamenta: "Nunca as mulheres da França gastaram tanto dinheiro para se tornarem tão ridículas."

No entanto, Maria Antonieta sente ser sua única e pessoal obrigação ser a soberana nesse campo. Após três meses de reinado, a pequena princesa já se transformou em boneca da moda do mundo elegante, um modelo para todos os figurinos e penteados; seu triunfo farfalha por todos os salões e cortes. De fato, atinge também Viena, e de lá ressoa um eco descontente. Maria Teresa, que deseja para a filha tarefas mais dignas, devolve irritada ao embaixador um retrato da jovem rainha engalanada em roupas da moda num luxo exagerado, afirmando que se trata do retrato de uma artista, e não de uma rainha da França, aliás, uma observação sempre inútil. "Tu sabes que sempre fui de opinião que a moda deve ser seguida com comedimento, sem exageros. Uma jovem mulher, bela, uma rainha cheia de graça, não tem necessidade dessas tolices; ao contrário, a simplicidade no trajar cai-lhe melhor e é mais digna de uma rainha. Como ela dá o tom, o mundo todo se esforçará para imitar até suas menores falhas. Eu, porém, que amo minha pequena rainha e a observo nos mínimos passos, não devo hesitar em chamar-lhe a atenção para essa pequena leviandade."

SEGUNDA PREOCUPAÇÃO DE TODA MANHÃ: o penteado. Felizmente, também aqui há um grande artista à disposição, o senhor Léonhard, o inesgotável e insuperável fígaro do rococó. Como grão-senhor, dirige-se todas as manhãs de Paris a Versalhes conduzido por seis cavalos, munido de pentes, loções capilares e pomadas, para pôr à prova sua nobre e sempre renovada arte com a rainha. Como Mansart, o grande arquiteto, ao projetar sobre as casas os telhados artísticos que receberam seu nome, assim também o senhor Léonhard constrói sobre a testa de toda mulher de estirpe que se preza torres inteiras de cabelos, e converte aquela forma exagerada em ornamentos simbólicos. Com enormes grampos e abuso de pomadas fixadoras, primeiro os cabelos são penteados para cima, em linha vertical, elevando-se desde a raiz até quase o dobro da altura de um chapéu de granadeiro prussiano. Só então, no espaço vazio, aproximadamente meio metro acima da linha das sobrancelhas, começa propriamente o reino plástico do artista. Não são apenas paisagens inteiras e panoramas com frutos, jardins, casas e navios em mar revolto, uma colorida miscelânea é modelada com um pente sobre esses *poufs* ou *quês-à-quo* (assim denominam-se eles num panfleto de Beaumarchais). Mas para tornar a moda bastante variada tais esculturas sempre refletem simbolicamente o evento do dia. Tudo que ocupa aqueles cérebros de colibri, o que enche aquelas cabeças femininas quase sempre vazias, precisa ser exposto sobre a cabeça. Se a ópera de Gluck provoca sensação, logo Léonhard inventa um penteado *à la Iphigênia*, com fitas negras de luto e a meia-lua de Diana. Se o rei é vacinado contra varíola, logo o acontecimento estimulante surge como *poufs de l'inoculation*. Se a revolução norte-americana entra na moda, de pronto o penteado da liberdade torna-se o vitorioso do dia; porém, ainda mais aviltante e tolo, quando as padarias de Paris são saqueadas durante o flagelo da fome, a frívola sociedade aristocrática não imagina nada mais importante que exibir o fato sobre a cabeça como os *bonnets de la revolte*. As construções sobre cabeças vazias superam-se sempre mais. Aos poucos aquelas torres de cabelos tornam-se tão altas, graças a enchimentos maiores e mechas artificiais, que as senhoras não conseguem sentar-se em suas carruagens, ficando de joelhos, com as saias erguidas, caso contrário a construção tocaria o teto dos coches; os caixilhos das portas do palácio são ampliados para que as damas em suas grandes toaletes não mais precisem abaixar-se ao cruzá-las; os tetos nos camarotes dos teatros são arredondados. Quantos constrangimentos aquela arquitetura sobrenatural causa aos amantes das damas, e sobre isso encontram-se histórias saborosas nas sátiras da época. Porém, quando se trata de moda, sabe-se que as mulheres estão dispostas a qualquer sacrifício, e a rainha parece convencer-se de que realmente não seria mais uma rainha se não exibisse todas essas loucuras, até mesmo superando-as.

De novo ressoa o eco de Viena: "Não posso evitar tocar num assunto que vejo nos jornais com muita frequência: teus penteados! Dizem que atingem noventa centimetros de altura a partir da raiz dos cabelos, acima disso ainda são adornados com penas e fitas." De forma evasiva, a filha responde à *chère maman* que os olhos aqui em Versalhes estão tão acostumados que o mundo inteiro – e aqui Maria Antonieta tem em mente apenas a centena de damas da nobreza da corte – nada acha de extraordinário nisso. E mestre Léonhard continua alegremente a construir suas edificações até o sacrossanto senhor decidir-se a dar um basta à moda, e no ano seguinte os torreões são demolidos, porém, apenas para dar lugar a uma mania ainda mais dispendiosa, a das penas de avestruz.

Terceira preocupação: é possível vestir-se de maneira sempre diversa sem as joias correspondentes? Não, uma rainha precisa de diamantes maiores, pérolas mais robustas que qualquer outra mulher. Precisa de mais anéis e tiaras, pulseiras e diademas, enfeites de cabelo e pedras preciosas, mais adornos de sapatos ou engastes de diamantes para os leques pintados por Fragonard do que as esposas dos irmãos mais jovens do rei, do que todas as outras damas da corte. E isso apesar de ter trazido incontáveis diamantes de Viena e ter recebido de Luís XV uma caixa cheia de joias da família. Todavia, de que vale ser uma rainha se não para adquirir pedras sempre novas, mais belas e preciosas? Maria Antonieta, todos sabem disso em Versalhes – e logo se perceberá que não é bom que todos falem e comentem a respeito – é obcecada por joias. Nunca lhe é possível resistir quando os hábeis joalheiros de voz macia, esses judeus emigrados da Alemanha de nome Böhmer e Bassenge, exibem suas mais recentes criações artísticas sobre bandejas cobertas de veludo: deslumbrantes brincos, anéis e fivelas. Além disso, esses homens honrados não lhe dificultam a aquisição. Sabem honrar uma rainha da França ao pedir-lhe o dobro do preço, mas em compensação concedem-lhe crédito e oferecem-se para aceitar os diamantes já usados pela metade de seu valor. Sem perceber a degradação de tais negócios obscuros, Maria Antonieta contrai dívidas por toda parte – em caso de emergência, e isso ela sabe muito bem, o parcimonioso consorte virá em seu auxílio.

Agora, no entanto, a advertência de Viena é mais contundente: "Todas as notícias de Paris são unânimes em mencionar que compraste novamente braceletes por duzentas e cinquenta mil libras, com isso desequilibraste tuas finanças e contraíste dívidas, e a fim de remediar tal situação vendeste teus diamantes por um preço inferior... Tais notícias machucam-me o coração, sobretudo quando penso no futuro. Quando enfim te tornarás tu mesma?", clama a mãe desesperada. "Uma soberana rebaixa-se quando se enfeita dessa maneira e se rebaixa ainda mais quando gasta somas tão vultosas numa época como esta. Conheço muito bem tal espírito de prodigalidade e não posso calar-me a respeito, pois te amo para teu bem, e não para lisonjear-te. Cuida para que, por causa dessas frivolidades, não se perca o prestígio que conquistaste no início do reinado. É de conhecimento geral que o rei é bastante modesto; assim, toda a culpa recairia sobre ti. Espero não ter que vivenciar tal transformação, tal reviravolta."

Rainha do rococó

Diamantes custam dinheiro, vestidos custam dinheiro; e embora o indulgente esposo tenha dobrado o apanágio da esposa ao iniciar seu reinado, o cofrinho bem recheado deve ter algum orifício, pois assustadoramente está sempre em maré baixa.

Como então arranjar dinheiro? Para os insensatos, por felicidade o diabo inventou um paraíso: o jogo. Antes de Maria Antonieta, o jogo era ainda considerado na corte um inocente passatempo noturno, tal qual o bilhar ou a dança; jogava-se o inofensivo lansquenê com apostas pequenas. Maria Antonieta descobre para si e para os outros o famigerado faraó,[41] que conhecemos por intermédio de Casanova como a seleta arena de todos os velhacos e caloteiros. Que uma nova ordem expressa do rei tenha, sob pena, proibido qualquer jogo de azar, isso é absolutamente indiferente aos jogadores, a polícia não tem acesso aos salões da rainha. E o fato de que o rei não esteja disposto a tolerar essas mesas de jogo carregadas de ouro não incomoda minimamente aquele bando frívolo; joga-se então às escondidas, e os criados têm a incumbência de avisar caso o rei se aproxime. Assim, como num passe de mágica, o baralho desaparece sob a mesa, a conversa continua, todos se riem daquele homem comportado, e a partida logo prossegue. Para incentivar o negócio e aumentar o giro de dinheiro, a rainha permite a qualquer um que tenha dinheiro participar de sua mesa de jogo; aventureiros e usurários vão se achegando, em pouco tempo comenta-se pela cidade o fato vergonhoso de que se trapaceia no jogo da rainha. Só uma pessoa não sabe disso, pois, ofuscada pela diversão, não quer tomar conhecimento de nada: Maria Antonieta. Impelida pelo entusiasmo e a emoção, nada a segura, joga dia após dia até as três, quatro, até as cinco horas da manhã, numa ocasião até durante toda a véspera do dia de Todos os Santos, para escândalo da corte.

Novamente ressoa o eco de Viena: "O jogo é inegavelmente uma das diversões mais perigosas, pois atrai más companhias e provoca maledicência... O jogo cativa muito pela ânsia de ganhar; refletindo-se melhor, nisso

---

[41] Faraó: antigo jogo de baralho em que o banqueiro abre duas cartas e paga em dobro a quem tirar a carta mais alta.

somos nós os obcecados, pois a longo prazo não se pode ganhar sempre caso se jogue limpo. Assim, peço-te, cara filha: nada de transigências, é preciso libertar-se de tais paixões de um só golpe."

TODAVIA, TOALETES, ADORNOS E JOGO, isso ocupa apenas metade do dia, a metade da noite. Outra preocupação ainda faz girar os ponteiros do relógio: como divertir-se? Cavalgadas, caçadas, antigos passatempos reais. No entanto, nessas ocasiões, raramente se acompanha o esposo tão enfadonho; de preferência escolhem-se o divertido cunhado d'Artois e outros cavalheiros. Às vezes, por pura brincadeira, montam-se jumentos, o que não é nada elegante; porém, quando um desses animais cinzentos refuga, pode-se cair da maneira mais encantadora e mostrar no pátio as roupas de baixo rendadas e as pernas bem torneadas de uma rainha. No inverno passeia-se de trenó envolta em roupas quentes; no verão, a diversão são os fogos de artifício, os bailes campestres e os pequenos concertos noturnos no parque. Bastam alguns passos para descer do terraço, e fica-se com sua companhia seleta, protegida pela escuridão, e pode-se lá conversar e brincar com alegria – naturalmente, na maior decência; porém, brinca-se com o perigo, como com todas as outras coisas da vida. Pouco importa que um maldoso cortesão qualquer escreva um folheto em versos a respeito das aventuras noturnas de uma rainha, "Le lever de l'aurore". O rei, o esposo tolerante, não se deixa irritar por tais alfinetadas, e a diversão está garantida. Nada de solidão, nada de permanecer uma noite em casa, na companhia de um livro, do próprio marido, apenas deixar-se levar pelo turbilhão de diversões. Quando surge uma nova moda qualquer, Maria Antonieta é a primeira a render-se, submissa; tão logo a corrida de cavalos é importada da Inglaterra pelo conde de Artois – seu único feito pela França –, vê-se a rainha na tribuna, cercada de dezenas de jovens janotas anglófilos, fazendo apostas, jogando apaixonadamente. Em geral seu entusiasmo dura pouco, na maioria das vezes no dia seguinte já sobrevém o enfado daquilo que a encantara na véspera. Apenas a contínua mudança dos prazeres pode camuflar seu permanente nervosismo, que, disso não há dúvida, advém daquele

Rainha do rococó

segredo de alcova. As preferidas dentre centenas de diferentes distrações, as únicas pelas quais se manteve sempre fascinada, são contudo as mais perigosas para seu prestígio: os bailes de máscaras. Estes se tornam uma paixão imorredoura, pois lhe oferecem um duplo prazer, o prazer de ser rainha e o segundo, o de não ser mais reconhecida como rainha graças à máscara de veludo escuro, e ousar até o limite das aventuras carinhosas, portanto, não apenas apostar dinheiro nas mesas de jogo, mas apostar em si mesma como mulher. Vestida de Diana ou numa fantasia faceira de Colombina, é possível descer das alturas frias da etiqueta para mergulhar na multidão desconhecida, calorosa, no ofegar de carícias, na proximidade da sedução, até um meio mergulho em direção ao perigo provoca um calafrio na espinha; por meia hora pode-se tomar um elegante jovem cavalheiro inglês pelo braço sob a proteção da máscara, ou mostrar com algumas palavras atrevidas ao encantador cavalheiro sueco, Hans Axel de Fersen, o quanto ele agrada a certa dama, que infelizmente, ah, infelizmente, por ser rainha, tem obrigações com a virtude. Maria Antonieta não sabe ou não quer saber que essas pequenas brincadeiras logo recebem uma conotação erótica no falatório de Versalhes, espalhando-se por todos os salões; tampouco que, quando em certa ocasião uma das rodas da carruagem real se quebra no caminho e Maria Antonieta faz uso de um fiacre de aluguel para vencer os vinte passos até o Opéra, tais loucuras são transformadas em aventuras frívolas nos jornais clandestinos. Inutilmente adverte-lhe a mãe: "Fosse ainda em companhia do rei, eu me calaria, mas sempre sem sua presença e sempre na companhia de gente jovem da pior espécie de Paris, sendo a encantadora rainha a mais velha do grupo todo. Os jornais, as gazetas, que antes significavam uma bênção para mim, pois elogiavam a generosidade e a bondade de minha filha, de súbito estão diferentes. Nada além de corridas de cavalos, jogos de azar e madrugadas festivas, tanto que não mais quero lê-los; todavia, não posso evitar que todo o mundo que conhece meu amor e carinho por meus filhos fale disso e comente. Frequentemente evito até comparecer a reuniões para nada ouvir a respeito."

No entanto, nenhum conselho tem poder sobre a doidivanas, que chega a ponto de não captar a razão de não ser compreendida. Por que não aproveitar a vida, pois se ela não tem outro sentido? Com franqueza desconcertante responde às exortações maternas por intermédio do embaixador Mercy: "Mas o que quer ela? Tenho medo de entediar-me."

"Tenho medo de entediar-me": com essas palavras Maria Antonieta expressou o mote da época e de toda aquela sociedade. O século XVIII está chegando ao fim e cumpriu o seu propósito. O império foi fundado, Versalhes construído, a etiqueta completada; agora, na verdade, a corte não tem nada mais a fazer. Os marechais, posto que não há nenhuma guerra, são meros capacetes uniformizados; os bispos, uma espécie que não mais acredita em Deus, apenas cavalheiros galantes em batinas roxas; a rainha, como não possui um rei de verdade a seu lado e nenhum herdeiro do trono para cuidar, uma alegre mundana. Entediados e aparvalhados todos eles diante do tempo que flui poderosamente; com mãos curiosas, tocam-no para tirar-lhe algumas pedrinhas reluzentes; brincam aos risos como crianças, pois que é uma delícia deixar o misterioso elemento esgueirar-se pelos dedos. Porém nenhum deles sente a maré crescer sempre mais célere; e quando afinal se dão conta do perigo, a enchente tomou conta de tudo, o jogo já terminou, a vida foi desperdiçada.

Trianon

COM SUA LEVE E MIMOSA MÃOZINHA, Maria Antonieta segura a coroa como um presente fortuito. Ainda é jovem demais para saber que a vida não concede nada de graça e que tudo que se recebe do destino possui embutido um preço secreto. Maria Antonieta não pensa em pagar esse preço. Toma para si apenas os direitos inerentes à posição real, sem cumprir os deveres. Gostaria de unir duas coisas que são humanamente incompatíveis; queria reinar e ao mesmo tempo usufruir. Como rainha, gostaria que tudo servisse a seus desejos e que pudesse ela mesma ceder inquestionavelmente a seus humores; deseja o poder de soberana e a liberdade de mulher, portanto, quer gozar em dobro, aproveitar com dupla intensidade sua jovem e impetuosa existência.

Mas em Versalhes a liberdade não é possível. Entre suas luminosas galerias de espelhos nenhum passo pode ser ignorado. Cada movimento é calculado, cada palavra é levada pelo vento da traição. Aqui não se pode estar a sós ou mesmo a dois, não se pode descansar ou relaxar, o rei é o centro de um gigantesco relógio que avança inexoravelmente, cada um dos acontecimentos da vida, do nascimento à morte, do despertar ao deitar, até a hora do amor, transforma-se num ato político. O soberano, a quem tudo pertence, aqui pertence a todos, e não a si mesmo. Maria Antonieta odeia qualquer controle. Tão logo se torna rainha, exige de seu sempre complacente marido um refúgio onde não precise representar o papel de rainha. E Luís XVI, meio por fraqueza, meio por galanteria, oferece-lhe como presente de núpcias o pequeno palácio de verão de Trianon, um segundo reino, minúsculo, porém absoluto, ao lado do poderoso reino da França.

O Trianon que Maria Antonieta recebe de seu esposo não é de fato um grande presente, mas apenas um brinquedo que deverá encantar e manter seu ócio por mais de uma década. O arquiteto nunca imaginou o pequeno palácio como residência permanente para a família real, e sim como *maison de plaisir*,[42] um *buen retiro*, uma pousada de passagem; nesse sentido, como um ninho de amor secreto, foi bem aproveitado por Luís XV, sua Du Barry e outras damas de ocasião. Um artesão habilidoso inventou para os banquetes galantes uma mesa móvel; assim as iguarias servidas emergiam com discrição da cozinha subterrânea para a sala de jantar, e nenhum mordomo presenciava as cenas à mesa; por esse aperfeiçoamento do conforto erótico, o admirável Leporello foi aquinhoado com um prêmio especial de doze mil libras, além das setecentas e trinta e seis mil, preço que o palácio todo custou aos cofres públicos. Ainda sob o calor das cenas amorosas, esse pequeno palácio escondido no parque de Versalhes é apossado por Maria Antonieta. Agora ela tem seu brinquedo, um dos mais encantadores jamais criados pelo gosto francês, delicado nas linhas, perfeito nas medidas, uma verdadeira caixinha de joias para uma jovem e elegante rainha. Arquitetura simples, levemente clássica, de um branco brilhante em meio ao nobre verde dos jardins, completamente afastado e no entanto próximo de Versalhes, esse palácio para uma amante favorita e agora para uma rainha não é maior do que uma residência moderna, nem mais confortável ou luxuoso: sete ou oito cômodos no total, uma antecâmara, uma sala de refeições, um salão pequeno, outro maior, um dormitório, um banheiro, uma biblioteca em miniatura (*lucus a non lucendo*,[43] pois conforme testemunho unânime Maria Antonieta não abriu um livro sequer em toda sua vida, exceto alguns romances folheados a esmo). No decorrer de todos aqueles anos, a rainha não fez mudanças essenciais no pequeno palácio, e de acordo com seu gosto firme não coloca nada luxuoso, nada faustoso, nada agressivamente ostensivo naqueles aposentos que proporcionavam uma aparência de intimidade; ao contrário, procu-

---

[42] *Maison de plaisir*: "casa de prazer".
[43] *Lucus a non lucendo*: literalmente, "escuro, pois não há luz", denotando um paradoxo.

rou impor ali uma atmosfera delicada, clara e reservada, um novo estilo ao qual injustamente deu-se o nome de *Louis Seize*, tal como a América recebeu o nome de Américo Vespúcio. Ao contrário, deveria ter recebido o seu nome, o nome da delicada, inquieta e elegante mulher, o estilo Maria Antonieta, pois nada naquelas formas de aparência frágil lembra o homem corpulento e grosseiro, Luís XVI e seu gosto rude, e tem tudo a ver com a figura feminina leve e graciosa, cuja imagem ainda enfeita os aposentos; harmonioso desde o leito à caixa de pó de arroz, do cravo ao leque de marfim, do divã à miniatura, valendo-se dos materiais mais nobres em suas formas discretas, aparentemente frágeis, porém resistentes, associando linhas clássicas à graça francesa, esse estilo revela ainda hoje para nós, como nenhum anterior, o vitorioso predomínio da dama de classe, da mulher francesa culta e de bom gosto, substituindo a pompa dramática dos estilos Luís XV e Luís XIV por intimidade e harmonia. O salão onde conversam e se entretêm de maneira leve e solta torna-se o centro da residência, tomando o lugar dos enormes e pretensiosos salões de visita; as guarnições de madeira trabalhada em ouro substituem o mármore frio, o veludo sufocante e o brocado pesado dão lugar à seda macia e cintilante. Cores pálidas e suaves, o bege claro, o rosa-pêssego, o azul-primavera, iniciam seu meigo reinado: essa arte dedica-se às mulheres e à primavera, a *fêtes galantes*[44] e encontros despreocupados; não se almeja a grandiosidade, a teatralidade imponente, e sim a discrição e a suavidade; não se enfatiza aqui o poder da rainha, antes a graça da jovem mulher é delicadamente realçada por todos os objetos que a cercam. Apenas nesse espaço luxuoso e frívolo é que as sutis estatuetas de Clodion, os quadros de Watteau e Pater, a argêntea música de Boccherini e todas as outras requintadas criações do *Dix-huitième* adquirem sua verdadeira e adequada medida; em nenhum outro lugar essa arte incomparável de bem-aventurada despreocupação à beira da grande tragédia parece tão justificada e verdadeira. O Trianon permanecerá para sempre o recipiente mais fino e delicado, porém frágil, dessa flor extremamente sofisticada: aqui a cultura do prazer requintado

---

[44] *Fêtes galantes*: "festas galantes", dedicadas aos encontros amorosos.

desenvolveu-se totalmente como arte sob a forma de uma casa, uma figura. Zênite e nadir do rococó, ao mesmo tempo nascimento e morte, pode ser mais bem avaliada hoje tomando-se como exemplo o pequeno relógio de pêndulo sobre a lareira de mármore dos aposentos de Maria Antonieta.

UM MUNDO DE BRINQUEDO, uma miniatura, eis o Trianon. Parece simbólico que não se tenha nenhum panorama da vida a partir de suas janelas, nem da cidade, nem da estrada para Paris, nem do interior. Em dez minutos percorrem-se suas poucas braças; todavia, esse exíguo espaço foi mais importante e significativo para Maria Antonieta que a França inteira com seus vinte milhões de súditos. Pois aqui não se sentia obrigada a obedecer a ninguém, nem ao cerimonial, nem à etiqueta e muito pouco aos costumes. A fim de manifestar claramente que naquele minúsculo pedaço de terra só e apenas ela e mais ninguém reinava, para desgosto da corte que obedece cegamente à lei sálica, decreta todas as ordens em seu próprio nome, *de par la Reine*,[45] em lugar de invocar o nome de seu esposo; os serviçais não usam libré nas cores reais, vermelho, branco, azul, e sim as suas cores, vermelho e prateado. Até o próprio esposo aparece aqui apenas como convidado – aliás, um convidado muito discreto e delicado, pois nunca aparece sem convocação nem em horas impróprias, obedecendo à risca as regras domésticas da esposa. Todavia, o homem simples aprecia ir até lá, porque é mais agradável que o imenso palácio. *Par ordre de la Reine*, aqui qualquer rigor e afetação estão suspensos, não se seguem as regras da corte, pode-se ficar sentado ao ar livre sem chapéu, com roupas leves e informais, as hierarquias desaparecem na convivência amena, assim como toda a pose, por vezes também a dignidade. Aqui a rainha sente-se à vontade e logo se acostuma de tal maneira a essa existência mais solta que acha difícil retornar a Versalhes à noite. A corte torna-se cada vez mais estranha para ela depois de ter experimentado uma vez a liberdade campestre, os deveres de representação tornam-se cada vez mais tediosos, da

---

[45] *De par la Reine*: "por ordem da rainha".

mesma forma que provavelmente as obrigações conjugais; com frequência cada vez maior ela se retira durante o dia para seu alegre pombal. Ficaria sempre no Trianon, se pudesse. E como Maria Antonieta só faz o que quer, muda-se de fato e de vez para seu palácio de verão. Um dormitório é instalado, porém com uma cama de solteiro, na qual mal sobraria espaço para o corpulento soberano. Como todo o resto, a partir de agora também a intimidade conjugal não mais depende do desejo do rei; mas, como a rainha de Sabá de Salomão, Maria Antonieta procura o honrado esposo quando assim o determina (ou quando a mãe esbraveja veementemente contra o *lit à part*). Nem uma só vez ele é convidado a compartilhar de seu leito, pois o Trianon é para Maria Antonieta o venturoso reino intocado, consagrado unicamente a Citera,[46] ao prazer, e entre seus prazeres ela nunca inclui as obrigações, muito menos as conjugais. Aqui deseja viver de acordo consigo mesma, ser apenas a jovem mulher mimada, reverenciada, exagerada, que se esquece de tudo em troca de mil diligências ociosas, do reino, do esposo, da corte, do tempo, do mundo e às vezes – são estes talvez os minutos mais felizes – até de si mesma.

COM O TRIANON, aquela alma desocupada encontra afinal uma ocupação, um brinquedo que sempre se renova. Tal como ao visitar a modista ela prova toaletes e mais toaletes, no joalheiro, joias e mais joias, Maria Antonieta inventa sempre novidades para enfeitar seu reino particular: ao lado de modista, joalheiro, mestre de balé, professor de música e mestre de danças, agora arquitetos, paisagistas, pintores, decoradores, todos esses novos ministros de seu reino em miniatura preenchem seus longos e intermináveis dias, e ao mesmo tempo esvaziam violentamente os cofres do Estado. A principal preocupação de Maria Antonieta concentra-se em seu jardim, pois obviamente ele não deve comparar-se de maneira alguma ao jardim histórico de Versalhes; deve tornar-se o mais moderno,

---

[46] Citera: uma das ilhas jônicas, na Grécia, considerada por poetas e artistas da Antiguidade um lugar idílico propício aos amores.

o mais atual, o mais original, o mais frívolo de toda a época, um genuíno e autêntico jardim rococó. Outra vez, consciente ou inconscientemente, Maria Antonieta obedece com esse desejo aos ditames do novo gosto de seu tempo. Pois se tornaram cansativas as grandes áreas de gramado como que traçadas a régua por Lenôtre, o grande mestre construtor dos jardins, os arbustos podados a navalha, seus ornamentos friamente calculados com o esquadro, que deveriam orgulhosamente exibir que Luís, o Rei Sol, tinha moldado não só a nação de uma forma predeterminada por ele, mas também a paisagem de Deus. Os olhos fartaram-se de admirar aquela geometria, ficaram cansados do "massacre da natureza"; e como se fizesse referência a todo o desconforto cultural da época, novamente o marginal da "sociedade", Jean-Jacques Rousseau, encontra a palavra libertadora, ao exigir uma "reserva natural" em sua *Nova Heloísa*.

Ora, sem dúvida Maria Antonieta jamais leu a *Nova Heloísa*, conhece Jean-Jacques Rousseau quando muito como compositor da peça musical "Le devin du village". Todavia, as concepções de Jean-Jacques Rousseau vagavam na ocasião ainda pelo ar. Marquesas e duques ficam com os olhos marejados de lágrimas quando ouvem falar desse nobre arauto da inocência (na vida privada, um *homo perversissimus*). São imensamente gratos a ele, pois lhes proporcionou uma última sensação após tantos estímulos excitantes: o jogo da ingenuidade, a perversão da inocência, a máscara da naturalidade. Claro que Maria Antonieta deseja agora um jardim "natural", uma paisagem inocente, o mais natural de todos os jardins naturais da moda. Assim, conclama os melhores, os mais requintados artistas da época para que lhe concebam da maneira mais artística possível o mais natural de todos os jardins.

Pois – modismo da época! – almeja-se nesse "jardim anglo-chinês" não apenas representar a natureza, mas a natureza inteira, representar naquele microcosmo de alguns quilômetros quadrados o cosmo inteiro em versão miniatura. Tudo deve estar presente naquele mínimo espaço, árvores francesas, indianas, africanas, tulipas holandesas, magnólias meridionais, um lago e um riacho, uma montanha e uma gruta, uma ruína romântica e casinholas campestres, templos gregos e construções orientais, moinhos

Trianon

holandeses, o norte e o sul, o Oriente e o Ocidente, o mais natural e o mais exótico, tudo artificial e ao mesmo tempo autêntico; o arquiteto planeja até colocar nesse pedacinho de terra um vulcão estilizado lançando fumaça e lava incandescente e um pagode chinês. Felizmente sua sugestão se revela dispendiosa demais. Estimulados pela impaciência da rainha, centenas de operários começam a tornar realidade os planos dos arquitetos e pintores, transformando-os depressa numa paisagem pitoresca, conscientemente leve e natural. Primeiro constrói-se em meio aos gramados um regato de murmurantes águas suaves e poéticas, componente indispensável de qualquer verdadeiro idílio bucólico; sem mencionar que a água deve ser trazida de Marly em canos de um quilômetro, nos quais também se esvai muito dinheiro; porém, o importante é que suas curvas labirínticas pareçam aprazíveis e naturais. Suavemente esse regato deságua no lago artificial com sua ilhota artificial, dócil curva-se sob as delicadas pontes, com graça impele a penugem brilhante dos alvos cisnes. Como que saído de versos anacreônticos, emerge o rochedo com seu musgo artificial, a gruta do amor artificialmente encoberta e o romântico mirante. Nada faz crer que a paisagem tão enternecedora e ingênua fora esboçada em incontáveis folhas coloridas, que tenham sido construídos vinte modelos em gesso de toda a área, nos quais se representavam o lago e o regato com pedacinhos de espelho, os prados e árvores, como num presépio, com moldes de musgo colorido. Porém, é preciso continuar sempre! Todos os anos a rainha tem novos caprichos, seu reino deve ser enfeitado com canteiros sempre mais selecionados e naturais, não quer esperar que as contas antigas sejam pagas. Possui agora seu brinquedo e quer prosseguir com as brincadeiras. Como que espalhadas aleatoriamente, porém calculadas com precisão por seus arquitetos românticos, essas preciosidades são construídas no jardim para aumentar o encanto. Um pequeno templo dedicado ao deus daqueles tempos, o templo do amor, ergue-se sobre uma suave colina; a antiga cúpula aberta mostra uma das mais lindas estátuas de Bouchardon, um Cupido que talha seu arco mais certeiro com a clava de Hércules. Uma gruta, a gruta do amor, é esculpida com tanta habilidade nos rochedos que um casal de amantes pode imediatamente perceber algum intruso, e assim não se deixar flagrar em meio a carícias. Trilhas sinuosas cortam o pequeno bosque, os prados se cobrem de flores raras, perto dali reluz o verde brilhante de um pequeno pavilhão de música, octógono de um branco cintilante, tudo isso disposto lado a lado com tamanho bom gosto que tudo se harmoniza, pois a graça do conjunto não reflete sua artificialidade.

A moda, todavia, exige ainda maior autenticidade. Para tornar a natureza mais exageradamente natural, para conferir aos cenários a veracidade mais incontestável, inserem na mais dispendiosa comédia pastoril de todos os tempos figurantes de verdade para enfatizar ainda mais o engodo da autenticidade: camponeses e camponesas autênticos, autênticas pastoras com vacas, bezerros, porcos, coelhos e ovelhas de verdade, autênticos ceifeiros, segadores e pastores, caçadores, lavadeiros e queijeiros, para que pudessem ceifar, lavar, adubar e ordenhar, e assim o teatro de marionetes poderia movimentar-se eternamente. Um novo e mais profundo assalto aos cofres públicos, e sob as ordens de Maria Antonieta ergue-se ao lado do Trianon um teatro de bonecos em tamanho natural para aquelas crianças mimadas, com estábulos, palheiros e celeiros, com pombais e galinheiros, o famoso Hameau. O grande arquiteto Mique e o pintor Hubert Robert desenham, criam, constroem oito fazendolas, cópias exatas das existentes nos arredores, com telhados cobertos de palha, galinheiro e estrumeira. A fim de que as falsificações novas em folha em meio à caríssima natureza recém-construída não parecessem pouco autênticas, imita-se exteriormente até a pobreza e a decadência de verdadeiras choupanas miseráveis. Com o martelo inserem-se rachaduras nas paredes, deixa-se o reboco esfarelar romanticamente, arrancam-se algumas ripas de madeira; Hubert Robert pinta rachaduras artísticas na madeira, para que tudo tivesse um aspecto podre e envelhecido, as chaminés são esfumaçadas de preto. No interior, ao contrário, algumas das casas aparentemente em ruínas são decoradas com o maior conforto, com espelhos e fogões, mesas de bilhar e canapés confortáveis. Pois caso a rainha um dia se sinta entediada, com vontade de brincar à Jean-Jacques Rousseau, e se ponha a fazer manteiga com as próprias mãos com as damas da corte, ela não deve de maneira alguma sujar seus dedinhos. Quando faz uma visita a suas vacas Brunette e Blanchette no estábulo, o chão é obviamente limpo por mãos invisíveis, até ficar brilhando como um assoalho; o pelo branco e marrom é escovado, e o leite espumante não é servido em vasilhames rústicos, e sim em vasos de porcelana especialmente produzidos na fábrica de Sèvres e ornados com o monograma da rainha. Esse Hameau, hoje encantador por sua decadência, era um teatro ao ar livre para Maria Antonieta, uma leve *comédie champêtre*, quase provocadora justamente por sua leveza. Pois enquanto na França inteira os camponeses já se amotinam, enquanto os aldeões oprimidos pelos impostos clamam revoltados com incrível violência por uma melhora da situação insustentável, reina nesse cenário de aldeia à Potemkin[47] um bem-estar pueril e mentiroso. Ovelhas são conduzidas ao pasto com fitas azuis, sob a sombrinha empunhada pela dama da corte, a rainha observa as lavadeiras lavando as roupas de linho no regato murmurante: ah, é tão esplêndida essa simplicidade, tão moral e tão cômoda, tudo limpo e encantador nesse mundo paradisíaco, a vida aqui é tão clara e translúcida quanto o leite que espuma dos úberes das vacas. Escolhem-se vestidos de fina musselina, simples, à moda campestre (e neles posa-se de modelo para pinturas ao preço de alguns milhares de libras); entregam-se a inocentes jogos, cultivam o *gôut de la nature*[48] com toda a frivolidade da saturação. Pesca-se, colhem-se flores, passeia-se – raramente a sós – pelos caminhos sinuosos, corre-se pelos prados, observa-se o trabalho dos esforçados camponeses como figurantes, há jogo de peteca, dançam-se o minueto e a gavota sobre tapetes de flores, não sobre assoalhos lisos, penduram-se balanços entre as árvores, monta-se um jogo chinês de anéis, brinca-se de esconder entre as cabanas e as alamedas de árvores, cavalga-se, diverte-se e assiste-se a um espetáculo teatral encenado dentro desse teatro natural, e por fim representam uns para os outros.

---

[47] Em 1787, Catarina a Grande percorreu as províncias do império russo a fim de analisar a situação no campo; seu primeiro-ministro, Griegor Potemkin, construiu falsas fachadas nas aldeias transmitindo à czarina uma impressão de prosperidade; a expressão "aldeia de Potemkin" designa portanto prova ou evidência falseada.

[48] *Goût de la nature*: "gosto pela natureza".

Essa paixão é a última descoberta da rainha Maria Antonieta. Primeiro manda construir um teatro particular, conservado até hoje, pequeno, porém encantador em suas proporções delicadas – o capricho custa apenas cento e quarenta e uma mil libras –, para que em seus palcos se apresentem os comediantes italianos e franceses; todavia, de súbito, numa decisão audaciosa, ela ousa subir aos palcos. O alegre grupelho ao seu redor entusiasma-se também pela arte dramática, seu cunhado, o conde de Artois, a Polignac e seus companheiros galantes participam da brincadeira, algumas vezes até o rei faz-se presente para admirar sua esposa como *actrice*, e assim, o animado carnaval do Trianon dura o ano inteiro. Logo se organizam festas em honra do esposo, do irmão, também para homenagear nobres hóspedes estrangeiros a quem Maria Antonieta deseja mostrar seu reino mágico, festas nas quais milhares de pequenas chamas de velas ocultas, refletidas por vidros coloridos, brilham no escuro como ametistas, rubis e topázios, enquanto fogos de artifício espoucam cortando os céus e se ouve uma música doce, tocada ali perto por uma orquestra invisível. Banquetes com milhares de talheres são servidos, barracas de quermesses são montadas para seu gáudio e dança, a paisagem ingênua serve obediente ao luxo como um pano de fundo requintado. Não, não há tédio na "natureza". Maria Antonieta não se recolheu ao Trianon para tornar-se mais introspectiva, e sim para divertir-se melhor e mais livremente.

A CONTA FINAL DO TRIANON somente foi apresentada em 31 de agosto de 1791, num total de 1.649.529 libras; na realidade, contudo, junto com outras despesas secretas, atingiu a importância de mais de dois milhões – na verdade, apenas uma gota no tonel das Danaidas do desgoverno real, no entanto, um gasto exagerado em face das finanças abaladas e da miséria geral. Diante do tribunal da revolução, a própria "viúva Capeto" há de admitir: "É possível que o pequeno Trianon tenha custado importâncias vultosas e talvez mais do que eu mesma gostaria. Pouco a pouco fomos engolidos pelas despesas." Entretanto, também do ponto de vista político a rainha teve que pagar caro por seu capricho. Pois enquanto deixa em

Versalhes a sociedade cortesã sem ocupação, privou a corte toda de seu sentido vital. A dama da corte encarregada de passar as luvas, a outra que respeitosamente lhe entrega o urinol, as damas e cavalheiros de honra, o que deveriam fazer os milhares de guardas reais, criados e cortesãos aduladores privados de sua função? Desocupados, ficam sentados durante o dia no *oeil-de-boeuf*; e, tal como uma máquina carcomida pela ferrugem quando não utilizada, essa corte abandonada sem a menor consideração é corroída perigosamente pelo fel e o veneno. Ao fim de pouco tempo, essa fina sociedade de comum acordo chega a ponto de evitar as festas da corte: que a petulante "austríaca" se divirta sozinha em seu *petit Schönbrunn*, sua *petite Vienne*; essa nobreza, afinal tão antiga quanto a dos Habsburgo, sente-se boa demais para um simples aceno de cabeça rápido e frio durante as recepções. A antipatia da alta aristocracia francesa contra a rainha torna-se cada vez mais flagrante desde que ela abandonou Versalhes, e o duque de Lévis descreve claramente a situação: "Nos anos de diversão e frivolidade, na embriaguês do poder supremo, a rainha não apreciava dobrar-se a obrigações. A etiqueta e as cerimônias causavam-lhe impaciência e tédio. Convenceram-na de que num século tão esclarecido, no qual as pessoas se libertavam de todos os preconceitos, também os soberanos deveriam libertar-se de grilhões incômodos que os hábitos lhes impunham; em suma, seria ridículo pensar que a obediência dos povos dependia do maior ou menor número de horas que a família real passava na companhia de cortesãos tediosos ou entediados… À exceção de alguns favoritos, cuja escolha se atribuía a um capricho ou a uma intriga, todo mundo era excluído da corte. A posição, os serviços prestados, o prestígio, a alta linhagem, nada disso constituía argumento legal para ser admitido no círculo íntimo da família real. Apenas aos domingos as pessoas que tinham sido apresentadas podiam ver Suas Magnificências por alguns instantes. A maioria deles, porém, logo perdeu o gosto por esse tormento desnecessário pelo qual não se recebia o menor agradecimento; a maioria reconheceu que era um disparate vir de tão longe para não ser bem recebido, e simplesmente desistiu… Versalhes, cenário do esplendor de Luís XIV, para onde se acorria de bom grado de todos os cantos da Europa a fim de receber lições de requinte e cortesia, nada mais era que uma pequena cidade provinciana para onde se ia a contragosto e da qual se partia tão rápido quanto possível."

De longe, Maria Teresa também previu a tempo esses perigos: "Eu mesma conheço bem o tédio e o vazio das cerimônias de representação, porém, creia-me, caso deixemos isso de lado, decorrem disso inconvenientes muito maiores do que esses pequenos incômodos, sobretudo no caso da França, uma nação tão vivaz." Todavia, se Maria Antonieta não quer compreender, é inútil tentar falar-lhe de maneira razoável. Quanta celeuma a respeito daquela meia horinha que ela passa fora de Versalhes! De fato, as duas ou três milhas de distância afastaram-na permanentemente tanto da corte quanto do povo. Se Maria Antonieta tivesse permanecido em Versalhes em meio à nobreza francesa e aos costumes tradicionais, teria mantido a seu lado, na hora do perigo, os príncipes, condes e duques, o exército nobre. Se, por outro lado, como fez seu irmão José, tivesse se aproximado democraticamente do povo, os milhares de habitantes de Paris, os milhões de habitantes da França a teriam idolatrado. Maria Antonieta, porém, contumaz individualista, não se preocupa em agradar nem os aristocratas nem o povo, pensa somente em si mesma, e, graças a esse capricho de momento, o Trianon torna-se logo antipático e malquisto por todas as camadas sociais; ao desejar permanecer em seu refúgio de felicidade, longe de tudo e por tempo demais, torna-se solitária em sua desgraça, tendo de pagar um brinquedo de criança com a coroa e com a vida.

A nova sociedade

TÃO LOGO MARIA ANTONIETA passa a morar em seu alegre refúgio, as novas vassouras começam a trabalhar vigorosamente. A princípio varrem as pessoas idosas – gente velha é maçante e feia. Não sabem dançar, não sabem entreter, ficam sempre a recomendar prudência e ponderação, e aquela mulher temperamental está farta dessas eternas rédeas e regras desde os tempos de princesa. Portanto, fora com a rígida preceptora, Madame Etiqueta, a condessa de Noailles: uma rainha não tem de ser educada, pode fazer o que quer! Conveniente distância do conselheiro e confessor delegado pela mãe, o abade Vermond. Fora, para longe todos aqueles que representam um esforço intelectual! Que venha a mocidade, nada mais, um grupo alegre que não perca o prazer e o humor por uma insensata mania de levar a vida a sério! Pouco se considera se esses companheiros de diversão são de alta linhagem, de famílias de antiga estirpe e de caráter irrepreensível e honrado; também não precisam ser muito espertos e cultos – pessoas cultas são pedantes, as espertas são maldosas –, basta que sejam espirituosos, que saibam contar anedotas apimentadas e façam boa figura nas festas. Diversão, diversão e mais diversão, essa é a primeira e única exigência de Maria Antonieta para seu círculo mais íntimo. Assim, cerca-se de "tout ce qui est du plus mauvais à Paris et de plus jeune",[49] suspira Maria Teresa, de uma "soi-disant société",[50] como resmunga aborrecido seu irmão, José II, um bando aparentemente despretensioso, na verdade, porém, extremamente egoísta, que recebe consideráveis sinecuras pelo

---

[49] "Tudo que há de pior e de mais jovem em Paris".
[50] "Pretensa sociedade".

agradável serviço de "maître de plaisir" da rainha e coloca secretamente em sua bolsa de arlequim a mais lucrativa das rendas.

Só um cavalheiro maçante por vezes atrapalha um pouco aquele grupo leviano. Porém, não se pode afastá-lo sem constrangimento, pois – quase se esquecem desse detalhe – se trata do cônjuge daquela alegre senhora e, além disso, do soberano da França. Francamente apaixonado por sua encantadora esposa, o tolerante Luís, após consentimento prévio, aparece vez por outra no Trianon, observa como aquelas pessoas jovens se divertem, tece algumas vezes tímidas considerações quando os limites da convenção são desobedecidos de maneira despreocupada demais, ou quando as despesas se tornam exageradas; mas então a rainha põe-se a rir, e com o riso fica tudo bem. Também os alegres convidados sentem uma espécie de condescendente simpatia pelo rei, que obediente e comportado imprime seu bem-desenhado "Luís" sob todos os decretos concedendo-lhes as mais altas funções. O bom homem nunca a importuna por tempo demais, fica ali sempre por uma hora ou duas, depois volta a Versalhes, para seus livros ou sua serralheria. Certa ocasião, quando permanece por muito tempo e a rainha já mostra sinais de impaciência para ir a Paris com seus alegres companheiros, sorrateiramente ela adianta o relógio em uma hora, e o rei parte em retirada sem perceber o pequeno ardil; manso como um cordeirinho, vai para a cama às dez, uma hora mais cedo, provocando gargalhadas no elegante bando.

O conceito de dignidade real de fato não se eleva com tais brincadeiras. Ora, o que deveria fazer o Trianon com um homem tão desastrado e desajeitado? Ele não sabe contar anedotas divertidas, nem ao menos sabe rir. Tímido e assustado como se estivesse com dor de barriga, fica ali sentado em meio àquele grupo jovial, bocejando até cair de sono, enquanto os outros começam a despertar por volta da meia-noite. Ele não frequenta os bailes de máscaras, não joga jogos de azar, não faz a corte a mulher alguma – não, não serve para nada esse homem bom, porém entediante; na sociedade do Trianon, no reino do rococó, nos campos arcádicos da irreflexão e da leviandade, ele está totalmente fora de lugar.

A nova sociedade 135

O REI, PORTANTO, NÃO FAZIA PARTE dos membros da nova sociedade. Também seu irmão, o conde de Provence, que esconde sua ambição por trás de aparente indiferença, pensa ser mais sábio não arruinar sua dignidade pelo contato com esses jovens bonifrates. Todavia, como é necessário que um membro masculino da corte acompanhe a rainha em seus divertimentos, o irmão mais jovem de Luís XVI, o conde de Artois, assume o lugar de santo protetor. Estouvado, frívolo, atrevido, porém flexível e habilidoso, sofre do mesmo medo de Maria Antonieta, ou seja, teme entediar-se ou ocupar-se de coisas sérias. Mulherengo, perdulário, divertido, elegante, bravateiro, mais atrevido que corajoso, mais impetuoso que apaixonado, conduz aquele bando alegre para onde haja um novo esporte, uma nova moda, um novo prazer, e logo faz mais dívidas que o rei, a rainha e toda a corte juntos. Porém, por ser como é, combina à perfeição com Maria Antonieta. Ela não tem o frívolo doidivanas em alta conta, muito menos nutre alguma estima por ele, embora as más línguas logo assim o digam: ele apenas lhe dava cobertura. Irmão e irmã, em sua ânsia de diversão, formam logo um par inseparável.

O conde de Artois é o comandante eleito da guarda pessoal que acompanha Maria Antonieta em suas excursões diurnas e noturnas a todas as províncias do alegre ócio. O bando na verdade é pequeno e muda constantemente seus postos de comando. Pois a indulgente rainha perdoa qualquer falha de seus seguidores, dívidas ou insolência, comportamento ousado ou amigável demais, namoricos e escândalos – todavia, cada um deles perde seu favor tão logo comece a entediá-la. Por algum tempo, o barão Besenval, nobre suíço de cinquenta anos com a rispidez de um velho soldado, conquista a preferência; depois ela é concedida ao duque de Coigny, "un des plus constamment favorisés et le plus consulté".[51] Aos dois, e ao ambicioso duque de Guines e ao conde húngaro Esterhazy, é conferido o curioso encargo de cuidar da rainha acometida de escarlatina, o que suscitou na corte a maldosa pergunta sobre quais seriam as quatro damas da corte que o rei escolheria em situação semelhante. Firme em sua posição

---

[51] "Um dos mais constantemente favorecidos e o mais consultado".

mantém-se o conde de Vaudreuil, o amante da favorita de Maria Antonieta, a condessa de Polignac; um pouco mais afastado situa-se o mais inteligente, o mais fino de todos, o príncipe de Ligne, o único que não recebe uma polpuda renda do Estado por sua posição no Trianon, também o único que, já homem idoso, mantém respeito pela memória da rainha em suas reminiscências. Estrelas trêmulas desse céu arcádico são o "belo" Dillon e o jovem e fogoso desmiolado conde de Lauzun, que se tornam por algum tempo perigosos demais para aquela rainha virgem involuntária. Somente com muito custo os enérgicos esforços do embaixador Mercy obtêm o resultado de afastar este último doidivanas antes que conquistasse mais do que a mera simpatia da soberana. O conde Adhémar, por sua vez, canta lindamente acompanhado pela harpa e sabe ser um bom ator de teatro: isso basta para lhe conceder o posto de embaixador em Bruxelas e depois em Londres. Os outros dois, porém, preferem ficar em casa e pescam nas águas artificialmente turbulentas os empregos mais rendosos da corte. Nenhum desses cavalheiros, à exceção do príncipe de Ligne, tem uma verdadeira estatura intelectual, nenhum tampouco possui a ambição de valer-se amplamente, num sentido político, da posição de poder oferecida pela amizade da rainha. Nenhum desses heróis mascarados do Trianon tornou-se um verdadeiro herói da história. Nenhum nutriu intimamente uma verdadeira consideração por Maria Antonieta. A alguns a jovem co-quete permitiu mais confiança e intimidade do que convinha à posição de uma rainha, todavia, a nenhum deles, e isso é decisivo, ela se entregou de todo, seja espiritualmente seja como mulher. O único deles todos, ele, que deve ser e será o único, aquele que conquistará para sempre seu coração, ainda está escondido nas sombras. E a alegre agitação daqueles comparsas talvez sirva apenas para esconder melhor sua aproximação e sua presença.

MAIS PERIGOSAS PARA A RAINHA que esses cavalheiros sempre diferentes e pouco confiáveis tornam-se suas amigas. Aqui interferem de maneira fatal forças afetivas misteriosamente associadas. Quanto ao caráter, Maria Antonieta é uma mulher totalmente natural, muito feminina e terna, cheia

A nova sociedade

de necessidade de dedicação e afeto, carência que não foi preenchida nos primeiros anos pelo esposo sonolento e impassível. De índole sincera, ela deseja confiar suas tensões psicológicas a alguém; e como, segundo os costumes, essa pessoa amiga não deve ou ainda não pode ser um homem, Maria Antonieta desde logo procura instintivamente uma amiga.

É natural que certo tom carinhoso perpasse as amizades femininas de Maria Antonieta. A moça de dezesseis, dezessete, dezoito anos, embora casada, ou melhor, aparentemente casada, tem psicologicamente a idade e a disposição de espírito típicas das amizades de colégio. Afastada na tenra infância da mãe, da governanta muito querida, colocada ao lado de um homem canhestro e grosseiro, nunca pôde deixar fluir normalmente aquele sentimento de cumplicidade e confiabilidade tão típico da natureza de uma jovem quanto a fragrância do botão em flor. Todos esses detalhes da infância, andar de mãos dadas, os abraços, os risos às escondidas pelos cantos, correr pela casa, a adoração recíproca; todos esses sintomas ingê-nuos do "despertar da primavera" ainda não amadureceram em seu corpo infantil. Aos dezesseis, aos dezessete, aos dezoito anos, aos dezenove ou aos vinte, Maria Antonieta ainda não pôde apaixonar-se de maneira infan-til e juvenil – não se trata de um componente sexual que vem à tona em tais sensações turbulentas, e sim de seu tímido prenúncio, o encantamento. Assim também as primeiras relações de Maria Antonieta com amigas de-vem ter sido determinadas pelo afeto, e essa atitude pouco convencional de uma rainha foi logo mal interpretada pela corte frívola da maneira mais desagradável. Ultrarrequintada e pervertida, a corte não consegue compreender a naturalidade, e logo têm início os cochichos e falatórios a respeito de inclinações sáficas da rainha. "Atribuíram me de modo bas tante exagerado uma preferência especial por mulheres e por amantes", escreve Maria Antonieta aberta e alegremente à mãe, com a certeza de seu sentimento. Sua sinceridade altiva despreza a corte, a opinião pública, o mundo. Nada sabe ela a respeito do poder viperino da calúnia, ainda se deixa dominar pela alegria fortuita e sem reservas de finalmente poder amar e confiar, e sacrifica toda prudência a fim de demonstrar às amigas como é capaz de amá-las incondicionalmente.

A primeira favorita da rainha, Mme de Lamballe, foi uma escolha relativamente feliz. Pertencente a uma das principais famílias da França, portanto, não ávida por dinheiro ou poder; de natureza delicada, sentimental, não muito inteligente, em compensação nada intrigante, não muito destacada, mas também nada ambiciosa, ela corresponde à escolha da rainha com amizade sincera. Seus hábitos são tidos como irrepreensíveis, sua influência limita-se ao círculo particular da rainha, não mendiga proteção para seus amigos, para sua família, não se imiscui em assuntos de Estado ou na política. Não mantém um salão de jogo, não induz Maria Antonieta ainda mais profundamente em direção ao redemoinho das diversões; ao contrário, mantém-se silenciosa e discretamente fiel a ela, e por fim uma morte heroica sela com firmeza sua amizade. Entretanto, certa noite, de repente seu poder se apaga como uma vela ao vento. Durante um baile da corte, em 1775, a rainha nota uma jovem mulher que ainda não conhece, comovente em sua graça modesta, o olhar azul puro como o de um anjo, delicado o corpo de menina; respondendo à sua pergunta, mencionam-lhe o nome, condessa Jules de Polignac. Dessa vez não se trata, como no caso da princesa de Lamballe, de um sentimento de humana simpatia, mas de um súbito interesse apaixonado, um *coup de foudre*,[52] uma espécie de repentina paixão. Maria Antonieta dirige-se à desconhecida e lhe pergunta a razão de ser tão rara sua presença na corte. Não seria rica o bastante para tais atos de representação, confessa a condessa de Polignac com sinceridade, e essa sinceridade envolve a rainha, pois uma alma pura deve ocultar-se naquela mulher encantadora, que revela logo de início, de maneira tão comovente e direta, a maior vergonha daqueles tempos, o fato de não ter dinheiro! Não seria essa a amiga ideal para ela, aquela há tanto tempo esperada? Imediatamente Maria Antonieta atrai a condessa de Polignac para a corte, cobre-a de tantos favores incomuns que provocam inveja geral: anda com ela de braços dados, permite-lhe morar em Versalhes, leva-a para todos os lugares, certa feita até transfere todo o séquito da corte para Marly, apenas para estar perto da adorada amiga

---

[52] *Coup de foudre*: "raio fulminante".

A nova sociedade 139

por ocasião de seu parto. Poucas semanas depois, a nobre empobrecida transforma-se na senhora de Maria Antonieta e de toda a corte.

Por infortúnio esse delicado anjo inocente não provinha do céu, mas de uma família bastante endividada que com avidez deseja tirar proveito da graça imprevista. Prontamente os ministros das finanças tomam ciência do fato. A princípio, pagam-se dívidas no valor de quatrocentas mil libras; oitocentas mil são destinadas à filha como dote; o genro recebe um posto de capitão e, além disso, um ano depois, uma propriedade rural com uma renda de setenta mil ducados; o pai ganha uma pensão; e o solícito esposo – na verdade substituído há muito por um amante –, um título de duque e uma das mais rentáveis sinecuras da França, os correios. A cunhada, Diana de Polignac, não obstante a péssima reputação, torna-se dama de honra da corte; a própria condessa Jules de Polignac obtém o cargo de governanta das crianças reais; seu pai, além da pensão, recebe posto numa embaixada; a família inteira nada em dinheiro e honrarias, distribui aos amigos favores saídos da cornucópia recheada. Por fim, o capricho da rainha, para mencionar só os que envolviam a família Polignac, custa ao Estado meio milhão de libras anuais. "Há raros exemplos", escreve horrorizado o embaixador Mercy a Viena, "de que em tão curto tempo uma importância tão imensa tivesse sido destinada a uma só família." Nem a Maintenon nem a Pompadour custaram mais que essa favorita de angelicais olhos tímidos, a Polignac, tão modesta, tão bondosa.

Os que não são atingidos por esse turbilhão ficam paralisados e surpresos, sem entender a ilimitada condescendência da rainha, que permite o mau uso de seu nome, de sua posição, de sua reputação, a favor desse clã indigno, inútil e aproveitador. Todos sabem que a rainha possui mil vezes mais inteligência natural, força interior e sinceridade que aquelas vis criaturas que participam de seu convívio diário. Todavia, na tensão entre caracteres, nunca é a força que decide, e sim a habilidade, não a superioridade intelectual, e sim a da vontade. Maria Antonieta é indolente, os Polignac determinados; ela é inconstante, eles persistentes; ela está sozinha, aqueles, contudo, formaram um bando que sistematicamente isola a rainha do resto da corte; mantêm-na apartada enquanto a entretêm. Nada adianta o pobre e velho confessor Vermond exortar sua discípula de outrora: "A senhora tornou-se indulgente demais em relação aos hábitos e à reputação de seus amigos e amigas"; que a repreenda com notável audácia: "Má conduta, maus costumes, uma reputação duvidosa ou perdida tornaram-se por assim dizer um meio para ter acesso à sua intimidade." De que vale uma palavra diante desse doce e agradável tagarelar de braços dados, de que vale o bom-senso diante da esperteza calculada? A Polignac e seu bando possuem a chave mágica do coração da rainha ao entretê-la, ao alimentar seu tédio, e após alguns anos Maria Antonieta está totalmente à mercê daquele bando frio e calculista. No salão da Polignac, cada um apoia a pretensão do outro a postos e funções, concedem-se benesses e pensões, cada qual aparentemente preocupado com o bem do outro. E assim, sem que a rainha o perceba, esvaem-se entre seus dedos as últimas fontes de ouro das câmaras lacradas do erário, fluindo apenas para alguns poucos. Os ministros não conseguem deter a farra. "Faites parler la Reine" – "Consiga que a rainha fale a seu favor" –, respondem, dando de ombros, a todos os requerentes; título, posição, postos e pensões são concedidos na França apenas pela mão da rainha, e essa mão, por sua vez, é conduzida imperceptivelmente pela mulher de olhos azul-violeta, a linda e suave Polignac.

Com essas constantes diversões, o círculo ao redor de Maria Antonieta torna-se uma muralha intransponível. Os outros cortesãos logo o percebem, sabem que por trás da muralha se esconde o éden na Terra. Ali florescem os postos, ali brotam as gordas pensões, ali, com um gracejo, com um cumprimento divertido, colhem-se favores pelos quais muitos esperaram durante décadas de perseverante trabalho. Naquele feliz paraíso terreno reinam eterna alegria, despreocupação e felicidade, e quem conseguir penetrar naqueles campos elísios da benevolência real conseguirá todas as graças. Não é de se admirar que se tornem cada vez mais

A nova sociedade

amargurados os que estão condenados ao exílio do outro lado da muralha, os membros da antiga nobreza, as estirpes de alta linhagem, cujo acesso não é permitido ao Trianon, em cujas mãos igualmente ávidas a chuva de ouro jamais há de cair. Será que somos menos que esses falidos Polignac? – resmungam os Orléans, os Rohan, os Noailles, os Marsan. Temos enfim um rei jovem, modesto e honrado, finalmente um rei que não é joguete de suas amantes, e de novo somos obrigados, depois da Pompadour, da Du Barry, a mendigar a uma favorita, a uma mulher, o que nos pertence por direito e justiça? Somos realmente obrigados a tolerar esse atrevido desprezo, essa fria desconsideração por parte da jovem austríaca que se cerca de homens estranhos e mulheres duvidosas, e não da nobreza ancestral, estabelecida há séculos? Os excluídos vão cerrando fileiras; a cada dia, a cada ano seu número aumenta. E nas janelas desertas de Versalhes logo brilha a mirada de ódio de centenas de olhos dirigido ao mundo fictício da rainha, despreocupado e inocente.

O irmão visita a irmã

EM 1776 E NO CARNAVAL DE 1777, o turbilhão de prazeres de Maria Antonieta atinge o ponto máximo da curva ascendente. A rainha mundana não falta a nenhuma corrida, a nenhum baile do Opéra, a nenhum baile de máscaras, jamais volta para casa antes do amanhecer, constantemente evita o leito conjugal. Permanece à mesa de jogos até quatro da madrugada, suas perdas e dívidas já provocam escândalo público. Desesperado, o embaixador Mercy envia com alarde um relatório após outro a Viena: "Sua Majestade Real esquece-se completamente da dignidade exterior"; seria quase impossível aconselhá-la, pois "as diversas formas de divertimento seguem-se umas às outras com tal velocidade que só a duras penas sobram alguns minutos para conversar com ela a respeito de assuntos sérios". Há muito não se via Versalhes tão abandonado quanto nesse inverno; no decorrer dos últimos meses, as ocupações da rainha, ou melhor, suas diversões não se alteraram ou diminuíram. Parece que um demônio se apossou dessa jovem mulher: nunca sua inquietude, seu desassossego foram tão flagrantes quanto nesse ano decisivo.

Ademais, soma-se a isso, pela primeira vez, um novo perigo. Em 1777, Maria Antonieta não mais é aquela menina ingênua de quinze anos que chegara à França, mas uma mulher de vinte e dois, desabrochada em beldade exuberante, uma mulher tentadora que já sofreu tentações. Não seria natural que ficasse totalmente apática e fria em meio à atmosfera erótica, sensual demais, da corte de Versalhes. Suas parentas da mesma idade, suas amigas todas já têm filhos, cada qual possui um marido de verdade ou pelo menos um amante. Apenas ela foi excluída disso pela inabilidade de seu infeliz esposo; só ela, a mais bela, a mais desejável e desejada de todas as mulheres de seu círculo, nunca entregara seus sentimentos a alguém. Inutilmente transferiu sua forte carência afetiva a suas amigas, camuflando o vazio interior com inesgotáveis atividades mundanas – nada disso adianta, a natureza aos poucos vai impondo seu direito a todas, e assim também a essa mulher inteiramente natural e comum. Cada vez mais, Maria Antonieta vai perdendo sua antiga segurança despreocupada na companhia de jovens cavalheiros. Entretanto, sente ainda medo do perigo maior. Mas não deixa de brincar com o perigo e não consegue comandar sua natureza, que sempre a trai; enrubesce, empalidece, começa a tremer na proximidade daqueles jovens inconscientemente desejados, perturba-se, fica com os olhos marejados e, no entanto, sempre exige novos elogios galantes dos cavalheiros. As memórias de Lauzun, com aquela cena curiosa, na qual a rainha ainda há pouco irritada e nervosa o envolve subitamente num abraço furtivo e, espantada consigo mesma, logo foge assustada, têm certamente o crivo da verdade, pois o relato do embaixador sueco sobre a notória paixão da rainha pelo conde Fersen reflete o mesmo estado de excitação. Sem sombra de dúvida, a mulher sofrida de vinte e dois anos, poupada e sacrificada pelo marido, está no limite de seu autocontrole. Seus nervos não mais aguentam a tensão invisível, embora, ou talvez por isso mesmo, Maria Antonieta reaja. De fato, como se quisesse complementar o quadro clínico, o embaixador Mercy relata sobre o repentino surgimento de "affectations nerveuses",[53] sobre os assim denominados *vapeurs*.[54] Por enquanto, Maria Antonieta ainda conta com a temerosa consideração de seus cavalheiros diante de uma investida de fato contra a honra conjugal – ambos, Lauzun e Fersen, abandonam precipitadamente a corte tão logo percebem o interesse flagrante da rainha por eles. Não há dúvida, porém, que se algum desses jovens favoritos com os quais ela brinca faceira desse um bote audacioso num momento favorável, ele poderia com facilidade vencer aquela virtude já de fraca resistência. Até então, por sorte, Maria Antonieta tinha conseguido deter-se um passo antes da queda. Todavia,

---

[53] "Afetações nervosas".
[54] *Vapeurs*: "vapores", "estado de desequilíbrio das forças mentais".

com o desassossego interior cresce o perigo: a borboleta esvoaça cada vez mais inconstante, cada vez mais perto da luz; basta um incauto ruflar de asas, e a criatura frágil e desnorteada se precipita irremediavelmente em direção ao elemento que a destrói.

Teria o vigia materno consciência desse perigo? É o que se crê, pois suas advertências em relação a Lauzun, a Dillon, a Esterhazy indicam que o velho e experiente celibatário compreende muito melhor a situação crítica em suas causas íntimas do que a própria rainha, que não imagina quão reveladora é sua excitação nervosa, sua constante e incontrolável perturbação. Ele percebe em toda sua extensão a catástrofe que aconteceria se a rainha da França se tornasse presa de um amante desconhecido qualquer antes de dar um herdeiro legítimo ao esposo. Isso precisa ser evitado a qualquer preço. Assim, envia carta após carta a Viena: o imperador José deveria vir sem delongas a Versalhes para ajeitar a situação. Pois aquele observador discreto e calmo sabe: chegou a hora de salvar a rainha de si mesma.

A VIAGEM DE JOSÉ II a Paris tem triplo objetivo. Deve ter uma conversa de homem para homem com o rei, seu cunhado, sobre o assunto delicado dos deveres conjugais ainda não cumpridos. Com a autoridade de irmão mais velho, deve passar uma reprimenda em sua irmã viciada em prazeres, fazê-la perceber os perigos políticos e humanos de sua compulsão por diversões. Em terceiro lugar, deve reforçar a aliança entre as casas reinantes, a da França e a da Áustria.

José II acrescenta espontaneamente mais uma a essas tarefas que lhe foram confiadas: quer aproveitar a oportunidade da visita incomum para torná-la ainda mais surpreendente, atraindo o máximo de admiração possível para sua pessoa. Aquele homem, honrado no íntimo, até bastante inteligente, embora não muito talentoso, e sobretudo vaidoso, sofre há anos da típica doença dos príncipes herdeiros: aborrece-o, um homem adulto, ainda não poder reinar livre e irrestritamente, tendo que representar na cena política apenas um papel secundário, à sombra de sua fa-

O irmão visita a irmã

mosa e celebrada mãe; ou, como se expressa, irritado, "ser apenas a roda sobressalente da carruagem". Por saber que não pode superar a grande imperatriz que o ofusca em inteligência ou em autoridade moral, procura dar a seu papel secundário uma nuance mais acentuada. Se ela representa diante da Europa a concepção heroica da soberania, quer reservar para si o papel de imperador do povo, de soberano moderno, filantropo, esclarecido, livre de preconceitos. Empurra o arado tal qual um camponês, mistura-se à multidão vestindo um simples casaco burguês, dorme num tosco leito de campanha, como experiência, faz-se encarcerar em Spielberg, cuida, porém, ao mesmo tempo, para que o mundo tome ampla ciência dessa humildade ostensiva. Até então, José II pôde incorporar o papel do califa jovial, mas apenas diante de seus próprios súditos. A viagem a Paris oferece-lhe afinal a oportunidade de apresentar-se no grande palco do mundo. E nas semanas anteriores, o imperador estuda e ensaia o papel da modéstia e da humildade em todos os detalhes.

O propósito do imperador José realizou-se apenas pela metade. Não conseguiu enganar a história. Em seu registro de culpas, a história registra erros e mais erros, reformas prematuras inabilmente introduzidas, decisões precipitadas e fatais, talvez apenas sua morte precoce tenha poupado a Áustria de um esfacelamento já na época ameaçador. A lenda, entretanto, mais crédula que a história, esta ele amealhou para si. Durante muito tempo ainda se entoou a canção do bondoso soberano do povo, incontáveis romances populares aventurescos descrevem como um nobre desconhecido, envolto num singelo manto, pratica boas ações com mão benfazeja e ama as moças do povo. Famoso nesses romances é o epílogo sempre igual: o desconhecido abre seu manto e vê se com assombro uma farda suntuosa. E o nobre homem segue em frente com as palavras profundas: "Jamais conhecereis meu nome, sou o imperador José."

Caso tolo, porém, instintivamente, muito mais inteligente do que se pensa. De modo quase genial, parodia a característica histórica do imperador José de representar o homem modesto e ao mesmo tempo fazer tudo para que a modéstia seja devidamente admirada. Sua viagem a Paris é um exemplo significativo disso. Pois o imperador José II, obviamente, não viaja como imperador a Paris – não deseja chamar a atenção –, mas como conde de Falkenstein, esforçando-se para que ninguém perceba o disfarce. Em longos documentos, fica estabelecido que ninguém deve dirigir-se a ele com outro tratamento a não ser o de senhor, nem mesmo o rei da França; que não deseja morar em palácios e quer utilizar-se apenas de coches de aluguel. Naturalmente, todas as cortes da Europa sabem o dia e a hora de sua chegada. Já em Stuttgart, o duque de Wurttemberg prega-lhe uma boa peça e ordena que todas as placas das hospedarias sejam removidas; assim, nada mais resta ao imperador do povo do que pernoitar no palácio do duque. No entanto, com obstinação pedante, o novo Harun al-Raschid[55] atém-se a seu disfarce há muito conhecido por todos. Num simples fiacre, adentra Paris, hospeda-se no hotel de Tréville, hoje hotel Foyot, como o desconhecido conde de Falkenstein. Em Versalhes, ocupa quarto num dos alojamentos modestos, lá dorme como se estivesse num bivaque, numa cama de campanha, coberto apenas por seu casaco. E seus planos eram bons. Para o povo parisiense, que só conhece seus reis nadando em luxo, um soberano assim é uma sensação, um imperador que experimenta a sopa dos pobres nos hospitais, que participa das reuniões nas academias, das sessões no Parlamento ou que visita barqueiros, comerciantes, instituições para surdos-mudos, o jardim botânico, a fábrica de sabonetes, artesãos. José II vê muitas coisas em Paris e ao mesmo tempo alegra-se de ser visto. Encanta a todos com sua afabilidade e fica ainda mais encantado com os aplausos entusiasmados que conquista. Em meio a esse duplo papel entre verdadeiro e falso, esse caráter misterioso está sempre consciente da ambiguidade e, antes da despedida, escreve ao irmão: "Tens mais valor do que eu, contudo sou mais charlatão, e neste país é preciso sê-lo. Por cálculo e por modéstia, sou um homem simples, porém, exagero-o intencionalmente; provoquei aqui um entusiasmo tal que já se tornou embaraçoso para mim. Deixo este reino muito satisfeito, mas sem pesar, pois já estou farto de meu papel."

---

[55] Harun al-Raschid: segundo califa abássida (786-809), reinou numa época marcada pela prosperidade cultural e científica no islã; em sua corte se passam as *Mil e uma noites*.

O irmão visita a irmã

AO LADO DESSE SUCESSO PESSOAL, José II atinge também os objetivos políticos predeterminados; em primeiro lugar, a conversa com seu cunhado sobre aquele conhecido assunto delicado transcorreu de maneira surpreendentemente fácil. Luís XVI, honrado e jovial, recebe seu cunhado com total confiança. De nada adiantou a Frederico o Grande dar instruções a seu embaixador, o barão Goltz, para que espalhasse por toda Paris que o imperador José lhe teria dito: "Possuo três cunhados e todos os três são lamentáveis: o de Versalhes é um imbecil, o de Nápoles um tolo e o de Parma um idiota." Nesse caso, o "terrível vizinho" pôs fogo na lenha em vão, pois Luís XVI não é suscetível no que diz respeito à vaidade, e a flecha foi detida por sua virtuosa bonomia. A conversa entre os cunhados transcorre livre e franca, e Luís XVI, num contato mais pessoal, desperta também em José II certa consideração humana: "Este homem é um fraco, mas não é tolo. Ele possui conhecimentos e tino, porém é apático, tanto física quanto intelectualmente. Tem uma conversa razoável, todavia não sente nenhuma vontade de instruir-se mais e nenhuma curiosidade verdadeira; o *fiat lux* ainda não o atingiu, a matéria ainda se encontra em sua forma bruta." Após alguns dias, José II tem o rei nas mãos, entendem-se em todas as questões políticas e mal se pode duvidar que conseguiu com facilidade persuadir seu cunhado à discreta cirurgia.

Mais difícil, porque cercada de maior responsabilidade, torna-se a posição de José II em relação a Maria Antonieta. Com sentimentos mistos, a irmã aguardou a visita do irmão, feliz por poder aliviar seu coração e conversar com um parente de sangue, justamente o mais íntimo, mas também cheia de medo pelo tom brusco e professoral que o imperador gosta de assumir em relação à irmã mais nova. Não fazia muito tempo ele a repreendera como se fosse uma colegial: "Que tipo de intromissão é essa", escrevera à irmã. "Mandas demitir ministros, ordenas outro ao exílio em suas terras. Crias novos cargos dispendiosos na corte! Já te perguntaste alguma vez com que direito te intrometes nos assuntos da corte e da Monarquia francesa? Que tipo de conhecimentos adquiriste para ousar intrometer-te e imaginar que tua opinião poderia ter alguma importância, principalmente nos assuntos de Estado, que exigem conhecimentos especialmente profundos? Tu, uma pessoa jovem e amável, que não pensa o dia inteiro em nada que não sejam frivolidades, vestidos e divertimentos, que nada lê, não produz nem ouve ao menos um quarto de hora por mês uma conversa sensata, que não reflete, que não leva um pensamento até o fim e nunca, e disso tenho certeza, pensa nas consequências do que diz ou faz..." Aquela mulher mimada, cheia de vontades, não está habituada a um tom tão professoral e severo vindo dos cortesãos do Trianon. Compreendem-se então suas palpitações quando de repente o marechal da corte comunica que o conde de Falkenstein chegara a Paris, anunciando sua visita a Versalhes para o dia seguinte.

Todavia, as coisas se desenrolam melhor do que esperava. José II é bastante diplomata para não causar grande impacto logo ao chegar; ao contrário, diz-lhe coisas atenciosas sobre sua aparência encantadora, assegura-lhe, caso venha a se casar novamente, que sua esposa deveria parecer-se com ela, representa o papel de um galã. Maria Teresa mais uma vez fez uma profecia acertada quando anunciou antecipadamente a seu embaixador: "Na verdade, não temo que ele seja um juiz muito severo do comportamento da irmã, ao contrário, penso que ela, linda e encantadora como é, e com sua habilidade de entremear a conversa com humor e boas maneiras, conquistará a aprovação do irmão, o que por sua vez o lisonjeará." De fato, a amabilidade da linda e encantadora irmã, sua alegria sincera ao revê-lo, a atenção com que o escuta, por outro lado, a bonomia do cunhado e o grande triunfo que alcança com sua comédia da modéstia em Paris, tornam mudo o temido pedante. O feroz urso deixa-se abrandar quando se lhe oferece tanto mel. Sua primeira impressão é, na verdade, simpática: "Ela é uma mulher amável e correta, ainda jovem demais e muito pouco ponderada, possui, entretanto, boa dose de decência e virtude, além disso, certo dom verdadeiro de compreensão que me surpreenderam. O primeiro pensamento é sempre correto, e se ela fosse mais a fundo e refletisse mais, em vez de ceder à legião de mexeriqueiros que a cercam, seria perfeita. A febre de divertimentos é muito poderosa; e como conhecem sua fraqueza, eles ficam sempre a postos, e ela só dá ouvidos àqueles que sabem satisfazê-la."

Mas, enquanto José II parece divertir-se tranquilamente nas festas que a irmã lhe oferece, ao mesmo tempo, o curioso espectro das sombras observa agudo e cuidadoso. Sobretudo deve concluir que Maria Antonieta "não sente amor algum por seu esposo", que o negligencia, tratando-o de modo indiferente, com irreverente atitude de superioridade. Ademais, também não lhe é difícil descobrir o que há por trás das más companhias da "cabecinha de vento", sobretudo os Polignac. Apenas em relação a um fato parece tranquilo. José II respira visivelmente aliviado – é provável que tivesse receado coisas piores – com o fato de que, apesar de toda a galanteria com jovens cavalheiros, a virtude de sua irmã resistira até então, que – prudente, acrescenta a cláusula "pelo menos até agora" –, em meio a essa moral decadente, sua conduta do ponto de vista moral é melhor que a reputação. Contudo, o que ouviu e viu a esse respeito não parecia oferecer garantias para o futuro; algumas advertências categóricas não lhe parecem supérfluas. Por vezes passa uma carraspana na irmã; ocorrem atritos graves, por exemplo, quando, diante de testemunhas, acusa-a grosseiramente de "não servir para nada ao marido"; ou ataca a sala de jogos de sua amiga, a duquesa de Guémenée, "un vrai tripot", um verdadeiro covil de ladrões. Suas admoestações em público amarguram Maria Antonieta, mas certas vezes as conversas culminam numa discussão entre os irmãos. A obstinação pueril da jovem mulher revolta-se contra a tutela arrogante; ao mesmo tempo, entretanto, sua natural sinceridade sente quanto seu irmão tinha razão nas repreensões, quão importante seria para seu caráter fraco ter a seu lado um tutor desse naipe.

Uma conversa final e conclusiva entre ambos parece não ter acontecido. Embora José II, em tom de censura, mais tarde, em carta a Maria Antonieta, faça menção a determinada conversa sobre um banco de pedra, com toda a evidência não quer debater com ela assuntos cruciais e importantes em conversas de ocasião. Em dois meses, José II conheceu a França inteira, sabe mais a respeito do país que o próprio rei e mais sobre os perigos que corre a irmã do que ela mesma. Contudo, reconheceu também que em relação àquela pessoa fútil qualquer palavra dita se desmancha no ar, que ela esquecerá tudo uma hora depois, principalmente aquilo que quer esquecer. Assim, em segredo, redige uma nota na qual reúne suas observações e receios e lhe entrega esse documento de três páginas, de propósito, na ultima hora, pedindo-lhe que o lesse depois de sua partida. *Scripta manent*,[56] as advertências escritas no papel devem ficar ao lado dela em sua ausência.

Talvez essa *instruction* seja, para o caráter de Maria Antonieta, o documento mais elucidativo que possuímos, pois José II o escreve de boa-fé e em absoluta isenção. Um tanto empolado na forma, para nosso gosto, um pouco patético demais em seu moralismo, o documento demonstra ao mesmo tempo grande habilidade diplomática, pois com tato o imperador da Áustria evita sugerir regras diretas de conduta a uma rainha da França. Ele arrola perguntas, uma após outra, uma espécie de catecismo, para superar a preguiça mental e obrigar a cabecinha de vento a refletir, para estimulá-la a conhecer-se a si própria e responder por si mesma às questões; porém, sem querer, as perguntas transformam-se em acusações, sua sequência aparentemente aleatória torna-se um registro completo das falhas de Maria Antonieta. José II lembra sobretudo à irmã quanto tempo já foi perdido em vão. "Tu estás ficando mais velha, portanto, não tens mais a desculpa de seres uma criança. O que acontecerá, o que será de ti se continuares a hesitar?" E ele mesmo responde com clarividência assustadora: "Uma mulher infeliz e uma rainha ainda mais infeliz." Sob forma de perguntas, enumera todas as negligências da irmã: um raio de luz frio e intenso recai sobre seu comportamento em relação ao rei: "Procuras realmente todas as oportunidades? Retribuis os sentimentos que ele nutre por ti? Não és fria e dispersa quando ele se dirige a ti? Não pareces por vezes entediada ou enojada? Como pretendes com tal comportamento que um homem de natureza fria se aproxime de ti e te ame realmente?" Impiedoso, em aparência apenas questionando-a, na verdade, porém, acusando-a com veemência, censura-a pelo fato de, em vez de subordinar-se ao rei, aproveitar-se de sua inabilidade e fraqueza para atrair para si, e não para ele, todos os sucessos e atenções. "Sabes como te tornares de fato necessá-

---

[56] *Scripta manent*: "manuscritas".

O irmão visita a irmã

ria para ele?", pergunta com mais rigor. "Sabes convencê-lo que ninguém mais o ama com tanta sinceridade e que acalentas no coração mais do que ninguém toda sua glória e felicidade? Alguma vez reprimiste teu desejo de brilhar à sua custa? Ocupas-te das coisas que ele negligencia para evitar a impressão de que seriam teus os méritos dele? Fazes sacrifícios por ele? E guardas segredo absoluto de seus erros e fraquezas? Consegues perdoá-los e ordenas imediatamente o silêncio àqueles que ousam fazer observações a respeito?"

Folha por folha, o imperador José vai enumerando todo o registro do furor por divertimentos: "Alguma vez já refletiste sobre o efeito nefasto que teus relacionamentos sociais, tuas amizades, caso não envolvam pessoas irrepreensíveis sob todos os aspectos, possam ou devam ter sobre a opinião pública, pois com isso invariavelmente pode-se erguer a suspeita de que tu aprovas tais condutas desairosas, ou que talvez mesmo participas delas? Ponderaste alguma vez sobre as terríveis consequências que o jogo de azar pode acarretar, graças às más companhias e à fama que dele decorre? Lembra-te das coisas que se passaram diante de teus olhos, lembra-te de que o o próprio rei não joga e que parece provocador se, por assim dizer, és a única de toda a família a apoiar esse mau hábito. Pensa também pelo menos um instante nas situações embaraçosas que se associam aos bailes do Opéra, em todas as aventuras desagradáveis que tu mesma me contaste a esse respeito. Não posso deixar de mencionar que entre todos os divertimentos este indubitavelmente é o mais inapropriado, sobretudo pela maneira como tu frequentas tais bailes, pois de nada adianta que teu cunhado te acompanhe. Qual o sentido de passar despercebida em tais festas, uma estranha que quer ocultar-se atrás de uma máscara. Não percebes então que apesar disso todos te reconhecem e te dizem coisas que não convém que ouças, porém, que são ditas com a intenção de te divertir e fazer-te crer que são pronunciadas na maior inocência? O local propriamente dito goza de má reputação. O que então procuras ali? A máscara impede uma conversa honesta, e lá não podes mesmo dançar, portanto, qual o sentido de tais aventuras, dessas inconveniências, para que se igualar a esse bando de rapazes desregrados, de prostitutas e de estrangeiros, ouvir frases maliciosas e talvez até pronunciar outras semelhantes? Não, isso é totalmente impróprio. Confesso-te que esse é o ponto que faz com que as pessoas que te amam e que pensam direito fiquem mais estarrecidas: o rei é deixado noites inteiras para trás em Versalhes e tu te divertes em companhia da canalha de Paris!" Com veemência, José II reitera os antigos sermões da mãe, no sentido de que ela afinal começasse a dedicar-se um pouco à leitura, duas horas diárias não seriam demais e a tornariam mais preparada e ponderada nas vinte e duas horas restantes. E de súbito, em meio àquela longa prédica, vem à tona uma frase profética, que não se pode reler sem um estremecimento. Caso ela não o escute nesse sentido, diz José II, ele prevê coisas terríveis; e, textualmente, escreve: "Tremo por ti, pois assim não pode continuar; 'la révolution sera cruelle si vous ne la préparez'".[57] "A revolução será cruel" – a palavra terrível, aqui ela foi escrita pela primeira vez. Embora em outro sentido, possui um tom profético. Porém, apenas uma década depois, Maria Antonieta compreenderá o significado dessa palavra.

---

[57] "A revolução será cruel se não a preparardes".

Maternidade

A VISITA DO IMPERADOR José II, do ponto de vista histórico, parece um episódio sem importância na vida de Maria Antonieta. Na verdade, ela provoca uma transformação decisiva. Já algumas semanas mais tarde revelam-se os frutos do diálogo do imperador com Luís XVI sobre o tema constrangedor da alcova. Com renovada coragem, o revigorado monarca se empenha em suas obrigações conjugais. Ainda no dia 19 de agosto de 1777 Maria Antonieta anuncia a Viena apenas "un petit mieux": sua "situação (virginal) continuava inalterada", a grande ofensiva não teria sido bem-sucedida. "Porém não tenho dúvidas a respeito, pois uma pequena melhora pode ser percebida, a de que o rei se torna mais carinhoso que antes, e isso significa muito para ele". No dia 30 de agosto, finalmente, ressoam as trombetas da vitória. Pela primeira vez, após incontáveis derrotas durante os sete anos daquela guerra de Eros, o *nonchalant mari* conquistou a fortaleza, que não ofereceu resistência. "Encontro-me na maior felicidade de minha vida inteira", apressa-se Maria Antonieta em contar à mãe: "Já se passaram oito dias que minhas núpcias se consumaram perfeitamente; a tentativa repetiu-se, e ontem de maneira mais completa que da primeira vez. A princípio pensei em enviar de imediato um mensageiro à minha cara mãe, porém, tive medo de que isso provocasse muita sensação e falatório; também quis ter absoluta certeza de minha situação. Não creio já estar grávida; entretanto, agora ao menos tenho a esperança de que isso venha a acontecer de um momento para outro." Essa gloriosa mudança de rumo não ficou em segredo por muito tempo. O embaixador espanhol, o mais bem-informado de todos, reporta a seu governo até a data do dia fatídico (25 de agosto) e acrescenta: "Como tal acontecimento é de interesse e importância públicos, conversei, separadamente, a esse respeito com os ministros Maurepas e Vergennes, e ambos confirmaram as mesmas circunstâncias. Ademais, é certo que o rei contou o fato a uma de suas tias e afirmou com muita franqueza: 'Aprecio sobremaneira essa espécie de divertimento e lamento tê-lo ignorado por tanto tempo.' Sua Majestade está agora muito mais alegre, e a rainha amiúde se apresenta com profundas olheiras, com muito mais frequência do que antes se notara." O primeiro júbilo da jovem esposa sobre seu empenhado marido, aliás, se mostrou precipitado, pois Luís XVI não pratica o "novo divertimento" tão intensamente quanto a caça, e já dez dias mais tarde Maria Antonieta se sente compelida a queixar-se de novo à mãe: "O rei não aprecia dormir a dois. Tento convencê-lo a não renunciar de todo a essa comunhão. Por vezes passa a noite comigo, e creio não dever atormentá-lo a fazê-lo com mais frequência." A mãe ouve tais notícias com pouco contentamento, porque considera esse ponto "essencial", mas concorda com a filha cautelosa em não insistir com o esposo; devia apenas, por seu lado, adaptar-se mais do que até então às horas de sono do marido. A notícia tão ansiosamente aguardada em Viena sobre o início da gravidez ainda se faz esperar. Apenas em abril a impaciente esposa acredita ter realizado seu desejo mais íntimo. Logo aos primeiros sinais, Maria Antonieta depressa quer enviar uma mensagem expressa à mãe, porém, o médico da corte, embora secretamente disposto a apostar mil luíses que a rainha tem razão, desaconselha-a. No dia 5 de maio, o cauteloso Mercy anuncia a confirmação, e no dia 4 de agosto a gravidez é anunciada oficialmente na corte, depois de a rainha ter sentido os primeiros movimentos da criança no dia 31 de julho, às dez e meia da noite. "Desde então", escreve ela a Maria Teresa, "ela se mexe bastante e causa-me a maior alegria." É tamanho seu bom humor que se permitiu anunciar a paternidade com ruidoso alarde ao extemporâneo esposo. Coloca-se diante dele, faz um rosto sombrio, finge-se de ofendida: "Sire, desejo queixar-me de um de seus súditos que teve a audácia de dar-me pontapés na barriga." O honrado rei não compreende de pronto, depois, orgulhoso, ri à larga e abraça a mulher, surpreso com a própria competência.

Maternidade

De pronto têm início as diversas cerimônias públicas. Nas igrejas cantam-se ofícios de graça, o Parlamento envia congratulações, o arcebispo de Paris ordena preces para a feliz evolução da gravidez; com enorme desvelo procura-se uma ama para a futura criança real, cem mil libras são destinadas aos pobres. O mundo inteiro acompanha com ansiedade o grande evento, sem falar do obstetra, pois, caso nasça um herdeiro, aguarda-o uma pensão de quarenta mil libras, dez mil apenas no caso de uma princesa. De fato, é a corte que aguarda cheia de agitação o espetáculo de que há muito se privara, já que, segundo um sagrado costume de séculos, o parto de uma rainha da França não representa apenas um acontecimento particular; de acordo com regras antigas, deve acontecer na presença de todos os príncipes e princesas, sob os olhos de toda a corte. Cada membro da família real, assim como uma série de altos dignitários, tem o direito de presenciar o nascimento no quarto da parturiente. Claro, ninguém chega ao menos a aventar a possibilidade de abrir mão desse privilégio bárbaro e nocivo à saúde. Curiosos vão chegando de todas as províncias, dos mais longínquos castelos, a menor mansarda na minúscula cidade de Versalhes se acha ocupada, e a imensa afluência de pessoas faz triplicar o preço dos alimentos. A rainha, entretanto, deixa os hóspedes indesejados a esperar muito tempo pelo espetáculo. Afinal, em 18 de dezembro, de madrugada, ressoa o sino pela casa, iniciou-se o trabalho de parto. Acorreu primeiro Mme de Lamballe ao quarto da parturiente; atrás dela, nervosas, todas as damas de honra. Às três horas são acordados o rei, os príncipes e princesas, pajens e guardas de honra selam seus cavalos e saem em desabalado galope até Paris e Saint-Cloud, para buscar a tempo todo e qualquer indivíduo de sangue azul ou de linha principesca a fim de ser testemunha; falta apenas que se façam repicar os sinos ou que se disparem tiros de canhão.

Alguns minutos após o médico da corte anunciar em alta voz que o momento do parto se aproxima, precipita-se ruidosamente a nobre malta quarto adentro, apertando-se no aposento; os espectadores sentam-se em torno do leito, ocupando poltronas dispostas segundo a ordem hierárquica. Os que não encontram mais lugar nas fileiras da frente sobem em sofás e bancos, para que, Deus os livre, não percam nenhum movimento, nenhum gemido da mulher em trabalho de parto. O ar naquele recinto fechado torna-se cada vez mais denso e abafado pela respiração das cerca de cinquenta pessoas, pelo odor ácido do vinagre e das essências. Mas ninguém abre uma janela, ninguém abandona seu lugar. Sete longas horas dura aquela cena pública de tortura, até que, por fim, às onze e meia da manhã, Maria Antonieta dá à luz uma criança – *Hélas!*[58] –, uma filha. Solenemente, carrega-se a criança real até um gabinete contíguo para banhá-la e entregá-la sem demora aos cuidados da governanta; orgulhoso, o rei acorre para admirar o fruto tardio de seu empenho físico; atrás dele, curiosa como sempre, amontoa-se a corte inteira. Mas de súbito ecoa uma ordem estridente do obstetra: "Ar e água quente! Faz-se necessária uma sangria." O sangue subiu de repente à cabeça da rainha; desmaiada, semissufocada pelo ar nauseabundo e talvez pelo esforço de abafar as dores diante daquelas cinquenta pessoas, ali jaz, largada sobre os travesseiros, imóvel e arquejante. Um susto geral perpassa a corte, o próprio rei escancara as janelas, todos correm em confusão. Mas a água quente não chega. Os cortesãos tinham pensado em todas as cerimônias medievais para o nascimento, exceto na medida mais natural nesses casos: manter água quente à disposição. Assim, o cirurgião ousa realizar uma sangria sem maiores preparativos. Um jato de sangue jorra da incisão de uma veia do pé, e eis que a rainha abre os olhos, está salva. Só agora irrompe o regozijo desenfreado, todos se abraçam, choram de alegria, e os sinos anunciam a boa-nova ao país.

O SOFRIMENTO DA MULHER CHEGOU AO FIM, tem início a felicidade da mãe. Embora a alegria não seja completa e as salvas de canhão tenham sido de apenas vinte e um tiros, em honra de uma princesa, em vez da centena de tiros para dar alvíssaras a um herdeiro do trono, mesmo assim regozijam-se Versalhes e Paris. Mensageiros são enviados a todos os países da Europa, esmolas são distribuídas por todo canto, prisioneiros são liber-

---

[58] *Hélas*: "Que pena!"

Maternidade 157

Maria Antonieta e seus filhos. Óleo sobre tela
de Elisabeth Vigée le Brun, s/d.

tados dos cárceres, uma centena de jovens casais de noivos é presenteada pelo rei com novas vestes, a cerimônia de casamento e um dote. Quando a rainha, saída de seu resguardo, vai a Notre-Dame, aguardam-na ali em bem-aventurada fileira os cem casais – o ministro da polícia escolheu de propósito gente especialmente bonita –, que aclamam com entusiasmo sua benfeitora. Para o povo de Paris há fogos de artifício, iluminação de festa, vinho de chafarizes espumantes, distribuição de pão e salames, livre acesso à Comédie Française; aos carvoeiros destina-se o camarote do rei, às vendedoras de peixe, o da rainha: também os pobres devem comemorar as festas. Tudo parece bom e feliz. Luís XVI poderia tornar-se um homem mais alegre, mais confiante, agora que se tornou pai, e Maria Antonieta, uma mulher feliz, séria, conscienciosa, desde que se tornou mãe. O grande obstáculo fora vencido, o casamento está assegurado e fortalecido. Os pais, a corte e o país inteiro, todos podem alegrar-se e de fato se alegram à larga com festas e diversões. Uma única pessoa apenas não está totalmente satisfeita: Maria Teresa. Sem dúvida essa neta melhorou a posição de sua filha querida, mas não o bastante. Como imperatriz, como política, seus pensamentos vão sempre muito além da felicidade familiar, concentrando-se sobretudo na preservação da dinastia. "Precisamos impreterivelmente de um delfim, de um herdeiro do trono." Tal qual uma ladainha, repete a advertência à filha, nada de *lit à part* agora, nada de deixar-se levar por leviandades. Quando então transcorrem os meses e nada de gravidez, ela se torna furiosa, acusando Maria Antonieta de aproveitar mal suas noites conjugais. "O rei recolhe-se muito cedo, levanta-se com o raiar do dia, a rainha faz o contrário; como se pode esperar algo de bom disso? Vendo-se assim de passagem, não se pode esperar qualquer sucesso verdadeiro." Sua insistência torna-se cada vez mais veemente. "Até este momento fui discreta, agora, porém, torno-me inoportuna; seria um crime não conceber mais filhos desse sangue." Gostaria ainda de presenciar isso: "Estou impaciente – em minha idade não se pode esperar por muito tempo."

A última alegria, contudo, a de ver um futuro rei da França do sangue dos Habsburgo, não lhe será concedida. A gravidez seguinte de Maria Antonieta foi interrompida; um movimento brusco para fechar a janela da carruagem provoca um aborto, e antes que o neto tão ansiado, desejado com tanta impaciência, nascesse ou fosse anunciado, Maria Teresa sucumbe, no dia 20 de novembro de 1780, vítima de pneumonia. Dois desejos acalentara aquela senhora idosa, há muito decepcionada pela vida. O primeiro: ver sua filha dar à luz um neto para o trono francês – desse o destino a privou. O outro, contudo – o de não assistir como sua própria filha adorada cai em desgraça por imprudência e insensatez –, foi concedido por Deus àquela mulher piedosa.

SOMENTE UM ANO APÓS o falecimento de Maria Teresa, Maria Antonieta dá à luz o desejado filho. Em decorrência dos acontecimentos dolorosos do primeiro parto, o grande espetáculo do quarto da parturiente foi cancelado; apenas parentes próximos puderam entrar. Dessa feita, o nascimento ocorre sem problemas. No entanto, quando levam embora o bebê recém-

Maternidade

nascido, a rainha não tem mais forças para perguntar se é um menino ou de novo uma menina. Mas o rei se aproxima de seu leito, lágrimas correm pelo rosto daquele homem habitualmente tão avesso a emoções, e ele anuncia com sua voz sonora: "O príncipe herdeiro deseja entrar." Explode então regozijo geral. Solenemente, ambas as portas são abertas e, sob exclamações de júbilo da corte reunida, a criança já lavada e vestida – o duque da Normandia – é trazida para perto da mãe feliz. Agora o grande cerimonial de nascimento do príncipe herdeiro pode se desenvolver por completo. Mais uma vez é o adversário fatídico de Maria Antonieta, o cardeal de Rohan – sempre ele a cruzar seu caminho nas horas decisivas – que realiza o batismo; providencia-se uma ama de leite magnífica, que atende pelo hilário nome de "Mme Poitrine",[59] ressoam os canhões, logo Paris toma conhecimento do feliz evento. Mais uma vez, de maneira muito mais grandiosa do que por ocasião do nascimento da princesa, inicia-se o rol de festividades. Todas as corporações enviam delegações a Versalhes, acompanhadas de músicos; dura nove dias o desfile multicolorido dos artesãos, pois cada corporação quer saudar o futuro rei recém-nascido à sua maneira especial. Os limpadores de chaminé carregam em triunfo uma chaminé inteira, em cujo topo há pequenos limpadores de chaminé sentados, entoando músicas alegres; açougueiros trazem um boi gordo; carregadores de liteiras conduzem uma cadeirinha dourada na qual se encontram sentados bonecos representando a ama e o pequeno delfim; sapatciros trazem pequeninos sapatos de criança; alfaiates, a miniatura do uniforme de seu futuro regimento; os ferreiros, uma forja em que batiam em ritmo musical. Os mestres serralheiros, entretanto, que reconhecem no rei um colega amador de seu ofício, num esforço especial doam um rebuscado cofre com segredo; quando o rei o abre com a curiosidade de um especialista, dele salta um pequeno delfim, maravilhosamente elaborado em aço. Por seu lado, as vendedoras do mercado, as mesmas que alguns anos depois escarnecerão da rainha com insultos vis, ostentam com apuro vestidos de seda negra e recitam versos de La Harpe. Nas igrejas celebram-se missas;

---

[59] *Poitrine*: "peito", "seio".

na Prefeitura de Paris os comerciantes organizam um grande banquete. A guerra com a Inglaterra, a miséria, todas as coisas desagradáveis são esquecidas. Por um momento não há mais descontentamento e descontentes, até os futuros revolucionários e republicanos regalam-se no mais ruidoso e puro culto ao monarquismo. O futuro presidente dos jacobinos, Collot d'Herbois, na ocasião ainda simples ator em Lyon, compõe uma peça própria em honra "da nobre regente cujas virtudes conquistaram todos os corações" – e ele, que futuramente assinaria a condenação à morte de Luís Capeto, invocaria os céus, cheio de devoção:

Pour le bonheur des Français,
Notre bon Louis Seize
S'est allié pour jamais
Au sang de Thérèse.
De cette hereuse union
Il sort un beau rejeton.
Pour répandre en notre coeur
Félicité parfaite,
Conserve, ô ciel protecteur.
Les jours d'Antoinette.[60]

Ainda o povo está ligado aos soberanos, ainda o nascimento da criança é comemorado por todo o país, e sua chegada é motivo de festa coletiva. Nas esquinas reúnem-se tocadores de violino e trompa, fazem música, arranham as cordas, batem os tambores, cantam e dançam em todas as cidades e aldeias. Todos amam e louvam o rei e a rainha que afinal tinham cumprido com bravura o seu dever.

---

[60] "Para felicidade dos franceses, /Nosso bom Luís XVI /Aliou-se para sempre /Ao sangue de Maria Teresa. /Dessa feliz união /Surge uma nova semente /Para derramar em nosso coração /Felicidade perfeita. /Conserve, ó céu protetor,/ Os dias de Antonieta."

Maternidade 161

AGORA ENFIM FOI BANIDO o funesto encantamento. Maria Antonieta torna-se mãe ainda duas vezes: em 1785 dá à luz um segundo filho, o futuro Luís XVII, uma criança robusta, saudável, "um verdadeiro camponesinho"; em 1786, o quarto e último bebê, Sophie Beatriz, que só chegou à idade de onze meses. Com a maternidade inicia-se a primeira transformação de Maria Antonieta, não ainda a decisiva, porém o início de uma tomada de decisão. Os períodos de gravidez exigem por si mesmos, durante alguns meses, a abstinência de seus divertimentos insensatos; a brincadeira carinhosa com as crianças logo se torna mais encantadora para ela que a frivolidade da mesa de jogo, sua necessidade afetiva, até agora voltada para vaidades inúteis, por fim encontra um escoadouro normal. O caminho para a autoconsciência, este se abre agora. Apenas mais alguns anos tranquilos, felizes, e ela mesma, a linda mulher de olhos meigos, irá tornar-se mais calma; afastada das vãs futilidades, irá observar com satisfação como seus filhos crescem e desabrocham. Esse prazo, todavia, não mais lhe será concedido pelo destino. Mal o desassossego cessa em Maria Antonieta, e ele desponta no mundo.

A rainha torna-se impopular

A HORA DO NASCIMENTO DO DELFIM significara o apogeu do poder de Maria Antonieta. Ao presentear o reino com um herdeiro, tornara-se também rainha pela segunda vez. De novo a alegria contagiante da multidão mostrara-lhe a inesgotável reserva de amor e confiança do povo francês pela antiga casa real, não obstante todas as decepções sofridas; a um soberano, apenas um pouco de empenho seria suficiente para cativar a nação. Ela precisaria agora somente dar um passo decisivo, sair do Trianon e voltar a Versalhes, a Paris, sair do mundo rococó para o mundo real, abandonar suas companhias levianas e voltar-se para a nobreza, o povo – e tudo estaria ganho. Entretanto, mais uma vez, logo após dar à luz, retorna despreocupada às diversões e aos prazeres fáceis; depois das comemorações populares, recomeçam as festas custosas e fatídicas no Trianon. Porém, agora a enorme paciência está chegando ao fim, a linha divisória do rio da felicidade fora atingida. A partir de então as águas correm para baixo, em direção às profundezas.

A princípio, nada acontece de visível, de extravagante. Apenas Versalhes torna-se cada vez mais silencioso, cada vez menos cavalheiros e damas comparecem às grandes recepções, e estes poucos deixam transparecer certa frieza no trato. Ainda mantêm as formalidades, porém apenas pela formalidade em si, e não pela rainha. Ainda dobram os joelhos, ainda beijam com mesura a mão real; todavia, não se empenham mais na graça de uma conversa, os olhares conservam-se sombrios e distantes. Quando Maria Antonieta entra no teatro, não mais se levantam como antes, ruidosamente, na plateia e nos camarotes; nas ruas emudece a familiar exclamação "Vive la reine!". Ainda não se manifesta uma hostilidade aberta,

A rainha torna-se impopular 163

apenas esfriara o calor que outrora alentava o devido respeito; obedece-se ainda à soberana, mas não mais se rendem homenagens à mulher. Servem com respeito à esposa do rei, porém não mais a cortejam. Não contrariam abertamente seus desejos, mas se calam; é o silêncio duro, maldoso, comedido, o silêncio da conspiração.

O QUARTEL-GENERAL DESSA CONSPIRAÇÃO estende-se pelos quatro ou cinco palácios da família real: Luxemburgo, Palais Royal, Bellevue e mesmo Versalhes, todos estão aliados contra o Trianon, a residência da rainha.

O coro da perfídia é dirigido pelas três velhas tias. Ainda não esqueceram que aquela mocinha escapara da escola da maldade e conquistara estatura como rainha; desgostosas por não mais cumprirem papel algum, refugiaram-se no castelo de Bellevue. Lá, abandonadas e entediadas em seus aposentos, passam os primeiros anos de triunfo de Maria Antonieta; ninguém se preocupa com elas, pois toda dedicação gira e volteia em torno daquela jovem soberana encantadora, que detém todo o poder em suas alvas e delicadas mãos. Contudo, quanto mais impopular se torna Maria Antonieta, mais fortes são as batidas na porta de Bellevue. Todas as damas que não são convidadas ao Trianon; a dispensada "Madame Etiqueta"; os ministros defenestrados; as mulheres feias e por isso recatadas; os cavalheiros abandonados; os demitidos caçadores de empregos que desprezam o "novo rumo" e, saudosos, lamentam a perda da antiga tradição francesa e dos "bons" costumes – todos marcam presença assídua nesse salão dos excluídos. O aposento das tias em Bellevue torna-se um secreto caldeirão de venenos no qual se destilam, gota a gota, todos os odiosos mexericos da corte, as mais recentes loucuras da "austríaca", o disse me disse de suas galanterias, para serem condicionados em frascos; ali se estabelece o arsenal de todas as denúncias maledicentes, o famigerado *atelier des calomnies*;[61] ali se compõem os pequenos *couplets*[62] mordazes, lidos em

---

[61] "Oficina de calúnias".
[62] *Couplets*: "quadrinhas", "estrofes".

voz alta e adornados com asas, para depois seguirem voando até Versalhes; ali se reúnem com trejeitos maliciosos, traiçoeiros, todos aqueles que gostariam de fazer voltar a roda dos tempos, todos os cadáveres vivos dos decepcionados, destronados, liquidados, as larvas e múmias do mundo passado, toda a velha estirpe descartada, a fim de tramar vinganças pelo fato de ser velha e desprezada. Porém, o veneno do ódio acumulado não se destina ao "pobre e bondoso rei", a quem fingem lastimar, mas só a Maria Antonieta, à jovem rainha radiante e feliz.

MUITO MAIS PERIGOSA que esses incontáveis homens de ontem e anteontem, que não mordem mais e destilam ainda apenas seu veneno, é a nova geração, que nunca chegou ao poder e não quer permanecer à sombra. Versalhes isolou-se de maneira tão ingênua da França real por meio de uma atitude elitista e indiferente que não se deu conta dos novos movimentos agitando o país. Uma burguesia inteligente despertou, tomou conhecimento de seus direitos nas obras de Jean-Jacques Rousseau, observa uma nova forma de governo democrático na vizinha Inglaterra. Os que voltam da Guerra de Independência americana trazem mensagens de um país estrangeiro onde a diferença de castas e classes foi abolida em prol da ideia da igualdade e liberdade. Na França eles veem somente rigidez e decadência, pela total incapacidade da corte. O povo, unânime, esperara, por ocasião da morte de Luís XV, que por fim se encerrasse a vergonha do poder das amantes e o desatino das proteções ilícitas; em vez disso, novamente regem as mulheres, Maria Antonieta e, por trás dela, a Polignac. A burguesia esclarecida reconhece com crescente amargura como está decaindo a posição de poder da França, como as dívidas crescem, como míngua o Exército, a Marinha, como as colônias se perdem, enquanto todos os outros Estados ao redor se desenvolvem vigorosamente; e em vastos círculos cresce o desejo de pôr fim a esse indolente desgoverno.

O acumulado desgosto daqueles que nutrem sentimentos patrióticos e nacionais volta-se – e não sem razão – sobretudo contra Maria Antonieta. Incapaz e distante de qualquer decisão efetiva – isso é de conhecimento

A rainha torna-se impopular

de todo o país –, o rei não conta como soberano, apenas a influência da rainha é onipotente. Maria Antonieta teria duas possibilidades: engajar-se séria, efetiva e energicamente, como sua mãe, nos assuntos do governo, ou deixá-los de lado. O grupo austríaco tenta com empenho impeli-la para a política, mas em vão, pois para governar ou participar do governo é preciso que se leiam documentos com regularidade durante algumas horas, e a rainha não aprecia a leitura. Caberia ouvir os discursos dos ministros e refletir sobre eles, porém Maria Antonieta não gosta de pensar. O mero fato de prestar atenção significa para sua mente dispersa um esforço imenso. "Mal ouve quando lhe falam", queixa-se o embaixador Mercy em carta a Viena, "e quase nunca se apresenta a possibilidade de debater com ela um assunto sério e importante, ou prender sua atenção em um tema significativo. A ânsia por diversões exerce sobre ela um poder assaz misterioso." No máximo ela lhe responde vez por outra, quando ele insiste enfaticamente em nome da mãe ou do irmão: "Diga-me o que devo fazer e o farei", diz ela, e de fato dirige-se ao rei. No dia seguinte, no entanto, sua instabilidade a fez esquecer tudo, sua intervenção não vai além de "certos impulsos impacientes", e por fim Kaunitz conforma-se, resignado, junto à corte vienense. "Não contemos jamais com ela para coisa alguma. Limitemo-nos a tirar dela, como se fosse uma má pagadora, pelo menos aquilo que se pode tirar." Seria preciso contentar-se, escreve ele a Mercy, com o fato de que também em outras cortes as mulheres não se ocupam da política.

Se ao menos ela não pusesse a mão no leme do Estado! Nesse caso, ficaria livre de culpa e responsabilidade! Porém, instigada pela malta dos Polignac, ela se intromete a toda hora, tão logo se trate da nomeação para um posto de ministro, uma função no governo. Faz a coisa mais perigosa que se pode fazer em política: dá palpites, mete-se em tudo de forma amadorística e tira decisões da manga em relação às questões mais importantes, desperdiça seu imenso poder sobre o rei exclusivamente em benefício de seus favoritos. "Quando se trata de assuntos sérios", lamenta Mercy, "logo se torna receosa e insegura em seu empenho; no entanto, quando é instigada por suas amizades pérfidas e intrigantes, faz tudo para impor a vontade dessa gente." "Nada semeou mais ódio contra a rainha", observa o ministro de Estado Saint-Priest, "do que essas intromissões incoerentes, essas injustificáveis nomeações protecionistas." Pois como aos olhos da burguesia é ela quem conduz os negócios do Estado, como todos os generais, embaixadores e ministros impostos por ela não cumprem sua tarefa à altura, como o sistema dessa autocracia arbitrária naufraga totalmente e a França é arrastada por uma torrente cada vez mais forte em direção à bancarrota econômica, toda a culpa recai sobre a rainha, que não tem a mínima consciência de sua responsabilidade (ah, apenas concedeu bons postos a algumas pessoas encantadoras e simpáticas!). Todos aqueles que na França anseiam por progresso, renovação, justiça e ações efetivas falam, resmungam e fazem ameaças à perdulária, à leviana e sempre alegre castelã do Trianon, que sacrifica o amor e o bem-estar de vinte milhões de pessoas, de maneira insensata e irresponsável, em prol de um bando arrogante de vinte damas e cavalheiros.

A GRANDE INSATISFAÇÃO DE TODOS aqueles que exigem um novo sistema, uma ordem melhor, uma distribuição mais sensata de responsabilidades careceu por muito tempo de um local de reunião. Afinal ele é encontrado numa casa, em torno de uma pessoa. Também esse desafeto tem sangue azul nas veias. Como a reação no castelo das tias em Bellevue, também a revolução se reúne no Palais Royal do duque de Orléans: de duas frontes inicia-se ao mesmo tempo, em sentidos totalmente opostos, a luta contra Maria Antonieta. Por natureza mais ligado aos prazeres que à ambição, amante das mulheres, jogador, libertino e mestre da elegância, nada esperto e de fato nada maldoso, esse aristocrata absolutamente medíocre possui a fraqueza comum das naturezas pouco criativas: uma vaidade voltada apenas para a superficialidade. Essa vaidade foi ferida por Maria Antonieta em pessoa, quando ela gracejou com humor – "fazendo mofa", conforme se diz e entende na Áustria – sobre os feitos bélicos do primo e impediu que lhe fosse concedido o bastão de grande almirante. O duque de Orléans, profundamente ofendido, aceitou o desafio. Como descendente de uma linhagem tão antiga quanto a da casa real, como homem

A rainha torna-se impopular 167

milionário, independente, não hesita em exercer oposição cerrada ao rei no Parlamento e a tratar a rainha como inimiga. Em sua pessoa a insatisfação encontrou enfim o sonhado líder. Quem quer opor-se aos Habsburgo, quem considera a ilimitada autocracia real antiquada e opressiva, quem exige na França uma nova ordem sensata e democrática procura a partir de então abrigar-se sob a tutela do duque de Orléans. Contudo, no Palais Royal, na verdade o primeiro clube revolucionário, nesse caso ainda protegido por um príncipe, reúnem-se todos os renovadores, liberais, constitucionalistas, partidários de Voltaire, filantropos, maçons; além destes, misturam-se ali todos os elementos da insatisfação: endividados, aristocratas desprezados, burgueses cultos que não conseguem um posto, advogados desocupados, demagogos e jornalistas, todas aquelas forças ebulitivas e em intensa fermentação que mais tarde reunidas iriam formar as tropas de assalto da revolução. Sob o abrigo de um líder fraco, vaidoso, o exército intelectualmente mais poderoso com o qual a França conquistará sua liberdade encontra-se cerrado e a postos. Ainda não foi dado o sinal de ataque. Todavia, todos conhecem o alvo, a palavra de ordem: contra o rei! E principalmente contra a rainha! Entre esses dois grupos de oposicionistas, os revolucionários e os reacionários, situa-se um único homem, isolado, talvez o mais perigoso e funesto inimigo da rainha, o próprio irmão de seu marido, "Monsieur"[63] Francisco Xavier, conde de Provence, o futuro rei Luís XVIII. Homem de passos furtivos, sempre em busca das sombras, intrigante e cauteloso, não se alia a nenhum desses grupos para não se comprometer por antecipação; à espera, oscila para a direita e para a esquerda, até que o destino lhe revele a hora oportuna. Não deixa de observar com satisfação as dificuldades crescentes, mas se abstém de censurá-las abertamente; tal qual uma toupeira sombria, muda, enterra sob o solo o labirinto de seu caminho e aguarda até que a posição de seu irmão esteja suficientemente abalada. Só quando Luís XVI e Luís XVII estiverem liquidados o conde Francisco Xavier de Provence poderá enfim se tornar rei e chamar-se finalmente Luís XVIII – sonho recôndito de sua ambição,

---

[63] Na França monárquica, chamava-se Monsieur o irmão mais velho do rei.

acalentado desde a infância. Já uma vez nutrira a esperança legítima de tornar-se o substituto, o "regente" e sucessor legítimo do irmão. Os sete anos trágicos em que o matrimônio de Luís XVI permanecera infecundo por aquele ominoso embaraço foram para sua impaciente ambição os sete anos fecundos da Bíblia. Mas ocorreu o golpe terrível em suas esperanças de sucessão; quando Maria Antonieta dá à luz uma filha, escapa-lhe em carta ao rei da Suécia a confissão dolorosa: "Não oculto que o fato me tocou de maneira sensível... Exteriormente, controlei-me e mostrei o mesmo comportamento de antes, sem porém demonstrar uma alegria que seria considerada falsidade, o que era verdadeiro. ... Interiormente, foi mais difícil me dominar. Por vezes ainda acometia-me o sentimento de revolta, porém espero dominá-lo, uma vez que não pode ser de todo superado."

O nascimento do delfim enterra suas últimas esperanças de sucessão ao trono; agora o caminho direto está impedido, e ele precisa trilhar aquelas veredas sinuosas e dissimuladas que por fim – mas somente ao cabo de trinta anos – o conduziriam ao objetivo almejado. A oposição do conde de Provence não é semelhante à do duque de Orléans, uma flagrante labareda de ódio, mas uma lenta chama de inveja a queimar sob as cinzas da dissimulação. Enquanto Maria Antonieta e Luís XVI mantêm o poder inquestionável em suas mãos, o hipócrita pretendente ao trono mostra-se frio e calmo, sem manifestar qualquer pretensão em público; somente com a revolução tem início seu movimento suspeito, as estranhas reuniões no palácio de Luxemburgo. Porém, mal se põe a salvo, após ultrapassar a fronteira, e já bravamente cava com suas proclamações provocadoras o túmulo de seu irmão, da cunhada, do sobrinho, na esperança – de fato realizada – de encontrar a almejada coroa em seus esquifes.

Teria o conde de Provence ido além? Teria sido seu papel mais diabólico, como tantos afirmam? Teria sua ambição de pretendente chegado realmente tão longe a ponto de ele mesmo ter mandado imprimir e distribuir as brochuras contra a honra da cunhada? Teria ele de fato, pelo roubo de documentos, impelido aquela criança infeliz, Luís XVII, que fora resgatada às escondidas do Templo, para um destino sombrio ainda não esclarecido até hoje? Muitos indícios em seu comportamento dão margem às piores suspeitas. Pois logo após ascender ao trono, o rei Luís XVIII, a peso de ouro e com brutal violência, conseguiu reunir muitas cartas que depois escondeu ou mandou destruir, escritas pelo outrora conde de Provence. E como poderia interpretar-se de outra forma o fato de ele não ousar sepultar como Luís XVII o cadáver daquela criança morta no Templo, a não ser que o próprio Luís XVIII não acreditasse na morte de Luís XVII, e sim na substituição dele por uma criança desconhecida? Esse obstinado intrigante, porém, sabia muito bem calar e ocultar-se; hoje aquelas galerias subterrâneas através das quais foi se esgueirando até o trono francês estão há muito soterradas. Sabe-se apenas que, mesmo entre seus adversários ferrenhos, Maria Antonieta não encontraria nenhum inimigo mais perigoso que esse homem enigmático e inescrutável.

Após dez anos de governo leviano, desperdiçado, Maria Antonieta já está cercada por todos os lados. Em 1785, viçoso, o ódio já florescia. Todos os grupos hostis à rainha – eles abrangiam praticamente toda a nobreza e metade da burguesia – tinham tomado posição e esperam apenas um sinal para o ataque. Porém, ainda é bastante forte a autoridade e o poder herdados, ainda não se arquitetara um só plano decisivo. Apenas um vago murmúrio e sussurro, um zunido e um sibilo de dardos finamente emplumados cortam o ar de Versalhes; cada um deles carrega em sua ponta uma gota do veneno de Aretino,[64] e todos eles, passando pelo rei, miram a rainha. Pequenas folhas impressas ou escritas circulam sob a mesa, de mão em mão, e são depressa escondidas sob a saia quando passos estranhos se aproximam. Nas livrarias do Palais Royal, senhores nobres muito distintos, com a Cruz de São Luís e fivelas cobertas de diamantes nos sapatos, são conduzidos até o depósito dos fundos pelo vendedor que, após ter trancado com cuidado a porta, tira de algum esconderijo empoeirado, oculto entre os volumes velhos, o mais novo libelo contra a rainha; presumivelmente contrabandeada de Londres ou de Amsterdã, estranhamente a publicação

---

[64] Pietro Aretino (1492-1556): poeta a dramaturgo italiano; em seus escritos mordazes, criticava nobres e clérigos – embora fosse por eles sustentado –, ficando por isso conhecido pela alcunha de Flagelo dos Príncipes.

ainda está fresca, úmida, talvez tenha sido impressa naquela mesma casa, no Palais Royal, que pertence ao conde de Orléans, ou no Luxemburgo. Sem hesitar, os distintos clientes pagam às vezes mais moedas de ouro do que o número de páginas dos fascículos; com frequência não são mais de dez ou vinte páginas; em compensação, estão sobejamente ornadas com gravuras lascivas e temperadas com brincadeiras maldosas. Tal suculento pasquim revela-se agora o presente preferido de uma amante da nobreza, uma daquelas a quem Maria Antonieta não concedeu a honra de ser convidada ao Trianon; esse presente tão pérfido provoca mais alegria que um anel valioso ou algum leque. Escritos por autores desconhecidos, impressos por mãos misteriosas, distribuídos por mãos intangíveis, os folhetos difamadores voam como morcegos através dos portões dos jardins de Versalhes até os boudoirs das damas e aos castelos de província; entretanto, quando o comissário de polícia tenta apreendê-los, sente-se logo tolhido por forças invisíveis. Por toda parte esgueiram-se os folhetos; a rainha encontra-os à mesa, sob o guardanapo; o rei, sobre sua escrivaninha, em meio às pastas de documentos; no camarote da rainha, diante de sua poltrona, há um poema injurioso pregado no veludo com um alfinete, e quando à noite debruça-se na janela ouve os versos escarnecedores, cantarolados por todos, que se iniciam com uma pergunta:

> Chacun se demande tous bas:
> Le roi peut-il? Ne peut-il pas?
> La triste reine en désespère...[65]

e, após detalhes eróticos, terminam com uma ameaça:

> Petite reine de vingt ans
> Qui traitez aussi mal les gens
> Vous repasserez en Bavière.[66]

---

[65] "Todos perguntam baixinho: /O rei pode? Não pode? /A triste rainha se desespera..."
[66] "Rainhazinha de vinte anos /Que trata as pessoas tão mal. /Vós voltareis para a Baviera."

A rainha torna-se impopular 171

Os panfletos e *polissoneries*[67] desse primeiro período de fato ainda são contidos, mais maliciosos que maldosos em comparação aos posteriores. A ponta dos dardos ainda está embebida apenas de espuma de sabão, e não de veneno, preparada mais para escandalizar que para ferir de morte. Na corte, somente a partir da hora em que a rainha engravida, e tal acontecimento inesperado aborrece muito os diversos pretendentes ao trono, é que o tom se exacerba consideravelmente. Justo agora que não é mais verdade, começam todos de maneira intencional e flagrante a ridicularizar o rei como impotente, a rainha como adúltera, com o objetivo claro – imagina-se no interesse de quem – de que se venha a suspeitar que os eventuais descendentes são bastardos. Sobretudo depois do nascimento do delfim, o inquestionável herdeiro legítimo do trono, partem daquelas trincheiras camufladas e dissimuladas "projéteis vermelhos" em direção a Maria Antonieta. Suas amigas, a Lamballe e a Polignac, são expostas no pelourinho como mestras exímias das artes do amor lésbico; Maria Antonieta como ninfomaníaca insaciável e perversa; o rei como pobre cornudo; o delfim como bastardo. Que sirva de exemplo esse mote que então corria de boca em boca:

Louis, si tu veux voir
Bâtard, cocu, putain,
Regarde ton miroir,
La reine et le Dauphin.[68]

Em 1785, a sinfonia de calúnias está em pleno andamento, o compasso determinado, a partitura distribuída. A revolução precisa apenas fazer soar alto nas ruas o que foi imaginado e composto nos salões para conduzir Maria Antonieta até a barra de seu tribunal. As palavras-chave da acusação foram insufladas pela corte. E o instrumento do ódio que se abate sobre a rainha, esse foi colocado nas mãos do carrasco por finas e delgadas mãos aristocráticas, ornadas de anéis.

---

[67] *Polissoneries*: "diatribes".
[68] "Luís, se você quer ver /Bastardo, corno, puta, /Olhe seu espelho, /A rainha e o delfim."

QUEM REDIGE ESSES TEXTOS CALUNIOSOS? Esta é de fato uma pergunta secundária, pois os poetastros que escrevem tais versinhos em geral realizam seu mister de maneira totalmente ingênua e descomprometida. Trabalham por objetivos alheios, por dinheiro alheio. Na época do Renascimento, quando cavalheiros distintos queriam livrar-se de alguma pessoa incômoda, por um alforje de ouro compravam um sólido punhal ou encomendavam veneno. No século XVIII, que se tornou filantrópico, utilizam-se métodos mais refinados. Não se alugam mais punhais contra adversários políticos, e sim uma pena; não mais se ordena que se liquidem os inimigos fisicamente, e sim moralmente: mata-se por aviltamento moral. Ainda bem que por volta de 1780 é possível alugar as melhores penas a bom preço. O senhor Beaumarchais, autor de comédias imortais, Brissot, o futuro tribuno, Mirabeau, o gênio da liberdade, Choderlos de Laclos, esses grandes homens, por terem sido repelidos, podem ser comprados a preços módicos, apesar de sua genialidade. E por trás desses geniais pasquineiros está outra centena de poetas mais rudes e vulgares, de unhas sujas e estômagos vazios, dispostos a escrever a qualquer hora tudo que se exige deles, melado ou fel, epitalâmios ou diatribes, hinos ou panfletos curtos ou longos, ácidos ou doces, políticos ou apolíticos, exatamente segundo o pedido do excelentíssimo freguês. Caso se tenha certa dose de atrevimento ou habilidade, nesses negócios ganha-se duas ou três vezes mais. Primeiro é preciso que se faça o cliente anônimo pagar pelo pasquim encomendado contra a Pompadour, contra a Du Barry, ou agora contra Maria Antonieta; depois, comunica-se secretamente à corte que um libelo difamatório encontra-se em Amsterdã ou Londres prestes a ser impresso, e recebe-se dinheiro do tesoureiro da corte ou do comissário da polícia pelo empenho de impedir a impressão. E, em terceiro lugar, o triplo espertalhão – assim agiu Beaumarchais –, apesar do juramento e da palavra de honra, retém um ou dois exemplares da remessa supostamente destruída e ameaça reimprimi-los com ou sem alterações. É uma brincadeira divertida que custa quinze dias de cadeia ao seu autor na Viena de Maria Teresa, porém, no pávido Versalhes, lhe rende mil florins de ouro e mais setenta mil libras. Logo se espalha a notícia entre os mestres das

A rainha torna-se impopular 173

garatujas: panfletos contra Maria Antonieta seriam agora o negócio mais rendoso, além do mais, com pouco risco; assim continua a disseminar-se abertamente a moda fatídica. Silêncio e mexericos, negócio e patifaria, ódio e ganância trabalham juntos firme e fielmente na encomenda e distribuição desses escritos. E logo seus esforços conjuntos atingem o intento almejado: fazer com que Maria Antonieta afinal seja odiada na França inteira como mulher e como rainha.

Maria Antonieta sente claramente essas intrigas maldosas feitas pelas costas, tem conhecimento das sátiras e suspeita de seu autor. Porém, por sua desenvoltura, por seu orgulho inato e incorrigível, típico dos Habsburgo, considera mais destemido desprezar os perigos a confrontá-los com esperteza e prudência. Desdenhosa, sacode das roupas os respingos de lama. "Vivemos numa época de canções satíricas", escreve apressada à mãe, "compõem-se tais sátiras sobre todas as pessoas da corte, homens e mulheres, e a leviandade francesa nem mesmo se deteve diante do rei. No que me diz respeito, também não fui poupada." Isso é aparentemente toda sua irritação, todo seu rancor. Que dano lhe podem causar algumas moscas varejeiras que pousam sobre suas vestes! Encouraçada em sua dignidade real, julga-se invulnerável aos dardos de papel. Esquece que uma única gota desse diabólico veneno difamatório, penetrando na circulação sanguínea da opinião pública, pode provocar uma febre diante da qual até os mais sábios médicos se sentiriam impotentes. Sorrindo despreocupada, Maria Antonieta passa ao largo do perigo. Palavras são para ela mera poeira ao vento. É preciso que primeiro advenha uma tempestade que a desperte.

O raio sobre o teatro rococó

As primeiras semanas de agosto de 1785 encontram a rainha extremamente atarefada, não porque a situação política estivesse em especial difícil e a rebelião dos Países Baixos tivesse submetido a aliança franco-austríaca a duras provas: Maria Antonieta ainda considera seu teatrinho rococó no Trianon muito mais importante que o palco dramático do mundo. Sua excitação incontida concentra-se dessa vez apenas em uma nova estreia. Mal se pode esperar a encenação de *O barbeiro de Sevilha*, a comédia do senhor de Beaumarchais, no teatro do palácio, e que elenco notável representaria os papéis profanos! O conde de Artois em pessoa deve representar Fígaro, Vaudreuil, o conde, e a rainha, a alegre mocinha Rosina.

O senhor de Beaumarchais? Decerto não era aquele mesmo senhor Caron conhecido da polícia, que dez anos antes supostamente encontrara, mas na realidade escrevera e enviara à amargurada imperatriz Maria Teresa, o infame panfleto "Avis important à la branche espagnole sur ses droits à la couronne de France",[69] que fez brandir aos quatro ventos a impotência de Luís XVI? O mesmo a quem a mãe imperial chamara de *fripon*, um vagabundo, e Luís XVI, de idiota e de *mauvais sujet*? Seria o mesmo que em Viena fora metido na prisão como chantagista desavergonhado, que recebera como boas-vindas na prisão de Saint-Lazare a costumeira surra de açoites? Pois bem, exatamente ele. Quando se trata de seu próprio prazer, Maria Antonieta possui uma memória extremamente fraca, e Kaunitz em Viena não exagera ao dizer que suas loucuras não faziam outra coisa "a não ser crescer e embelezar-se" ("croître et embellir"). Pois, não basta que esse

---

[69] "Comunicado importante ao ramo espanhol sobre seus direitos à coroa da França."

O raio sobre o teatro rococó

empenhado e ao mesmo tempo genial aventureiro a tenha ridicularizado e ofendido sua mãe; uma situação terrivelmente embaraçosa relacionada à autoridade real associa-se ao nome desse escritor de comédias. A história da literatura e também a história universal continuam a documentar, após cento e cinquenta anos, a humilhante derrota de um rei imposta por um poeta; somente a própria esposa pôde esquecê-la ao cabo de quatro anos. Em 1781, a censura farejara com narinas apuradas que a nova comédia do poeta, *As bodas de Fígaro*, rescende perigosamente a pólvora; alimentada pelo fogoso entusiasmo de uma noite escandalosa no teatro, ela poderia fazer voar pelos ares todo o Ancien Régime; por unanimidade, o Conselho de Ministros proibiu a encenação. Beaumarchais, porém, sempre muito diligente quando se trata de sua fama ou mesmo de seu dinheiro, encontra mil caminhos para apresentar e reapresentar sua peça, conseguindo por fim que, numa última e definitiva decisão, ela fosse lida para o próprio rei. Por mais aparvalhado que fosse aquele homem honrado, ele não é limitado a ponto de não reconhecer o caráter subversivo da divina comédia. "Esse homem diverte-se à custa de tudo aquilo que se deve respeitar num Estado", brada o rei, aborrecido. "Então a peça realmente não será encenada?", pergunta decepcionada a rainha, a quem uma estreia interessante importa mais que o bem-estar do Estado. "Não, decerto não", responde Luís XVI, "podes ter certeza disso."

Assim parece ter sido selada a sorte da peça; o rei cristianíssimo, o soberano absoluto da França, não quer ver *As bodas de Fígaro* encenadas em seu teatro: não há quem contradiga a decisão. Para o rei o caso está encerrado. Porém, não para Beaumarchais. Este nem pensa em dar-se por vencido; sabe muito bem que a cabeça real reina apenas nas moedas e nos formulários oficiais; acima do soberano reina de fato a rainha, acima da rainha, por sua vez, os Polignac. Portanto, que se vá à instância máxima! Zelosamente, Beaumarchais lê a peça – com a proibição ela tornou-se moda – em todos os salões, e com aquele misterioso instinto de autodestruição tão característico da sociedade degenerada da época, toda a nobreza prestigia a comédia com entusiasmo, em primeiro lugar por que ela a ridiculariza, em segundo porque Luís XVI a considerara inconveniente.

Vaudreuil, o amante da Polignac, atreve-se a ordenar a representação da peça proibida pelo rei em seu teatro particular. Mas isso não é suficiente: o rei precisa ser publicamente afrontado e Beaumarchais publicamente festejado, a comédia deve ser representada na própria casa do rei que a proibira, e justamente pelo fato de tê-la proibido. Às escondidas e provavelmente com o conhecimento da rainha, para quem um sorriso da Polignac é mais importante que a imagem de seu esposo, os atores recebem a incumbência de estudar seu papel; incontinente as entradas são distribuídas, logo as carruagens comprimem-se diante da porta do teatro – aí, no último instante, o rei recorda-se de sua honra ameaçada. Ele proibiu que a peça fosse encenada; agora se trata de sua autoridade. Uma hora antes do início, Luís XVI suspende o espetáculo com uma *lettre de cachet*. As velas são apagadas, os coches devem voltar para casa.

Novamente o caso parece estar resolvido. Entretanto, a malta atrevida da rainha diverte-se em demonstrar que seu poder reunido é maior que o de um fracote coroado. O conde de Artois e Maria Antonieta têm a incumbência de insistir junto ao rei; como sempre, o condescendente homem cede tão logo a mulher lhe solicita alguma coisa. Ele apenas exige, a fim de camuflar sua derrota, alterações nos trechos mais provocadores, aqueles que na realidade todos já sabem de cor. Anunciam-se *As bodas de Fígaro* para o dia 17 de abril de 1784, no Théâtre Français: Beaumarchais vencera Luís XVI. O fato de o rei ter insistido em proibir a representação e ter nutrido a esperança de que a peça fosse um fiasco torna aquela noite sensacional para seus adversários nobres. A afluência é tão grande que as portas são arrombadas, as trancas de ferro arrancadas; com aplausos frenéticos, a antiga sociedade acolhe a peça que lhe proporciona moralmente o golpe fatal na nuca, e este aplauso, ela nem o percebe, é o primeiro gesto público de revolta, são os relâmpagos da revolução.

Maria Antonieta deveria possuir um mínimo de decoro, de tato, de raciocínio diante de tal situação e manter-se afastada de uma comédia daquele senhor de Beaumarchais. Justamente aquele senhor de Beaumarchais, que macula sua honra com petulância e ridiculariza o rei diante de toda Paris, não deveria poder gabar-se de ver personificada uma de suas personagens teatrais na filha de Maria Teresa, na esposa de Luís XVI, os dois que o haviam mandado prender por vadiagem. Todavia – *summa lex*,[70] instância máxima para a rainha mundana – o senhor de Beaumarchais é considerado desde sua vitória ante o rei a grande moda de Paris; e a rainha obedece à moda. De que valem honra e decoro, trata-se apenas de teatro. E, depois, que papel encantador, o daquela moça travessa! Que diz o texto? "Imagine a mais linda rapariga, terna, meiga, cordata, cheia de frescor, um petisco, com pezinhos leves, cintura esguia, torneada, com braços roliços, lábios frescos! E que mãos! Que dentes! Que olhos!" Quem mais poderia – quem possui mãos tão alvas, braços tão macios? – interpretar o papel encantador senão a rainha da França e de Navarra? Para debaixo do tapete, pois, todas aquelas dúvidas e considerações! Que venha o excelente Dazincourt da Comédie Française para ensinar aquela postura graciosa aos fidalgos amadores e encomendar o vestuário mais encantador a Mlle Bertin! O que se pretende é se divertir mais uma vez, e não ficar sempre a pensar na hostilidade da corte, nas maldades dos diletos familiares, nos tolos contratempos da política. Dia após dia, Maria Antonieta ocupa-se agora dessa comédia em seu gracioso teatrinho branco e dourado, ignorando que já se ergue a cortina de outra comédia, na qual foi designada, sem saber nem querer, para interpretar o papel principal.

Os ENSAIOS DE *O barbeiro de Sevilha* chegam ao fim. Maria Antonieta ainda está extremamente inquieta e atarefada. Seria ela uma Rosina jovem e bela o bastante, aquela plateia exigente e mal-acostumada de convidados amigos não iria reprová-la, acusando a de ser pouco vivaz e desenvolta, mais diletante que atriz? Ela se preocupa de fato – curiosa preocupação para uma rainha! E por que Mme Campan, com quem deve repassar o texto, ainda não chegou hoje? Eis que chega, enfim, mas o que está acontecendo? Ela parece singularmente nervosa. Ainda ontem Böhmer, o joalheiro da corte, muito transtornado, a teria procurado para solicitar

---

[70] *Summa lex*: "lei máxima".

uma audiência urgente com a rainha, gagueja ela afinal. Aquele judeu saxão teria contado uma história estranha e confusa; a rainha teria mandado comprar em sua loja, secretamente, o famoso e precioso colar de diamantes, e na ocasião os pagamentos parcelados teriam sido estabelecidos. Porém o prazo da primeira prestação já teria se esgotado há muito, e nem um ducado sequer fora pago. Seus credores o pressionam, ele precisa do dinheiro imediatamente.

Como? O quê? Que diamantes? Que colar? Que dinheiro? Que prestações? A princípio a rainha nada entende. O valioso colar, afinal, que os dois joalheiros Böhmer e Bassenge elaboraram com tanta arte, sim, naturalmente ela o conhecia. Haviam-no oferecido a ela uma vez, duas, três vezes, por um milhão e seiscentas mil libras; obviamente gostaria de possuir tal obra-prima, mas os ministros não concedem o dinheiro, sempre a falar em déficit. Como podem então esses vigaristas afirmar que ela o teria adquirido, ainda por cima em prestações e secretamente, e que lhes deveria dinheiro? Decerto tratava-se de um grande engano. No entanto, agora ela se recorda, havia quase uma semana havia chegado uma carta estranha da parte dos joalheiros, na qual agradeciam por algo e mencionavam uma joia valiosa? Onde estaria a carta? Ah, certo, queimada. Ela não costuma ler as cartas com atenção, e assim logo destruiu a bobagem incompreensível. O que então querem dela? Maria Antonieta ordena ao secretário que escreva um bilhete a Böhmer. No entanto, não pede que venha vê-la no dia seguinte, e sim no dia 9 de agosto; meu Deus, o assunto com aquele louco não é urgente, é preciso manter a cabeça fria para os ensaios de *O barbeiro de Sevilha*.

No dia 9 de agosto, transtornado, pálido, aparece Böhmer, o joalheiro. A história que conta é totalmente incompreensível. A princípio, a rainha imagina ter um louco diante de si. Certa condessa de Valois, amiga íntima da rainha – "Como? Minha amiga? Mas eu nunca recebi uma senhora com esse nome!" –, teria examinado a joia em sua loja e declarado que a rainha gostaria de comprá-la secretamente. E Sua Eminência, o senhor cardeal de Rohan – "O quê, esse sujeito asqueroso com quem jamais troquei uma palavra sequer?" – teria recebido e assumido a joia a pedido de Sua Majestade.

O raio sobre o teatro rococó

Embora seja uma história incrível, algo deve ser verdade nisso tudo, pois o suor escorre pela testa do pobre homem, suas mãos e pernas tremem. Também a rainha freme de raiva pelo infame abuso de seu nome por parte de malandros desconhecidos. Ela ordena ao joalheiro que redija de imediato um relato preciso do caso todo. No dia 12 de agosto, recebe em mãos o fantástico documento que ainda hoje se encontra nos arquivos. Maria Antonieta imagina estar sonhando. Por repetidas vezes, ao lê-lo, sua raiva e sua ira crescem a cada linha: um embuste assim não tem igual. Aqui se faz necessária uma lição de advertência. Por enquanto, ela nada comunica aos ministros nem procura o conselho de amigos; confia exclusivamente o caso todo ao rei, no dia 14 de agosto, e exige dele que defenda sua honra.

MAIS TARDE, Maria Antonieta ficará sabendo: teria sido mais sensato refletir melhor e com mais cuidado a respeito daquele assunto confuso e obscuro. Porém, reflexão profunda, análise ponderada nunca fizeram parte das qualidades dessa natureza prepotente e inquieta, muito menos quando o principal feixe de nervos de seu ser já tinha sido tocado: seu incontido orgulho impulsivo.

Em seu descontrole, a rainha lê e vê no documento acusatório, em primeiro lugar e sempre, apenas um nome, o do cardeal Louis de Rohan, a quem odeia há anos com toda a veemência de seu coração indomado, e a quem atribui incontestavelmente toda e qualquer leviandade e infâmia. De fato, esse sacerdote aristocrático e mundano nunca lhe causara mal algum, aliás, fora ele quem lhe dera as boas-vindas de maneira entusiasmada junto ao pórtico da catedral de Estrasburgo, quando ela chegara à França. Ele levara seus filhos à pia batismal e não deixara de aproveitar qualquer oportunidade para aproximar-se dela de maneira simpática. No fundo, não existe diferença alguma entre as duas naturezas; ao contrário, o cardeal de Rohan, na verdade, é uma imagem masculina de Maria Antonieta, igualmente leviano, igualmente superficial e perdulário, e igualmente negligente em relação a seus deveres espirituais quanto ela em relação a seus deveres reais, um sacerdote mundano, assim como ela, uma soberana mundana, bispo do rococó, assim como ela, rainha do rococó. Ele caberia perfeitamente no Trianon, com suas maneiras educadas, seu tédio espirituoso, sua generosidade ilimitada; provavelmente ambos teriam se dado muitíssimo bem, o cardeal elegante, bonito, estouvado, agradavelmente frívolo, e a rainha vaidosa, linda, alegre, vivaz. Apenas o acaso tornou-os adversários. Mas, muitas vezes, justamente aqueles que no fundo se assemelham tornam-se os mais ferrenhos inimigos.

O pomo da discórdia entre Rohan e Maria Antonieta foi provocado de fato por Maria Teresa: o ódio da rainha foi herdado da mãe, um ódio assimilado, sugerido. Antes de ser cardeal de Estrasburgo, Louis de Rohan fora embaixador em Viena: lá soube atrair para si a ilimitada ira da velha imperatriz. Ela esperava um diplomata e encontrou um tagarela arrogante. Maria Teresa teria levado em conta de bom grado sua inferioridade intelectual, pois o embaixador simplório de uma potência estrangeira significa um achado da sorte para a própria política. Também teria perdoado seu fausto, embora a aborrecesse enormemente que esse vaidoso servo de Jesus tivesse feito seu desfile inaugural por Viena em duas carruagens oficiais, cada uma delas custando quarenta mil ducados, uma cavalhada e tanto, com palafreneiros e pajens, soldados húngaros e leitores, mordomos e governantas, ornados com uma floresta colorida de penachos e criados engalanados de seda verde, com um luxo que, atrevidamente, deixava a corte imperial à sombra. Em dois pontos, porém, a velha imperatriz permanece irredutível: quando se trata de religião ou de moral, ela não admite brincadeiras. A cena de um servo do Senhor que despe as vestes sacerdotais para ir à caça de casaca marrom, cercado de damas encantadoras, e abater cento e trinta animais selvagens num só dia provoca na piedosa mulher indignação desmedida, que se transforma em genuína ira tão logo percebe que esse comportamento leviano, perdulário, frívolo, em vez de escandalizar, encontra aprovação geral em Viena, na sua Viena de jesuítas e comitês de costumes. Toda a nobreza que sente o aperto das golas de rendas ao redor do pescoço, com a maneira rígida e parcimoniosa da corte de Schönbrunn, respira aliviada na companhia desse doidivanas nobre e elegante; são as damas, principalmente, a quem o rigor dos costumes da viúva puritana

O raio sobre o teatro rococó

azeda a vida, que acorrem às suas ceias descontraídas. "Nossas mulheres", reconhece a irritada soberana, "jovens ou velhas, belas ou feias, estão encantadas com ele. É seu ídolo, estão totalmente obcecadas por ele, de modo que ele se sente excepcionalmente à vontade, assegurando sua intenção de aqui permanecer, mesmo após a morte de seu tio, o bispo de Estrasburgo." Além disso, a melindrada imperatriz é obrigada a observar que seu fiel homem de confiança, Kaunitz, considera Rohan um caro amigo, e seu próprio filho José, que sempre tem prazer em dizer "sim" quando a mãe diz "não", faz amizade com o bispo-cavalheiro; ela é forçada a presenciar como aquele homem elegante seduz e atrai sua família, toda a corte, a cidade inteira para sua maneira de viver leviana e folgaz. Maria Teresa, porém, não quer transformar sua Viena profundamente católica em um Versalhes frívolo ou em um Trianon, não quer propagar em sua corte o adultério e os maus costumes: esse ser pestilento não deve estabelecer-se em Viena, e por isso Rohan precisa ir embora. Em carta após carta para Maria Antonieta, implora-lhe que não poupe esforços no sentido de que o "indivíduo desprezível", o *"vilain évêque"*, esse "espírito incorrigível", esse *"volume farci de bien de mauvais propros"*,[71] esse *"mauvais sujet"*, esse *"vrai panier percé"*[72] fosse transferido para longe dela – vê-se a que palavras mordazes a ira conduz a pena daquela mulher ponderada. Geme, grita em desespero para que a "livrassem" afinal do mensageiro do anticristo. Mal se torna rainha, Maria Antonieta, obediente à mãe, realmente consegue a destituição de Louis de Rohan do posto de embaixador em Viena.

Entretanto, quando um Rohan cai, ele cai de pé. Para compensá-lo da perda do posto de embaixador, elevam-no a bispo e logo em seguida a grao-esmoleiro, o maior dignitário espiritual da corte, por cujas mãos são distribuídas todas as doações beneméritas do rei. Incomensuráveis são seus ganhos, pois se torna bispo de Estrasburgo e, ademais, landgrave da Alsácia, abade da mui rentável abadia de Saint-Vaast, diretor-geral do Hospital Real, provedor da Sorbonne e, além disso – não se sabe por quais méritos –

---

[71] "Farsante feixe de propósitos bem malignos".
[72] "Verdadeira sacola vazia".

membro da Academia Francesa. Todavia, por mais que aumentem suas rendas, as despesas sempre as suplantam, pois Rohan, amável, caridoso e perdulário, esbanja dinheiro a mancheias. Por milhões de francos reforma o palácio dos bispos em Estrasburgo, dá as mais extravagantes festas, não economiza com mulheres; ademais, entre suas paixões figura o senhor Cagliostro,[73] que, sozinho, custa mais que sete amantes. Logo deixa de ser segredo que as finanças do bispo estão em estado lamentável, o servo de Cristo pode ser encontrado com mais frequência na casa de agiotas judeus do que na casa de Deus, e com mais frequência ainda na companhia de mulheres do que entre doutos teólogos. Há pouco o Parlamento ocupou-se das dívidas desastrosas do hospital dirigido por Rohan: não é de admirar-se, pois, que a rainha tenha se convencido à primeira vista de que o padre leviano tivesse armado todo aquele embuste para conseguir crédito em nome dela? "O cardeal abusou de meu nome", escreve ao irmão, sob o primeiro ímpeto de fúria, "como um falsário ordinário, grosseiro. Provavelmente, em seu extremo aperto financeiro, imaginou poder pagar os joalheiros no prazo estipulado, sem que nada viesse à tona." Compreensível seu engano, compreensível sua irritação por não querer perdoar justamente *este* homem. Pois durante quinze anos, desde aquele primeiro encontro diante da catedral de Estrasburgo, Maria Antonieta, obedecendo à ordem de sua mãe, não dirigiu a palavra uma única vez a esse homem; ao contrário, ofende-o publicamente diante de toda a corte. Assim, deve considerar um infame ato de vingança o fato de que justamente ele ligue seu nome a um negócio ilícito; de todas as provocações à sua honra sofridas por parte da alta nobreza francesa, esta lhe parece a mais atrevida e traiçoeira. E com palavras apaixonadas, com lágrimas nos olhos, ordena ao rei que castigue em público, de maneira implacável e exemplar, o impostor – é assim que considera erroneamente aquele que também foi logrado.

---

[73] Alessandro, conde de Cagliostro (1743-1795): curandeiro e alquimista italiano que, depois de viajar pela Eurásia e o Oriente, fundou as lojas maçônicas em diversas cortes europeias; perseguido pela Inquisição na Itália por prática de ocultismo, foi para Paris, em 1772, tornando-se um dos favoritos de Luís XVI, até ser envolvido no caso do colar, que o levou à expulsão da França.

O raio sobre o teatro rococó

O REI, INDOLENTE E SUBMISSO À MULHER, não pensa duas vezes quando a rainha, que em todos os atos e desejos jamais reflete sobre as consequências, exige algo dele. Sem comprovar as acusações, sem solicitar documentos, sem questionar o joalheiro ou o cardeal, torna-se, tão obediente quanto um escravo, instrumento da fúria irrefletida de uma mulher. No dia 15 de agosto, o rei surpreende seu Conselho de Ministros com a intenção de imediatamente mandar prender o cardeal. O cardeal? O cardeal de Rohan? Os ministros ficam boquiabertos, surpresos, olham uns para os outros estupefatos. Por fim, um deles ousa perguntar com cautela se não se tornaria constrangedor demais o fato de ordenar publicamente a prisão de tão alto dignitário, ainda mais um dignitário eclesiástico, como se fora um reles criminoso. Pois é justamente isso, justamente a humilhação pública, que exige Maria Antonieta como castigo. Dever-se-ia finalmente estabelecer um exemplo explícito de que o nome da rainha não podia servir de objeto a qualquer vilania. Inabalável, ela insiste então no procedimento público. Muito a contragosto, muito intranquilos e com maus pressentimentos, os ministros afinal cedem. Poucas horas mais tarde, desenrola-se o espetáculo inesperado. Como o dia da Assunção de Maria é também o dia onomástico da rainha, toda a corte comparece a Versalhes para a cerimônia de congratulações; o *oeil-de-boeuf* e as galerias estão lotados de cortesãos e altos dignitários. Também a personagem principal, Rohan, ignorante de tudo, a quem cabe a tarefa de celebrar o sagrado ofício pontifical nesse dia festivo, em suas vestes púrpuras, já trajando a sobrepeliz, aguarda no recinto destinado às altas personalidades, diante dos aposentos do rei.

Porém, em vez de surgir Luís XVI para solenemente dirigir-se à missa com sua esposa, um criado aproxima-se de Rohan. O rei solicita sua presença em seu gabinete particular. Lá está a rainha, lábios cerrados, o olhar distante, sem retribuir seu cumprimento; e também formal, frio e descortês, o ministro barão Breteuil, seu desafeto pessoal. Antes que Rohan possa refletir sobre o que realmente querem dele, toma a palavra o rei, direto e grosso: "Caro primo, que história é essa do colar de diamantes que o senhor comprou em nome da rainha?"

Rohan empalidece. Não esperava por isso. "Sire, vejo que fui enganado, eu mesmo, porém, não enganei", balbucia.

"Se assim é, caro primo, então o senhor não tem com o que se preocupar. Pois então, por favor, esclareça isso."

Rohan não consegue responder. Vê diante de si, muda e ameaçadora, Maria Antonieta. Faltam-lhe as palavras. Sua perturbação provoca piedade no rei, que procura uma saída. "Apresente por escrito o que o senhor tiver a me comunicar", diz o rei, e deixa o gabinete com Maria Antonieta e Breteuil. O cardeal, a sós, consegue escrever umas quinze linhas no papel e entrega sua declaração ao rei, que retornara à sala. Uma mulher de nome Valois o induzira a adquirir tal colar para a rainha. Percebe agora ter sido ludibriado por tal pessoa.

"Onde está esta mulher?", pergunta o rei.

"Sire, eu não sei."

"O colar está em seu poder?"

"Está em mãos dessa mulher."

O rei manda chamar então a rainha, Breteuil e o grão-chanceler do lacre, e faz ler o depoimento dos dois joalheiros. Pergunta pelas procurações que pretensamente teriam sido escritas pela mão da rainha.

Totalmente arrasado, o cardeal é forçado a admitir: "Sire, elas se encontram em meu poder. Com toda evidência, são falsas."

"Quanto a isso não há dúvidas", responde o rei. E embora o cardeal se disponha agora a pagar pelo colar, conclui o soberano severo: "Meu senhor, sob a evidência dos fatos, não posso me abster de ordenar que se ponham lacres em sua casa e mandar prender sua pessoa. O nome da rainha é caro demais para mim. Ele foi comprometido, não devo tornar-me culpado de nenhuma incúria."

Rohan suplica encarecidamente que o poupem de tal humilhação, sobretudo numa hora em que deve apresentar-se ante o semblante de Deus e rezar a missa para toda a corte. O rei terno e bondoso hesita diante do desespero evidente daquele homem, ele mesmo logrado. Porém, agora Maria Antonieta não pode mais conter-se; com lágrimas de raiva nos olhos, investe contra Rohan, como poderia ele ter acreditado que ela, que du-

O raio sobre o teatro rococó

rante oito anos não lhe dera a honra de uma palavra sequer, o escolheria como intermediário para fazer negócios escusos pelas costas do rei. Diante dessa repreensão, o cardeal fica sem resposta: não compreende agora como pôde ter se deixado envolver numa aventura tão absurda. O rei lamenta, contudo determina: "Desejo que o senhor possa justificar-se! Todavia devo fazer aquilo a que sou obrigado como rei e como esposo."

A reunião chega ao fim. Fora, toda a corte aguarda já impaciente e curiosa na antecâmara repleta. A missa já deveria ter começado há muito, por que atrasam tanto, o que está havendo? As janelas vibram baixinho, tal a insistência e a impaciência com que algumas pessoas andam de um lado para outro; outros se sentam e fazem comentários à boca pequena, sentem que uma tempestade qualquer está se formando no ar.

De súbito, abrem-se as portas do aposento do rei. O primeiro a aparecer é o cardeal de Rohan com sua batina púrpura, pálido e de lábios cerrados; atrás dele Breteuil, o velho soldado, afogueado o rosto grosseiro de vinicultor, seus olhos lampejam de excitação. No meio do recinto, de repente, grita em voz propositadamente alta ao capitão da guarda: "Prenda o senhor cardeal!"

Todos estremecem. Todos ficam paralisados. Um cardeal preso! Um Rohan! E na antecâmara do rei! Estaria bêbado o velho soldado Breteuil? Não, pois Rohan não se defende, não se revolta, de olhos baixos, segue obediente em direção à guarda. Horrorizados, os cortesãos se afastam e, através dessa fileira de olhares penetrantes, embaraçados, exasperados, segue, de sala em sala até a escadaria, o príncipe de Rohan, grão-esmoleiro do rei, cardeal da Igreja Católica, príncipe imperial da Alsácia, membro da Academia e detentor de incontáveis honrarias; e, como se escoltasse um prisioneiro das galés, o rígido soldado como guarda. Enquanto é conduzido a uma sala afastada da guarda real, Rohan, como que se recobrando de um torpor, aproveita-se do espanto geral para traçar depressa algumas linhas a lápis num papel, instruindo seu capelão particular a queimar sem demora todos os documentos contidos numa pasta vermelha – trata-se, como se descobre mais tarde, das cartas falsificadas da rainha. Lá embaixo, um dos soldados de Rohan lança-se à sela de seu cavalo e sai a galope com o bilhete até o palácio de Estrasburgo, antes que os lentos policiais chegassem para lacrar os documentos e – humilhação sem precedentes – antes que o grão-esmoleiro da França fosse levado à Bastilha no mesmo momento em que deveria celebrar a missa para o rei e toda a corte. Simultaneamente emite-se a ordem de prender todos os comparsas desse caso ainda obscuro. Naquele dia não se celebrará mais missa alguma em Versalhes. Afinal, para quê? Ninguém teria mais concentração piedosa para acompanhá-la; a corte toda, a cidade toda, o país todo está perplexo diante da notícia, como se todos tivessem sido atingidos por um raio caído de um céu azul.

Por trás da porta fechada permanece a rainha exasperada, seus nervos ainda tremem de raiva; a cena a exaltou profundamente – porém, fora afinal capturado um dos caluniadores, um dos pérfidos assassinos de sua honra. Não viriam agora todos os bem-intencionados correndo até ela para cumprimentá-la pela prisão do canalha? A corte toda não enalteceria a energia do rei, até então considerado um fraco, que mandara prender com pulso firme o mais indigno dos sacerdotes? Mas que estranho: ninguém aparece. Com olhares envergonhados, até suas amigas se afastam, reina o silêncio no Trianon e em Versalhes. A nobreza não se dá ao trabalho de dissimular sua estupefação pela maneira desonrosa com que foi pego um membro de sua classe privilegiada, e o cardeal de Rohan, a quem o rei oferecera indulgência caso se submetesse à sua sentença pessoal, recusa friamente tal mercê e, recobrando-se do primeiro susto, escolhe o Parlamento como seu juiz. Um desconforto toma conta da impaciente soberana. Maria Antonieta não se regozija com seu sucesso: à noite, suas camareiras a encontram em prantos.

Logo, porém, a antiga leviandade volta à tona. "No que me diz respeito", escreve ao irmão José, numa insensata autoilusão, "estou tão encantada, pois não mais ouviremos falar desse episódio repugnante." Era o mês de agosto, e o processo no Parlamento terá início, na melhor das hipóteses, somente em dezembro, talvez até no ano seguinte – para que continuar a ocupar a cabeça com tal fardo? As pessoas que continuem a

O raio sobre o teatro rococó

falar ou a resmungar, pouco importa! Portanto, que venham o estojo de maquiagem e o novo vestuário, não se deve cancelar uma comédia tão deliciosa por conta de um assunto insignificante. Os ensaios seguem seu curso, a rainha estuda o papel da alegre Rosina de *O barbeiro de Sevilha* (em vez de ler os relatórios da polícia sobre aquele volumoso processo que talvez ainda pudesse ser evitado). Todavia, parece que ensaiou esse papel também de maneira negligente. Pois do contrário deveria ter parado para pensar nas palavras de seu parceiro teatral Basílio, que descreve de modo tão profético o poder da calúnia. "A calúnia! Não imaginais quem estais menosprezando! Já vi as pessoas mais honestas sucumbirem a ela. Acreditai, não existe nenhuma maldade tão trivial, nenhuma infâmia, nenhuma história absurda que não se pudesse instilar nos ociosos de uma grande cidade, basta que o façamos direito, e teremos aqui entre nós gente de tanta habilidade! ... A princípio, um ligeiro rumor que passa qual a andorinha antes da tempestade, *pianissimo*, que apenas murmura e desaparece, porém, vai semeando no voo sua semente venenosa. Uma boca a recolhe e a assopra *piano, piano,* habilmente no ouvido. Agora o mal está feito, brota, ainda se ajeita, põe-se a caminho, *rinforzando*, de boca em boca, apressado como o demônio. E, subitamente, Deus sabe como, a calúnia se eleva, sibila e incha a olhos vistos, rodopia, gira, arrasta, explode como trovão e torna-se, graças aos céus, um grito geral, um *crescendo* público, um coro geral de ódio e desprezo. Que diabo poderia resistir-lhe?"

Maria Antonieta, entretanto, nunca deu ouvidos a seus interlocutores. Do contrário deveria ter compreendido: aqui um jogo em aparência inocente revela seu próprio destino. A comédia rococó, esta chega ao derradeiro fim, com o último espetáculo, no dia 19 de agosto de 1783. *incipit tragoedia*.[74]

---

[74] *Incipit tragoedia*: "tem início a tragédia".

O caso do colar

O QUE ACONTECEU DE FATO? Não é tarefa fácil descrevê-lo de modo veros-símil, pois, tal como realmente ocorreu, o caso do colar representa a mais inverossímil das inverossimilhanças, tanto que nem mesmo num romance seria digno de crédito. Porém, quando, uma vez, a realidade tem uma ideia sublime e ao mesmo tempo vive um dia poético, ela supera então o poeta mais criativo em fantasia na arte de forjar enredos. Nesse caso, os poetas todos agem melhor ao deixar as brincadeiras de lado, sem tentar reinventar ainda mais a genial arte do rearranjo da própria realidade: mesmo Goethe, que no *Grosskophta* tenta dramatizar a história do colar, transforma numa brincadeira insípida aquilo que na realidade foi uma das mais atrevidas, brilhantes e excitantes farsas da história. Reunindo-se todas as comédias de Molière, não se encontra um ramalhete tão colorido, tão lógica e alegre-mente entretecido de patifes, enganadores e enganados, de bobos e infames deliciosos como nessa animada *ollapodrida*,[75] na qual uma gralha ladra, uma raposa ungida com todos os óleos da charlatanice e um urso parvo e crédulo armam a mais incrível ópera-bufa da história da humanidade.

No centro de uma boa e verdadeira comédia sempre se encontra uma mulher. A personagem do caso do colar cresce como filha de um nobre falido e de uma criada malfalada, uma mendiga suja, abandonada, pés descalços, que rouba batatas das hortas e cuida das vacas dos camponeses em troca de um pedaço de pão. Após a morte do pai, a mãe entrega-se à prostituição, a garota à vadiagem; a menina de sete anos teria se perdido

---

[75] *Ollapodrida* ou *olla podrida*: prato espanhol preparado com carnes, feijões, verduras e legumes variados.

Maria Antonieta. Óleo sobre tela
de Elisabeth Vigée le Brun, 1783.

não fora um golpe da sorte tê-la levado a pedir esmola justamente à marquesa de Boulainvilliers com a assombrosa súplica: "Piedade para uma pobre órfã do sangue dos Valois!" Como? Uma criança assim, cheia de piolhos, meio morta de fome, descendente de sangue real? Do sagrado sangue do piedoso Luís? Impossível, pensa a marquesa. Porém, em todo caso, faz parar a carruagem e interroga a pequena mendiga.

No caso do colar, é preciso acostumar-se desde o início a aceitar o inverossímil como verdadeiro: o mais espantoso torna-se fato real nessa história. Esta Jeanne é realmente filha legítima de Jacques de Saint-Rémy, caçador ilegal por profissão, beberrão e terror dos camponeses, mas apesar de tudo descendente direto e imediato dos Valois, que não ficam devendo nada aos Bourbon, nem em linhagem, nem em antiguidade. A marquesa Boulainvilliers, comovida com a queda tão fantástica de um rebento real na miséria, leva imediatamente a menina e sua irmã mais nova consigo, para serem educadas a sua custa num pensionato. Aos catorze anos, Jeanne é mandada a uma costureira como aprendiz, torna-se lavadeira, passadeira, aguadeira, costureira de roupa branca e finalmente encontra abrigo num convento para moças da nobreza.

Porém, para freira, como logo há de se perceber, a pequena Jeanne não tem talento algum. O sangue errante de seu pai ferve em suas veias; aos vinte e dois anos, decidida, pula a grade do convento com sua irmã. Sem dinheiro no bolso, a cabeça cheia de aventuras, as duas vão parar em Bar-sur-Aube. Lá, Jeanne, bonita como só, encontra um oficial da gendarmaria de pequena nobreza, Nicolas de la Motte, que logo a desposa, porém quase à última hora, pois a bênção do padre antecipa-se apenas em um mês ao nascimento de um casal de gêmeos. Com um marido moralmente tão tolerante – ele nunca foi ciumento –, Mme de la Motte poderia na verdade levar comodamente uma modesta vida pequeno-burguesa. Todavia, "o sangue dos Valois" grita por seus direitos, desde o começo a pequena Jeanne só tem um pensamento: subir! Não importa como e por quais caminhos. Primeiro aproxima-se de sua benfeitora, a marquesa de Boulainvilliers, e tem a sorte de ser recebida por ela justamente em Saverne, no palácio do cardeal de Rohan. Bonita e habilidosa como é, aproveita imediatamente a fraqueza gentil do cardeal galante e bondoso. Por seu intermédio, o marido – provavelmente ao preço de um par de chifres invisíveis – recebe de pronto a patente de capitão da cavalaria num regimento de dragoneiros e também o pagamento das dívidas pendentes até então.

Mais uma vez Jeanne poderia dar-se por satisfeita. Entretanto, considera esse empurrãozinho para cima apenas um degrau. Seu marido, La Motte, foi nomeado pelo rei capitão da cavalaria e agora se concede, por iniciativa própria e livre de taxas, o título de conde. Parece justo que, ao tempo de se pavonear com um nome tão sonoro quanto "condessa Valois de la Motte", em vez disso apodreça na província com uma pensão e um modesto salário de oficial? Bobagem! Um nome assim vale cem mil libras ao ano para uma mulher bela, inescrupulosa, que está decidida a depenar todos os homens vaidosos e tolos. Com essa finalidade, os dois cúmplices alugam uma casa inteira em Paris, na rue Neuve-Saint-Gilles, ludibriam

O caso do colar 191

os usurários, fantasiando a respeito de ilimitados bens a que a condessa teria direito como descendente dos Valois, e com o empréstimo de objetos decorativos passam a fazer bela figura – a baixela de prata é emprestada apenas por três dias da loja próxima. Quando por fim os credores saem em sua perseguição em Paris, a condessa Valois de la Motte esclarece que está se transferindo para Versalhes a fim de fazer valer seus direitos junto à corte.

Obviamente, na corte não conhece vivalma e poderia cansar suas lindas pernas com as longas semanas de espera sem ao menos ser recebida na antecâmara da rainha. Aquela impostora ardilosa, porém, já preparou um golpe. Apresenta-se com outros requerentes na antecâmara de Mme Isabel e subitamente perde os sentidos. Todos acorrem para socorrê-la, seu marido brada o altissonante nome e relata, com lágrimas nos olhos, que os anos de fome e a fraqueza daí decorrente teriam sido a causa do desmaio. Cheia de compaixão, a doente muito saudável é conduzida numa maca para casa, são-lhe enviadas em seguida duzentas libras, sendo a pensão aumentada de oitocentas para mil e quinhentas libras. Mas isso não é uma esmola para uma Valois? Portanto, cabe agora bater na mesma tecla com mais força: um segundo desmaio na antecâmara da condessa de Artois, um terceiro na galeria de espelhos por onde a rainha deveria passar. Maria Antonieta, com cuja generosidade a pretensa mendiga contava, infelizmente nada soube a respeito do incidente, e um quarto desmaio em Versalhes seria suspeito; desse modo, os dois retornam com lucro medíocre a Paris. Ainda faltava muito para alcançar o que pretendiam. Obviamente, porém, evitam revelar o que querem; ao contrário, enchem a boca ao falar da rainha, que pessoa generosa, que pessoa cordial em recebê-los como parentes diletos. E como há bastante gente para quem uma condessa de Valois, tão bem vista no círculo da rainha, parece representar um relacionamento importante, logo aparecem muitas ovelhas gordas para a tosquia, o crédito se restabelece por algum tempo. Os dois mendigos endividados cercam-se – *mundus vult decipi*[76] – de todo um aparato liderado por um pretenso

---

[76] *Mundus vult decipi*: "O mundo clama por se decepcionar".

secretário, de nome Rétaux de Vilette, que na verdade não compartilha só das patifarias, mas também, e sem escrúpulos, do leito da nobre condessa, e de um segundo secretário, Loth, que até faz parte do clero. Além disso, contratam cocheiros, lacaios, camareiras, logo a vida na rue Neuve-Saint-Gilles se torna muito divertida. Lá acontecem alegres jogatinas, porém pouco rentáveis para os otários que se deixam atrair pela armadilha, mas de fato bastante recreativas pela presença de uma roda ambígua de damas. Infelizmente, logo se misturam aí pessoas insistentes, credores e oficiais de justiça, que fazem a exigência inconveniente de afinal, após semanas e meses, receber pelo menos uma parte. Novamente o honrado par atinge o fim da linha, os pequenos artifícios não colam mais. Chega a hora de preparar um grande golpe.

Para uma trapaça de peso são sempre necessárias duas coisas: um grande trapaceiro e um grande bobo. Felizmente o tolo já está à disposição e trata-se simplesmente do ilustríssimo membro da Academia Francesa, o grão-esmoleiro da França, o cardeal de Rohan. Homem típico de seu tempo, não mais esperto ou mais tolo que os outros, esse príncipe da Igreja de aparência cativante sofre também da doença de seu século, a credulidade. A humanidade nunca consegue viver muito tempo sem uma fé; e como o ídolo do século, Voltaire, tirou de moda a fé na Igreja, esgueira-se em seu lugar nos salões do século XVIII a superstição. Para alquimistas, cabalistas, rosa-cruzistas, charlatães, nigromantes e curandeiros, tem início uma era dourada. Nenhum cavaleiro da nobreza, nenhuma dama de classe deixará de aproveitar a oportunidade de estar num camarote com Cagliostro, à mesa com o conde de Saint-Germain, nas sessões magnéticas de Mesmer.[77] Justamente por terem a mente aberta, por serem tão espirituosamente frívolos, justamente porque os generais não levam a sério sua função,

---

[77] Conde de Saint-Germain (1696-1784): nascido na Transilvânia, dedicava-se à alquimia, ao misticismo e à criação de diamantes a partir de diversos materiais; foi protegido de Luís XV e declarava-se possuidor do elixir da juventude. Franz Anton Mesmer (1734-1815): médico e filósofo alemão, inventor do método magnético de cura conhecido por mesmerismo.

O caso do colar

assim como a rainha não leva a sério sua dignidade e tampouco os padres o seu Deus, para fugir a seu vazio terrível, os galhofeiros "esclarecidos" necessitam brincar com o metafísico, o místico, o sobrenatural e o incompreensível; e, não obstante todo cuidado, todo alerta, caem nas garras dos mais grosseiros vigaristas da forma mais ingênua. Entre esses pobres de espírito, Sua Eminência, o cardeal de Rohan, o mais crédulo de todos, caiu justamente nas garras do mais finório de todos os mestres da ilusão, o papa de todos os embusteiros, o "divino" Cagliostro. Este se instalou no castelo de Saverne, onde realiza a mágica magistral de transportar para seu bolso o dinheiro e o juízo de seu anfitrião. Entretanto, como áugures e tratantes soem reconhecer-se logo à primeira vista, o mesmo acontece com Cagliostro e Mme de la Motte; por intermédio dele, conhecedor de todos os desejos secretos do cardeal, fica ela sabendo do sonho mais recôndito de Rohan, o de tornar-se primeiro-ministro da França; e descobre também o único impedimento temido por ele: a sabida, porém para ele inexplicável, aversão da rainha Maria Antonieta contra ele. Conhecer as fraquezas de um homem significa para uma mulher astuta o mesmo que já tê-lo nas mãos; num piscar de olhos, a embusteira tece uma corda para fazer o urso episcopal dançar até suar ouro. Em abril de 1784, Mme de la Motte começa a deixar escapar aqui e acolá uma pequena alusão sobre a maneira carinhosa com que sua "querida amiga", a rainha, lhe fazia confidências; cada vez com maior fantasia, inventa episódios que despertam no ingênuo cardeal a impressão de que aquela pequenina e bela mulher de fato poderia tornar-se para ele a mediadora ideal junto à rainha. Sim, confessa abertamente, magoa-o o fato de que há anos Sua Majestade nem sequer lhe dá a honra de um simples olhar, ao passo que para ele não existe maior felicidade que a servir humildemente. Ah, se ao menos alguém convencesse a rainha de seus verdadeiros sentimentos! Solidária e comovida, a amiga "íntima" promete interceder a seu favor junto a Maria Antonieta; e, pasma Rohan, que enorme deve ter tido seu empenho, pois logo em maio ela lhe anuncia ter a rainha mudado de opinião, e dentro em pouco lhe daria um sinal discreto da mudança, embora nada muito evidente: na próxima cerimônia da corte, ela lhe faria certo aceno furtivo de cabeça. Quando se quer acreditar em alguma coisa, acredita-se de boa vontade. Quando se quer enxergar algo, enxerga-se facilmente. De fato, o bom cardeal imagina ter percebido certa "nuance" no movimento da cabeça durante a recepção e paga bons ducados à comovente intermediária.

Para Mme de la Motte, contudo, o filão de ouro ainda não foi explorado a contento. Para enredar ainda mais o tolo cardeal em suas teias, é preciso apresentar-lhe uma prova palpável da benevolência real. Que tal algumas cartas? De que vale manter um secretário inescrupuloso em casa e na cama? Rétaux realmente fabrica, sem hesitar, cartas saídas do punho de Maria Antonieta à sua amiga Valois. E uma vez que o tolo as admira como verdadeiras, por que não dar mais um passo nesse caminho rentável? Por que não encenar desde já uma correspondência secreta entre Rohan e a rainha para que se chegue até o fundo do baú? Por conselho de Mme de la Motte, o cego cardeal redige uma minuciosa justificativa de sua conduta até então, passa dias corrigindo-a, entrega finalmente o texto revisado à mulher impagável, no mais verdadeiro sentido da palavra. Pois então – não é ela de fato uma feiticeira e a amiga mais íntima da rainha? Alguns dias depois, a La Motte traz uma carta de formato pequeno com bordas douradas sobre papel branco nervado, num dos cantos, a flor de lis francesa. A rainha, sempre inacessível, esquiva, a rainha orgulhosa da casa de Habsburgo, escreve àquele que tinha desconsiderado até então: "Alegra-me muito não mais ter que considerá-lo culpado; ainda não posso conceder-lhe a audiência solicitada. Tão logo as circunstâncias o permitam, fá-lo-ei informar. Seja discreto!" O logrado não cabe em si de contentamento, agradece à rainha, seguindo o conselho de Mme de la Motte, recebe novamente uma resposta e escreve outras cartas, e quanto mais se enche seu coração de orgulho e de anseio de conquistar a máxima graça de Maria Antonieta, tanto mais Mme de la Motte lhe esvazia os bolsos. O jogo temerário está em pleno andamento.

PENA QUE UMA PERSONAGEM importante ainda não se mostrou disposta a colaborar de fato nessa comédia, e justamente a personagem principal: a

O caso do colar

rainha. Por muito tempo, porém, a partida perigosa não poderá ser mantida sem sua intervenção, pois nem mesmo o mais crédulo dos tolos pode ser eternamente enganado com a mentira de que a rainha lhe mandara saudações, uma vez que na realidade ela desvia o olhar daquele homem odiado ao passar por ele sem nunca dirigir-lhe a palavra. Cresce cada vez mais o perigo de que o pobre tolo enfim perceba o logro. Assim, é preciso tramar uma cartada audaciosa. Como está fora de cogitação que a rainha algum dia fale pessoalmente com o cardeal, não basta então fazer o tolo crer que ele realmente falou com a rainha? Que tal escolher a hora favorita de todos os golpes ardilosos, a escuridão, e o lugar adequado, uma alameda sombreada do parque de Versalhes? E se fizesse chegar a Rohan não a rainha, mas uma sósia a quem se fez decorar algumas palavras? De madrugada todos os gatos são pardos, e, excitado e obcecado como está, o bom cardeal não se deixará enganar menos do que com as patranhas de Cagliostro e as cartas de bordas douradas redigidas pela mão de um escrevente inculto.

Todavia, onde encontrar na pressa uma figurante, uma "dublê", como se diz hoje nos filmes? Ora, lá onde senhoras e senhoritas de todos os tipos e tamanhos, esbeltas, gorduchas, delgadas e corpulentas, loiras e morenas, passeiam a qualquer hora por motivos profissionais: no jardim do Palais Royal, o paraíso da prostituição de Paris. O "conde" de la Motte assume a tarefa delicada; não demora muito e logo consegue encontrar a sósia da rainha, uma jovem dama de nome Nicole – chamada mais tarde baronesa d'Oliva –, supostamente modista, na realidade ocupa-se mais atendendo aos cavalheiros do que à freguesia feminina. Não é preciso muito esforço para convencê-la a assumir o papel fácil, "pois", assim esclarece Mme de la Motte diante dos juízes, "ela era muito estúpida". Em 11 de agosto, conduzem a solícita serva do amor a Versalhes, para uma casa alugada, a condessa de Valois em pessoa veste-a com um traje de musselina de pintinhas brancas, cópia perfeita daquele que a rainha veste no retrato de Mme Vigée-Lebrun. Agora só falta um chapéu de abas largas que esconda o rosto, colocado sobre os cabelos cuidadosamente empoados, e, sorrateira e rapidamente, levam para a noite escura do parque a jovem um tanto assustada que por dez minutos fará o papel da rainha da França diante do grão-esmoleiro do reino. Está em curso a mais ardilosa trapaça de todos os tempos.

Em silêncio esgueira-se o par sobre os terraços de Versalhes com sua pseudorrainha fantasiada. O céu, como sempre acontece aos trapaceiros, está a favor e difunde uma escuridão sem luar. Dirigem-se ao pequeno bosque de Vênus, que, densamente sombreado de pinheiros, cedros e abetos, mal permite entrever-se o contorno de um vulto, portanto, magicamente adequado aos jogos do amor – e mais ainda para a fantástica pantomima. A pobrezinha da meretriz começa a tremer. Em que aventura deixou-se ela envolver por pessoas desconhecidas? Seria melhor fugir dali. Cheia de temor, segura na mão a rosa e o bilhete que deve entregar, conforme as instruções, a um cavalheiro distinto que ali irá lhe dirigir a palavra. Já range o saibro. Surge o vulto de um homem, trata-se de Rétaux, o secretário, no papel de um criado real, conduzindo Rohan. De repente Nicole sente-se empurrada para a frente – como que engolidos pela escuridão, os dois alcoviteiros desaparecem das proximidades. Ela fica só ou talvez não mais só, pois alto e esbelto, o chapéu enterrado na testa, vem-lhe ao encontro um desconhecido: o cardeal.

Curioso como o estranho se comporta de maneira ridícula. Ele se curva devotadamente até o chão, beija a barra do traje da pequena meretriz. Agora Nicole deveria lhe entregar a rosa e a carta. Em sua confusão, porém, deixa cair a rosa e esquece-se da carta. Assim, murmura com voz abafada as poucas palavras que a fizeram decorar com dificuldade. "Pode esperar que todo o passado será esquecido." E essas palavras parecem encantar sobremaneira o cavalheiro desconhecido, mais uma vez e mais outra ele se curva, gagueja um humilde agradecimento em evidente felicidade, não sabe por qual razão a pobre modista. Apenas sente medo, medo mortal de dizer qualquer coisa e assim trair-se. Graças a Deus, contudo, no saibro ressoam novamente passos apressados, alguém chama baixinho e nervoso: "Rápido, saia rápido! Madame e a condessa de Artois estão muito perto." A deixa cumpre seu propósito, o cardeal assusta-se e afasta-se apressadamente em companhia de Mme de la Motte, enquanto

O caso do colar

o nobre esposo traz a pequena Nicole de volta; com o coração aos pulos, a pseudorrainha dessa comédia esgueira-se, passando pelo palácio, onde por trás das janelas escuras a verdadeira rainha, inocente de tudo, dorme.

A FARSA ARISTOFANESCA TEVE um êxito glorioso. Agora, o pobre tolo, o cardeal, recebeu uma pancada na cabeça que lhe rouba totalmente os sentidos. Até então era preciso tratar sua desconfiança com clorofórmio, o suposto aceno de cabeça fora apenas uma prova insuficiente, tal como as cartas; agora, todavia, que o otário acredita ter falado com a rainha e ouvido de sua boca que ela o perdoara, qualquer palavra da condessa de la Motte torna-se para ele mais verdadeira que o Evangelho. Agora ela o tem preso à coleira, incondicionalmente. Nessa noite, não existe uma pessoa mais feliz na França. Rohan já se vislumbra primeiro-ministro, protegido da rainha.

Dias mais tarde, a La Motte anuncia ao cardeal mais uma prova da graça da rainha. Sua Majestade – Rohan bem que conhece seu coração caridoso – expressa o desejo de fazer chegar cinquenta mil libras às mãos de uma família nobre em dificuldades; no momento, porém, não estaria em condições de efetuar o pagamento. Não poderia o cardeal, pois, assumir a amena tarefa por ela? Rohan, exultante, não se admira sequer por um momento que a rainha tivesse pouco dinheiro em caixa, não obstante seus rendimentos consideráveis. Toda a Paris sabe que ela está sempre atolada em dívidas. Imediatamente manda vir um judeu alsaciano de nome Cerf-Beer, toma-lhe emprestadas as cinquenta mil libras, e já dois dias depois o ouro tilinta sobre a mesa de Mme de la Motte. Agora, finalmente, aqueles dois têm as cordas seguras na mão para fazer saltitar o polichinelo. Três meses mais tarde, puxam-nas com mais força; de novo a rainha deseja dinheiro, e Rohan empenha depressa os móveis e a prataria, só para agradar rápida e completamente sua benfeitora.

Inicia-se agora para o conde e a condessa de la Motte uma época dourada. O cardeal está longe, na Alsácia, mas seu dinheiro tilinta alegremente em seus bolsos. Não mais precisam ter preocupações, um tolo pagador fora encontrado. De tempos em tempos farão escrever-lhe uma carta em nome da rainha, e ele transformaria o suor em ducados. Até lá, pois, que se viva à grande e com alegrias, sem pensar no amanhã! Nesses tempos despreocupados, não eram levianos só os soberanos, os príncipes, os cardeais, mas também os tratantes. Adquire-se uma casa de campo em Bar-sur-Aube com um jardim exuberante e uma rica herdade, comem em pratos dourados, bebem em copos de cristal reluzente, divertem-se e fazem música nesse elegante palácio, a melhor sociedade empenha-se pela honra de poder frequentar a casa da condessa Valois de la Motte. Como é belo o mundo em que existem simplórios desse naipe!

QUEM TIRA NO JOGO a carta mais alta por três vezes ousará também fazer sem pensar a aposta mais temerária pela quarta vez. Um acaso inesperado põe na mão de Mme de la Motte o ás do trunfo. Em uma de suas reuniões alguém conta que os pobres joalheiros da corte, Böhmer e Bassenge, estariam passando as maiores dificuldades. Teriam depositado seu capital inteiro e uma boa porção de dívidas no mais deslumbrante colar de diamantes jamais visto na Terra. Na verdade, teria sido destinado à Du Barry, que o teria comprado com certeza, se por infelicidade a varíola não tivesse levado Luís XV para a outra vida; mais tarde, o teriam oferecido à corte espanhola e três vezes à rainha Maria Antonieta, obcecada por joias e compradora sempre disposta, sem mesmo questionar muito o preço. Todavia, Luís, o incômodo poupador, não quis conceder a quantia de um milhão e seiscentas mil libras; agora os joalheiros estariam com a água pelo pescoço, os juros estariam roendo os lindos diamantes; provavelmente teriam que esmigalhar o maravilhoso colar, e com ele todo seu dinheiro. Não poderia então ela, a condessa de Valois, que cultivava uma amizade tão íntima com a rainha Maria Antonieta, convencê-la a comprar a peça rara, em prestações, naturalmente, nas melhores condições – haveria um bom naco de dinheiro a ganhar com isso. A La Motte, sofregamente empenhada em manter em alta a lenda de sua influência, promete de bom grado interceder, e em 29 de dezembro

O caso do colar

os dois joalheiros trazem o precioso relicário para ser admirado na rue Neuve-Saint-Gilles.

Que visão! A La Motte sente o coração parar de pulsar. Tal como os diamantes à luz do sol, assim também cintilam e faíscam pensamentos atrevidos em sua cabeça esperta: e se convencessem aquele asno de cardeal também a comprar secretamente o colar para a rainha? Mal retorna da Alsácia, a La Motte cerca-o de jeito. Uma nova mercê estaria a acenar-lhe. A rainha desejaria, naturalmente sem o conhecimento de seu esposo, comprar uma joia valiosa, precisaria para tanto de um intermediário discreto; destinara a tarefa secreta e honrosa a Rohan, como prova de sua confiança. De fato, alguns dias depois, Mme de la Motte, triunfante, pode informar ao feliz Böhmer que fora encontrado um comprador: o cardeal de Rohan. Em 29 de janeiro, a compra é efetuada no "palais" do cardeal, no palácio de Estrasburgo: um milhão e seiscentas mil libras, pagável em dois anos, em quatro prestações a cada seis meses. A joia deveria ser entregue no dia 1º de fevereiro, a primeira prestação venceria no dia 1º de agosto. O cardeal rubrica as condições de próprio punho e as entrega à La Motte, para que esta submeta o contrato à sua "amiga", a rainha; sem delonga, no dia 30 de janeiro, a farsante traz a resposta: Sua Majestade estaria de acordo com tudo.

Todavia – a um passo da porta do estábulo, o burro, dócil até então, empaca. Afinal, trata-se de um milhão e seiscentas mil libras, nenhuma ninharia mesmo para aquele príncipe perdulário! Como caução de uma quantia tão grande é preciso que se tenha em mãos, para todos os efeitos, pelo menos um documento assinado pela rainha. Algo escrito? Ora, decerto! Para que se tem um secretário? No dia seguinte, a La Motte volta com o contrato, e eis que ao lado de cada cláusula está escrita *manu propria* a palavra "aprovado!", e ao fim do contrato, a assinatura "de próprio punho": "Marie Antoinette de France." Com algum bestunto na cabeça, um grão-esmoleiro da corte, membro da Academia, um ex-embaixador e, em seus sonhos já futuro ministro de Estado, deveria objetar que na França uma rainha jamais assina um documento que não seja apenas com seu prenome. Que portanto uma assinatura como "Marie Antoinette de France" desmascara à primeira vista não um falsário habilidoso, mas um falsário ignorante, sem qualquer classe. Mas como duvidar se a rainha o recebera em segredo e em pessoa no bosquezinho de Vênus? O cego jura por todos os céus e santos à farsante jamais deixar sair de suas mãos a letra promissória e nunca mostrá-la a quem quer que seja. Na manhã seguinte, dia 1º de fevereiro, o joalheiro entrega a joia ao cardeal, que a leva pessoalmente à La Motte, para se assegurar de que será repassada para mãos fiéis à rainha. Ele não precisa esperar muito na rue Neuve-Saint-Gilles, logo se ouvem passos masculinos subindo a escada. Mme de la Motte solicita ao cardeal que entre numa sala contígua onde poderá observar e atestar através da porta de vidro a devida entrega. De fato, um homem jovem, todo vestido de negro, aparece – naturalmente mais uma vez Rétaux, o galhardo secretário – e anuncia-se com as seguintes palavras: "A serviço da rainha." Que mulher maravilhosa esta condessa Valois de la Motte, deve pensar o cardeal, quão discreta, fiel e habilidosa ao arranjar tudo para sua amiga! Tranquilo, entrega o estojo à La Motte, ela o repassa ao mensageiro misterioso; este desaparece com o leve fardo, rápido como veio, e com ele o colar, até o juízo final. Comovido, o cardeal despede-se: agora, após tal prova de amizade, não demorará muito e ele, o secreto colaborador da rainha, logo será o primeiro servidor do rei, o ministro de Estado da França!

ALGUNS DIAS MAIS TARDE, um joalheiro judeu aparece na polícia de Paris para queixar-se, em nome de seus colegas prejudicados, de certo Rétaux de Villette, que estaria oferecendo diamantes de valiosa qualidade a preços tão irrisórios que se poderia suspeitar de roubo. O delegado da polícia manda buscar Rétaux. Este esclarece ter recebido os diamantes de uma parenta do rei, a condessa Valois de la Motte, para vendê-los. Condessa Valois: o nobre nome produz o efeito de um laxativo no funcionário, que de imediato despacha o assustado Rétaux. Porém, seja como for, a condessa percebeu agora como seria arriscado continuar repassando as pedras avulsas em Paris – tinham estripado e esquartejado prontamente aquele valioso "animal selvagem" perseguido por longo tempo; assim sendo, ela enche os bolsos do galhardo esposo de brilhantes e manda-o a Londres –

O caso do colar

os joalheiros de New Bond Street e Piccadilly logo não têm do que reclamar da oferta farta e barata.

Viva, agora há bastante dinheiro, mil vezes mais do que a espertíssima farsante jamais ousaria imaginar. Escandalosamente atrevida qual se tornou com o sucesso fantástico, nem hesita em exibir às claras a nova riqueza. São adquiridos coches com quatro éguas inglesas, lacaios com uniformes luxuosos, um negro engalanado em prata da cabeça aos pés, tapetes, gobelins, bronzes e chapéus de penacho, uma cama de veludo carmim. Quando então o honrado casal se transfere para sua distinta residência em Bar-sur-Aube, são necessárias nada menos que vinte e quatro viagens para transportar todas as preciosidades logo adquiridas. Bar-sur-Aube vivencia uma festa inesquecível, de mil e uma noites. Batedores pomposos precedem o comboio do novo grão-mogol, segue atrás o coche inglês cor de madrepérola, forrado com um tecido branco. As mantas de cetim que cobrem as pernas do casal (que melhor fariam se o levasse às carreiras para o exterior) exibem o brasão dos Valois: *Rege ab avo sanguinem, nomen et lilia* – "Do rei, meu ancestral, tenho o sangue, o nome e as flores de lis". O antigo oficial da gendarmaria tinha se enfeitado como só: anéis em todos os dedos, fivelas de diamantes nos sapatos, três ou quatro correntes de relógio faíscam sobre seu peito de herói, e o inventário de seu guarda-roupa – pode-se comprová-lo posteriormente nos autos do processo – acusa nada menos que dezoito trajes de seda ou brocado, novos em folha, ornados com rendas de Malines, com botões de ouro cinzelado e preciosos cordões. A esposa ao seu lado não lhe fica devendo nada em luxo; qual um ídolo hindu, brilha e cintila de joias. Semelhante riqueza, jamais vista na pequena Bar-sur-Aube, logo passa a exercer uma força magnética. A nobreza dos arredores aflui à casa e se farta nas festas lucúleas que ali acontecem, bandos de lacaios servem acepipes seletos em baixelas de prata, músicos tocam às refeições, como novo Creso,[78] o conde percorre os aposentos principescos e aos punhados distribui dinheiro às pessoas.

---

[78] Creso (560-546 a.C.): último rei da Lídia, foi derrotado por Ciro da Pérsia em 546 a.C.; era famoso pela riqueza obtida com a exploração das areias auríferas do rio Pactolo.

Novamente, nesse ponto a história do colar torna-se tão absurda e fantástica que parece inverossímil. Não deveria o embuste ter sido descoberto em três, cinco, seis, no mais tardar em dez semanas? Como puderam – é o que se pergunta involuntariamente o juízo normal – esses dois tratantes exibir sua fortuna de maneira tão atrevida e leviana como se não houvesse polícia? A La Motte, entretanto, formula um raciocínio absolutamente perfeito; ela pensa: se acontecer um golpe de má sorte, temos um bom escudo. Se o caso for descoberto, seja como for, ele, o senhor cardeal de Rohan, saberá resolvê-lo! Ele, o grão-esmoleiro da França, tudo fará para não provocar um escândalo que o ridicularizaria para sempre. Preferiria ficar quieto e pagar o colar do próprio bolso, sem pestanejar. Por que então atemorizar-se? Com semelhante sócio pode-se dormir sossegado em seu leito adamascado. E de fato não se preocupam a proba La Motte, seu digno consorte, o secretário escrevente, e fazem o máximo proveito das rendas que lucraram habilmente do capital inesgotável da idiotice humana.

Porém, um pequeno detalhe chama a atenção do bondoso cardeal de Rohan nesse meio-tempo. Na recepção oficial seguinte, ele esperava ver a rainha enfeitada com o colar valioso; provavelmente esperava também uma palavra ou um meneio cúmplice de cabeça, um gesto de reconhecimento invisível para os outros, só compreensível para ele. No entanto, nada! Fria como sempre, Maria Antonieta passa por ele sem enxergá-lo, o colar não brilha em seu colo de neve. "Por que a rainha não usa minha joia?", pergunta admirado à La Motte. A espertalhona nunca se faz de rogada para achar uma resposta: a rainha resiste em pôr o colar enquanto não estiver completamente pago. Só então queria fazer uma surpresa ao marido. Mais uma vez o paciente jumento enfia a cabeça no feno e dá-se por satisfeito. Porém o mês de abril ficou para trás, já é maio, de maio entra-se em junho, cada vez mais se aproxima o dia 1º de agosto, prazo fatal dos primeiros quatrocentos mil. Para conseguir adiamento, a tratante concebe um novo truque. A rainha refletiu melhor a respeito, conta ela, o preço lhe parece excessivo; caso os joalheiros não quisessem conceder um abatimento de duzentas mil libras, ela estaria decidida a devolver a

O caso do colar 203

joia. A ardilosa calcula que os joalheiros se poriam a confabular, e assim se ganharia tempo. Contudo, ela se engana. Os joalheiros, que tinham exagerado no preço e já sentiam a aflição da fogueira nos pés, declaram-se logo dispostos a aceitar. Bassenge redige uma carta que expressa sua concordância à rainha, e Böhmer a entrega com o consentimento de Rohan, em 12 de julho, dia em que de qualquer forma deve entregar outra joia à rainha. Essa carta diz: "Majestade, estamos extremamente felizes de poder supor que as últimas condições de pagamento sugeridas e aceitas por nós com a maior dedicação e apreço serão consideradas uma nova prova de nossa observância e acato às ordens de Sua Majestade. Causa-nos verdadeira satisfação pensar que a mais bela joia de diamantes que existe pode estar a serviço da mais augusta e sublime das rainhas."

A carta, por seu estilo rebuscado, é incompreensível à primeira vista para uma pessoa que não esteja ciente do assunto. Contudo, se a tivesse lido e refletido a respeito, a rainha deveria perguntar-se admirada: que condições de pagamento? Que joia de diamantes? Sabe-se, porém, de outras centenas de ocasiões: Maria Antonieta raramente lê algo escrito ou impresso com atenção e até o fim, provoca-lhe imenso tédio; a reflexão séria nunca foi seu forte. Assim, abre a carta apenas quando Böhmer já saíra. Como ela – totalmente inocente a respeito dos verdadeiros fatos – não compreende o sentido das frases rebuscadas e devotas, ordena que a camareira chame Böhmer de volta para uma explicação. Infelizmente, contudo, Böhmer já deixara o palácio. Ora, logo tudo será esclarecido, a que esse idiota do Böhmer estará se referindo? Então fica para a próxima vez, pensa a rainha, e joga o bilhete imediatamente no fogo.

Também a destruição da carta, a ausência de averiguação por parte da rainha, à primeira vista parece inverossímil – como tudo no caso do colar, e mesmo historiadores íntegros como Louis Blanc veem nesse gesto relapso um sinal suspeito, como se a rainha soubesse realmente algo a respeito do sombrio episódio. Na realidade, a rápida destruição nada significa para essa mulher que durante sua vida sempre destruiu de pronto qualquer papel escrito endereçado a ela, por temor de sua própria desatenção e por causa da espionagem da corte. Mesmo após o assalto às Tulherias não se encontrou em sua escrivaninha um documento sequer destinado a ela. Mas aquilo que antes era sinal de cautela se tornou nesse caso um descuido.

Portanto, uma série de casualidades foi necessária para que a farsa não viesse à tona antes. Agora, todavia, qualquer ato de prestidigitação de nada vale, o dia 1º de agosto se aproxima e Böhmer quer seu dinheiro. Mais um subterfúgio é tentado pela La Motte; subitamente, abre o jogo diante dos joalheiros e esclarece atrevida: "Os senhores foram logrados. A garantia que o cardeal possui tem uma assinatura falsa. Mas o príncipe é rico, ele pode pagar de seu bolso." Desse modo espera desviar o golpe, espera – na verdade, num raciocínio bastante lógico – que os joalheiros, furiosos, corram para o cardeal a fim de lhe relatar tudo, e este, por medo de se tornar irremediavelmente ridículo diante da corte e da sociedade, cale a boca e pague o milhão e seiscentas mil libras sem dizer palavra. Böhmer e Bassenge, entretanto, não pensam de maneira lógica e psicológica, temem unicamente por seu dinheiro. Não querem mais conversa com o cardeal endividado. A rainha – ambos ainda são de opinião que Maria Antonieta faz parte do jogo, afinal ela silenciou a respeito daquela carta – representa para eles um credor muito mais adimplente que esse cardeal fanfarrão. Ademais, no pior dos casos – assim pensam, mais uma vez erroneamente –, ela possui o colar, o mais valioso penhor.

Chegou-se até o ponto em que a corda não pode ser mais esticada. E de um único golpe arrasador a torre de Babel de mentiras e logros mútuos cai por terra quando Böhmer vai a Versalhes e solicita uma audiência com a rainha. Ao cabo de um minuto, os joalheiros sabem e a rainha sabe que aqui ocorreu uma escandalosa farsa; todavia, quem foi o verdadeiro farsante, isso o processo deverá esclarecer.

Com base em todos os autos e depoimentos existentes sobre o mais complicado dos processos, um dado é inquestionavelmente certo: Maria Antonieta não fazia a mínima ideia da jogada vergonhosa que envolveu seu nome, sua pessoa, sua honra. Do ponto de vista jurídico, ela era tão inocente quanto possível, nada além de vítima, e não conivente, muito

O caso do colar 205

menos cúmplice, da farsa mais escandalosa da história. Nunca recebeu o cardeal, nunca conheceu a embusteira La Motte, nunca teve em suas mãos uma só pedra daquele colar. Apenas uma hostilidade deliberada, apenas difamação consciente poderia supor uma cumplicidade de Maria Antonieta com essa aventureira, com esse cardeal sonso; de novo e mais uma vez, a rainha, totalmente ignorante de tudo, foi envolvida no caso desairoso por um bando de tratantes, falsários, ladrões e astutos.

Apesar disso – no sentido moral, Maria Antonieta não pode ser isentada de culpa. Pois todo o embuste só pôde ser forjado porque sua má reputação por toda a cidade insuflou coragem nos vigaristas, uma vez que para os enganados já de antemão não seria difícil acreditar em alguma imprudência por parte da rainha. Sem as décadas de leviandades e loucuras do Trianon, teria faltado à comédia de mentiras todo e qualquer pressuposto. Nenhuma pessoa de bom-senso teria ousado atribuir a uma Maria Teresa, a uma verdadeira monarca, alguma correspondência secreta às ocultas do marido, ou sequer um encontro às escondidas num escuro bosque de parque. Nunca um Rohan, tampouco os joalheiros, teria caído na tosca mentira de que a rainha não tinha dinheiro e queria adquirir valiosas joias de diamantes sem o conhecimento do marido, em prestações e lançando mão de intermediários, se antes disso já não se comentassem à boca pequena em Versalhes os passeios noturnos no parque, as joias trocadas, as dívidas não pagas. Nunca a La Motte teria construído tal castelo de mentiras se a leviandade da rainha não tivesse estabelecido o arcabouço, se sua má reputação não servisse de desculpa para tanto. De novo e mais uma vez: nessa fraude fantástica do colar de diamantes Maria Antonieta foi tão inocente quanto possível, porém, o fato de que semelhante fraude pôde ter sido tramada em seu nome e tornar-se verossímil foi e continua sendo sua culpa histórica.

Processo e sentença

Napoleão, com seu olhar de águia, esclareceu o erro de cálculo decisivo de Maria Antonieta no processo do colar. "A rainha era inocente e para tornar pública sua inocência quis que o Parlamento fosse o juiz. O resultado foi que se considerou a rainha culpada." De fato, nessa ocasião, Maria Antonieta perdeu pela primeira vez sua autoconfiança. Enquanto habitualmente, sem desviar o olhar, passa com desprezo ao largo da lama malcheirosa de mexericos e calúnias, dessa vez procura refúgio numa instância que desprezara até então: a opinião pública! Durante anos agira como se não ouvisse ou percebesse o zunido das flechas envenenadas. Agora, ao exigir julgamento num súbito e quase histérico acesso de fúria, revela há quanto tempo e com que veemência seu orgulho já estava ferido. Agora aquele cardeal de Rohan, que tinha ido além de todos os outros, deveria servir de exemplo e pagar por todos. Todavia, por azar, ela é a única a crer ainda na intenção hostil do pobre tolo. Até em Viena José II balança a cabeça em dúvida quando sua irmã lhe descreve Rohan como o maior criminoso: "Conheço o grão-esmoleiro como o homem mais frívolo e mais perdulário que existe, porém, confesso que jamais o julguei capaz de uma fraude ou de uma infâmia tão vil como aquela de que agora o acusam." Muito menos Versalhes acredita na culpa de Rohan, e logo surge um murmúrio estranho de que a rainha quisera com essa brutal prisão apenas livrar-se de um cúmplice incômodo. O ódio insuflado por sua mãe fizera Maria Antonieta agir intempestivamente. E nesse brusco e pouco hábil movimento, cai-lhe dos ombros o manto protetor da soberania; ela própria se desnuda perante o ódio geral.

Pois afinal agora todos os opositores secretos podem unir-se em torno de uma causa comum. Maria Antonieta, curiosamente, mexeu num ninho

Processo e sentença

de cobras de vaidades feridas. Louis, cardeal de Rohan – como poderia ela esquecer! – é herdeiro de um dos mais antigos e honoráveis nomes da França, ligado a outras estirpes feudais por laços de sangue, sobretudo os Soubise, os Marsan, os Condé; é óbvio que todas essas famílias sentem-se mortalmente ofendidas pelo fato de que um dos seus tenha sido preso no palácio do rei como um reles batedor de carteiras. Ademais, o alto clero está indignado. Mandar prender um cardeal, uma eminência, e por um soldado rude, poucos minutos antes de rezar a missa perante o Senhor, trajando os sagrados paramentos da Igreja! Até para Roma enviam queixas. Tanto a nobreza quanto o clero sentem-se insultados na dignidade de suas classes. Decidido à luta, entra na arena também o grupo da maçonaria, pois não só levaram seu benfeitor, o cardeal, preso à Bastilha, como também o deus dos ateus, seu chefe supremo, o grão-mestre Cagliostro; agora se apresenta enfim a possibilidade de atirar algumas pedras vigorosas nas vidraças da supremacia do trono e do altar. Ao contrário, entusiasmado com todo esse escândalo está o povo, em geral excluído de todas as festas e histórias picantes do mundo cortesão. Enfim um espetáculo grandioso lhe é oferecido: um cardeal em carne e osso no banco dos réus; e, à sombra púrpura da batina episcopal, uma verdadeira coleção exemplar de velhacos, farsantes, aventureiros, falsários; além disso, em segundo plano – uma diversão e tanto! –, a orgulhosa, a altiva austríaca! Não se poderia oferecer assunto melhor a todos os aventureiros da pena e do lápis, aos panfletários, aos caricaturistas, aos arautos dos jornais, que o escândalo da "bela eminência". Nem o voo de Montgolfier,[79] que conquistou um novo campo para toda a humanidade, provocou maior sensação em Paris, e até no mundo inteiro, quanto o processo de uma rainha que se transforma lentamente em processo contra a rainha. Mesmo antes da sessão os discursos da defesa podem ser impressos sem censura; as livrarias são tomadas de assalto e a polícia precisa intervir. Nem as obras imortais de Voltaire ou

---

[79] Joseph Montgolfier (1740-1810): irmão de Jacques Montgolfier (1745-1799), com quem construiu o primeiro balão tripulado do mundo; em setembro de 1783, na presença de Luís XVI e Maria Antonieta, realizou a segunda demonstração de voo num balão tripulado por duas pessoas.

Jean-Jacques Rousseau ou Beaumarchais alcançam em décadas tiragens tão imensas quanto a dos arrazoados de defesa, e numa única semana. Sete mil, dez mil, vinte mil exemplares são arrancados ainda úmidos das mãos dos distribuidores; nas embaixadas estrangeiras, funcionários têm que preparar pacotes durante o dia todo para enviar sem delonga as sátiras mais recentes sobre o escândalo da corte de Versalhes a seus curiosos príncipes. Todos querem ler e ter lido tudo, durante semanas não há outro assunto, acredita-se cegamente nas suposições mais absurdas. Para assistir ao processo, vêm caravanas inteiras da província. Nobres, cidadãos burgueses, advogados; em Paris, os artesãos abandonam suas lojas durante horas. Inconscientemente, o instinto infalível do povo sente: aqui não se julga o processo contra um delito só, mas do pequeno e sujo novelo soltam-se os fios que conduzem a Versalhes, o absurdo das *lettres de cachet*, as ordens de prisão arbitrárias, o desperdício da corte, a malversação das finanças. Tudo isso pode ser agora ridicularizado, pela primeira vez a nação toda pode lançar seu olhar por uma pequena fresta aberta no mundo secreto dos inatingíveis. Nesse processo já não se trata apenas de um colar, trata-se do sistema de governo vigente, pois a acusação, caso seja habilmente conduzida, pode voltar-se contra toda a classe dominante, contra a rainha e, por tabela, contra a Monarquia. "Que acontecimento grandioso e promissor!" – clama um dos secretos oposicionistas no Parlamento.

"Um cardeal desmascarado como vigarista! A rainha envolvida num processo escandaloso! Que sujeira no báculo e no cetro! Que triunfo para a ideia de liberdade!"

A rainha ainda não imagina a desgraça que provocou com um único gesto impulsivo. Porém, num edifício que já apresenta sinais de deterioração e decadência, só é preciso tirar um prego da parede, e a construção toda vem abaixo.

EM JUÍZO, A MISTERIOSA caixa de Pandora é aberta devagar. Seu conteúdo exala um odor não muito aromático. Favorável à ladra há apenas o fato de que o nobre esposo da La Motte conseguiu escapar para Londres com os restos do colar; assim, falta a prova viva, e qualquer um pode atribuir ao outro o furto e a posse do objeto invisível, deixando entrever subrepticiamente a possibilidade de que o colar talvez se encontre ainda nas mãos da rainha. Mme de la Motte, intuindo que os distintos cavalheiros colocarão o peso todo em suas costas, para tornar Rohan ridículo e desviar a suspeita de si mesma, atribui o furto a um Cagliostro totalmente inocente, que é assim envolvido arbitrariamente no processo. Ela não recua diante de nada. Atrevida e inescrupulosa, explica que sua súbita riqueza advém do fato de ter sido amante de Sua Eminência – e todos conhecem a prodigalidade daquele padre generoso! A situação vai se tornando no mínimo constrangedora para o cardeal, porém, logo se prendem os dois cúmplices, Rétaux e a "baronesa d'Oliva", a pequena modista, e com seus depoimentos tudo é esclarecido.

Um nome é sempre omitido na acusação ou na defesa: o da rainha. Cautelosamente, cada acusado evita comprometer Maria Antonieta, mesmo que seja o mínimo possível, até a La Motte – mais tarde mudará seu discurso – repele como difamação criminosa a ideia de que a rainha tenha recebido o colar. Pois justamente a circunstância de que todos, como se combinassem, falam com profunda reverência e respeito sobre a rainha provoca o efeito contrário no público desconfiado; cada vez mais circula o boato de que haveria uma palavra de ordem para "proteger" a soberana. Já se murmura que o cardeal, magnânimo, teria assumido toda a culpa; e as cartas que ele teria queimado precipitada e discretamente, seriam mesmo falsas? Não haveria algo, não se sabe o quê, qualquer coisa, alguma coisa, algo de suspeito com a rainha nesse caso?

De nada adianta que os fatos esclareçam plenamente, *semper aliquid haeret*;[80] justamente por não ter seu nome pronunciado no julgamento, Maria Antonieta, invisível, também está sendo julgada.

---

[80] *Semper aliquid haeret*: parte do ditado latino *Audacter calumniare, semper aliquid haeret*, significando "lance muitas calúnias, e uma delas acaba acertando o alvo".

EM 31 DE MAIO, afinal, a sentença deve ser pronunciada. Desde as cinco horas da manhã aglomera-se uma multidão imensa diante do Palácio de Justiça, a margem esquerda não é suficiente para contê-la, também a Pont-Neuf e a margem direita do Sena estão apinhadas de pessoas impacientes; a muito custo a polícia montada consegue manter a ordem. Durante o trajeto, os sessenta e quatro juízes sentem nos olhares nervosos, nos gritos apaixonados da multidão, a importância de sua sentença para toda a França; entretanto, a advertência decisiva os aguarda na antecâmara da grande sala do Conselho, a Grande Chambre. Vestindo luto, lá se encontram dezenove representantes das famílias Rohan, Soubise e Lorena; eles abrem alas e curvam-se em reverência à passagem dos juízes. Ninguém diz palavra, ninguém se adianta. Seu traje, sua postura expressam tudo. E essa muda súplica para que o tribunal resgatasse a honra ameaçada da família Rohan provoca grande impacto sobre os juízes, em sua maioria pertencente à alta nobreza da França; antes de iniciar a deliberação, já sabem: o povo e a nobreza, o país todo espera a absolvição do cardeal.

No entanto, a deliberação dura dezesseis horas. Os Rohan e os milhares de pessoas têm que esperar na rua das seis da manhã às dez horas da noite. Pois os juízes veem-se diante de uma decisão de grande alcance. A respeito da vigarista, a sentença já tinha sido determinada de antemão, assim como em relação aos cúmplices; a pequena modista, essa eles deixam em paz, pois é tão bonita, e foi enredada inocentemente na armadilha do bosque de Vênus. A verdadeira decisão gira apenas em torno do cardeal. Absolvê-lo porque foi comprovadamente enganado e não é nenhum tratante, todos estão de acordo com isso; divergências de opinião referem-se apenas à forma da absolvição, uma vez que aí está envolvido um grande fato político. O partido da corte exige – e com razão – que a absolvição seja acompanhada de uma censura por "imprudência condenável", pois nada houve por parte do cardeal a não ser acreditar que uma rainha da França se encontraria com ele às escondidas num escuro bosquezinho. Pela falta de respeito pela sacra pessoa da rainha, o representante da acusação exige seu humilde e público pedido de desculpas diante da Grande

Processo e sentença

Chambre, assim como a demissão do cardeal de seus cargos. O partido de oposição, o partido contrário à rainha, por sua vez, deseja o arquivamento do processo. O cardeal foi logrado, portanto, nenhuma mácula ou culpa. Semelhante absolvição total carrega um dardo envenenado na aljava. Pois, caso se admita que o cardeal pudesse considerar possíveis tais segredinhos e atitudes graças à postura mais que conhecida da rainha, a leviandade da soberana estaria publicamente estigmatizada. Um grande peso está sobre a balança: caso se considere o comportamento de Rohan no mínimo uma falta de respeito pela monarca, Maria Antonieta seria compensada pelo abuso de seu nome; se ele for absolvido de todo, a rainha estaria condenada moralmente.

Sabem disso os juízes do Parlamento, sabem disso os dois partidos, sabe disso o povo curioso e impaciente: a sentença decidiria muito mais que um caso insignificante. Aqui não se julga um assunto pessoal, mas um tema político-histórico, ou seja, se o Parlamento da França ainda considera a pessoa da rainha "sagrada", inatingível, ou a vê como cidadã sujeita às leis como qualquer outro cidadão francês; pela primeira vez a revolução iminente lança um raio de aurora em direção às janelas daquele prédio que abriga também a Conciergerie, aquela prisão tenebrosa da qual Maria Antonieta será conduzida para o cadafalso. No mesmo edifício começa aquilo que ali terá seu término. Na mesma sala que Mme de la Motte, a rainha mais tarde terá que responder por seus atos.

Durante dezesseis horas os juízes deliberam, entram em áspero conflito as opiniões, e não menos os interesses. Pois ambos os partidos, tanto o monarquista quanto o antimonarquista, fizeram explodir todas as minas, sem falar das minas de ouro; durante semanas todos os membros do Parlamento foram influenciados, ameaçados, convencidos, subornados e comprados, e já se canta nas ruas:

> Si cet arrêt du cardinal
> Vous paraissait trop illégal
> Sachez que la finance
> Eh bien!

Dirige tout en France.
Vous m'entendez bien![81]

Por fim, vinga-se a longa indiferença do rei e da rainha pelo Parlamento, muitos dos juízes consideram chegada a hora de dar uma boa e inesquecível lição à autocracia. Com vinte e seis votos contra vinte e dois – quase um empate – o cardeal é absolvido "sem qualquer advertência", da mesma forma que seu amigo Cagliostro e a pequena modista do Palais Royal. Mostram-se indulgentes também com os cúmplices, que se safam, apenas são expulsos do país. Quem paga a conta é a La Motte, condenada por unanimidade a receber chibatadas do carrasco e a ser marcada a fogo com um "V" (voleuse[82]), depois enviada a cumprir pena de prisão perpétua na Salpêtrière.

Porém, outra pessoa que não esteve no banco dos réus é condenada com a absolvição do cardeal, e também para toda a vida: Maria Antonieta. Dessa hora em diante, fica desprotegida, à mercê da calúnia e do ódio incontido de seus opositores.

Alguém sai correndo da sala do tribunal anunciando a sentença. Centenas de outras pessoas se sucedem e anunciam com êxtase a absolvição pelas ruas. O júbilo cresce tanto que seu rumor ecoa até a outra margem. "Viva o Parlamento" – um novo brado em lugar do costumeiro "Viva o rei!" – ressoa pela cidade. Os juízes empenham algum esforço para enfrentar o entusiasmo agradecido. Ganham abraços, as vendedoras do mercado os beijam, flores são lançadas à sua passagem; majestoso, inicia-se o cortejo vitorioso dos absolvidos. Como que seguindo um comandante supremo em triunfo, milhares de pessoas acompanham o cardeal, novamente trajado de púrpura, à Bastilha, onde deve passar ainda aquela noite; até o amanhecer, uma multidão sempre renovada lá o aguarda e o aclama. Cagliostro não é menos idolatrado, apenas uma ordem policial pode evitar que a cidade se ilumine em sua honra. Assim, um povo inteiro – sinal

---

[81] "Se a prisão do cardeal /Já parecia muito ilegal, /Saiba que as finanças – /O quê! – /Governam tudo na França. /Vocês ouviram bem!"
[82] Voleuse: "ladra".

Processo e sentença

alarmante – celebra dois homens que nada fizeram pela França além de prejudicar mortalmente a imagem da rainha e da Monarquia.

Inutilmente, a rainha esforça-se para ocultar seu desespero; aquela chicotada no rosto atingiu-a de modo muito violento, muito público. Sua camareira encontra-a banhada em lágrimas, Mercy informa Viena que sua dor é "maior do que merece o motivo que a provocou". Sempre mais instintiva e pouco afeita a uma reflexão consciente, Maria Antonieta reconheceu imediatamente a irreparabilidade da derrota; pela primeira vez desde que carrega a coroa real deparou com um poder mais forte que o de sua vontade.

Mas a decisão final ainda está nas mãos do rei. Ele ainda poderia, com uma medida enérgica, salvar a honra ofendida de sua mulher e tolher a tempo a resistência surda. Um rei forte e uma rainha resoluta deveriam mandar para casa um Parlamento rebelde; assim teria agido Luís XIV, talvez até Luís XV. Luís XVI, todavia, tem pouca coragem. Não ousa enfrentar o Parlamento, e apenas para dar uma espécie de satisfação à esposa envia o cardeal ao desterro e expulsa Cagliostro do país – uma meia-medida que irrita o Parlamento, sem conseguir atingi-lo de fato, e ofende a justiça, sem restabelecer a honra de sua mulher. Indeciso como sempre, opta pelo meio, o que em política é sempre o maior erro. Assim, começa-se a percorrer um caminho tortuoso, e logo se cumpre no destino comum dos cônjuges a antiga maldição dos Habsburgo, que Grillparzer[83] perpetua nos versos memoráveis:

> Das ist der Fluch von unserem edlen Haus,
> Auf halben Wegen und zu halber Tat
> Mit halben Mitteln zauderhaft zu streben.

Uma grande decisão perdeu-se irremediavelmente para o rei. Uma nova época iniciou-se com a sentença do Parlamento contra a rainha.

---

[83] "Esta é a maldição de nossa nobre Casa, / Lançar-se a meios caminhos e a meias ações, / Empenhar-se hesitante com meias armas." Franz Grillparzer (1791-1872): dramaturgo austríaco que, em suas peças, refletia em tom conservador sobre a Revolução Francesa e a era napoleônica.

EM RELAÇÃO À LA MOTTE a corte utiliza-se do mesmo procedimento fatal, sempre médio. Também aqui havia uma dupla possibilidade: poupar generosamente a criminosa do castigo cruel – isso teria causado ótima impressão – ou, ao contrário, mandar executar o castigo das chibatadas em público. Todavia, mais uma vez o acanhamento íntimo abriga-se numa meia-medida. Instala-se um andaime e anuncia-se ao povo o bárbaro espetáculo do castigo público, logo as janelas das casas vizinhas são alugadas a preços astronômicos. Contudo, na última hora, a corte assusta-se com a própria coragem. Às cinco da manhã, propositadamente numa hora em que não se temem testemunhas, catorze carrascos arrastam a prisioneira que se debate, furiosa, aos gritos, até a escadaria do Palácio de Justiça, onde lhe é lida a sentença pela qual deveria ser açoitada e marcada a ferro. Entretanto estão às voltas com uma leoa enfurecida, a mulher chora e grita histericamente, suas imprecações contra o rei, o cardeal, o Parlamento despertam a vizinhança adormecida, ela se debate, morde, dá pontapés. Finalmente são forçados a arrancar-lhe a roupa do corpo para poder marcá-la a fogo. Contudo, no instante em que o ferro em brasa toca-lhe o ombro, a prisioneira joga-se para cima em movimentos convulsivos, revelando toda sua nudez, para gáudio do público, e o "V" em brasa, em vez do ombro, acerta-lhe o seio. Aos gritos, a fera indomada rasga com os dentes o casaco do carrasco e depois cai desmaiada. Carregam a mulher sem sentidos à Salpêtrière, onde, de acordo com a sentença, deve cumprir trabalhos forçados até o fim da vida, vestida de pano grosseiro e tamancos, alimentando-se somente de pão de centeio e lentilhas.

Mal se tornam conhecidos os detalhes escabrosos da tortura, e toda a simpatia volta-se de súbito para a La Motte. Ao passo que cinquenta anos atrás – que se consulte Casanova – os nobres todos, acompanhados de suas damas, presenciaram durante quatro horas a tortura do louco Damien, que arranhou Luís XV com um minúsculo canivete, e se deleitaram assistindo ao pobre coitado ser espetado por pinças em brasa, ser escaldado em óleo fervente e amarrado à roda, após uma agonia infinda, enquanto os cabelos, repentinamente embranquecidos, se eriçam sobre sua cabeça, a mesmíssima sociedade, que se tornou filantrópica sob o

Processo e sentença

signo de assassinatos, sente-se tomada de comovente solidariedade pela "inocente" La Motte. Pois encontrou-se agora uma nova e nada perigosa forma de afrontar a rainha: mostrar franca simpatia pela "vítima", pela "pobre infeliz". O duque de Orlèans organiza uma coleta pública, toda a nobreza envia presentes à prisão, dia após dia carruagens elegantes param diante da Salpêtrière. Uma visita à ladra condenada é tida como o *dernier cri*[84] da sociedade parisiense. Com espanto, a abadessa da prisão reconhece certo dia dentre as visitantes comovidas uma das melhores amigas da rainha, a princesa de Lamballe. Terá seguido seu próprio impulso ou, como logo sussurram as pessoas, viria a pedido secreto de Maria Antonieta? De qualquer modo, essa compaixão inapropriada provoca uma sombra constrangedora sobre a causa da rainha. O que significa a solidariedade explícita? – perguntam todos. Sentirá a rainha a consciência pesada? Procuraria ela um contato secreto com sua "vítima"? As especulações não têm fim. E quando, algumas semanas mais tarde, misteriosamente – mãos desconhecidas lhe abriram à noite as portas da prisão –, a La Motte foge para a Inglaterra, circula uma só opinião em toda Paris: a rainha salvou sua "amiga" em agradecimento por ela ter silenciado no tribunal sobre sua culpa ou cumplicidade no caso do colar.

Na realidade, a facilitação da fuga da La Motte foi a cilada mais pérfida que a quadrilha de bandidos pôde arquitetar. Pois agora se colocou mais lenha no misterioso boato sobre a conivência da rainha com a ladra; além disso, a castigada La Motte pode assumir em Londres o papel de acusadora e mandar imprimir as mentiras e difamações mais deslavadas; e mais ainda, como muita gente na França e na Europa fica à espreita de "revelações" dessa espécie, ela tem chance afinal de ganhar muito dinheiro. Logo no dia de sua chegada um tipógrafo londrino lhe oferece grandes somas. A corte, que reconheceu agora o alcance das calúnias, tenta inutilmente deter no ar o dardo envenenado; a favorita da rainha, a Polig-

---

[84] *Dernier cri*: "última moda".

nac, é enviada para comprar o silêncio da ladra por duzentas mil libras. A habilidosa farsante logra a corte pela segunda vez: aceita o dinheiro, porém, sem hesitar, manda imprimir suas "memórias" uma, duas, três vezes, em versões sempre diferentes e mais fantasiosas. Essas memórias contêm tudo que um público ávido por escândalos deseja ouvir e ainda muito mais: o processo no Parlamento teria sido uma comédia fútil, lá teriam abandonado a La Motte à própria sorte e humilhado a pobre da maneira mais vil. Óbvio que ninguém mais do que a própria rainha teria encomendado o colar e o recebido de Rohan; ela, entretanto, inocência pura, teria assumido o crime por amizade, para proteger a honra ofendida da rainha. Como seria sua amizade com Maria Antonieta, também isso a mentirosa insensível esclarece da maneira que o público libidinoso quer saber: *more lesbico*, intimidades do leito. De nada adianta que a qualquer olhar imparcial a maioria dessas mentiras seja desmascarada simplesmente por sua forma grosseira, Mme de la Motte afirma que Maria Antonieta tivera um caso amoroso com o cardeal de Rohan quando ainda era arquiduquesa, na época em que ele fora embaixador – pois qualquer pessoa de boa vontade pode contar nos dedos que Maria Antonieta, quando Rohan estava em Viena, já era delfina há muito tempo em Versalhes. Porém, as pessoas de boa vontade tornaram-se raras. O grande público, ao contrário, lê encantado as dezenas de cartas de amor, rescendendo a almíscar, da rainha a Rohan, que a La Motte falsifica em suas memórias; e quanto mais perversidades conta a respeito dela, mais querem saber. Agora se sucedem pasquins e mais pasquins, cada um supera o outro em lascívia e vilania. Logo surge publicamente uma "lista de todas as pessoas com as quais a rainha manteve relações libertinas". Ela contém nada menos que trinta e quatro nomes de ambos os sexos, duques, atores, lacaios, o irmão do rei e mais seu camareiro, a Polignac, a Lamballe e, finalmente um resumo, "toutes les tribades de Paris",[85] incluindo as açoitadas prostitutas de rua. Esses trinta e quatro não superam, porém, todos os amantes que a opinião dos salões e das ruas, insuflada propositalmente, atribui a Maria

---

[85] "Todas as meretrizes de Paris".

Processo e sentença

Antonieta; tão logo a fantasia erótica de uma cidade inteira, de toda uma nação, se apossa de uma mulher, seja ela imperatriz ou diva de cinema, rainha ou cantora de ópera, imagina para ela, hoje tanto quanto outrora, todos os excessos e perversões possíveis, para repartir, sob a aparência de desprezo público, todas as sonhadas volúpias. Outro libelo, *La vie scandaleuse de Marie Antoniette,* narra a história de um robusto soldado que, já na corte imperial austríaca, acalmava os insaciáveis *fureurs utérines* (este era o elegante título de um terceiro panfleto) da menina de treze anos; minuciosamente, é descrito ao público leitor embevecido o *Bordel royal* (mais outro título), com seus *"mignons et mignonnes"*, utilizando-se de inúmeras gravuras pornográficas que revelam a rainha com os diferentes parceiros em libidinosas poses amorosas. A lama espirra cada vez mais para o alto, as mentiras tornam-se cada vez mais odiosas, e acredita-se em todas elas, pois se quer acreditar em tudo que se refere àquela "criminosa". Dois, três anos após o processo do colar, Maria Antonieta já está irremediavelmente difamada como a mulher mais lasciva, mais devassa, hipócrita e tirânica em toda a França; a ardilosa e ferreteada La Motte, ao contrário, é considerada vítima inocente. E mal se inicia a revolução, os clubes tentam trazer a fugitiva La Motte a Paris sob sua proteção para reviver novamente todo o processo do colar, dessa vez, contudo, diante do tribunal da revolução, com Mme de la Motte como acusadora e Maria Antonieta no banco dos réus. Apenas a morte repentina da La Motte – em 1791 ela se atira de uma janela num acesso de paranoia – evitou que a magnífica embusteira fosse carregada em triunfo por Paris e lhe fosse outorgado por decreto um título "pelos serviços prestados à república". Sem essa intervenção do destino, o mundo teria vivido uma comédia jurídica ainda mais grotesca que o processo do colar: Mme de la Motte como espectadora triunfante na execução daquela que foi caluniada por ela, a rainha.

O povo acorda, a rainha desperta

O SIGNIFICADO HISTÓRICO DO PROCESSO do colar reside no fato de que os refletores da opinião pública depositaram sua luz forte e ofuscante sobre a pessoa da rainha e sobre as vidraças de Versalhes; em tempos conturbados, porém, a transparência é sempre perigosa. Pois, para tornar-se resistente, para transformar-se em ato, a insatisfação – por si só um estado passivo – necessita sempre de uma figura humana, seja como porta-estandarte de uma ideia, seja como alvo para o ódio contido: o bíblico bode expiatório. Ao ente misterioso "povo" cabe, do ponto de vista antropomórfico, apenas o que caracteriza o ser humano: pensar; conceitos nunca expressam e captam com total clareza a capacidade intelectual do povo, apenas pessoas; onde quer que intua uma culpa, quer ver um culpado. Há muito o povo francês sente surdamente a injustiça que recai sobre ele, vinda de algum lugar. Durante muito tempo havia se humilhado de forma obediente e acalentado a esperança fervorosa de tempos melhores; a cada novo Luís, brandia as bandeiras com entusiasmo, pagava religiosamente os dízimos e os impostos aos senhores feudais e à Igreja; porém, quanto mais se curvava, mais pesada era a opressão, com mais avidez os impostos sugavam seu sangue. Na próspera França, os celeiros estão vazios, os arrendatários de terras empobrecem, no solo fértil sob o mais belo céu da Europa falta o pão. De alguém deve ser a culpa; quando uns têm pouco pão isso deve acontecer porque outros comem demais; quando uns são sufocados por seus deveres, então deve haver outros que detêm para si direitos demais. Surge gradualmente em todo o país aquela surda inquietação que precede de maneira criativa todo raciocínio e toda indagação. A burguesia, a quem um Voltaire, um Jean-Jacques Rousseau abrem os olhos, começa a julgar

O povo acorda, a rainha desperta

com independência, a criticar, a ler, a escrever, a se comunicar. Por vezes um relâmpago anuncia a grande tempestade. Herdades são saqueadas, e os senhores feudais ameaçados. Uma grande insatisfação há muito se alastra como uma nuvem negra sobre todo o país.

Então, dois raios ofuscantes caem consecutivamente e clareiam a situação geral: o processo do colar é um deles, as revelações de Calonne sobre o déficit o outro. Tolhido em suas reformas, talvez também por hostilidade secreta contra a corte, o ministro das Finanças revela pela primeira vez números precisos. Sabe-se agora o que fora oculto durante longo tempo: em doze anos do governo de Luís XVI, contraiu-se o empréstimo de um bilhão e duzentos e cinquenta milhões de libras. O povo fica pálido sob o impacto desse raio. Um bilhão e duzentos e cinquenta milhões, uma soma astronômica, desperdiçada, para quê, por quem? O processo do colar fornece a resposta. Aqui os pobres-diabos que mourejam dez horas em troca de alguns centavos ficam sabendo que em certos círculos diamantes no valor de um milhão e meio são oferecidos como mimos ocasionais de amor, que se adquirem castelos por dez e por vinte milhões, enquanto o povo passa necessidades. E como qualquer um sabe que o rei, esse pobre-diabo de mente pequeno-burguesa, não tem participação nenhuma no esbanjamento fantástico, toda a indignação recai, como enxurrada, sobre a sedutora, a perdulária, a rainha leviana. Encontrou-se a culpada pela dívida pública. Sabe-se agora por que as cédulas valem menos a cada dia, o pão encarece e os impostos aumentam: porque a prostituta manda enfeitar com brilhantes as paredes de toda uma sala de seu Trianon, porque ela envia secretamente ao irmão José cem milhões em ouro para sua guerra, porque ela cobre os amiguinhos e as amiguinhas de leito com pensões, cargos e benefícios. A infelicidade de repente tem uma causa, a bancarrota; sua responsável, a rainha, um novo nome. "Madame Defizit" é como ela é chamada de um canto a outro da França: o nome arde como uma tatuagem a fogo sobre suas costas.

Agora se rompe a nuvem sombria: uma chuva de granizo de brochuras, libelos, uma torrente de documentos, sugestões, petições caem do céu, nunca se falou, escreveu e pregou tanto na França; o povo começa a despertar. Os voluntários e soldados da guerra americana contam, até nas aldeias mais atrasadas, sobre um país democrático onde não há nem corte, nem rei nem nobreza, mas apenas cidadãs e cidadãos, igualdade total e liberdade. E não está escrito bem claro no *Contrato social* de Jean-Jacques Rousseau e, mais sutil, mais dissimuladamente, nos escritos de Voltaire e Diderot que a ordem real de maneira alguma é a única desejada por Deus e o melhor de todos os mundos existentes? A antiga veneração submissa ergue pela primeira vez a cabeça, curiosa, e dessa maneira advém uma nova atitude para a nobreza, o povo e a burguesia; o surdo burburinho nas lojas maçônicas, nas assembleias provinciais, transforma-se aos poucos num murmúrio, num trovejar perceptível ao longe, tensão elétrica percorre o ar, esfera carregada de fogo: "O que faz crescer o mal-estar a proporções enormes", reporta o embaixador Mercy a Viena, "é a crescente excitação dos espíritos. Pode-se dizer que pouco a pouco a agitação atinge todas as classes da sociedade, e essa inquietação febril dá ao Parlamento a força de perseverar na oposição. Mal se acredita na audácia com que se fala em lugares públicos a respeito do rei, dos príncipes e dos ministros; criticam-se seus gastos, pinta-se em cores sombrias o desperdício da corte e enfatiza-se a necessidade da convocação dos Estados Gerais, como se o país não tivesse governo. É impossível tolher essa liberdade de expressão com medidas punitivas, pois a febre tornou-se tão geral que, mesmo que se prendesse gente aos milhares, não se conseguiria acabar com o problema; ao contrário, isso faria a ira do povo chegar a um ponto tal que uma revolta seria inevitável."

Agora a irritação geral não precisa mais de máscara ou cautela, ela assoma abertamente e diz o que quer dizer: mesmo as formas exteriores do respeito não são mais acatadas. Quando a rainha, pouco tempo depois do processo do colar, aparece pela primeira vez em seu camarote, será recebida com vaias tão fortes que evitará o teatro a partir de então. Quando Mme Vigée-Lebrun quer expor seu quadro de Maria Antonieta no *salon*, a probabilidade da execração da pintura de "Madame Defizit" já é tão grande que se prefere remover o retrato da rainha o mais depressa possível. Nos aposentos, nas salas dos espelhos de Versalhes, por toda

O povo acorda, a rainha desperta

parte, Maria Antonieta sente a fria hostilidade não só pelas costas, mas abertamente, olho no olho, cara a cara. Finalmente, experimenta ainda a última humilhação: o delegado de polícia anuncia de forma empolada que seria aconselhável a rainha não visitar Paris por ora, não se poderia garantir sua proteção contra incidentes desagradáveis. Toda a excitação represada de um país inteiro projeta-se agora com violência em direção a uma só pessoa; e, de súbito, despertando de sua despreocupação, a rainha, acordando, fustigada pelo chicote do ódio, geme e pergunta aos últimos amigos fiéis: "O que querem de mim...? O que lhes fiz?"

FOI PRECISO QUE RIBOMBASSE um trovão para sacudir Maria Antonieta de seu *laisser-aller* orgulhoso e indiferente. Agora está desperta, agora aquela que fora mal aconselhada e não dera ouvidos a qualquer orientação oportuna começa a compreender o que negligenciara; e, com a habitual precipitação nervosa, apressa-se em reparar os erros mais aviltantes. Com um traço de pena corta primeiro suas vultosas despesas pessoais. Mlle Bertin é dispensada, são feitos cortes no guarda-roupa, no orçamento doméstico, nas cavalariças, representando uma economia de mais de um milhão ao ano; os jogos de azar desaparecem dos salões junto com os banqueiros, são interrompidas as novas construções no castelo de Saint-Cloud, outros castelos são vendidos depressa, uma série de empregos é cortada, a começar por aqueles de seus favoritos do Trianon. Pela primeira vez Maria Antonieta vive de ouvidos abertos, pela primeira deixa de obedecer ao velho poder, à moda da sociedade, para acatar o novo: a opinião pública. Já nessa primeira tentativa, ela ouve opiniões a respeito dos verdadeiros sentimentos de seus amigos, que cobrira de benesses durante décadas em prejuízo de sua própria reputação, pois esses aproveitadores mostram pouca compreensão por reformas do Estado prejudiciais a eles. Seria insuportável, protesta em público um desses aproveitadores desavergonhados, viver num país onde não se tem certeza de possuir amanhã o que ainda se tinha ontem. Maria Antonieta, porém, permanece firme. Desde que mantém os olhos abertos, reconhece melhor muitas coisas. Ostensivamente, afasta-se da companhia nefasta dos Polignac e aproxima-se novamente dos velhos conselheiros, Mercy e Vermond, este já despedido há muito tempo; parece que sua conscientização tardia queria dar razão a Maria Teresa nas advertências inúteis.

Todavia, "tarde demais" – a expressão fatal torna-se agora a resposta a qualquer de seus esforços. Todas essas pequenas renúncias não são percebidas no tumulto geral, os cortes súbitos representam gotículas no enorme tonel das Danaidas, o do déficit. Com algumas medidas casuais, isso a corte reconhece agora assustada, nada mais pode ser salvo, é preciso um Hércules para finalmente remover o gigantesco rochedo do déficit. Um colaborador, um ministro após outro é nomeado para sanar as finanças, mas todos empregam apenas os meios eficazes para aquele momento, os quais estão ainda em nossa memória, tanto ontem quanto hoje (a história sempre se repete): exorbitantes empréstimos que aparentemente fazem sumir os precedentes, impostos aviltantes, taxas e sobretaxas, emissão de títulos e refusão de valores em ouro em moeda depreciada, portanto, inflação mascarada. Como, porém, a doença localiza-se mais abaixo, numa circulação falha do dinheiro, numa distribuição nacional-econômica de valores através do acúmulo de toda a riqueza nas mãos de algumas dezenas de estirpes feudais, e como os médicos financeiros não ousam fazer a intervenção cirúrgica necessária, o definhamento dos cofres públicos permanece crônico. "Quando a malversação e a leviandade tiverem esgotado o tesouro real", escreve Mercy, "ergue-se um grito de desespero e de medo. Então, os ministros se utilizam de instrumentos cada vez mais mortais, como há pouco a refusão de bens em ouro sob formas criminosas ou a criação de novos impostos. Esses recursos momentâneos atenuam as dificuldades por um momento, e passa-se com incrível rapidez do desespero para a maior despreocupação. Em última análise, certo é que o atual governo supera o antigo em desorganização e exploração, e que é moralmente impossível que esse estado de coisas possa durar ainda muito sem ter uma catástrofe como consequência." Quanto mais se sente a proximidade da bancarrota, tanto mais inquieta se torna a corte. Finalmente começa-se a compreender: não basta mudar os ministros, é preciso mudar

O povo acorda, a rainha desperta

o sistema: às portas da falência, pela primeira vez não se exige mais que o sonhado salvador pertença a uma família distinta, e sim, principalmente, que ele – um novo conceito na corte francesa – seja popular e que inspire confiança àquele ente desconhecido e perigoso, o "povo".

Tal homem existe, é conhecido pela corte, tinham-lhe mesmo solicitado conselhos em situações difíceis, embora seja de origem burguesa, um estrangeiro, um suíço e, o que era mil vezes pior, um verdadeiro herege, um calvinista. Os ministros, porém, não estavam muito encantados com esse marginal e antes já o tinham dispensado depressa, pois permitira no *compte rendu*[86] que a nação lançasse seu olhar sobre o caldeirão das bruxas. Numa folha de papel quadrada, acintosamente minúscula, o ministro ofendido enviou então seu pedido de demissão ao rei; Luís XVI não pôde perdoá-lo pela enorme descortesia e durante muito tempo expressamente declara – ou até jura – nunca mais nomear Necker.

Porém, agora ou nunca, Necker é o homem do momento; a rainha afinal entende quão importante seria, justamente para ela, um ministro que conseguisse domar esse animal feroz, vociferante: a opinião pública. Também ela precisa superar uma resistência interior para impor a escolha, pois o antecessor, o ministro Loménie de Brienne, que logo caiu em desgraça, fora nomeado por influência sua. Deveria ela, pois, responsabilizar-se mais uma vez no caso de um novo fracasso? Todavia, como percebe que seu esposo eternamente indeciso ainda hesita, decidida, lança mão daquele homem perigoso como um veneno. Em agosto de 1785, chama Necker a seu gabinete particular e emprega todo seu poder de persuasão para convencê-lo. O ofendido Necker experimenta nesse minuto um duplo triunfo: não estava sendo nomeado por uma rainha, e sim convocado a aceitar e solicitado por todo o povo. "Viva Necker!" – "Viva o rei!" –, ressoa o brado nessa noite pelas galerias de Versalhes, pelas ruas de Paris, tão logo a nomeação é anunciada.

Apenas a rainha não tem coragem de compartilhar o entusiasmo; a responsabilidade de ter mexido nas rodas do destino com suas mãos

---

[86] *Compte rendu*: "prestação de contas".

inexperientes torna-a apreensiva demais. Além disso: um pressentimento inexplicável à menção daquele nome provoca-lhe sentimentos sombrios, ela não sabe a razão; e mais uma vez seu instinto mostra-se mais forte que sua inteligência. "Tremo ao pensar", escreve no mesmo dia a Mercy, "que fui eu que o chamei. É meu destino trazer desgraça, e se novamente forças diabólicas o fizerem fracassar, ou se ele rechaçar a autoridade do rei, eu serei mais odiada que agora."

"Tremo ao pensar" – "Perdoai minha fraqueza" – "É meu destino trazer desgraça" – "Tenho grande necessidade de que um amigo tão bom e caro como o senhor me apoie neste momento" – tais palavras nunca teriam sido escritas ou ditas pela antiga Maria Antonieta. Trata-se de um novo tom, a voz de uma criatura abalada, interiormente perturbada, não mais a voz alegre e risonha da jovem mimada. Maria Antonieta provou a maçã amarga do conhecimento, desapareceu agora sua segurança de sonâmbula, pois intrépido só é aquele que não reconhece o perigo. Começa agora a compreender o alto preço que se paga por altas posições: responsabilidade – pela primeira vez pesa-lhe sobre a cabeça a coroa que até então usara como um chapéu da moda criado por Mlle Bertin. Como seus passos se tornam indecisos desde que sente o surdo rumorejar de um vulcão sob a terra frágil! Melhor ficar à margem de qualquer deliberação, longe da política e de seus negócios sombrios, não mais intrometer-se nas decisões que pareciam tão fáceis e que agora são sabidamente perigosas. Tem início uma transformação total no comportamento de Maria Antonieta. Aquela que era feliz em meio ao burburinho e à agitação, procura agora o silêncio e o recolhimento. Evita o teatro, as festas, os bailes de máscaras, não deseja mais participar do Conselho de Estado do rei; só respira aliviada junto a seus filhos. Nesses aposentos cheios de risos não penetra a pestilência do ódio e da inveja. Sente-se mais segura como mãe do que como rainha. Outro segredo também foi descoberto muito tarde pela mulher desiludida: pela primeira vez um homem, um verdadeiro amigo e alma gêmea, comove, acalma, satisfaz seus sentimentos. Pois agora tudo poderia estar

O povo acorda, a rainha desperta

bem; e só viver tranquilamente e no círculo mais natural e estreito, nada mais de atentar contra o destino, esse misterioso adversário cuja força e malícia ela compreende pela primeira vez.

Todavia, justamente agora que o maior anseio de seu coração se resume à quietude, o barômetro da época indica tempestade. Justamente nessa hora em que Maria Antonieta se torna consciente de seus erros e deseja recolher-se para tornar-se invisível, uma vontade impiedosa a impele em direção aos acontecimentos mais excitantes da história.

O verão decisivo

NECKER, O HOMEM QUE A RAINHA põe no leme do Estado quando se anuncia o naufrágio, rumou de proa contra a tempestade. Não teme, não recolhe as velas, não manobra por muito tempo; meias-medidas de nada adiantam, ao contrário, cabe tomar apenas uma decisiva e poderosa medida: o deslocamento total da confiança. Naqueles últimos anos, o centro de gravidade da confiança nacional tinha se desviado de Versalhes. A nação não acredita mais nas promessas do rei, nem tampouco em suas notas promissórias e em seu dinheiro de papel, nada mais espera do Parlamento de nobres e da Assembleia de notáveis. Uma nova autoridade precisa ser criada – ao menos temporariamente – para reforçar o crédito e reprimir a anarquia, pois o inverno rigoroso calejou até o povo. A todo momento pode irromper o desespero da turba que abandonou o campo e agora passa fome nas cidades. Assim, o rei decide, após a hesitação costumeira, na hora crucial, convocar pela primeira vez em dois séculos os Estados Gerais, os representantes de todo o povo. Para tolher logo de início a preponderância daqueles cujas mãos ainda detêm os direitos e a riqueza, a primeira e a segunda classe social, a nobreza e o clero, o rei, a conselho de Necker, dobrou o número de representantes do terceiro estado. Desse modo, as duas forças se equilibram e garante-se ao monarca o poder de decisão. A convocação da Assembleia Nacional atenuará a responsabilidade do rei e reforçará o seu prestígio: assim pensa a corte.

Contudo o povo pensa diferente. Pela primeira vez sente-se conclamado, mas sabe: é por puro desespero, e não por bondade, que os reis chamam seu povo ao Conselho. Imensa tarefa é conferida desse modo à nação, mas também uma oportunidade única; o povo está decidido a

O verão decisivo

aproveitá-la. Um frenesi de entusiasmo invade cidades e aldeias, as eleições tornam-se uma festa, as assembleias, altares de elevação cívico-religiosa – como sempre, antes de grandes furacões, a natureza cria as auroras mais coloridas e mais ilusórias. Finalmente a obra pode ter início: em 5 de maio de 1789, o dia da abertura da Assembleia das classes, Versalhes não é apenas a residência do rei, mas capital, cérebro, coração e alma de todo o reino da França.

Nunca a pequena cidade de Versalhes viu tanta gente reunida como naqueles dias luminosos de primavera de 1789. A corte compreendia como sempre cerca de quatro mil pessoas, a França enviou quase dois mil deputados; além disso, vêm incontáveis curiosos de Paris e centenas de outras localidades para presenciar o espetáculo histórico. A custo aluga-se um quarto em troca de saquinhos recheados de ouro; de um punhado de ducados, um colchão de palha; centenas que não encontraram alojamento dormem sob portais e portões; muitos esperam de pé, logo de madrugada, apesar da chuva intensa, em fileiras, para não perder o grandioso espetáculo. Sobe três, quatro vezes o preço dos alimentos, aos poucos o afluxo de pessoas torna-se insuportável. Já agora fica simbolicamente demonstrado: essa apertada cidade provinciana tem espaço apenas para *um* soberano da França, não para dois. Com o tempo, um deles terá de ceder lugar: a Monarquia ou a Assembleia Nacional. O primeiro momento não deve ser destinado à disputa, mas à plena reconciliação entre rei e povo. No dia 4 de maio, os sinos tocam desde as primeiras horas da manhã: antes que as pessoas deliberem, deve ser dada em local sagrado a bênção de Deus para a grande realização. Paris inteira veio a Versalhes em peregrinação para poder relatar a filhos e netos sobre o dia em que tem início uma nova era. Nas janelas, das quais pendem valiosas tapeçarias, aglomeram-se as pessoas; nas chaminés, não importa o perigo de vida, penduram-se pencas de gente; ninguém quer perder um só detalhe da grande procissão. De fato, é magnífico o desfile das classes; pela primeira vez a corte de Versalhes põe à vista todo seu esplendor para manifestar-se diante do povo como a verdadeira majestade, como poder inato e legítimo. Às dez horas da manhã, o cortejo real deixa o palácio. À frente, os pajens a cavalo em librés flamejantes, os falcoeiros com os falcões pousados sobre o punho erguido. Depois avança devagar, puxada por cavalos lindamente engalanados, sobre cujas cabeças balançam tufos de penas coloridas, majestática, a carruagem do rei, em cristais e dourados. À sua direita senta-se o irmão mais velho, na boleia o irmão mais novo, no assento traseiro, os jovens duques de Angoulême, de Berry e de Bourbon. Gritos de alegria, "Viva o rei!", saúdam efusivamente a primeira carruagem, destoando de maneira constrangedora do silêncio duro e obstinado em meio ao qual desfila a segunda carruagem, com a rainha e as princesas. Claramente, já nessas horas da manhã, a sentença pública traça uma firme linha divisória entre o rei e a rainha. Silêncio semelhante acolheu as carruagens seguintes, nas quais os outros membros da família seguiam em cortejo lento e solene até a igreja de Notre Dame, onde as três classes, dois mil homens, cada um com uma vela acesa na mão, aguardam a corte para atravessar a cidade em procissão.

As carruagens param diante da igreja. O rei, a rainha e a corte, todos descem, uma visão inusitada os aguarda. Os representantes da nobreza, luxuosos em seus mantos de seda com fechos de ouro, os chapéus de plumas brancas altivamente erguidos já lhes são conhecidos de festas e bailes, assim como o esplendor do clero, o vermelho flamejante dos cardeais, os trajes roxos dos bispos; as duas classes, a primeira e a segunda, ladeiam fielmente o trono há cem anos, desde sempre enfeitam suas festas. Quem é, porém, aquela massa escura, de trajes pretos de intencional simplicidade, sobre os quais sobressaem apenas os lenços brancos ao pescoço? Quem são essas pessoas estranhas com seus triviais chapéus de três pontas? Quem são esses desconhecidos, cada um deles anônimo ainda hoje, que se postam juntos diante da igreja como um bloco fechado? Que pensamentos ocultam esses rostos estranhos, nunca vistos, com olhares destemidos, claros e até severos? O rei e a rainha fixam seus adversários que, fortes pela união, nem se curvam submissamente nem irrompem em gritos de júbilo, mas aguardam em enfático silêncio para iniciar a obra de renovação da igualdade de direitos, junto com aqueles outros orgulhosos e pomposos, privilegiados e célebres. Não parecem ser eles muito mais

O verão decisivo

juízes do que conselheiros obedientes em suas sombrias roupas pretas, em suas maneiras severas e impenetráveis? Talvez nesse primeiro encontro o rei e a rainha, estremecendo, tivessem já sido tocados por um presságio de seu destino.

Todavia, o primeiro encontro não se destina a confronto algum: antes da luta inevitável deve consagrar-se uma hora à harmonia. Em interminável procissão, sérios e compenetrados, uma vela em cada mão, lentamente os dois mil homens percorrem o pequeno trecho de igreja para igreja, de Notre-Dame de Versalhes à catedral de Saint-Louis, entre as alas reluzentes formadas pelas guardas francesa e suíça. No alto dobram os sinos, ao lado rufam os tambores, brilham os uniformes, e apenas o canto litúrgico dos sacerdotes atenua o caráter militar, transformando-o em solene celebração.

No início do longo cortejo marcham – os últimos serão os primeiros – os representantes do terceiro estado em duas fileiras paralelas, atrás deles a nobreza, em seguida o clero. Quando os últimos representantes do terceiro estado passam, ocorre no povo uma (não casual) movimentação, o público irrompe em entusiásticos gritos de júbilo. A aclamação dirige-se ao duque de Orléans, o renegado da corte, que por calculado propósito demagógico preferiu aliar-se aos representantes do terceiro estado, em vez de seguir em meio à família real. Nem mesmo o rei, que segue atrás do baldaquim com a custódia – carrega-a o arcebispo de Paris em paramentos cobertos de diamantes – é aclamado com os aplausos entusiasmados dirigidos àquele que se declara publicamente, ante o povo, pela nação e contra a autoridade real. Para enfatizar a oposição secreta à corte, alguns escolhem o momento em que se aproxima Maria Antonieta para, em vez de "Vive la reine!", bradar o nome de seu inimigo: "Viva o duque de Orléans!" Maria Antonieta sente a ofensa, perturba-se e empalidece; apenas a custo, sem chamar a atenção, consegue manter sua postura e percorrer até o fim o caminho da humilhação. Já no dia seguinte, porém, à abertura da Assembleia Nacional, aguarda-a nova afronta. Enquanto o rei é aplaudido à entrada do salão, nenhum lábio, nenhuma mão se move à sua chegada: um silêncio frio, acintoso, sopra-lhe como uma rajada gelada. "Voilà la victime", sussurra Mirabeau a seu vizinho; mesmo um governador americano, Morris, totalmente neutro, empenha-se em animar seus amigos franceses a quebrar o silêncio ofensivo com um grito menos afrontoso. Sem sucesso, todavia. "A rainha chorou", escreveu em seu diário aquele filho de uma nação livre, "e nem uma só voz elevou-se para ela. Eu teria erguido minha mão, mas aqui não tenho direito de expressar meus sentimentos, e inutilmente pedi a meus vizinhos que o fizessem." Durante três horas a rainha da França precisa ficar sentada como no banco dos réus, diante dos representantes do povo, sem qualquer saudação e deferência; somente quando ela, após o interminável discurso de Necker, se levanta para deixar o recinto com o rei, alguns parlamentares, por compaixão, animam-se para um tímido "Vive la reine!". Comovida, Maria Antonieta agradece ao pequeno grupo com um aceno de cabeça, e com esse gesto irrompe afinal o aplauso de todo o público. Maria Antonieta, no entanto, ao voltar a seu palácio, não acalenta qualquer ilusão; com toda clareza sente a diferença entre o aplauso hesitante e piedoso e o enorme, caloroso, entusiasmado fragor do afeto popular que espontaneamente envolveu outrora seu coração ainda infantil por ocasião de sua chegada. Sabe que está excluída da reconciliação e que se inicia uma luta de vida e morte. A todos os espectadores daqueles dias chama a atenção o estado inquieto e perturbado de Maria Antonieta. Até durante a abertura da Assembleia Nacional, onde aparece em real esplendor, num vestido violeta e branco-prateado, a cabeça adornada com uma maravilhosa pena de avestruz, majestática e bela, Mme de Staël percebe uma expressão de tristeza e abatimento em sua atitude, o que lhe pareceu inusitado e estranho na mulher antes tão coquete, alegre e despreocupada. Realmente a custo e com extrema força de vontade Maria Antonieta apresenta-se nesse palco. Seus sentidos e preocupações estão em outro lugar. Enquanto tem que desfilar durante horas com pompa real e a devida majestade diante do povo, sabe que em Meudon sofre e agoniza em seu pequeno leito o filho mais velho, o delfim de seis anos. Já no ano anterior padeceu o sofrimento de perder um de seus quatro filhos, a princesa Sophie-Beatrix, de apenas onze meses. Agora, pela segunda vez, a morte espreita o quarto infantil

O verão decisivo

atrás de outra vítima. Os primeiros sintomas de raquitismo já se fizeram sentir no primogênito em 1788. "Meu filho mais velho causa-me preocupação", escreveu então a José II. "É um pouco disforme, um quadril é mais alto que o outro, e nas costas os ossos da coluna estão um pouco tortos e salientes. Há algum tempo tem febre constante e está magro e enfraquecido." Depois ocorreram algumas melhoras enganosas, porém, logo não resta esperança à pobre mãe. A solene procissão de abertura dos Estados Gerais, esse espetáculo colorido, singular, será a última diversão do infeliz menino doente: envolvido em mantos, deitado em almofadas, fraco demais para andar, pode ainda acompanhar do balcão das cocheiras reais, com seus olhos mortiços e febris, a passagem de seu pai, sua mãe e as fileiras reluzentes de soldados. Um mês depois é enterrado. A morte do filho, iminente e inevitável, estava sempre presente nos pensamentos de Maria Antonieta durante aqueles dias, toda sua preocupação se voltava para o menino. Nada mais insensato, pois, que a lenda sempre requentada de que, naquelas semanas de suas mais penosas aflições maternais e humanas, Maria Antonieta tivesse urdido de manhã a noite intrigas traiçoeiras contra a Assembleia. Naqueles dias, sua capacidade de luta estava totalmente destruída pela dor sofrida, pelo ódio represado; só depois, totalmente só, lutando desesperadamente pela própria vida e pelo reinado de seu marido e de seu segundo filho, ela se erguerá de novo para uma última resistência. Agora, porém, sua força esvaiu-se, e justamente naqueles dias havia necessidade da força de um deus, não a de uma criatura perturbada e infeliz, para deter o destino inclemente.

Os acontecimentos sucedem-se agora com a rapidez de uma corredeira. Após alguns dias, as duas classes privilegiadas, a nobreza e o clero, já se encontram em disputas acirradas, movidas por ciúme do terceiro estado; repelida, a classe do povo declara-se autoritariamente pela Assembleia Nacional e presta o juramento, no salão de Jogo da Pela, de não se dissolver antes que a vontade do povo, a Constituição, seja cumprida. A corte estremece diante do demônio-povo a quem ela mesma abriu as portas de casa; hesitando para todos os lados, indeciso entre todos os seus conselheiros convocados e não convocados, dando razão hoje ao terceiro estado, no dia seguinte ao primeiro e ao segundo, oscilando de maneira funesta na hora que requer maior clareza e força, o rei ora pende para o lado dos fanfarrões militares, que exigem à velha maneira altiva que se mandasse o populacho embora à força da espada, ora dá ouvidos a Necker, que sempre sugere ceder. Hoje impede a entrada do terceiro estado na sala do Conselho, depois retrocede temeroso assim que Mirabeau declara que "a Assembleia Nacional só cederá ao poder das baionetas". Na mesma medida, porém, em que cresce a indecisão da corte, cresce a determinação do país. Do dia para a noite, o ente mudo "povo" ganhou voz com a liberdade de imprensa; em centenas de brochuras clama por seus direitos, em inflamados artigos de jornal dá vazão à sua ira rebelde. No Palais Royal, sob o teto protetor do duque de Orléans, reúnem-se diariamente dez mil pessoas que discursam, gritam, agitam, instigam-se mutuamente sem parar. Desconhecidos cuja boca estivera fechada durante toda a vida descobrem de repente o prazer de discursar, escrever, centenas de ambiciosos e desocupados sentem a hora propícia, todos fazem política, agitam, leem, discutem, defendem causas. "Cada hora", escreve o inglês Arthur Young, "produz seu pasquim, hoje já apareceram treze, ontem dezesseis, vinte e dois na semana passada, e em cada vinte, dezenove são a favor da liberdade" – isso significa a supressão de privilégios, entre eles os privilégios monárquicos. A cada dia, a cada hora, esvai-se uma parcela da autoridade real, as palavras "povo" e "nação" deixam de ser meras letras para centenas de milhares de pessoas num prazo de duas ou três semanas, e se transformam num conceito religioso de onipotência e suprema justiça. Logo oficiais e soldados unem-se ao movimento irresistível, os funcionários públicos da cidade e do estado, consternados, já percebem como as rédeas lhes escapam das mãos naquela revolta das forças populares, até a Assembleia Nacional entra na esteira da torrente, perde o curso dinástico e começa a balançar. Os conselheiros tornam-se cada vez mais amedrontados no palácio real, e, como de costume, a insegurança psicológica tenta superar o medo agarrando-se num gesto de força: o rei, como forma de ameaça, reúne os últimos regimentos fiéis e confiáveis, deixa-os de prontidão na Bastilha e, por fim, para iludir-se sobre a força que lhe falta interiormente, lança um desafio à nação, ao

O verão decisivo

demitir em 11 de julho o único ministro popular, Necker, e o mandar para o exílio como um criminoso.

Os dias seguintes estão cinzelados em letras indeléveis na história; de fato, um só livro não deve ser consultado a esse respeito: o diário manuscrito do desditoso e inocente rei. Ali consta, no dia 11 de julho apenas: "Nada. Partida do senhor Necker"; e em 14 de julho, o dia da queda da Bastilha, que destrói definitivamente seu poder, de novo a mesma palavra trágica: "*Rien.*" – isto é, nenhuma caçada nesse dia, nenhum cervo abatido, portanto, nenhum acontecimento digno de nota. Pensa-se de modo diferente em Paris a respeito desse dia, até hoje festejado pela nação inteira como o aniversário de sua consciência de liberdade. À hora do almoço do dia 12 de julho, alastra-se até Paris a notícia da demissão de Necker, a faísca atinge o barril de pólvora. No Palais Royal, Camille Desmoulins, um dos amigos de clube do duque de Orléans, pula numa poltrona, brande uma pistola, grita que o rei estaria preparando uma noite de são Bartolomeu e conclama às armas. Num minuto acha-se um símbolo da revolta, a *cocarde*, a bandeira tricolor da República; poucas horas depois, soldados são atacados por toda parte, arsenais são assaltados, as ruas obstruídas. Em 14 de julho, marcham vinte mil pessoas do Palais Royal em direção à execrada fortaleza de Paris, a Bastilha. Horas mais tarde ela é tomada, e a cabeça do governador que queria defendê-la dança na ponta de uma lança: pela primeira vez acende-se a lanterna sangrenta da revolução. Ninguém mais ousa impor resistência contra a explosão primitiva da ira popular; as tropas, que não obtêm nenhuma ordem clara de Versalhes, batem em retirada; à noite, Paris arma-se com mil velas para a celebração da vitória.

A dez milhas de distância do acontecimento histórico, porém, em Versalhes, ninguém sabe de nada. O ministro inconveniente foi mandado embora, agora haverá paz, logo se poderá retornar à caçada, quem sabe amanhã. Todavia, mensagem atrás de mensagem chega da Assembleia Nacional: reina a desordem em Paris, saqueiam-se os arsenais, marcha-se contra a Bastilha. O rei recebe os comunicados, mas não toma decisão alguma; afinal, para que serve essa incômoda Assembleia Nacional? Ela que procure uma solução. Como sempre, também nesse dia, a sagrada rotina da corte não se alterou; como sempre aquele homem acomodado, fleumático, desinteressado de tudo (amanhã ficaremos sabendo de tudo), recolhe-se ao quarto às dez horas e dorme seu sono pesado, profundo, que nada neste mundo poderia perturbar! Que tempos audaciosos, impertinentes, que tempo anárquico! Tornou-se tão desrespeitoso a ponto de perturbar o sono de um monarca. O duque de Liancourt vai a Versalhes com o cavalo deitando espuma para levar notícias dos incidentes de Paris. Explicam-lhe que o rei já está dormindo. Ele insiste para que seja acordado. Por fim permitem-lhe entrar no sagrado dormitório! Anuncia: "A Bastilha caiu! O governador foi assassinado! Sua cabeça foi conduzida pela cidade inteira sobre uma lança!"

"Mas isso é uma revolta", gagueja assustado o infeliz soberano.

Impiedoso, o mensageiro funesto corrige: "Não, Sire, isso é uma revolução."

Os amigos fogem

MUITO SE GRACEJOU a respeito de Luís XVI no dia 14 de julho de 1789, por não ter sido perturbado em seu sono com a notícia da queda da Bastilha, nem compreendido em todo seu alcance a palavra "revolução", recém-surgida no mundo. Todavia, Maurice Materlinck, no famoso capítulo de *Sabedoria e destino*, lembra os sabichões da posteridade: "É muito fácil admitir o que deveria ter sido feito no momento em que se tem conhecimento de tudo que ocorreu." Sem dúvida nem o rei nem a rainha perceberam, sequer minimamente, naqueles primeiros indícios de tempestade, o âmbito de destruição da avalanche; porém surge outra pergunta: quem dentre os contemporâneos sentiu na primeira hora a monstruosidade que ali tinha começo? Quem, mesmo dentre aqueles que incitaram à revolta e lhe atearam fogo? Todos os líderes do novo movimento popular, Mirabeau, Baily, La Fayette, nem sequer de longe imaginam para onde a força desenfreada os levará, conduzindo-os muito além de seu objetivo, e os arrastará contra sua própria vontade, pois em 1789 até os mais ferrenhos dos revolucionários posteriores, Robespierre, Marat, Danton, ainda eram monarquistas convictos. Apenas com a Revolução Francesa propriamente dita o conceito de "revolução" adquiriu aquele significado abrangente, indômito e histórico hoje utilizado por nós. Somente o tempo cunhou-o em sangue e espírito, e não a primeira hora. Curioso paradoxo então: não foi porque o rei Luís XVI não entendeu a revolução que ela se tornou para ele tão funesta, e sim o contrário, o fato de esse homem de talento medíocre esforçar-se de maneira comovente para entendê-la. Luís XVI gostava de ler sobre a história, e nada causou impressão mais profunda no rapaz tímido que a contingência de lhe ter sido apresentado pessoalmente o famoso senhor David Hume, autor da *História da Inglaterra*, pois esse livro era seu predileto. Como delfim, leu com especial atenção aquele capítulo que descrevia como se fizera uma revolução contra outro monarca, o rei Carlos da Inglaterra, que por fim foi executado. O exemplo teve o efeito de uma poderosa advertência para o medroso candidato ao trono. E quando insatisfação semelhante teve início em seu próprio país, Luís XVI imaginava que a melhor forma de proteger-se era estudar profunda e repetidamente o livro para aprender a tempo com os erros daquele infeliz precursor o que um rei *não* deveria fazer em caso de rebelião; onde aquele agiu intempestivamente queria ser flexível, e esperava assim escapar ao pior dos fins. Porém, justamente a tentativa de compreender a Revolução Francesa por analogia a outra revolução em tudo diferente foi fatal para o rei. Pois um soberano não deve tomar suas decisões em momentos históricos seguindo receitas superadas, de acordo com modelos não mais vigentes. Apenas o olhar clarividente do gênio pode reconhecer a atitude salvadora e certa no presente; apenas uma ação determinada e heroica pode amainar o ímpeto selvagem e demolidor das forças elementares. Todavia, nunca se domina uma tempestade quando se recolhem as velas do barco. Ela continua a destruir com força intacta até que amaine por si mesma e se acalme.

Essa era a tragédia de Luís XVI: queria compreender o que lhe era incompreensível consultando a história como se fosse um livro escolar; e proteger-se contra a revolução, renunciando com temor a qualquer atitude monárquica. Ao contrário agiu Maria Antonieta: esta não pediu conselhos aos livros e praticamente a ninguém. Ponderar e sopesar, mesmo nos momentos de maior perigo, não era de seu feitio, qualquer cálculo e avaliação estavam longe de seu caráter espontâneo. Sua força humana concentrava-se apenas no instinto. E esse instinto diz desde o primeiro momento um áspero "não" à revolução. Nascida num palácio imperial, educada na graça de Deus, convencida de seus direitos de soberana como se eles fossem um fato divino, considerava de antemão qualquer reclamo da nação por direitos uma sublevação inconveniente da plebe. Aquele que exige para si mesmo todas as liberdades e todos os direitos está sempre pouco inclinado a concedê-los também aos outros. Maria Antonieta não se deixa envolver, nem interior nem exteriormente, numa polêmica; como seu irmão José, ela diz: "Mon métier est d'être royaliste",[87] "Minha tarefa é unicamente a de defender o ponto de vista do rei." Seu lugar é em cima, o do povo, embaixo; ela não quer descer, o povo não pode subir. Da tomada da Bastilha até o cadafalso, ela se sente em seu direito incontestável. Em nenhum momento pactua interiormente com o novo movimento: revolução e tudo que a palavra envolve são para ela um sinônimo mais atraente de rebelião.

Essa postura altiva, dura, inabalavelmente rígida de Maria Antonieta contra a revolução não contém, todavia (pelo menos no início), nenhuma hostilidade em relação ao povo. Tendo crescido em Viena, cidade mais cordial, Maria Antonieta considera o povo, "le bon peuple", uma entidade essencialmente boa, embora não muito sensata; acredita firmemente que o honrado rebanho se decepcionaria com os instigadores e inventores de palavras, e acharia seu caminho de volta à boa manjedoura, à legítima dinastia real. Todo seu ódio, portanto, voltava-se contra os *factieux*, contra esses conspiradores, agitadores, clubistas, demagogos, oradores, arrivistas e ateístas que em nome de ideologias complicadas ou por interesses ambiciosos querem meter reivindicações contra o trono e a Igreja na cabeça do bondoso povo. "Un amas des fous, de scélérats", um bando de loucos, vagabundos e celerados, é assim que ela chama os deputados de vinte milhões de franceses, e quem der ouvidos àquela súcia desenfreada por uma hora apenas está perdido para ela; aliás, quem só falar com esses novidadeiros já será suspeito. Nem uma palavra de agradecimento ouve La Fayette, que salva por três vezes a vida do rei e de seus filhos, arriscando a própria vida. É preferível a ruína a deixar-se salvar por esse vaidoso cortejador da benevolência popular! Nunca, nem na prisão, concederá a seus juízes, a quem não reconhece e chama de carrascos, nem a um deputado a honra de um pedido de favor; com toda a obstinação de seu caráter, persiste em sua irredutível recusa de qualquer compromisso. Desde o primeiro momento até o último, Maria Antonieta considerou a revolução

---

[87] "Minha função é ser realista."

só uma onda de lama provocada pelos mais baixos e vulgares instintos da humanidade; não compreendeu nada do direito histórico, da vontade edificante, porque estava decidida a compreender e afirmar apenas seu próprio direito soberano.

A incapacidade de compreensão foi o erro histórico de Maria Antonieta, não é possível negá-lo. A análise de contextos intelectuais e a perspicácia psicológica não estavam entre as capacidades daquela mulher totalmente medíocre e de mente estreita do ponto de vista político; seja por educação seja por vontade interior, compreensível era-lhe desde sempre apenas o humano, o imediato, o palpável. De perto, porém, sob o ponto de vista humano, qualquer movimento político torna-se opaco, sempre se deforma a imagem de uma ideia tão logo ela se realize no plano terreno. Maria Antonieta julga – como poderia fazê-lo de outro modo? – a revolução pelas pessoas que a lideram. E como sempre, em tempos de transformação, aqui, os mais ruidosos não eram os mais probos e melhores. Não deve ter provocado desconfiança na rainha o fato de que justamente os culpados e difamados estivessem entre os aristocratas; que os mais moralmente corrompidos, como Mirabeau e Talleyrand, fossem os primeiros a descobrir seu sentimento pela liberdade? Como poderia Maria Antonieta considerar honrosa e ética a causa da revolução quando vê o avaro, o ávido duque de Orléans, sempre disposto a qualquer negócio escuso, entusiasmar-se pela nova fraternidade? Ou então quando a Assembleia Nacional elege como seu favorito um Mirabeau, este discípulo de Aretino tanto pela corruptibilidade quanto pelos escritos obscenos, a escória da nobreza que cumpriu pena em todas as prisões da França por rapto e outras histórias obscuras, passando depois a vida como espião? Pode uma causa ser divina se erige altares a tais pessoas? Deve considerar a sujeira imunda – formada por peixeiras e meretrizes de rua, que portam como sinais canibalescos de sua vitória cabeças decepadas sobre varapaus sangrentos – verdadeiramente a vanguarda de uma nova humanidade? Por ver a princípio apenas violência, Maria Antonieta não crê na liberdade; por olhar apenas as criaturas, não enxerga a ideia que está invisível por trás desse movimento selvagem e provocador; ela nada percebeu e nada entendeu a respeito das grandes conquistas humanas de um movimento que nos transmitiu os fundamentos mais grandiosos das relações humanas: a liberdade religiosa, a liberdade de opinião, a liberdade de imprensa, a liberdade de ofício, a liberdade de reunião que gravou a igualdade de classes, raças e confissões como a primeira norma nas tábuas de leis da modernidade e dissolveu os vergonhosos restos da Idade Média – a tortura, o trabalho servil e a escravidão; nunca compreendeu ou tentou compreender nem mesmo o menor dos objetivos espirituais por detrás do tumulto brutal das ruas. Enxerga apenas o caos nessa movimentação desordenada, e não os contornos de uma nova ordem que nascerá das terríveis confusões e convulsões; do primeiro ao último dia, portanto, odiou os líderes e os liderados com toda a determinação de seu coração obstinado. E assim aconteceu o que tinha de acontecer. Como Maria Antonieta foi injusta com a revolução, a revolução tornou-se dura e injusta com ela.

A REVOLUÇÃO É O INIMIGO – este é o ponto de vista da rainha. A rainha é o obstáculo – esta é a firme convicção da revolução. Com seu instinto infalível, a massa do povo sente na rainha a única adversária elementar. Desde o início, toda a fúria da luta converge para sua pessoa. Luís XVI não conta para o bem nem para o mal, isso é sabido até pelo último camponês da aldeia, a menor criança da rua. É possível assustar de tal maneira esse homem amedrontado e tímido com alguns meros tiros de espingarda, e ele dirá sim a qualquer exigência; pode-se colocar-lhe o barrete vermelho sobre a cabeça, e ele o usará; se lhe ordenassem energicamente gritar "Abaixo o rei!", "Abaixo o tirano!", ele obedeceria como um boneco, embora fosse o rei. Uma única vontade na França defende o trono e seus direitos e esse "único homem que o rei possui" é, segundo as palavras de Mirabeau, "sua mulher". Quem é a favor da revolução deve ser contra a rainha. Desde o começo transforma-se ela no alvo, e para torná-la mais evidente como alvo e promover uma separação clara, todos os escritos revolucionários começam a pintar Luís XVI como o verdadeiro pai do povo, como criatura bondosa, virtuosa, nobre, infelizmente, porém, um homem fraco demais e "enganado". A se julgar por esse filantropo, reinaria a mais maravilhosa paz entre o rei e a nação. Aquela estrangeira, todavia, aquela austríaca submissa ao irmão, envolvida no círculo de seus amantes masculinos e femininos, despótica e tirânica, só ela não quer a harmonia, tece sempre novos complôs para destruir a cidade livre de Paris, chamando tropas estrangeiras em seu auxílio. Com astúcia diabólica, seduz os oficiais para que apontem os canhões na direção do povo indefeso, ávida de sangue, instiga os soldados com vinho e presentes para uma noite de são Bartolomeu. Na verdade, estava na hora de abrir os olhos do pobre rei infeliz a respeito dela! No fundo, os dois partidos têm a mesma linha de raciocínio: para Maria Antonieta o povo é bom, mas está iludido pelos *factieu*; para o povo, o rei é bom, apenas açulado e cego por sua mulher. Assim, dá-se a luta apenas entre os revolucionários e a rainha. Porém, quanto mais ódio se volta contra ela, quanto mais injustos e difamatórios se tornam os insultos, tanto mais cresce a teimosia de Maria Antonieta. Aquele que comanda resoluto um grande movimento ou o combate vê sua resistência crescer acima de sua própria medida; desde que o mundo inteiro a hostiliza, a altivez infantil de Maria Antonieta transforma-se em orgulho, e sua energia dispersa aglutina-se, formando um verdadeiro caráter.

A força tardia de Maria Antonieta, porém, comprova-se apenas na atitude defensiva; com chumbo nos pés não se pode confrontar o inimigo. E esse chumbo é o pobre e moroso rei. Sentindo na face direita o golpe da tomada de sua Bastilha, oferece na manhã seguinte, de modo humilde e cristão, a face esquerda; em vez de guardar rancor, de censurar e punir, promete na Assembleia Nacional retirar de Paris suas tropas que talvez ainda estivessem dispostas a lutar por ele, e renega assim os defensores que lutaram e morreram por ele. Não ousando pronunciar uma palavra áspera contra os assassinos do governador da Bastilha, reconhece o Terror como poder legítimo na França; com seu recuo legaliza a revolta. Como agradecimento por tal humilhação, Paris mostra-se pronta a coroar o complacente soberano e a conceder-lhe – porém apenas por pouco tempo – o

Os amigos fogem

241

título de "Restaurador da liberdade francesa". Às portas da cidade, o prefeito recepciona-o com as palavras ambíguas de que a nação reconquistou seu rei; obediente, Luís XVI aceita a *cocarde* que o povo escolhera como símbolo da batalha contra sua autoridade e não percebe que na verdade a multidão não aplaude o rei, mas sua própria força, que tornou seu soberano tão submisso. Em 14 de julho, Luís XVI perdeu a Bastilha, no dia 17, perde também sua dignidade e curva-se tanto diante de seu adversário que a coroa lhe cai da cabeça.

COMO O REI TINHA FEITO seu sacrifício, Maria Antonieta não pode recusar-se a fazer o seu. Também ela precisa dar uma mostra de boa vontade, separando-se publicamente daqueles que o novo soberano e a nação odeiam mais que tudo, seus companheiros de divertimentos, os Polignac e o conde de Artois: banidos, devem deixar a França para sempre. Na verdade, a separação de seus amigos não seria difícil não tivesse sido forçada, pois interiormente ela já tinha se afastado havia algum tempo desse bando frívolo. Agora, porém, na hora da despedida, se reaviva mais uma vez a antiga amizade pelos companheiros de seus mais belos e despreocupados anos de vida. Tinham sido loucos em suas loucuras, a Polignac tinha compartilhado de todos os seus segredos, ela tinha visto seus filhos nascerem, tinha-os educado e acompanhado seu crescimento. Agora ela devia partir. Como não reconhecer que a despedida é ao mesmo tempo o adeus à sua própria juventude despreocupada? Pois agora tinham se acabado para sempre as horas felizes; o mundo do século XVIII, claro como porcelana e liso como alabastro, fora destruído pelos punhos da revolução, terminou para sempre a alegria dos prazeres finos e delicados. Uma época, talvez grande, porém brutal, uma época poderosa, porém mortal, se aproxima. O prateado relógio de música do rococó tinha terminado de entoar sua melodia, ficaram para trás os dias do Trianon. Lutando com as lágrimas, Maria Antonieta não consegue se decidir a acompanhar seus amigos de outrora na última caminhada: permanece em seus aposentos, tal é o temor de sua própria emoção. À noite, entretando, quando aguardam lá no pátio as carruagens para o conde de Artois e seus filhos, para o duque de Condé, o duque de Bourbon, para a Polignac, para os ministros e para o abade Vermond, para todas aquelas pessoas que cercaram sua juventude, ela apanha depressa na mesa um papel de carta e escreve palavras emocionadas à Polignac: "Adeus, caríssima amiga! A palavra é terrível, mas tem de ser assim. Aqui, a ordem para atrelar os cavalos. Resta-me apenas a força de abraçá-la."

O enfático tom subententido transparece a partir de então em cada carta da rainha: uma melancolia premonitória começa a cobrir de luto cada uma de suas palavras: "Não consigo expressar-lhe todo meu pesar", escreve nos dias seguintes a Mme de Polignac, "de estar separada da senhora, e espero que o sentimento seja recíproco. Minha saúde está bastante boa, embora um pouco enfraquecida pelos sucessivos golpes a que se vê exposta. Estamos cercados apenas de desventuras e infelicidade e sofrimento – sem contar aqueles que estão longe. Todos fogem, e ainda sinto-me feliz em pensar que aqueles próximos de mim agora estão longe." Contudo, como se não quisesse demonstrar à amiga um momento de fraqueza, como se soubesse que ainda lhe restava uma coisa do antigo poder de rainha, a atitude real, acrescenta apressada: "Todavia, fique certa de que essas pessoas desagradáveis não abalarão minha força nem minha coragem; disso não abri mão, ao contrário, esta gente me ensinará apenas a ser mais prudente. Justamente em momentos como esses é que se conhecem as pessoas e aprende-se a discernir quem de fato nos estima e quem não."

AGORA ESTÁ TUDO QUIETO em torno da rainha que adorava viver ruidosamente. A grande fuga teve início. Onde estão os amigos de outrora? Desapareceram todos como a neve do ano anterior. Aqueles que antes, como crianças ávidas, faziam alarido em torno da mesa das mercês, Lauzun, Esterhazy, Vaudreuil, onde estão eles, os parceiros de carteado, os dançarinos e cavalheiros? A cavalo e de coche – "sauve qui peut"[88] –, saíram

---

[88] "Salve-se quem puder."

Os amigos fogem

fantasiados de Versalhes, porém, dessa vez não vestidos e mascarados para um baile, e sim sob disfarce, para não serem linchados pelo povo. Todas as noites outro coche partia pelos portões dourados para não mais voltar, há nos salões que se tornaram grandes demais um silêncio cada vez maior; nada mais de teatros, de bailes, nada de cortejos e recepções, apenas ainda a missa pela manhã e depois, no pequeno gabinete, as longas conferências inúteis com os ministros que não sabem mais o que aconselhar. Versalhes transformou-se num Escorial:[89] quem é esperto se afasta.

Justamente agora que a rainha foi abandonada por todos os que antes, diante de todo o mundo, consideravam-se seus amigos, emerge das sombras aquele que sempre e na realidade o era: Hans Axel von Fersen. Enquanto atraía a atenção o fato de ser considerado favorito de Maria Antonieta, esse exemplar homem apaixonado manteve-se timidamente oculto para poupar a honra da mulher amada, e assim resguardou da curiosidade e dos mexericos o segredo mais profundo da vida dela. Mas agora que ser amigo da mulher proscrita não traz vantagens nem tampouco honra, consideração ou inveja, ao contrário, exige coragem e absoluto sacrifício, agora esse homem único, apaixonado e amante especial, assume seu lugar ao lado de Maria Antonieta e, dessa maneira, na história.

---

[89] El Escorial: castelo situado a poucos quilômetros de Madri, mandado construir por Felipe II, para comemorar a vitória sobre Henrique II da França e para abrigar os restos mortais de seus pais, Carlos I e Isabel de Portugal; o edifício era um complexo que reunia múltiplas funções: panteão, basílica, convento, colégio, biblioteca e palácio.

Surge o amigo

O NOME E A FIGURA de Hans Axel von Fersen há muito já estavam envoltos em mistério. Ele não é mencionado naquela lista impressa de amantes nem nas cartas dos embaixadores, nos relatos dos contemporâneos. Fersen não faz parte dos convidados habituais do salão dos Polignac. Por toda parte onde há brilho e claridade não se encontra sua figura alta, séria. Graças a essa reserva sábia e calculada, escapa do falatório maldoso da camarilha do palácio. Contudo, também a história deixa de observá-lo por longo tempo, e talvez o segredo mais bem guardado da vida da rainha Maria Antonieta permanecesse para sempre oculto, se um boato romântico não surgisse de repente, na segunda metade do século XIX. Num castelo sueco, inacessíveis e lacrados, estariam guardados maços de cartas íntimas da rainha. A princípio ninguém dá crédito aos boatos inverossímeis, até que subitamente vem a público uma edição daquela correspondência secreta que – apesar da mais terrível supressão de todos os detalhes íntimos – coloca o nobre nórdico desconhecido no primeiro lugar, o mais privilegiado entre os amigos de Maria Antonieta. A publicação desloca radicalmente a imagem caracterológica da mulher, tida até então como leviana; um drama psicológico vem à tona, magnífico e arriscado, um idílio entre a sombra da corte e a sombra da guilhotina, um daqueles romances comoventes, mas tão inverossímil que só a história é capaz de inventá-lo: duas criaturas presas uma à outra numa paixão ardente, forçadas pelo dever e pela prudência a ocultar seu segredo com a máxima cautela, sempre separadas uma da outra, sempre atraídas uma para a outra, escapando de seus mundos totalmente díspares; uma delas, a rainha da França, a outra, um pequeno fidalgo estrangeiro da

Surge o amigo 245

Escandinávia. Por trás do destino de dois amantes há um mundo que desmorona, uma era apocalíptica – uma página flamejante da história, e tanto mais instigante por permitir que apenas se decifre aos poucos toda a verdade dos fatos, a partir de escritos secretos e sinais parcialmente apagados e rasurados.

ESSE GRANDE DRAMA HISTÓRICO de amor começa de maneira nada pomposa, mas no estilo rococó da época; seu prólogo parece ter sido copiado de um fabulário. Um jovem sueco, filho de senador, herdeiro de um nome da alta nobreza, parte aos quinze anos para uma viagem de três anos em companhia do preceptor a fim de se tornar um educado cidadão do mundo. Hans Axel frequenta a universidade na Alemanha, aprende o ofício da guerra na Itália, medicina e música em Genebra, faz a visita inevitável naqueles tempos à pitonisa da maior sabedoria, ao senhor Voltaire, que, num roupão bordado envolvendo o corpo magro e seco, recebe-o cordialmente. Com isso Fersen conquistou o bacharelado espiritual. Agora resta ao rapaz de dezoito anos apenas o último polimento: Paris e o fino tom das conversas, a arte das boas maneiras; assim se conclui a típica educação de um jovem nobre do século XVIII. Agora o perfeito cavalheiro pode tornar-se embaixador, ministro ou general, as altas esferas do mundo o aguardam.

Além de nobreza, distinção pessoal, inteligência moderada, grande fortuna e a auréola do estrangeiro, o jovem Axel von Fersen traz consigo ainda uma carta de crédito especial: é um homem de ótima aparência. Alto, ombros largos, músculos fortes, como a maioria dos escandinavos possui um aspecto bastante viril, sem por isso parecer grandalhão e grosseiro; com ilimitada simpatia, observa-se nos retratos seu rosto regular, franco, com olhos claros, firmes, sobre os quais, encurvadas como cimitarras, arqueiam-se sobrancelhas surpreendentemente negras. Uma fronte alta, uma boca ardente, sensual, que, como se comprovou, sabe silenciar de modo impecável; pode-se entender, pelos retratos, que uma verdadeira mulher ame um homem assim e, mais ainda, que confie totalmente nele. De fato, porém, são poucos os que elogiam Fersen como *causeur*, como *homme d'esprit*, como cavalheiro especialmente divertido; entretanto, à sua inteligência um tanto trivial aliam-se sinceridade humana e tato natural; já em 1774 o embaixador pôde relatar com orgulho ao rei Gustavo: "De todos os suecos que estiveram aqui durante minha permanência, ele foi o mais bem recebido pelas altas rodas."

No entanto, esse jovem cavalheiro não é uma pessoa mal-humorada e estraga-prazeres, as damas atribuem-lhe um *coeur de feu* sob a crosta de gelo; na França, ele não deixa de divertir-se e visita em Paris todos os bailes da corte e da alta sociedade. Aí vivencia uma aventura surpreendente. Certa noite, em 20 de janeiro de 1774, no baile do Opéra, ponto de encontro do mundo elegante, mas também duvidoso, uma jovem senhora vestida com excepcional elegância, esbelta, cintura fina e andar extremamente esvoaçante, dirige-se a ele e, protegida pela máscara de veludo, inicia uma conversa galante. Fersen, lisonjeado pela distinção, adere ao tom alegre, acha sua ousada interlocutora picante e divertida, talvez nutra esperanças para aquela noite. Chama-lhe a atenção porém o fato de que outros cavalheiros e damas, sussurrando e mostrando curiosidade, pouco a pouco vão formando um círculo ao redor dos dois; ele vê a si e aquela dama mascarada no centro de atenções cada vez mais intensas. Finalmente a situação já se tornou constrangedora, a galante personagem tira a máscara: é Maria Antonieta. Caso prodigioso nos anais da corte, a esposa do herdeiro do trono da França, que mais uma vez escapara do triste leito conjugal de seu sonolento esposo, viera ao baile do Opéra e se aproximara de um cavalheiro desconhecido para conversar. As damas evitam que o encontro cause sensação muito grande. Imediatamente cercam a extravagante fugitiva e a conduzem de volta ao camarote. Mas como guardar segredo em Versalhes, naquele palácio cheio de falatórios? Todos cochicham e pasmam com o favor concedido pela delfina, contrário à etiqueta; amanhã provavelmente o aborrecido embaixador Mercy prestará queixas a Maria Teresa, e de Schönbrunn virá por mensageiro especial uma daquelas cartas amargas à *tête à vent*, à cabecinha de vento da filha, para que deixasse de lado essas inconvenientes *dissipations* e não entabulasse conversas com Deus e o mundo nos malditos bailes de máscaras. Maria Antonieta, porém,

Surge o amigo

impôs sua vontade, o jovem rapaz agradou-a, e ela assim o demonstrou. Desde aquela noite o cavalheiro, nada excepcional, a julgar por sua classe e posição, passa a ser recebido nos bailes de Versalhes com especial cortesia. Terá se desenvolvido já naquela ocasião, após início tão promissor, certa afinidade entre os dois? Não se sabe. De qualquer forma, um grande acontecimento rompe o flerte – inocente, sem dúvida –, pois com a morte de Luís XV a pequena princesa torna-se da noite para o dia rainha da França. Dois dias mais tarde – terá recebido algum aviso? – Hans Axel von Fersen volta à Suécia.

O primeiro ato terminou. Não foi mais que uma introdução galante, um prólogo do verdadeiro drama. Dois jovens de dezoito anos se encontraram e gostaram um do outro, *voilà tout*. Traduzindo para os dias atuais: uma amizade de aulas de dança, um namorico de ginásio. Ainda não aconteceu nada de mais, ainda não foram tocadas as profundezas do sentimento.

Segundo ato: após quatro anos, em 1778, Fersen viaja novamente à França. O pai mandou o rapaz de vinte e dois anos sair à caça de uma esposa rica, ou de certa Mlle de Reyel, em Londres, ou certa Mlle Necker, a filha do banqueiro de Genebra, mais tarde conhecida como Mme de Staël. Axel von Fersen, porém, não demonstra inclinação especial para o casamento, e logo se entende a razão. Mal chegado, o jovem nobre apresenta-se em trajes de gala junto à corte. Será que ainda o conhecem? Será que ainda se lembrarão dele? O rei acena com a cabeça, mal-humorado; indiferentes, os outros olham para o insignificante estrangeiro, ninguém lhe dirige uma palavra cortês. Apenas a rainha, mal o avista, exclama com ímpeto: "Ah, c'est une vieille connaissance" ("Ah, é um antigo conhecido"). Não, ela não o esqueceu, não esqueceu seu lindo cavalheiro nórdico, e logo se reacende – não fora fogo de palha! – o interesse. Convida Fersen para suas recepções, cumula-o de gentilezas; exatamente como no início do relacionamento no baile do Opéra, é Maria Antonieta quem dá o primeiro passo. Logo Fersen pode relatar ao pai: "A rainha, a monarca mais gentil que conheço, teve a bondade de perguntar por mim. Perguntou a Creutz por que não compareço às suas partidas de jogo aos domingos; e quando ouviu que lá estive num dia em que a recepção foi cancelada, de certa forma desculpou-se por isso." "Graça terrível recai sobre o rapaz", fica-se tentado a usar as palavras de Goethe. A altiva soberana – que não retribui os cumprimentos de duquesas, que durante oito anos não concedeu ao cardeal de Rohan um mero aceno de cabeça, nem à Du Barry, durante quatro anos – pediu desculpas a um pequeno fidalgo estrangeiro por ter ido em vão certo dia a Versalhes. "Sempre que lhe apresento meus cumprimentos em suas recepções domingueiras, ela me dirige a palavra", anuncia alguns dias mais tarde o jovem cavalheiro a seu pai. Contrariando a etiqueta, a "mais gentil das soberanas" solicita ao jovem sueco que fosse um dia a Versalhes vestindo o uniforme de seu país, pois ela queria – capricho de mulher enamorada! – ver como lhe assentava o uniforme estrangeiro. Obviamente o *beau Axel* realiza seu desejo. O antigo jogo recomeçara.

Dessa vez, contudo, trata-se de jogo perigoso para uma rainha que é vigiada na corte por mil olhos argutos. Maria Antonieta deveria ser mais cuidadosa agora, pois não é mais a princesinha de dezoito anos, desculpada pela infantilidade e a juventude, e sim rainha da França. Mas seu sangue tinha despertado. Finalmente, após sete anos terríveis, o desajeitado esposo, Luís XVI, conseguiu realizar os deveres conjugais e faz da rainha sua esposa de fato. No entanto, o que deve sentir essa mulher sensível quando, desabrochando numa beleza plena e quase exuberante, compara o marido barrigudo a seu querido jovem radiante! Sem de fato tomar consciência disso, a moça perdidamente apaixonada, começa a trair com amabilidades exageradas e, mais ainda, com o rubor nas faces seus sentimentos por Fersen diante de todos os curiosos. De novo, como muitas outras vezes, torna-se perigoso para Maria Antonieta seu dom humano mais simpático: não saber dissimular simpatias ou antipatias. Uma dama da corte afirma ter percebido que, à chegada imprevista de Fersen, a rainha começara a tremer, docemente assustada; outra ocasião, sentada ao piano e cantando uma ária de Dido, ela deixa escapar diante de toda a corte as palavras: "Ah, que je fus bien inspirée, quand je vous reçus dans

Conde Axel von Fersen. Miniatura de Peter Adolf Hall, 1783.

ma cour",[90] dirigindo o olhar, antes tão frio, agora carinhoso e sonhador, ao eleito secreto (já não mais secreto) de seu coração; anima-se o falatório. Logo toda a corte, para quem as intimidades reais são os acontecimentos mais importantes do mundo, acompanha a situação com ardente concupiscência: tomá-lo-á como amante, como e quando? Pois seu sentimento já se revelara de maneira tão óbvia que todos perceberam o que apenas ela ainda não sabe de modo consciente: que Fersen poderia conquistar qualquer favor da jovem rainha, até o último, caso tivesse coragem ou irreflexão para agarrar sua presa.

Fersen, porém, é sueco, um homem íntegro, de caráter. Entre os nórdicos, uma disposição romântica pode associar-se sem mais nem menos a um raciocínio calmo e quase prosaico, e de pronto percebe a insustentabilidade da situação. A rainha tem uma queda por ele, ninguém sabe

---

[90] "Ah, como fui bem inspirada quando vos recebi em minha corte!", da ópera *Dido e Eneias*, de Henri Purcell.

disso melhor que ele, todavia, não importa o quanto ame e venere a jovem encantadora, é contrário à retidão de caráter abusar de modo frívolo de tal fraqueza dos sentidos e tornar a rainha alvo de mexericos. Um namoro aberto provocaria escândalo sem precedentes. Mesmo as platônicas manifestações de apreço de Maria Antonieta já a tinham comprometido demais. Por outro lado, Fersen sente-se muito ardente e jovem para representar o papel de José[91] e, casto e frio, rejeitar as provas de afeto da amada, uma mulher jovem, linda. Assim, aquele homem excepcional faz a coisa mais nobre que um homem em situação tão delicada poderia fazer – põe mil quilômetros entre ele e a mulher em perigo, engaja-se no Exército e parte para a América como ajudante de ordens de La Fayette. Ele rompe o fio antes que se enrede num nó indissolúvel e trágico.

Sobre a despedida dos amantes possuímos um documento histórico indiscutível, a carta oficial do embaixador sueco ao rei Gustavo atestando os sentimentos apaixonados da rainha por Fersen. O embaixador escreve: "Preciso comunicar a Sua Majestade que o jovem Fersen foi tão bem-visto pela rainha que levantou a suspeita de algumas pessoas. Devo confessar que eu mesmo creio que ela nutra algum sentimento por ele; percebi indícios claros demais para poder duvidar a respeito. O jovem conde Fersen demonstrou nessa oportunidade atitude exemplar pela modéstia, discrição e principalmente pela decisão de partir para a América. Com sua partida, contornou todos os perigos. Porém, resistir a tal tentação exigiria sem dúvida firmeza maior que aquela própria de sua idade. Durante os últimos dias a rainha não conseguia desviar o olhar dele e, quando o olhava, seus olhos marejavam. Rogo a Sua Majestade guardar o segredo apenas para si e para o senador Fersen. Quando os favoritos da corte ouviram falar da partida do conde, ficaram todos encantados, e a duquesa de Fitz-James disse-lhe: 'Mas, meu senhor, como abandonará sua conquista?' 'Tivesse eu feito uma conquista, não a abandonaria. Parto livre e sem remorsos.' Sua Majestade há de convir que a resposta demonstra um bom-senso e uma discrição além da idade dele. Ademais, a rainha mostra agora muito mais controle e bom-senso que antes."

---

[91] José do Egito: personagem bíblico, resistiu à sedução da bela mulher de Putifar.

Os defensores da "virtude" de Maria Antonieta sempre exibem esse documento como prova de sua imaculada inocência. Fersen subtraíra-se no último instante a uma situação adúltera; numa admirável renúncia, os dois amantes separaram-se, a grande paixão permaneceu "pura". Porém essa demonstração nada prova de definitivo, apenas o fato temporário de que, na ocasião, em 1779, não ocorriam ainda intimidades entre Maria Antonieta e Fersen. Apenas os anos seguintes seriam os perigosos para essa paixão. Chegamos somente ao fim do segundo ato, ainda estamos ainda longe dos enredos mais profundos.

TERCEIRO ATO: novo retorno de Fersen. Direto de Brest, onde aporta em junho de 1783 com a tropa americana, após quatro anos de exílio voluntário, corre para Versalhes. Por carta, da América, mantivera-se em contato com a rainha; o amor, entretanto, exige presença viva. Que não seja mais preciso separar-se, que fiquem ao lado um do outro, nada mais de distância entre os olhares! Decerto por desejo da rainha Fersen candidata-se desde logo ao comando de um regimento francês; a razão, esse mistério, o velho e parcimonioso senador da Suécia não consegue decifrar. Por que Hans Axel quer permanecer a todo custo na França? Como soldado experimentado, como herdeiro de um nome de alta nobreza, como predileto do romântico rei Gustavo, qualquer cargo ambicionado estaria à escolha. Por que a todo custo na França? – pergunta aborrecido o decepcionado senador. Para desposar uma herdeira rica, a senhorita Necker e seus milhões suíços, depressa o filho ilude o pai incrédulo. Na verdade ele pensa em tudo, menos em casamento, revela uma carta íntima da mesma época à irmã, na qual expõe claramente seu coração. "Tomei a decisão de jamais contrair matrimônio, seria antinatural... Àquela única a quem desejo pertencer e que me ama não posso pertencer. Assim, não quero pertencer a ninguém."

Está claro o bastante? Será preciso perguntar quem era a "única" que o ama e a quem ele nunca poderá pertencer pelo casamento – ela, "Elle", como Fersen chama a rainha em suas cartas? Fatos decisivos devem ter ocorrido para que ele ouse abrir-se, para que ouse confessar à irmã de forma tão segura, tão franca, a afeição de Maria Antonieta. Quando escreve ao pai a respeito de "mil razões pessoais que não poderia confiar numa carta" e que o prendem à França, por trás dessas mil razões existe uma só, que ele não quer revelar, o desejo ou a ordem de Maria Antonieta de ter o amigo dileto sempre a seu lado. Pois mal Fersen apresenta o pedido para comandar um regimento, quem, mais uma vez, teve "a graça de intervir no assunto"? Maria Antonieta, que nunca se envolvia em nomeações militares. E quem comunica – contrariando qualquer praxe – a concessão quase imediata do cargo ao rei da Suécia? Não o rei, supremo chefe militar, a única instância apropriada, e sim sua mulher, a rainha, em carta escrita de próprio punho.

Nesse ou nos anos subsequentes, com toda probabilidade, situa-se o início de um relacionamento íntimo, ou melhor, muito íntimo, entre Maria Antonieta e Fersen. Durante dois anos, porém, Fersen, "muito contra a vontade", deve ainda acompanhar o rei Gustavo em suas viagens como ajudante de ordens; contudo, em 1785, permanece definitivamente na França. Esses anos transformaram Maria Antonieta de maneira decisiva. O caso do colar isolou a mulher mundana e abriu-lhe os sentidos para o que era essencial. Afastou-se do círculo ruidoso dos amigos levianos e não confiáveis, divertidos e falsos, galantes e dissimulados; em lugar das amizades banais, seu coração decepcionado encontra um verdadeiro amigo. Sob o ódio geral, sua necessidade de carinho, confiança e amor cresceu extraordinariamente; agora ela está madura, já não vaidosa e insensata a mirar-se no espelho da admiração geral, para entregar-se a uma pessoa de alma mais aberta e determinada. E Fersen, de natureza sublime e cavalheiresca, na verdade ama esta mulher com a plenitude de seu sentimento apenas quando a vê ser difamada, ofendida, perseguida e ameaçada; ele, que fugiu de seu apreço enquanto ela era idolatrada e cercada por milhares de aduladores, só ousa amá-la quando ela se torna indefesa e solitária. "Ela está muito infeliz", escreve à irmã, "e sua coragem, acima de tudo admirável, torna-a ainda mais atraente. Minha maior aflição é não compensá-la totalmente por todos os seus sofrimentos e não fazê-la tão feliz quanto merece." Quanto mais infeliz ela se torna, quanto mais abandonada e

Surge o amigo

perturbada, tanto mais cresce nele a determinação viril de compensá-la por tudo com seu amor; "elle pleure souvent avec moi, jugez, si je ne dois l'aimer".[92] E quanto mais se aproxima a catástrofe, mais se aproximam os dois de maneira ardente e trágica; ela para encontrar nele uma felicidade derradeira, compensá-la de tantas decepções; ele para compensá-la com seu amor cavalheiresco, com seu sacrifício extremado, pelo reino perdido.

Agora que a demonstração superficial de afeição torna-se união de almas, o namorico transforma-se em amor, ambos fazem os esforços mais engenhosos para manter o relacionamento secreto. Para dissipar qualquer suspeita, Maria Antonieta ordena que o jovem oficial não seja enviado para uma guarnição em Paris, e sim em Valenciennes, próximo à fronteira. E quando "era chamado" (assim consta de maneira discreta no diário de Fersen) ao palácio, ele ocultava o verdadeiro destino da viagem com todos os artifícios para que sua presença no Trianon não fosse alvo de mexericos. "Não digas a ninguém que te escrevo daqui", adverte à irmã, de Versalhes, "pois tenho datado todas as outras cartas de Paris. Adeus, devo ir até a rainha." Fersen nunca frequenta as recepções dos Polignac, nunca permite que o vejam no círculo íntimo do Trianon, nunca participa das corridas de trenó, dos bailes e jogos: aí os pretensos favoritos da rainha devem chamar mais atenção, pois com suas galanterias ajudam, sem o saber, a esconder da corte o verdadeiro segredo. Aqueles prestam homenagens e falam, Fersen é amado e silencia. Saint-Priest, o iniciado que sabia de tudo, exceto que sua própria mulher era apaixonada por Fersen e escrevia-lhe ardentes cartas de amor, reporta com aquela certeza que torna suas afirmações mais válidas que quaisquer outras: "Fersen dirigia-se ao Trianon três ou quatro vezes por semana. A rainha, sem qualquer séquito, fazia o mesmo, e esses encontros provocavam falatório geral, não obstante a modéstia e a discrição do favorito, que nunca fazia alarde público de sua posição e era o mais discreto dos amigos da rainha." De fato, durante cinco anos foram apenas roubadas, rápidas, fugazes, as horas de intimidade concedidas aos amantes, pois, apesar da coragem pessoal e da fidelidade de suas camarei-

---

[92] "Com frequência ela chora quando está comigo, veja se não tenho de amá-la."

ras, Maria Antonieta não deve ousar demais. Só em 1790, pouco antes da despedida, Fersen relatou com apaixonada bem-aventurança que ele pôde passar um dia inteiro "com ela", "avec Elle". Apenas entre a madrugada e o amanhecer, nas sombras do parque, talvez a rainha possa aguardar seu querubim em uma daquelas casinholas do Hameau espalhadas pelo Trianon; a cena no jardim de *As bodas de Fígaro*, com sua delicada música romântica, foi representada até o fim nos bosquezinhos de Versalhes e nas alamedas labirínticas do Trianon. Logo, porém, magnificamente introduzido pelos duros acordes da música do *Don Giovanni*, ressoa o passo rígido e destrutivo do comendador: o terceiro ato afasta-se da delicadeza do rococó para assumir o grande estilo da tragédia da revolução. Somente o último ato, enfatizado pelo terror do sangue e da violência, apresentará o *crescendo*, o desespero da despedida, o êxtase da queda.

Somente agora, em perigo extremo, quando todos os outros desaparecem, surge aquele que se escondera nobremente nos tempos de felicidade, o verdadeiro, o único amigo, disposto a morrer com ela e por ela. Em contornos admiráveis e viris, destaca-se agora a figura até então oculta de Fersen no sombrio céu de tempestade. Quanto mais ameaçada a amante, tanto mais cresce sua determinação. Despreocupados, ambos ultrapassam as fronteiras tradicionais impostas até então a uma princesa da casa de Habsburgo, uma rainha da França, e um desconhecido fidalgo sueco. Fersen aparece no palácio todos os dias, todas as cartas passam por suas mãos, qualquer decisão é debatida com ele, as tarefas mais penosas, os segredos mais perigosos são confiados a ele, somente ele conhece todas as intenções de Maria Antonieta, suas preocupações e esperanças. Ele também testemunha suas lágrimas, seu desalento e sua amarga tristeza. No momento em que todos a abandonam, em que perde tudo, a rainha encontra o que procurara inutilmente durante toda a vida: o amigo leal, correto, viril e corajoso.

Foi ou não foi? (Um parêntese)

Sabe-se agora e sabe-se disso de maneira irrefutável: Hans Axel von Fersen não foi, como há muito se supunha, um personagem secundário, mas o protagonista do romance psicológico de Maria Antonieta; sabe-se que seu relacionamento com a rainha não foi de maneira alguma apenas um namorico galante, um flerte romântico, um capricho à moda dos trovadores de cavalaria, mas um amor amadurecido e posto à prova durante vinte anos, com todos as insígnias de seu poder, o manto purpúreo da paixão, o cetro soberano da coragem, a grandeza pródiga do sentimento. Uma última incerteza cerca apenas a forma desse amor. Foi – como se costumava dizer de modo literário no século passado – um amor "puro", tendo em mente, de maneira infame, sempre apenas aquele amor no qual uma mulher cegamente apaixonada e apaixonadamente amada recusa por recato a entrega final ao homem amado e amante? Ou foi esse amor um daqueles "condenáveis" em todos os sentidos, segundo nosso ponto de vista, um amor completo, livre, generoso e ousado, que doa a si mesmo e tudo mais? Foi Hans Axel von Fersen um mero *cavaliere servente*, o adorador de Maria Antonieta, ou de fato e de corpo o seu amante – foi ou não foi?

"Não!" "Absolutamente!" – gritam logo, com curiosa irritação e pressa suspeita, certos biógrafos monárquico-reacionários que querem a qualquer preço manter "sua" rainha "pura", protegida de qualquer "aviltamento". "Ele amava a rainha com paixão", afirma Werner von Heidenstam com certeza invejável, "sem que jamais um pensamento carnal tivesse maculado esse amor, digno dos trovadores e cavaleiros da Távola Redonda. Maria

Antonieta amou-o sem esquecer por um minuto sequer seus deveres como esposa, sua dignidade como rainha." Para esses fanáticos do respeito é impensável – ou seja, eles protestam quando alguém pensa assim – que a última rainha da França pudesse ter traído o *dépôt d'honneur*[93] legado a ela por todas ou quase todas as mães de nossos reis. Por Deus, portanto, nada de investigações, absolutamente nenhuma discussão sobre esta "affreuse calomnie"[94] (Goncourt), nenhum "acharnement sournois ou cynique"[95] na procura das verdadeiras circunstâncias! Os defensores ferrenhos da "pureza" de Maria Antonieta fazem soar a campainha, nervosos, assim que alguém pensa em fazer qualquer pergunta a respeito.

É realmente necessário sujeitar-nos a essa ordem, e que de lábios cerrados se evite a pergunta se Fersen teria visto Maria Antonieta durante todo o tempo apenas "com a auréola na fronte", ou teria olhado para ela com um olhar humano e viril? Ademais, não estaria aquele que castamente evita a pergunta passando ao largo do problema? Pois não se conhece uma pessoa enquanto se ignora seu segredo mais íntimo, e muito menos o caráter de uma mulher enquanto não se compreende o caráter essencial de seu amor. Numa relação histórica como essa, em que durante anos uma paixão reprimida não resvala fortuitamente na vida de alguém, mas enche e envolve o espaço da alma de maneira fatídica, as perguntas relativas aos extremos dessa paixão não são vãs e tampouco cínicas, e sim decisivas para o retrato psicológico de uma mulher. Para desenhá-lo corretamente é preciso abrir os olhos corretamente. Assim, aproximemo-nos, averiguemos a situação e os documentos. Examinemos, pois talvez a pergunta tenha uma resposta.

PRIMEIRA PERGUNTA: pressupondo-se que, segundo a moral burguesa, se considere pecado Maria Antonieta se entregar sem reservas a Fersen, quem a acusa pela entrega total? Entre os contemporâneos, apenas três, aliás, três

---

[93] *Dépot d'honneur*: "depositório de honra".
[94] "Vergonhosa calúnia".
[95] "Obstinação dissimulada e cínica".

Foi ou não foi? (Um parêntese)

homens de grande envergadura, nenhum deles bisbilhoteiro, mas iniciados a quem se pode atribuir conhecimento incondicional da situação: Napoleão, Talleyrand e o ministro de Luís XVI, Saint-Priest, a testemunha ocular diária de todos os acontecimentos. Todos os três afirmam sem reservas que Maria Antonieta foi amante de Fersen, e fazem-no de uma forma que exclui qualquer dúvida. Saint-Priest, o mais familiarizado com a situação, é o mais preciso nos detalhes. Sem hostilidade à rainha, totalmente objetivo, relata as visitas noturnas secretas de Fersen ao Trianon, a Saint-Cloud e às Tulherias – onde La Fayette lhe permitira exclusivamente o acesso secreto. Ele narra a cumplicidade de Mme de Polignac, que parecia aprovar plenamente que os favores da rainha recaíssem justamente sobre um estrangeiro que não queria beneficiar-se de qualquer vantagem derivada de sua posição como favorito. Não levar em consideração três depoimentos dessa ordem, qual os raivosos defensores da virtude, e chamar Napoleão e Talleyrand de difamadores na verdade exige muito mais coragem que uma averiguação imparcial. Todavia, uma segunda pergunta: quem entre os contemporâneos ou as testemunhas oculares afirma ser caluniosa a acusação de que Fersen foi amante de Maria Antonieta? Ninguém. E é curioso que exatamente os íntimos evitem com unanimidade até pronunciar o nome de Fersen: Mercy, que examina três vezes um simples grampo que a rainha põe nos cabelos, não menciona seu nome uma só vez em seus despachos oficiais; os mais fiéis da corte escrevem apenas sobre "certa pessoa" a quem cartas teriam sido entregues. Ninguém, entretanto, pronuncia seu nome; durante um século reina uma suspeita conspiração do silêncio, e as primeiras biografias oficiais esquecem premeditadamente de mencioná-lo. Assim, não se pode deixar de evitar a impressão de que depois se pronunciou uma *mot d'ordre*[96] no sentido de deixar cair no total esquecimento esse empecilho da lenda romântica da virtude.

Assim, por longo tempo a pesquisa histórica viu-se diante de uma questão difícil. Por toda parte defrontou-se com insistentes fatores de suspeita e por toda parte a prova documental decisiva era escamoteada

---

[96] *Mot d'ordre*: "uma ordem".

por mãos diligentes. Baseando-se no material disponível – o material não mais disponível continha de fato as provas agravantes –, ela não conseguia determinar um verdadeiro *in-flagranti*. *Forse che si, forse che no*, talvez sim, talvez não, concluía a ciência histórica a respeito do caso Fersen enquanto ainda faltavam as últimas provas concludentes, e fechou a pasta de documentação com um suspiro: não possuímos nada escrito, nada impresso, portanto, nem uma única prova definitiva para a nossa perspectiva.

Porém, onde termina a pesquisa ligada à constatação visual inicia-se a arte livre e alada do exame da alma; onde falha a paleografia, afirma-se a psicologia, cujas probabilidades logicamente conquistadas são por vezes mais verdadeiras que a verdade crua dos documentos e fatos. Não possuíssemos nada além de documentos da história, como ela seria estreita, pobre, cheia de lacunas! O unívoco, o evidente, é o domínio da ciência, o plurívoco, aquilo que ainda requer interpretação e esclarecimento, a zona inerente da arte psicológica; onde o material é insuficiente para uma prova documental, restam ainda possibilidades incalculáveis para os psicólogos. O sentimento sabe mais a respeito de um ser humano que qualquer documento.

Porém, examinemos primeiro, uma vez mais, os documentos. Hans Axel von Fersen, não obstante seu coração romântico, era um homem da ordem. Com exatidão pedante faz anotações em seu diário, todas as manhãs marca com precisão as condições do tempo, a pressão do ar e, ao lado dos acontecimentos atmosféricos, anota os eventos políticos e os pessoais. Além disso – homem extremamente ordeiro – mantém um livro de correspondências onde detalha as cartas recebidas e enviadas com as respectivas datas. Ademais, escreve palavras-chave para suas anotações, guarda sua correspondência com método – um homem ideal, portanto, para os pesquisadores da história; assim, quando falece, em 1810, deixa um registro de sua vida impecavelmente organizado, um tesouro documental sem precedentes.

O que acontece então com esse tesouro? Nada. Isso por si já levanta suspeitas. Sua existência é ocultada com o maior cuidado – ou melhor,

Foi ou não foi? (Um parêntese)

com o maior temor – pelos herdeiros, ninguém tem acesso aos arquivos, ninguém fica sabendo de sua existência. Por fim, meio século após a morte de Fersen, um descendente, certo barão Klinkowström, publica a correspondência e uma parte dos diários. Mas – curioso – não estão mais completos. Uma série de cartas de Maria Antonieta, anotadas no livro de correspondências como cartas de "Josefina", desapareceu, assim como o diário de Fersen sobre os anos decisivos; e – mais curioso ainda – nas cartas há linhas inteiras substituídas por pontinhos. Uma mão qualquer mexera acintosamente no acervo. E sempre que um material epistolar, antes completo, é adulterado ou destruído por descendentes, não nos livramos da suspeita de que fatos foram eclipsados com o propósito de uma pálida idealização. Mas guardemo-nos de opiniões preconcebidas. Mantenhamo-nos frios e imparciais.

Faltam, pois, trechos nas cartas, e estes foram substituídos por pontinhos. Por quê? Tornaram-se ilegíveis no original, afirma Klinkowström. Por quem? Provavelmente pelo próprio Fersen. "Provavelmente!" Mas por quê? A isso, Klinkowström responde (numa carta), muito embaraçado, que talvez os trechos contivessem segredos políticos ou observações desairosas de Maria Antonieta sobre o rei Gustavo da Suécia. E como Fersen mostrava todas as cartas – todas? – ao rei, ele, provavelmente – provavelmente! – fez desaparecer tais passagens. Singular! Em grande parte, as cartas eram cifradas, só assim então Fersen poderia apresentar cópias ao rei. Por que razão mutilar os originais e torná-los ilegíveis? Isso já desperta suspeitas. Mas, conforme dito, nada de prejulgamentos.

Examinemos, pois! Observemos mais de perto os trechos que foram tornados ilegíveis e substituídos por pontinhos. O que se nota? Em primeiro lugar, os pontinhos suspeitos surgem quase apenas onde a carta começa ou termina, na saudação ou após a palavra "Adieu", ou "Je vais finir", por exemplo: acabei de falar sobre negócios e política, e agora… Nada. Não há na edição mutilada a não ser pontinhos, pontinhos, pontinhos. Contudo, se as omissões aparecem no meio da carta, curiosamente elas ocorrem sempre nos trechos que nada têm a ver com política. Mais um exemplo: "Comment va votre santé? Je parie que vous ne vous soignez et vous avez tort ... pour moi je me soutiens mieux que je ne devrais"[97] – será que alguém, em seu juízo perfeito, iria inserir nesse trecho alguma observação política? Ou quando a rainha escreve a respeito dos filhos: "Cette occupation fait mon seul bonheur... et quand je suis bien triste, je prends mon petit garçon".[98] Aqui, sem dúvida, novecentas e noventa e nove pessoas entre mil completariam a lacuna: "desde que partiste", e não um reparo irônico sobre o rei sueco. As observações embaraçadas de Klinkowström, portanto, não devem ser levadas a sério; aqui foi omitido algo completamente diferente dos segredos políticos, um segredo humano. Por sorte há um meio de decifrar isso: a microfotografia pode com facilidade tornar de novo visíveis as linhas rasuradas. Aos originais, pois!

Contudo... Surpresa! Os originais não existem mais: até quase 1900, portanto, por mais de um século, as cartas estavam lá, conservadas e organizadas no castelo dos Fersen. De repente desaparecem, são destruídas. Assim, a possibilidade técnica de examinar os trechos retocados deve ter sido um pesadelo para o ético barão Klinkowström; desse modo, antes de sua morte queimou as cartas de Maria Antonieta a Fersen – um ato de Eróstrato[99] sem igual, insensato e, como se verá, inútil. Klinkowström, porém, queria a todo custo manter o caso Fersen na penumbra, e não sob a luz, conservar a lenda em lugar da verdade clara e irrefutável. Agora, pensou, poderia morrer sossegado, pois a "honra" de Fersen e a honra da rainha estariam salvas pela destruição das provas epistolares.

O auto de fé, todavia, conforme o termo, foi mais que um crime, foi uma imbecilidade. Em primeiro lugar, a destruição de provas é por si mesma uma prova de sentimento de culpa; depois, uma lei temível da criminologia estabelece que, ao se destruir precipitadamente material de prova, fica sempre um pequeno resquício. Assim, Alma Sjöderhelm, a

---

[97] "Como vai sua saúde? Aposto que não toma nenhum cuidado com você, e faz mal ... de minha parte, mantenho-me o melhor possível."

[98] "Essa ocupação constitui minha única felicidade, ... e, quando estou muito triste, ponho no colo o meu filhinho."

[99] Eróstrato: homem ambicioso que em 356 a.C. ateou fogo ao templo de Artemis, em Éfeso, julgando que assim obteria fama imortal.

Foi ou não foi? (Um parêntese)

excelente pesquisadora, descobriu, ao examinar os papéis restantes uma cópia com a letra de Fersen de uma das cartas de Maria Antonieta, que por sua vez tinha passado despercebida aos editores, pois existia apenas como cópia de próprio punho (e a "mão desconhecida" provavelmente queimara o original). Graças a essa descoberta, temos pela primeira vez um bilhete íntimo da rainha *in extenso*, e assim a chave, ou mais que isso, o diapasão erótico de todas as outras cartas em nossas mãos. Podemos imaginar agora o que o editor melindroso substituíra por pontinhos. Pois também nessa carta consta no fim um "Adieu", um adeus; mas em seguida não aparecem rasuras e pontinhos e sim: "Adieu, le puis aimant et le plus aimé des hommes", "Adeus, o mais amante e o mais amado dos homens."

Que efeito diverso tem esse sinal para nós! Compreende-se então por que os Klinkowström, os Heidenstam e todos os outros proclamadores da "pureza", que provavelmente tiveram em mãos um número maior de documentos desse gênero do que o mundo jamais conhecerá, ficaram e ficam tão nervosos tão logo se queira investigar o caso Fersen de modo imparcial? Pois para aquele que compreende o pulsar de um coração não pode haver dúvidas de que uma rainha que se dirige a um homem com tanta coragem, passando por cima de todas as convenções, já lhe deu há muito a prova máxima de carinho. Essa única linha substitui todas as outras destruídas. Não fosse a destruição por si mesma uma prova, essas palavras resgatadas oferecem-na a quem quiser entender.

Sigamos, pois, adiante! Ao lado da carta que escapou da destruição há também na vida de Fersen uma cena que parece decisiva do ponto de vista caracterológico. Ela se passa seis anos após a morte da rainha. Fersen deve representar o governo sueco no Congresso de Rastatt.[100] Bonaparte declara bruscamente ao barão Edelsheim que não tratará com Fersen, cujas

---

[100] Congresso de Rastatt (novembro de 1797-abril de 1799): congresso consequente ao Tratado de Campoformio (outubro de 1797) para legislar a paz estabelecida entre a Áustria e a França.

opiniões monárquicas conhece bem; além disso, Fersen dormira com a rainha. Ele não diz "mantivera relações". Declara, desafiador, as palavras quase obscenas: "dormira com a rainha ". O barão Edelsheim não cogita em defender Fersen; também para ele o fato parece bastante óbvio. Assim, responde sorrindo que tais histórias do Ancien Régime estariam há muito superadas, não teriam nada a ver com política. Em seguida, procura Fersen e lhe reproduz toda a conversa. E Fersen, o que faz ele? Ou antes, o que deveria fazer caso as palavras de Bonaparte constituíssem uma inverdade? Não deveria defender a rainha morta da acusação (caso ela fosse injusta)? Não deveria clamar "Difamação"? Não deveria chamar imediatamente às falas aquele pequeno general corso, recém-nomeado, que utiliza palavras grosseiras em sua incriminação? Pode um caráter honrado, correto, permitir que acusem uma mulher de ter sido sua amante caso não fosse verdade? Agora ou nunca, Fersen tem a oportunidade e mesmo a obrigação de desmentir com a espada uma afirmativa que circula por toda parte, para destruir o boato de uma vez por todas.

Entretanto, o que faz Fersen? Ó Deus, ele se cala. Ele toma da pena e descreve detalhadamente em seu diário toda a conversa de Edelsheim com Bonaparte, inclusive a acusação de que teria "dormido" com a rainha. Nem uma só palavra para contemporizar a afirmação, nem na mais completa intimidade, uma acusação "infame e cínica", segundo seus biógrafos. Baixa a cabeça e diz "Sim." Quando alguns dias mais tarde as gazetas inglesas exploram o incidente e "fazem menção a ele e à desventurada rainha", acrescenta: "Ce qui me choqua", ou seja, "Isso me chocou". Foi esse o único protesto de Fersen, ou melhor, seu não protesto. Mais uma vez um silêncio diz mais que palavras.

CONSTATAMOS POIS: o que descendentes temerosos procuraram esconder tão obstinadamente, o fato de que Fersen tornou-se o amante de Maria Antonieta, nunca foi desmentido por ele próprio. Como prova, há dezenas de detalhes advindos de fatos e documentos: que sua irmã roga-lhe, quando ele se apresenta em público em Bruxelas, com outra amante, para

Foi ou não foi? (Um parêntese)

que cuidasse que ela ("Elle") nada soubesse a respeito, pois se magoaria (com que direito, pergunta-se, se não fosse ela sua amante); que no diário foi apagado o trecho em que Fersen anota ter passado a noite nas Tulherias, nos aposentos da rainha; que diante do tribunal da revolução uma camareira depõe que alguém saía frequentemente de modo furtivo do quarto da rainha de madrugada. São detalhes apenas importantes por coincidirem de maneira incrível – contudo, a prova de elementos tão díspares não seria convincente se lhe faltasse a ligação mais determinante, a ligação com o caráter. Apenas pelo todo de uma individualidade torna-se explicável um modo de ação, pois cada ato individual da vontade de uma pessoa é regido pela restrita causalidade de sua natureza. A pergunta relativa à probabilidade de uma relação íntima e passional ou apenas respeitosa e convencional entre Fersen e Maria Antonieta é determinada pela atitude psicológica da mulher, e é preciso questionar os detalhes comprometedores: que comportamento, o livre e impetuoso ou o tímido e retraído, correspondia do ponto de vista lógico e caracterológico à maneira de ser da rainha? Quem olhar por essa perspectiva não hesitará muito. Pois uma grande força se contrapõe a todas as fraquezas de Maria Antonieta, sua coragem desmedida, ilimitada, realmente soberana. Muito sincera e incapaz de qualquer fingimento, aquela mulher superou centenas de vezes, por motivos muito menos importantes, todas as barreiras da convenção, indiferente ao falatório pelas suas costas. Quando atinge a verdadeira grandeza nos momentos de culminante decisão de seu destino, Maria Antonieta nunca foi mesquinha, nunca foi medrosa, jamais colocou qualquer outra forma de honra e ética, de moral social ou palaciana, acima de sua própria vontade. E justamente em relação ao único homem que amou de fato deveria essa mulher corajosa ter de súbito representado o papel de recatada, de tímida e respeitável esposa de seu Luís, a quem estava ligada apenas por razão de Estado, nunca por amor? Teria ela sacrificado uma paixão em prol de um benefício social em meio a uma época apocalíptica, na qual todas as normas da boa conduta e da ordem se desintegram; em meio à embriaguez paralisante e bárbara da morte próxima; em meio a todo o terror diante da derrocada? Deveria ela, que ninguém conseguia dominar e subjugar, ter renunciado à forma mais natural e feminina do sentimento por causa de um fantasma, de um casamento que foi sempre uma caricatura de um matrimônio de verdade, por um marido que nunca considerou um homem de verdade, por um costume que odiou desde sempre com todo o instinto libertário de sua natureza indomada? Quem deseja aceitar essa circunstância inacreditável que o faça. Mas não são os que deturpam sua imagem aqueles que atribuem a Maria Antonieta total ousadia e destemor na única experiência amorosa ardente, mas sim aqueles que querem creditar a essa mulher destemida uma alma apagada, covarde, cheia de consideração e cautela, uma alma que não ousa dar o passo decisivo, renegando sua própria natureza. Porém, para quem concebe o caráter apenas como unidade, é absolutamente inquestionável que Maria Antonieta, seja com sua alma desencantada, seja com seu corpo há muito humilhado e decepcionado, foi a amante de Hans Axel von Fersen.

E O REI? Em qualquer adultério, a terceira pessoa, a enganada, representa a figura melindrosa, embaraçosa, ridícula, e boa parte da dissimulação posterior daquele triângulo amoroso deve ter ocorrido no interesse de Luís XVI. Na verdade, Luís XVI de maneira alguma foi o corno ridículo, pois sem dúvida sabia da relação íntima de Fersen com sua mulher. Saint-Priest diz expressamente: "Ela tinha encontrado meios e instrumentos de levá-lo a tomar conhecimento de sua relação com o conde."

Essa versão se encaixa perfeitamente no quadro da situação. Nada era mais adverso para Maria Antonieta do que hipocrisia e fingimento; uma traição às escondidas do marido não condiz com sua maneira de ser psicológica, e a suja promiscuidade, tão frequente e comum entre o marido e o amante, não condiz com seu caráter. É indubitável que, tão logo – relativamente tarde, talvez entre o décimo quinto e o vigésimo ano de casamento – tenha começado a relação íntima com Fersen, Maria Antonieta deixou de manter relações físicas com o esposo. Essa suposição, meramente derivada de seu caráter, confirma-se de modo surpreendente por uma carta de seu irmão imperial, que ouvira vagamente em Viena que

Foi ou não foi? (Um parêntese)

a irmã queria afastar-se de Luís XVI após o nascimento do quarto filho: a época coincide à perfeição com o início de relações mais íntimas com Fersen. Quem gosta de ver as coisas de maneira clara enxerga a situação com clareza. Maria Antonieta, casada por razão de Estado com um homem pouco amável e nada cativante, reprime durante anos sua necessidade psicológica de amor em favor do dever conjugal. Porém, assim que deu à luz dois filhos homens, herdeiros do trono, portanto de inquestionável sangue Bourbon, para perpetuação da dinastia, considera terminado seu dever moral ao Estado, à lei, à família, e sente-se enfim livre. Após vinte anos sacrificados à política, na última e trágica hora, a mulher que passou por tantas vicissitudes resgata para si o direito puro e natural de não mais se recusar ao homem tão amado, que é para ela tudo, amigo e amante, confidente e companheiro, destemido como ela e disposto a compensá-la por seu sacrifício. Como são pobres todas aquelas hipóteses artificiais a respeito da rainha docemente virtuosa, comparadas à realidade clara de seu comportamento; e como degradam sua coragem humana e a dignidade de sua alma aqueles que querem a todo custo defender a "honra" real. Pois nunca uma mulher é mais honrada e nobre do que quando obedece livremente a seus sentimentos inequívocos, reprimidos durante anos; nunca uma rainha é mais soberana do que quando age da maneira mais humana.

A última noite em Versalhes

Nunca a semente germinou tão depressa na França milenar quanto no verão de 1789. O trigo cresce alto nos caules, mas a semente inquieta da revolução cresce mais depressa depois de regada a sangue. Negligências de décadas, injustiças de séculos são extintas com um traço da pena, agora é posta abaixo a outra Bastilha invisível, na qual os direitos do povo francês estiveram aprisionados por seus reis. Em 4 de agosto, cai sob júbilo frenético a ancestral fortaleza do feudalismo: os nobres abrem mão do trabalho servil e do dízimo, os príncipes da Igreja renunciam aos tributos e ao imposto do sal, os camponeses ficam livres, livres estão os cidadãos, é declarada a liberdade de imprensa, são proclamados os direitos humanos, todos os sonhos de Jean-Jacques Rousseau realizam-se nesse verão. As vidraças vibram, ora sob aplausos, ora sob debates, naquele salão dos Menus Plaisirs[101] (destinado pelos reis a seus prazeres, pelo povo, ao seu direito): a cem passos de distância ouve-se já o murmúrio incessante da colmeia humana. Mil passos adiante, contudo, no grande palácio de Versalhes, reina um silêncio perplexo. Assustada, a corte olha pelas janelas em direção ao convidado ruidoso, que, embora convocado para um conselho, já se sente no direito de representar o papel de senhor dos soberanos. Como mandar embora esse aprendiz de feiticeiro? Desconcertado, o rei ouve seus conselheiros, cada um contradizendo o outro; o melhor é esperar, pensam a rainha e o rei, até que a tempestade se acalme. Agora é preciso ficar quieto e se manter em segundo plano; é ganhar tempo, depois tudo será resolvido.

---

[101] Salão dos Menus Plaisirs: na casa real, aposentos em que são feitos os preparativos dos "pequenos prazeres do reino", como cerimônias, eventos e festas.

A revolução, no entanto, quer seguir adiante, deve seguir em frente para não ser abortada, pois revolução é movimento de maré: deter-se seria fatal para ela, voltar para trás seria seu fim; cabe a ela exigir, exigir cada vez mais para afirmar-se; precisa conquistar para não ser vencida. O rufar de tambores do avanço nervoso é produzido pelos jornais; essas crianças, esses meninos de rua da revolução marcham com alarde e indisciplina, abrindo caminho para o exército propriamente dito. Um único movimento da pena deu liberdade à palavra escrita e falada, liberdade que no primeiro ímpeto é sempre selvagem e desmedida. Dez, vinte, trinta, cinquenta jornais surgem agora. Mirabeau funda um jornal, assim como Desmoulins, Brissot, Loustalot, Marat, e como cada qual tenta conquistar leitores e superar o outro em patriotismo, fazem rufar os tambores sem parar; no país todo só se ouve isso. É preciso fazer ruído, é preciso produzir um barulho selvagem, quanto mais alto melhor, e lançar todo o ódio contra a corte! O rei estaria planejando uma traição, o governo estaria impedindo a importação de trigo, regimentos estrangeiros estariam avançando para implodir as assembleias, anuncia-se uma nova noite de são Bartolomeu. Despertai cidadãos! Despertai patriotas! Rataplan, rataplan, rataplan! Dia e noite os jornais incutem e impõem medo, desconfiança, ira e amargura no coração de milhões de pessoas. E por trás dos tamboreiros já se prepara, com paus, espadas e principalmente armado com implacável rancor, o exército do povo francês, invisível até então.

PARA O REI, o ritmo era rápido demais. Para a revolução, excessivamente lento. O homem gordo e cauteloso não consegue acompanhar o passo do avanço apaixonado de ideias tão novas. Versalhes hesita e contemporiza. Pois então, avante Paris! Deves pôr fim a essa monótona negociação, a essa insuportável barganha entre o rei e o povo, assim trombeteiam os jornais. Tens cem mil, duzentos mil punhos, e nos arsenais estão os fuzis, de prontidão os canhões: toma-os e tira o rei e a rainha de Versalhes, prende-os, e assim terás seu destino nas mãos! No quartel-general da revolução, no palácio do duque de Orléans, o Palais Royal, é dada a palavra de ordem:

tudo já está preparado, e um dos desertores da corte, o marquês de Huruge, já prepara secretamente a expedição.

No entanto, entre o palácio e a cidade há caminhos subterrâneos sombrios. Por intermédio de serviçais subornados, os patriotas dos clubes sabem tudo que ocorre no palácio; aí, por sua vez, por meio de agentes, toma-se conhecimento do ataque planejado. Em Versalhes decidem agir, e como os soldados franceses não são mais confiáveis para investir contra seus compatriotas, mandam chamar um regimento de Flandres a fim de proteger o palácio. Em 1º de outubro as tropas marcham em direção a Versalhes, partindo de seus quartéis, e para sua recepção calorosa a corte prepara uma acolhida festiva. O grande salão de ópera é aprontado para um banquete; sem levar em conta que em Paris reina uma escassez severa de alimentos não se poupam vinho e boa comida. A fidelidade, como o amor, passa muitas vezes pelo estômago. Para aumentar ainda mais o entusiasmo das tropas por seu soberano, o rei e a rainha, com o delfim no colo, dirigem-se ao salão de festas – honra nunca vista até então.

MARIA ANTONIETA NUNCA COMPREENDEU a sutil arte de conquistar pessoas pelo bom-senso consciente, pelo cálculo ou a lisonja. Por natureza, porém, estava incutida em seu corpo, em sua alma, certa nobreza que provoca simpatia em todos que a encontram pela primeira vez. Ninguém em particular, nem a massa, podia ficar alheio a essa curiosa magia da primeira impressão (que se dissipava então após um contato mais longo). Também desta vez, à entrada majestosa e ao mesmo tempo carinhosa da linda e jovem mulher, oficiais e soldados erguem-se das cadeiras, com entusiasmo desembainham as espadas, bradam um "Viva" ao soberano e à soberana, esquecendo-se provavelmente daquele brado destinado à nação. A rainha percorre as fileiras. Ela sabe dar um sorriso fascinante, sabe ser simpática de uma maneira espontânea, como sua autocrática mãe, como seus irmãos, como quase todos os Habsburgo (e essa arte se disseminou na aristocracia austríaca), apesar de sua altivez inabalável; sabe ser cortês e meiga de maneira natural com as pessoas mais simples, contudo, sem parecer prepotente. Com um genuíno sorriso de felicidade, pois há quanto tempo ela não ouvia o "Vive la reine!", circunda com os filhos a mesa do banquete, e a visão da mulher gentil, da mulher verdadeiramente majestosa, que vem como convidada até eles, soldados rudes, transporta oficiais e tropas a um estado de êxtase, de fidelidade ao rei. Nessa hora todos estão dispostos a morrer por Maria Antonieta. Também a rainha está feliz ao deixar aquele grupo ruidoso; com o brinde de boas-vindas, ela bebeu igualmente o vinho dourado da confiança. Ainda existe fidelidade e segurança para o trono da França.

No dia seguinte, porém, já rufam os tambores dos jornais patrióticos, rataplan, rataplan, rataplan. A rainha e a corte contrataram assassinos contra o povo. Embriagaram os soldados com vinho tinto para que obedientemente façam jorrar o sangue rubro de seus compatriotas; oficiais escravos jogaram ao chão o chapéu tricolor, pisotearam-no e humilharam-no, entoaram canções servis – e tudo isso sob o sorriso desafiador da rainha. Patriotas, ainda não o percebeis? Pretendem invadir Paris, os regimentos já estão em marcha. Assim, avante cidadãos, avante para a última batalha, avante para a decisão! Reuní-vos, patriotas – rataplan, rataplan, rataplan...

Dois dias mais tarde, em 5 de outubro, acontece um tumulto em Paris. A maneira como ocorre faz parte dos muitos mistérios insondáveis da Revolução Francesa. O tumulto, aparentemente imprevisto, mostra-se planejado e organizado, insuperável do ponto de vista político. O tiro parte certeiro e preciso de um ponto determinado para um alvo determinado; mãos muito espertas, muito sábias, muito habilidosas e treinadas devem tê-lo disparado. Isso, por si só, já era uma ideia magistral – digna de um psicólogo como Choderlos de Laclos, que organiza para o duque de Orléans, no Palais Royal, a batalha pela coroa: tirar o rei de Versalhes à força, e não com um exército de homens, mas com uma tropa de mulheres. Homens podem ser considerados revolucionários e rebeldes; um soldado bem disciplinado, de modo obediente, atira apenas em homens.

Todavia, mulheres que tomam parte de revoltas populares parecem apenas ser desesperadas; diante de seu seio macio, até a mais pontuda baioneta se detém; ademais, os organizadores sabem que um homem tão medroso e sentimental como o rei jamais dará ordem de apontar canhões contra mulheres. Assim, primeiro – novamente não se sabe por que mãos e por que desígnios – a excitação está em alta pelo fato de ter sido detida de propósito a ração de pão de Paris, a fim de que se alastre a fome, essa mola propulsora da ira popular. E assim, tão logo irrompa o turbilhão, adiante as mulheres, para a vanguarda das fileiras!

Efetivamente, é uma mulher jovem, afirma-se mesmo que teria as mãos cheias de anéis, que invade um posto da guarda na manhã de 3 de outubro e apanha um tambor. Atrás dela forma-se instantaneaamente um bando de mulheres gritando alto por pão. O tumulto se instala, logo homens fantasiados aderem ao grupo, conferindo à torrente ruidosa o rumo predeterminado em direção à Prefeitura. Meia hora mais tarde a administração municipal é tomada de assalto. Pistolas, paus e até dois canhões são roubados, e de repente – quem o chamou e inspirou? – surge um líder, de nome Maillard, que transforma a massa desordenada e confusa em exército e a incita a marchar em direção a Versalhes, aparentemente em busca de pão, na realidade para levar o rei até Paris. Tarde demais, como sempre – esse é o destino daquele homem honrado e totalmente inábil, o de estar sempre uma hora atrasado em relação aos acontecimentos –, aparece La Fayette, o comandante da Guarda Nacional, montado em seu cavalo branco. Sua tarefa – e ele tenta cumpri-la com honradez – seria, naturalmente, a de impedir a partida das tropas, porém seus soldados não obedecem. Assim, resta-lhe apenas marchar atrás do exército de mulheres com sua Guarda Nacional, para conferir à franca revolta uma aparência de legalidade. Não se trata de uma função nobre, bem sabe o ferrenho entusiasta da liberdade, nada satisfeito com a incumbência. Montado no famoso corcel branco, La Fayette cavalga sombrio atrás do exército revolucionário de mulheres, imagem da fria, lógica e impotente razão humana que em vão tenta apreender a paixão maravilhosamente ilógica dos elementos.

ATÉ A HORA DO ALMOÇO, a corte de Versalhes não imagina o perigo das mil cabeças em marcha. Como todos os dias, o rei mandou selar seu cavalo de caça e saiu a galope pelas florestas de Meudon; a rainha, por sua vez, foi sozinha a pé ao Trianon. O que havia a fazer em Versalhes, naquele imenso palácio que a corte e os melhores amigos já haviam abandonado há muito, e onde, ali ao lado, na Assembleia Nacional, todos os dias os *factieux* apresentavam novas moções hostis contra ela? Ah, ela está tão cansada dessas animosidades, dessa batalha inútil, cansada das pessoas, cansada até de seu papel de rainha. Quer apenas descansar, passar algumas horas sossegada, sem ninguém ao redor, longe de qualquer política, no parque outonal cujas folhas são cobertas de cobre pelo sol de outubro! Só quer colher as últimas flores dos canteiros antes que venha o terrível inverno, talvez dar de comer às galinhas e aos dourados peixinhos chineses no pequeno lago. E depois descansar, afinal descansar de todo alvoroço e dos aborrecimentos; nada fazer, nada almejar a não ser sentar-se na gruta de mãos cruzadas, vestindo um simples roupão, um livro aberto sobre o banco, sem precisar lê-lo, sentir o grande cansaço da natureza e o outono dentro do coração.

Assim estava a rainha na gruta, sentada no banco de pedra – há muito esqueceu que o lugar outrora recebera o nome de "gruta do amor" –, quando vê um pajem chegando, uma carta na mão. Ela se levanta e vai-lhe ao encontro. A carta é do ministro Saint-Priest, avisando que o populacho marcha em direção a Versalhes, que a rainha voltasse imediatamente ao palácio. Depressa apanha o chapéu e o casaco e corre até lá com seu andar ainda leve e ágil, tão depressa, é provável, que não mais dirige o olhar ao pequeno e amado palácio, nem à paisagem criada artificialmente com tantos atrativos lúdicos. Como imaginar que via os suaves gramados, a delicada colina com o templo do amor e o regato outonal, que via seu Hameau, seu Trianon pela última vez na vida, que este seria um adeus para sempre?

No palácio, Maria Antonieta encontra nobres e ministros numa intensa agitação. Apenas rumores incertos da marcha de Paris foram trazidos por um mensageiro que tomou a dianteira, os demais mensageiros foram retidos pelas mulheres a meio caminho. Então, enfim, vem um cavaleiro a galope, pula do cavalo espumante e apressado sobe os degraus de mármore: Fersen. Aos primeiros indícios de perigo, o homem sempre pronto a sacrifícios lançou-se à sela e a galope deixou para trás o exército de mulheres, as "oito mil Judites",[102] como as chama pateticamente Camille Desmoulins, para ficar ao lado da rainha na hora do perigo. Enfim o rei aparece no Conselho. Encontraram-no na floresta, junto à porta de Châtillon, e tiveram de interromper seu lazer preferido. Contrariado, lança em seu diário o lamentável resultado da caça com a observação: "Interrompida pelos acontecimentos."

Ali está ele consternado, os olhos medrosos, e agora que tudo está perdido, agora que na confusão geral se esqueceram de bloquear a ponte em Sèvres para deter o avanço da rebelião, começa o aconselhamento. Restam ainda duas horas, ainda haveria tempo suficiente para uma decisão enérgica. Um ministro sugere que o rei se pusesse a cavalo e avançasse à testa dos dragoneiros e dos regimentos de Flandres contra a massa indisciplinada: sua mera presença obrigaria a horda feminina a recuar. Os mais cautelosos, porém, aconselham que o rei e a rainha abandonem imediatamente o palácio e dirijam-se a Rambouillet; assim o pérfido ataque contra o trono cairia no vazio. Entretanto, Luís, o eterno indeciso, hesita. Mais uma vez, por incapacidade de decisão, permite que os acontecimentos venham até ele, em vez de enfrentá-los.

A rainha, lábios cerrados, fica no meio daqueles homens desnorteados, dos quais nenhum era um homem de verdade. Por instinto sabe que todos os atos de violência seriam bem-sucedidos porque, ao primeiro derramamento de sangue, todos passam a temer a todos: "Toute cette révolution n'est qu'une suite de la peur."[103] Mas como assumir sozinha a responsabilidade por tudo e por todos? Embaixo, no pátio, as carruagens se encontram a postos, dentro de uma hora a família real, com os minis-

---

[102] Judite: piedosa viúva bíblica que, vendo seu país dominado por um poderoso invasor, se dirige ao acampamento inimigo e com sua beleza seduz o comandante Holofernes; embriagado durante um banquete, Holofernes tem a cabeça cortada por Judite.
[103] "Toda essa revolução é só uma consequência do medo."

A última noite em Versalhes

tros e a Assembleia Nacional, que jurara acompanhar o rei a qualquer parte, poderia estar em Rambouillet. Mas o rei ainda não dá o sinal de partida. Os ministros insistem cada vez com mais veemência, sobretudo Saint-Priest: "Se levarem Sua Majestade amanhã à Paris, Sire, a coroa estará perdida." Necker, por sua vez, que preza mais sua popularidade que a manutenção de qualquer Monarquia, protesta; entre duas opiniões contrárias, o rei como sempre parece um pêndulo oscilante e indolente. Começa a anoitecer, e ainda os cavalos esperam com paciência lá embaixo, enquanto desaba uma tempestade; há horas os lacaios aguardam junto à portinhola das carruagens e ainda prossegue a sessão de aconselhamento.

Contudo, já ecoa um clamor confuso de centenas de vozes pela avenue de Paris. Lá estão elas. Os aventais sobre as cabeças para se proteger da chuva torrencial, uma massa de mil cabeças na escuridão da noite, as amazonas dos Halles vão avançando. É tarde demais.

MOLHADAS ATÉ OS OSSOS, famintas e tremendo de frio, os sapatos sujos da lama do caminho, as mulheres avançam agora em marcha. Aquelas seis horas não significaram um passeio de lazer, embora tenham marcado sua presença ruidosa nas tavernas de aguardente do caminho para esquentar um pouco os estômagos vazios. As vozes das mulheres soam ásperas e roucas, e o que bradam parece pouco amigável para a rainha. Sua primeira visita destina-se à Assembleia Nacional. A Assembleia está reunida desde as primeiras horas da manhã, e para muitos ali dentro, como os batedores do duque de Orléans, a marcha das amazonas não é totalmente inesperada.

A princípio as mulheres exigem da Assembleia Nacional apenas pão; segundo o programa, ainda nenhuma palavra a respeito de levar o rei a Paris! Decide-se então mandar uma comissão de mulheres ao palácio, acompanhada pelo presidente Mounier e alguns deputados. As seis mulheres escolhidas dirigem-se ao palácio, lacaios abrem cortesmente as portas para aquelas arrumadeiras, vendedoras de peixe e ninfas das ruas. Com todas as honras, a curiosa delegação é conduzida pela grande escadaria de mármore a aposentos que só poderiam ser adentrados pela nobreza de sangue azul, escolhida a dedo. Entre os deputados que acompanham o presidente da Assembleia Nacional encontra-se um senhor de boa estatura, robusto e de aparência jovial, que não chama muito a atenção. Seu nome, porém, confere a esse primeiro encontro com o rei um peso simbólico. Pois com o doutor Guillotin, representante de Paris, a guilhotina fez, em 5 de outubro, sua visita inaugural à corte.

O BONACHÃO LUÍS RECEPCIONA as senhoras de maneira tão cordial que a porta-voz, uma jovem que oferece aos frequentadores habituais do Palais Royal flores e talvez algo mais, desmaia de constrangimento. Com cuidado, dão-lhe de beber; o bondoso governante abraça a moça assustada, promete pão às mulheres agitadas, qualquer coisa que quiserem; põe à disposição delas até as próprias carruagens para o retorno. Tudo parece transcorrer às mil maravilhas. Lá embaixo, contudo, incitado pelos agentes secretos, o mulherio recebe sua própria delegação com gritos de fúria, acusando-a de ter se deixado corromper com dinheiro e mentiras. Não fora por isso que tinham patinado durante seis horas desde Paris, em meio à tempestade, para voltar para casa com estômagos vazios e promessas vãs. Não, ficariam aqui e não iriam embora antes de levar consigo o rei, a rainha e mais o bando todo até Paris, onde saberiam curá-los do hábito da perfídia e do fingimento. Sem a menor consideração, as mulheres invadem a Assembleia Nacional para lá dormir, enquanto as profissionais entre elas, em especial Théroigne de Méricourt, oferecem complacentes seus serviços aos soldados do regimento de Flandres. Retardatárias perigosas aumentam ainda mais o número das rebeldes, figuras suspeitas rondam as grades dos portões à luz trêmula das lanternas de óleo.

Lá em cima, a corte ainda não tomou decisão alguma. Não seria melhor fugir? Mas como ousar atravessar a multidão exaltada com as pesadas carroças? É tarde demais. Finalmente, à meia-noite ouvem-se tambores ao longe: aproxima-se La Fayette. A primeira visita destina-se à Assembleia Nacional, a segunda, ao rei. Embora ele se curve com genuína devoção e diga: "Sire, vim até aqui e quero arriscar minha vida para salvar a de

A última noite em Versalhes

Sua Majestade", ninguém lhe agradece, muito menos Maria Antonieta. O rei declara não ter mais a intenção de partir ou de manter-se afastado da Assembleia Nacional. Agora tudo parece resolvido. O rei fez sua promessa, La Fayette e o poder armado estão a postos para protegê-lo; os deputados vão para casa, a Guarda Nacional e os insurgentes procuram abrigo da chuva torrencial nas casernas e igrejas, até sob os pórticos e sobre os degraus cobertos. Aos poucos apagam-se as últimas luzes; depois de ter visitado mais uma vez todos os postos, La Fayette vai para a cama às quatro horas da madrugada, no Hôtel de Noailles, embora tivesse prometido garantir a segurança do rei. Também a rainha e o rei retiram-se para seus aposentos. Não imaginam ser aquela a última noite que dormiriam no palácio de Versalhes.

O cortejo fúnebre da Monarquia

O ANTIGO PODER, a Monarquia e seus guardiões, os aristocratas, foram dormir. Mas a revolução é jovem, possui sangue quente, indomável, ela não precisa de descanso. Impaciente, espera o dia e a ação. Ao redor das fogueiras dos acampamentos, no meio das ruas, reúnem-se os soldados da revolta de Paris que não encontraram refúgio. Ninguém sabe explicar por que ainda estão em Versalhes, e não em casa, em suas camas, uma vez que o rei obediente concedeu e prometeu tudo. Porém, uma vontade oculta mantém e governa o enxame inquieto. Figuras furtivas entram e saem de portas dando ordens secretas, e às cinco da manhã o palácio ainda está imerso na escuridão e no sono. Grupos isolados, conduzidos por mãos experientes, esquivam-se por desvios, passando pelo pátio da capela e até sob as janelas do palácio. O que querem? Quem lidera essas figuras obscuras, quem as incentiva, quem as conduz para um objetivo ainda não percebido, porém bem determinado? Os incitadores, estes ficam à sombra, o duque de Orléans e o irmão do rei, o conde de Provence, preferiram, e talvez soubessem a razão, não ficar esta noite no palácio ao lado de seu legítimo rei. Seja como for, de repente um disparo, um daqueles tiros provocadores que sempre são necessários para um confronto premeditado. Rebeldes emergem de todos os lados, dezenas, centenas, milhares, armados com paus, enxadas e espingardas, os regimentos de mulheres e de homens travestidos de mulheres. O avanço tem um objetivo direto e certo: os aposentos da rainha! No entanto, por que razão as vendedoras de peixe de Paris, as mulheres de Halles, que nunca puseram os pés em Versalhes, curiosamente, encontram de imediato o caminho correto no palácio imenso, com suas dezenas de escadarias e centenas de quartos?

O cortejo fúnebre da Monarquia 277

Com um único impulso, a onda de mulheres e homens travestidos avança pela escadaria em direção aos aposentos da rainha. Alguns guardas tentam se opor à entrada, dois deles são empurrados, barbaramente assassinados; um indivíduo grande e barbado decepa no pátio a cabeça dos cadáveres que poucos minutos depois, pingando, balançam na ponta de enormes varapaus.

As vítimas, contudo, cumpriram seu dever. Seu agudo grito de agonia acordou o palácio a tempo. Um dos três soldados da guarda conseguiu fugir, ferido sobe as escadas, e seu grito ressoa com estridência na cúpula de mármore da casa: "Salvai a rainha!"

Esse grito realmente salva-a. Uma camareira acorda assustada, corre ao aposento para avisar a rainha. Lá fora vibram os portões e portas, depressa fechados pelos guardas, sob golpes de enxadas e machados. Não resta mais tempo para vestir as meias e os sapatos. Maria Antonieta enfia apenas uma saia sobre a camisola, um xale sobre os ombros. Assim, de pés descalços, as meias na mão, corre com o coração aos pulos pelo corredor que leva à antecâmara; e percorrendo esse vasto espaço chega aos aposentos do rei. Horror! A porta está trancada. A rainha e suas camareiras batem desesperadamente com os punhos, batem e batem, mas a porta inexpugnável permanece fechada. Durante cinco minutos, cinco longos e terríveis minutos, enquanto ali ao lado aqueles assassinos mercenários já arrombam os quartos, remexem nas camas e armários, a rainha precisa esperar até que afinal um criado do outro lado da porta ouve as pancadas e a salva; só agora Maria Antonieta pode buscar refúgio nos aposentos de seu esposo; ao mesmo tempo, a governanta traz o delfim e a filha da rainha. A família está reunida, a vida, salva. Contudo, não mais que a vida.

Enfim também acorda o dorminhoco La Fayette, que não sacrificara Morfeu naquela noite, e que desde essa hora é chamado com desprezo pela alcunha de "general Morfeu". Este percebe o resultado de sua leviana ingenuidade. Só com pedidos e súplicas, não mais com a autoridade de um comandante, pode salvar os guardas presos e poupá-los da morte; só com máximo empenho consegue expulsar o populacho dos aposentos. Agora, assim que passa o perigo, aparecem também, bem escanhoados e empoados, o conde de Provence, o irmão do rei, e o duque de Orléans; e curioso, muito estranho mesmo, a massa enfurecida respeitosamente abre-lhes espaço. Agora o Conselho da Coroa pode ter início. Contudo, o que há ainda para decidir? A multidão de dez mil pessoas mantém o palácio em suas mãos sujas e manchadas de sangue qual uma casca de noz pequena, frágil, quebradiça, não há mais escapatória do sufoco. Acabou-se a negociação e o acordo do vencedor com o vencido. Com um grito de mil vozes, diante das janelas, a massa troveja a exigência que lhe foi secretamente sussurrada ontem e hoje pelos agentes do clube: "O rei a Paris! O rei a Paris!" As vidraças vibram com o eco das vozes ameaçadoras, e, assustados, os quadros dos antepassados reais tremulam nas paredes do velho palácio.

DIANTE DESSE GRITO IMPERIOSO, o rei lança um olhar interrogativo para La Fayette. Deve obedecer, ou melhor, precisa obedecer já? La Fayette baixa os olhos. Desde ontem esse ídolo do povo só tem certeza da perda de sua própria divindade. O rei ainda espera um adiamento. Para deter a multidão enfurecida, atirar-lhe pelo menos um bocado qualquer, a fim de aplacar a fome imensa de triunfo, decide sair ao balcão. Mal surge o honrado homem, a multidão irrompe em aplausos entusiasmados: ela sempre aplaude o rei quando é vitoriosa. E por que não aclamar quando um soberano aparece diante dela de cabeça descoberta e acena cordialmente em direção ao pátio onde há pouco dois de seus defensores tiveram suas cabeças decepadas, como vitelas abatidas, e espetadas em varapaus? Mas, para aquele homem fleumático, pouco impetuoso até mesmo em questões de honra, um sacrifício moral não era realmente penoso. Se após esta auto-humilhação real o povo, sossegado, tivesse ido para casa, o rei talvez tivesse montado seu cavalo uma hora mais tarde e ido tranquilamente à caça, para compensar o que fora forçado a perder na véspera por força dos "acontecimentos". Ao povo, todavia, não basta esse triunfo. Após a inebriante sensação da própria força, ele exige um vinho ainda mais forte e estimulante. Também ela, a rainha, a orgulhosa, a dura, a atrevida, a austríaca irredutível, deve aparecer lá fora! Também ela, e justamente ela, a arrogante, deve curvar sua cabeça sob o jugo invisível. Os gritos tornam-se mais selvagens, os pés seguem batendo com maior insistência, mais rouco ecoa o brado: "A rainha, a rainha no balcão!"

Maria Antonieta, pálida de raiva, os lábios cerrados, não dá um passo. O que lhe tolhe o andar e empalidece as faces não é de modo algum o medo dos fuzis talvez já apontados, o medo de pedras e xingamentos, mas o orgulho, o orgulho herdado, indestrutível, daquela cabeça, daquela nuca que jamais se curvou diante de ninguém. Embaraçados, todos olham para ela. Finalmente as janelas vibram com os gritos, logo voarão pedras. La Fayette vai até ela: "Madame, é necessário, para acalmar o povo." "Então, não hesitarei", responde Maria Antonieta, e pega seus filhos pela mão, um de cada lado. Ereta, de cabeça erguida, os lábios crispados, sai ao balcão. Porém, não como uma pedinte em busca de misericórdia, e sim como um soldado marchando para o ataque com a vontade férrea de morrer honradamente sem pestanejar. Ela se mostra, mas não se curva. Entretanto, justamente essa postura ereta tem um efeito desafiador. Duas correntes de força confrontam-se na troca de olhares, o da rainha e o do povo, e tal é a tensão que durante um minuto reina absoluto silêncio naquela praça enorme. Ninguém sabe como se dissolverá a pausa de profundo silêncio, silêncio de espanto e surpresa, num brado de fúria, num tiro de fuzil ou numa chuva de pedras. Então, La Fayette, sempre audaz nos grandes momentos, coloca-se a seu lado e com gesto cavaleiresco curva-se diante da rainha e beija-lhe a mão.

O gesto quebra a tensão de uma só vez. Acontece o mais surpreendente: "Viva a rainha! Viva a rainha!", ressoam mil vozes pela praça. De modo espontâneo, o mesmo povo que há pouco se encantava com a fraqueza do rei aclama o orgulho, a irredutível teimosia dessa mulher que mostrou não procurar a mercê daquele povo com um sorriso forçado, com uma saudação covarde.

No quarto, todos cercam Maria Antonieta, que sai do balcão, e a cumprimentam, como se tivesse escapado do perigo de morte. Porém, aquela que uma vez sofreu uma decepção não se deixa enganar pela aclamação tardia do povo: "Viva a rainha!" Lágrimas vertem de seus olhos quando diz a Mme de Necker: "Sei que eles obrigarão, a mim e ao rei, a ir a Paris, e portarão como bandeiras as cabeças de nossos guardas, espetadas nos varapaus."

MARIA ANTONIETA INTUÍRA ACERTADAMENTE. O povo não mais se dá por satisfeito com uma mesura. Antes de desistir de sua intenção, arrasará a casa, pedra por pedra, vidraça por vidraça. Não foi por acaso que os clubes puseram a máquina gigantesca em movimento, não foi por acaso que os milhares de pessoas marcharam durante seis horas debaixo de chuva. De forma perigosa, logo cresce mais uma vez o murmúrio, logo a Guarda Nacional, chamada para a defesa, mostra-se inclinada a tomar o palácio de assalto junto com o povo. Então o palácio cede. Jogam do balcão e das janelas bilhetes escritos dizendo que o rei está decidido a transferir-se com sua família para Paris. Outra coisa o povo não queria. Agora os soldados depõem as armas, os oficiais misturam-se ao povo, abraçam-se, aclamam, gritam, bandeiras dançam sobre a multidão, mandam seguir depressa os varapaus com as cabeças sangrentas para Paris. A ameaça já não é necessária.

Às duas da tarde são abertos os grandes portões dourados do palácio. Uma imensa carruagem de seis cavalos conduz o rei, a rainha e toda a família sobre o terreno acidentado, levando-os para sempre de Versalhes. Um capítulo da história, um milênio de autocracia monárquica termina na França.

SOB CHUVA TORRENCIAL, fustigada pelo vento, a revolução partiu para a batalha em 5 de outubro a fim de buscar seu rei. Sua vitória em 6 de outubro é saudada por um dia radiante. O ar é claro e outonal, o céu um azul sedoso, nenhum vento move a folhagem tingida de ouro das árvores; parece que a natureza prendia a respiração, curiosa para assistir a esse espetáculo insólito através dos séculos, de como um povo sequestra seu rei. Que espetáculo é a volta de Luís XVI e Maria Antonieta à sua capital!

Luís XVI. Gravura em cobre, s/d.

Meio cortejo fúnebre, meio farsa carnavalesca, enterro da Monarquia e carnaval do povo. E, sobretudo, que etiqueta nova, curiosamente moderna! Nada de batedores engalanados precedendo a carruagem do rei, nada de falconeiros sobre seus corcéis brancos e a guarda real com seus casacos de cordões, nenhum fidalgo em roupas de gala cercando a pomposa carruagem, e sim uma torrente imunda, desordenada, arrastando em seu seio a triste carruagem como um destroço naufragado. Adiante, a Guarda Nacional em uniformes esfarrapados, não em fileiras organizadas, mas de braços dados, o cachimbo na boca, rindo e cantando, todos com um trapo espetado na ponta da baioneta. No meio, as mulheres sentadas sobre os canhões como numa sela, dividindo-a com dragoneiros solícitos ou marchando a pé, de braços dados com operários e soldados, como se rumassem para o baile. Atrás delas, ruidosamente passam as carroças com farinha da despensa real, escoltadas por dragoneiros. Sem cessar o cortejo avança e diminui o passo, e aclamando os curiosos em altos brados, brandindo a espada como fanática, a líder das amazonas, Théroigne de Méricourt. No meio dessa maré incontrolável, flutua a sombria carruagem cinzenta de poeira na qual, espremidos, Luís XVI, o abatido e fraco sucessor de Luís XV, e Maria Antonieta, a trágica filha de Maria Teresa, seus filhos e a governanta estão sentados com as cortinas semicerradas. Atrás deles seguem, no mesmo compasso de luto, as carruagens com os príncipes reais, a corte, os deputados e os poucos amigos ainda fiéis, o antigo poder da França, levados de roldão pelo novo poder, que hoje põe à prova sua invencibilidade pela primeira vez.

Dura seis horas o cortejo fúnebre de Versalhes a Paris. Ao longo do trajeto, de todas as casas acorrem pessoas. Porém, não tiram o chapéu respeitosamente diante daqueles que foram vencidos de modo tão vergonhoso, apenas aglomeram-se silenciosos, cada um quer ver o rei e a rainha em sua humilhação. Com gritos de triunfo, as mulheres mostram seu troféu: "Estamos levando o padeiro, a padeira e os pequenos ajudantes de volta. Agora a fome acabou." Maria Antonieta ouve as exclamações de ódio e desprezo e esconde-se no fundo do carro para nada ver e não ser vista. Seus olhos estão fechados. Talvez, durante essa longa viagem de seis horas, tenham-lhe vindo à lembrança as inúmeras outras viagens, alegres e despreocupadas, nessa mesma estrada, apenas em companhia da Polignac no cabriolé, dirigindo-se ao baile de máscaras, a óperas, banquetes, voltando altas horas da madrugada. Talvez procure com o olhar entre os guardas aquele que acompanha o cortejo disfarçado, Fersen, o único e verdadeiro amigo. Talvez não pense em nada e esteja apenas cansada, apenas exausta, pois as rodas avançam lentas, porém inexoravelmente, ela o sabe, em direção à trágica sorte.

ENFIM O CARRO FÚNEBRE da Monarquia para às portas de Paris: aqui, o defunto político ainda deve receber a consagração solene. Sob a luz de tochas tremulantes, o prefeito Bailly recepciona o rei e a rainha e exalta o dia 6 de outubro, que para sempre torna Luís o súdito de seus súditos, como um "lindo dia". "Que lindo dia", diz enfaticamente, "em que os parisienses podem ter Sua Majestade e a família real em sua cidade." Até o rei insensível sente a espetadela em sua pele grossa. Ele retruca secamente: "Espero, meu senhor, que minha estada traga a paz, a harmonia e a submissão às leis." Porém, ainda não permitem descanso aos exaustos viajantes. Precisam ainda ir até a Prefeitura para que toda Paris possa observar sua presa. Bailly transmite as palavras do rei: "É sempre com prazer e confiança que me vejo entre os habitantes de minha boa cidade de Paris." Nisso, porém, esquece-se de repetir a palavra "confiança". Com surpreendente presença de espírito, a rainha percebe o lapso. Ela reconhece como é importante impor um compromisso ao povo rebelado com a palavra "confiança". Em voz alta, retifica que o rei expressara igualmente sua confiança. "Vós ouvis, meus senhores", fala Bailly, emendando-se depressa, "é ainda melhor do que se eu o tivesse dito."

Por fim, os hóspedes forçados são levados às janelas. Seguram tochas à direita e à esquerda, próximas a seu rosto, a fim de que o povo se assegure de que não se trata de fantoches, que são de fato o rei e a rainha trazidos de Versalhes. E o povo está entusiasmado, totalmente inebriado com sua vitória inesperada. Por que não ser também generoso agora? O grito há muito esquecido, "Viva o rei, viva a rainha!", torna a ecoar na place de Greves. Como recompensa, Luís XVI e Maria Antonieta podem ir sem proteção militar às Tulherias, para finalmente descansar dessa terrível jornada e avaliar a profundidade do abismo em que foram lançados.

As carruagens quentes, cobertas de pó, param diante de um palácio escuro, abandonado. Desde Luís XIV, há cento e cinquenta anos, a corte não mais habitou a antiga residência dos reis, as Tulherias; vazios estão os quartos, os móveis foram retirados, faltam camas e iluminação, as portas não fecham, frio é o vento que entra pelas vidraças quebradas. Depressa, à luz de velas emprestadas, procura-se improvisar um abrigo noturno para a família real, que ali caíra do céu como um meteoro. "Como tudo é feio aqui, mamãe", diz à entrada o delfim de quatro anos e meio, educado na pompa de Versalhes e do Trianon, acostumado a candelabros iluminados e espelhos cintilantes, à riqueza e ao luxo. "Meu filho", responde a rainha, "aqui morou Luís XIV, e sentiu-se bem. Não devemos ser mais exigentes do que ele." Sem nenhuma queixa, porém, Luís XVI, o indiferente, sente-se bem em seu desconfortável abrigo. Boceja e diz aos outros, indolente: "Que cada um se ajeite como puder. Quanto a mim, estou satisfeito."

Maria Antonieta, todavia, não está satisfeita. Nunca verá essa moradia, que não escolhera livremente, a não ser como uma prisão. Nunca esquecerá a maneira humilhante com que foi trazida para cá. "Nunca se poderá acreditar", escreve ela rapidamente ao fiel Mercy, "no que aconteceu nas últimas vinte e quatro horas. Não importa o que se diga, nada será exagerado; ao contrário, estará muito aquém de tudo que vimos e padecemos."

Recolhimento

EM 1789, A REVOLUÇÃO ainda não tem consciência de sua própria força, ainda assusta-se com a própria coragem. Este é o caso agora. A Assembleia Nacional, os representantes de Paris, todo o populacho, no fundo do coração ainda fiéis ao rei, estão perplexos com a travessura do bando de amazonas que lhe depõe o rei indefeso nas mãos. Por vergonha, fazem todo o possível para ocultar a ilegalidade desse brutal ato de violência; unânimes, esforçam-se mais tarde para dar ao sequestro da família real o aspecto de uma mudança "voluntária". É comovente observar como rivalizam para lançar as rosas mais belas sobre o túmulo da autoridade real, na esperança secreta de que elas ocultem o fato de que a Monarquia na verdade está morta e enterrada para sempre desde o dia 6 de outubro. As delegações sucedem-se no intuito de assegurar a mais profunda fidelidade ao rei. O Parlamento envia trinta de seus membros, o magistrado de Paris presta sua visita respeitosa, o prefeito curva-se diante de Maria Antonieta com as palavras: "A cidade está feliz de vê-los no palácio de seus reis e deseja que o rei e Sua Majestade lhe concedam a graça de escolhê-la como residência permanente." A magistratura, a universidade, o Tribunal de Contas, o Conselho da Coroa também os visitam de forma respeitosa; por fim, em 20 de outubro, vem toda a Assembleia Nacional. Diante das janelas aglomeram-se diariamente grandes multidões que gritam "Viva o rei! Viva a rainha!". Todos fazem o máximo para manifestar ao rei sua alegria pela "mudança voluntária".

Porém, Maria Antonieta – sempre incapaz de fingir – e o rei, obediente a ela, repelem com obstinação humana compreensível, embora totalmente insana do ponto de vista político, o róseo mascaramento dos fatos.

"Ficaríamos bastante satisfeitos caso pudéssemos esquecer o modo como viemos para cá!", escreve a rainha ao embaixador Mercy. Na realidade, ela não pode nem quer esquecê-lo. Sofreu humilhações demais, levaram-na a Paris à força, invadiram seu palácio em Versalhes, assassinaram seus guardas pessoais sem que a Assembleia Nacional, sem que a Guarda Nacional movesse um só dedo. Prenderam-na à força nas Tulherias, o mundo inteiro deve tomar conhecimento dessa profanação dos direitos sagrados de um monarca. Sem cessar, rei e rainha enfatizam intencionalmente a própria derrota: o rei abre mão de sua caçada, a rainha não frequenta nenhum teatro, não se mostram nas ruas, não saem de carruagem e perdem a oportunidade de se tornar novamente populares em Paris. Esse obstinado recolhimento, porém, cria um perigoso precendente. Ao declarar-se violentada, a corte convence o povo de sua violência; ao anunciar constantemente que é o mais fraco, o rei torna-se o mais fraco de fato. Não o povo, não a Assembleia Nacional, e sim o rei e a rainha construíram o fosso invisível em torno das Tulherias; por insensata obstinação, eles mesmos transformam em prisão a liberdade que ainda não lhes fora contestada.

PORÉM, SE A CORTE pateticamente considera as Tulherias uma prisão, que seja então uma prisão régia. Já nos dias seguintes enormes carros transportam os móveis de Versalhes, marceneiros e tapeceiros martelam nos aposentos noite adentro. Logo se aglomeram na nova residência os antigos funcionários da corte, pelo menos os que não preferiram emigrar; todo o bando de camareiros, lacaios, cocheiros e cozinheiros superlota os quartos da criadagem. As antigas librés reluzem novamente nos corredores, tudo é um reflexo de Versalhes, e até o cerimonial é trazido de lá inalterado. Como única diferença percebe-se quando muito que diante das portas, em vez da guarda pessoal nobre, demitida, agora faz sentinela a guarda civil de La Fayette.

Do incontável número de quartos das Tulherias e do Louvre, a família real ocupa apenas uns poucos aposentos, pois não há mais interesse por festas, bailes, recepções, nada de tertúlias, nada de pompa desnecessária.

Recolhimento

Apenas a parte das Tulherias que dá para o jardim (destruída por um incêndio em 1870, durante a Comuna, e não mais reconstruída) é ocupada pela família real; no andar superior, o dormitório e a sala de recepção do rei, um quarto para sua irmã, um para cada filho e um pequeno salão. No andar térreo, o dormitório de Maria Antonieta, com uma sala de recepção e um quarto de vestir, uma sala de bilhar e a sala de refeições. Além da escadaria propriamente dita, os dois andares estão interligados por uma pequena escada recém-construída. Ela comunica os aposentos da rainha, no térreo, e o quarto do delfim e do rei, em cima; unicamente a rainha e a governanta das crianças possuem a chave da porta.

Examinando essa planta, chama a atenção o isolamento de Maria Antonieta do resto da família, separação determinada por ela mesma. Ela dorme e mora sozinha, seu dormitório e sua sala de recepção estão localizados de tal maneira que a rainha a qualquer momento pode receber visitas sem ser observada, sem que elas precisem utilizar a escada pública e a entrada principal. Logo veremos a intenção dessas medidas, assim como a vantagem de a rainha poder ir ao andar superior a qualquer hora, enquanto se livra de qualquer surpresa por parte de criados, espiões, guardas (e talvez até do rei). Mesmo no cativeiro Maria Antoniera saberá proteger até o último suspiro o derradeiro resquício de liberdade pessoal.

O velho castelo, com seus corredores sombrios, a muito custo iluminados dia e noite por fumacentas lamparinas de óleo, com suas escadas em caracol, as acomodações superlotadas dos criados e, principalmente, com as constantes testemunhas da onipotência popular, com os guardas nacionais de sentinela, não proporciona uma estada agradável. Contudo, reunida pelo destino, a família real leva aqui uma vida mais calma, mais íntima e talvez até mais cômoda que no pomposo caixote de pedras de Versalhes. Após o café da manhã, a rainha faz descer os filhos a seu quarto, depois assiste à missa e permanece sozinha no quarto até o almoço em comum. Depois joga uma partida de bilhar com o esposo, para ele um fraco substituto físico da caçada perdida com tanto pesar. Em seguida, enquanto o rei lê ou dorme, Maria Antonieta recolhe-se novamente a seus aposentos para aconselhar-se com amigos fiéis, com Fersen, com a princesa de Lamballe ou outros. Após o jantar, a família toda se reúne no grande salão: o irmão do rei, o conde de Provence, e sua esposa, que moram no palácio de Luxemburgo, as velhas tias e alguns poucos amigos fiéis. Às onze horas apagam-se as luzes, o rei e a rainha recolhem-se a seus aposentos. Essa rotina diária, tranquila, regrada, pequeno-burguesa, não conhece distrações, nenhuma festa e nenhuma pompa. Mlle Bertin, a grande artista do vestuário, quase nunca é chamada, a época dos joalheiros passou, pois Luís XVI precisa guardar seu dinheiro para fins mais importantes, para subornos e serviços políticos secretos. Das janelas vislumbra-se o jardim e admira-se o outono e a precoce queda das folhas: o tempo agora anda rápido, ele, que antes custava a passar para a rainha. Finalmente reina em torno dela a calma que tanto temia; agora, pela primeira vez, tem a oportunidade de entregar-se a uma reflexão séria e clara.

A CALMA É UM ELEMENTO CRIADOR. Ela concentra, purifica, organiza as forças interiores, congrega novamente o que o movimento desordenado dispersa. Ao se sacudir uma garrafa, quando ela é depositada ao chão, o mais pesado separa-se do mais leve. Assim também, numa natureza confusa, o silêncio e a reflexão cristalizam o caráter com mais clareza. Lançada brutalmente ao encontro de si mesma, Maria Antonieta começa a encontrar-se. Somente agora reconhece que nada fora mais fatal para sua natureza leviana, irrefletida, que a facilidade com que o destino lhe concedera tudo; os presentes imerecidos da vida empobreceram-na interiormente. A sorte a mimara cedo demais e com muitas dádivas; foram-lhe concedidos sem qualquer esforço um nascimento nobre e uma posição ainda mais nobre; assim, imaginava que não precisava esforçar-se, só era preciso deixar-se viver como queria, e tudo estaria certo. Os ministros pensavam, o povo trabalhava, os banqueiros pagavam por suas comodidades, e a mulher mimada aceitava tudo sem pensar ou agradecer. Só agora, desafiada pela enorme exigência de defender isso tudo, sua coroa, seus filhos, sua própria vida, da maior revolução da história, procura em si mesma as forças da resistência; e de repente extrai de si reservas intocadas de inteligência, de energia. Finalmente dá-se a ruptura. "Somente na desgraça sabemos quem somos" – essas belas palavras comovidas e comoventes lampejam de súbito em uma de suas cartas. Os conselheiros, a mãe, os amigos não tiveram durante anos poder algum sobre aquela alma teimosa. Ainda era cedo demais para o espírito rebelde. O sofrimento é o primeiro mestre de Maria Antonieta, o único de quem aprendeu alguma coisa.

Nova época tem início com a desgraça na vida íntima daquela mulher singular. Porém, a desgraça nunca transforma um caráter, não lhe acrescenta novos elementos, apenas modela as características há muito existentes. Maria Antonieta não se torna – esta seria uma observação errônea – de súbito inteligente, ativa, enérgica e vital nos anos da batalha derradeira; desde sempre possuiu tais qualidades, apenas deixara de utilizar essa outra parte de sua personalidade por uma misteriosa inépcia da alma, por uma infantil frivolidade dos sentidos; até então apenas brincara com a vida – isso não exige força alguma –, nunca lutou por ela; somente agora, desde o grande desafio, essas energias se afiam como armas. Maria Antonieta só pensa e reflete desde que precisa pensar. Trabalha porque é forçada a trabalhar. Cresce porque se vê forçada pelo destino a ser grande, para não ser esmagada impiedosamente pelas forças superiores. Uma transformação total em sua vida exterior e interior tem início nas Tulherias. A mesma mulher que durante vinte anos não ouviu com atenção até o fim relatório algum de embaixadores, que apenas passava os olhos numa carta e jamais leu um livro, que não se preocupava com outra coisa a não ser o jogo, o esporte, a moda e outras frivolidades, transforma sua escrivaninha numa chancelaria de Estado, seu dormitório num gabinete diplomático. Ela trata – em lugar do marido, que todos, irritados, agora põem de lado como caso incurável de fraqueza – com os ministros e embaixadores, fiscaliza todas as medidas, redige cartas. Aprende a linguagem cifrada dos códigos e cria as técnicas mais exóticas da comunicação secreta para aconselhar-se com amigos no exterior pelos meios diplomáticos; ora eles escrevem com cores favoráveis, ora as notícias são contrabandeadas pela fiscalização dentro de revistas e caixas de chocolate, lançando mão de um sistema numérico; cada palavra deve ser cuidadosamente ponderada a fim de se tornar clara para os iniciados e incompreensível para os estranhos. E tudo isso sozinha, sem ajuda alguma, nenhum secretário ao lado, os espiões à porta e no próprio quarto; uma só carta descoberta, e seu marido, seus filhos estariam perdidos. Até a exaustão física trabalha essa mulher nunca afeita a tal tipo de atividade. "Já estou fatigada de tanto escrever", lamenta-se ela certa ocasião numa carta; e em outra: "Não consigo mais enxergar o que escrevo."

Há outras transformações psicológicas muito significativas: Maria Antonieta aprende afinal a reconhecer a importância de conselheiros sérios, renuncia à insana presunção de decidir por si mesma, à primeira vista, num gesto nervoso, os assuntos políticos. Enquanto antes sempre recebia o calmo e grisalho embaixador Mercy com mal disfarçados bocejos e suspirava aliviada assim que o incômodo pedante fechava a porta atrás de si, agora, envergonhada, busca a companhia daquele homem mal compreendido, probo e experiente: "Quanto maior minha infelicidade, tanto mais me sinto profundamente devedora de meus verdadeiros amigos" – num tom humano escreve agora ao velho amigo de sua mãe. Ou: "Já espero com impaciência conseguir achar um momento em que possa falar-lhe livremente, vê-lo e poder expressar os sentimentos que lhe dediquei toda minha vida." Aos trinta e cinco anos, ela por fim percebeu a razão pela qual lhe foi concedido um destino especial: não disputar os fugazes triunfos da moda com outras mulheres belas, coquetes, intelectualmente medíocres, mas firmar-se e duplamente afirmar-se diante do olhar permanente e duradouro, o olhar inflexível da posteridade, como rainha e como filha de Maria Teresa. Seu orgulho, até então o mesquinho orgulho infantil de uma menina mimada, volta-se determinado para a tarefa de aparecer diante do mundo extraordinária e destemida numa época grandiosa. Não luta mais por coisas pessoais, não guerreia mais pelo poder ou pela felicidade pessoal: "Quanto a nossas pessoas, sei que qualquer ideia de felicidade passou, não importa o que aconteça. Contudo, é dever de um rei sofrer pelos outros, e nós o cumprimos à altura. Que isso seja reconhecido um dia." Tardiamente, contudo até o âmago de sua alma, Maria Antonieta compreendeu que está destinada a tornar-se uma figura histórica, e essa

Recolhimento

exigência atemporal aumenta enormemente suas forças. Pois quando uma pessoa desce às próprias profundezas, quando está decidida a desenterrar a parte mais íntima de sua personalidade, revolve no próprio sangue os poderes quiméricos de seus antepassados. O fato de pertencer à casa de Habsburgo, de ser neta e herdeira de uma ancestral honra imperial, filha de Maria Teresa, tudo isso faz aquela mulher fraca e insegura transcender de súbito, magicamente, a si mesma. Sente-se obrigada a ser "digne de Marie Thérèse", digna de sua mãe, e a palavra "coragem" torna-se o leitmotiv de sua sinfonia fúnebre. Repete continuamente que "nada poderia quebrar sua coragem"; e quando recebe de Viena a notícia de que seu irmão José manteve a atitude viril até o último instante de sua terrível agonia, sente-se também profeticamente invocada e responde com as palavras mais conscientes de sua vida: "Ouso dizer que ele morreu digno de mim."

AQUELE ORGULHO EXIBIDO diante do mundo como uma bandeira, porém, custa mais a Maria Antonieta do que possam imaginar os outros. Em seu âmago, essa mulher não é altiva nem forte, não é uma heroína, mas uma mulher feminina, nascida para o devotamento e o carinho, não para a luta. A coragem que demonstra deve apenas incitar os outros à coragem; no íntimo, ela mesma não acredita em dias melhores. Mal se recolhe ao quarto, caem-lhe cansados os braços, com os quais sustenta a bandeira do orgulho diante do mundo. Fersen quase sempre a encontra aos prantos. Aqueles momentos de amor com o amigo intensamente amado e enfim encontrado não se assemelham a jogos galantes; ao contrário, esse homem, ele mesmo tomado de comoção, precisa empregar todas as forças para arrancar a mulher amada de sua exaustão e melancolia, e justamente isso, a infelicidade dela, provoca no amante o sentimento mais profundo. "Ela chora com frequência", escreve à irmã, "e está muito infeliz. Como preciso amá-la!" Os últimos anos foram duros em excesso para aquele coração ingênuo. "Vimos muitos horrores e sangue demais para algum dia ainda sermos felizes." Entretanto, o ódio volta a crescer contra a mulher indefesa, e não existe para ela defensor algum, exceto sua consciência. "Desafio o mundo inteiro a comprovar uma culpa sequer em relação a mim", escreve. Ou ainda: "Aguardo do futuro uma sentença justa, e isso me ajuda a suportar meus sofrimentos. Desprezo demais aqueles que me recusam isso, e não devo preocupar-me com eles." E, no entanto, deixa escapar um gemido: "Como viver num mundo assim com um coração como o nosso!" E pressentimos que em algumas ocasiões a mulher desesperada nutre apenas o desejo de que tudo chegue logo ao fim. "Oxalá o que fazemos e sofremos possa um dia ao menos tornar nossos filhos felizes! Esse é o único desejo que me permito." O pensamento em seus filhos é o único que Maria Antonieta ainda ousa associar à palavra "felicidade". "Se pudesse ainda ser feliz, minha felicidade viria de meus filhos", lamenta certa feita; e em outra ocasião: "Fico sozinha o dia inteiro e meus filhos são meu único consolo. Mantenho-os junto a mim tanto quanto possível." Dois dos quatro filhos a quem dera a vida morreram precocemente, e agora todo o amor, antes levianamente dedicado ao mundo, concentra-se nos dois que lhe restaram, de maneira desesperada e passional. O delfim, sobretudo, deixa-a muito feliz, pois é forte, alegre, esperto e carinhoso, um "chou d'amour",[104] assim fala dele, apaixonada; porém, como todos os seus sentimentos, também as afeições e a ternura tornaram-se mais cuidadosas para a mulher sofrida. Embora adorasse o menino, não o estraga com mimos. "Nossa ternura por essa criança precisa ser severa", escreve à governanta do menino. "Não devemos esquecer que estamos educando um futuro rei." E quando confia seu filho a uma nova governanta, Mme de Tourzel, em substituição a Mme de Polignac, redige-lhe, à guisa de diretriz, uma descrição psicológica, na qual ficam patentes de maneira extraordinária suas capacidades, até então ocultas, de julgamento humano e de instinto psicológico. "Meu filho tem quatro anos e quatro meses menos dois dias", escreve. "Não falo de seu desenvolvimento nem de sua aparência, isso a senhora poderá ver por si mesma. Sua saúde sempre foi boa, mas já no berço evidenciava-se que seus nervos eram muito sensíveis, e o menor ruído provocava-lhe uma reação. Seus primeiros dentes nasceram tarde,

---

[104] "Um amorzinho".

Recolhimento

mas sem doenças ou incidentes; somente em relação ao último, creio que se tratava do sexto dente, teve uma convulsão. Desde então tais ataques só ocorreram duas vezes, um no inverno de 1787 para 1788, o outro por ocasião de sua vacina; o segundo, entretanto, foi muito leve. A sensibilidade extrema de seus nervos faz com que qualquer ruído estranho o apavore; assim, por exemplo, tem medo de cães, pois os ouviu latir perto dele. Nunca o forcei a olhá-los, pois creio que, à medida que sua razão amadureça, o temor desaparecerá por si mesmo. Como todas as crianças robustas e fortes, ele é travesso e muito veemente em seus súbitos acessos de raiva; no entanto, é uma criança boa, delicada e carinhosa quando não se deixa dominar pela teimosia. Possui desmedido amor por si mesmo, o que, bem conduzido, pode reverter um dia em proveito próprio. Antes de ganhar a confiança de alguém, sabe refrear-se e esconder sua impaciência e sua irritação para parecer calmo e amável. É de grande confiabilidade quando promete alguma coisa, porém é tagarela, gosta de repetir o que ouve e, sem ter intenção de mentir, exagera muitas vezes as coisas com o que lhe sugere a imaginação. Isso é um grande defeito, que deve ser corrigido. No mais, ele é, repito, um bom menino, e com delicadeza e ao mesmo tempo com energia pode-se guiá-lo sem grande severidade e obter dele o que se quiser. Muito rigor o transtornaria, pois possui um caráter firme para sua idade. Quero apenas dar um exemplo: desde a mais tenra infância, a palavra 'desculpa' sempre o deixava transtornado. Ele fará e dirá tudo que se exige dele; quando não tiver razão, porém, a frase 'Peço desculpas' só é pronunciada com lágrimas e grande sofrimento. Desde o princípio educaram meus filhos para depositar toda a confiança em mim e informar-me quando tiverem feito algo indevido. Por isso, mesmo quando os repreendo, nunca ajo como se estivesse zangada, e sim como se estivesse magoada e ofendida com o que fizeram. Acostumei-os a considerar que tudo que eu tiver dito, qualquer sim ou não, será irrevogável; todavia, em qualquer decisão minha, explico-lhes sempre o motivo de modo que seja compreensível para eles e de acordo com sua idade, para que não pensem que se trata apenas de um capricho meu. Meu filho ainda não sabe ler e não aprende com facilidade; é disperso demais para esforçar-se. Não tem noção alguma de sua alta posição e desejo muito que isso permaneça assim. Nossos filhos cedo demais aprendem quem são. Ele ama sua irmã de todo o coração; sempre que algo o alegra, seja sair a passeio para algum lugar, seja quando recebe um presente, seu primeiro impulso é exigir a mesma coisa para sua irmã. Ele é alegre por natureza e sua saúde demanda que permaneça bastante ao ar livre."

Comparando-se esse documento da mãe às cartas anteriores da mulher, mal se acredita que a mesma mão o tenha escrito, tão distante está a nova Maria Antonieta da outra, tão longe quanto a infelicidade da felicidade, o desespero da arrogância. Nas almas mais delicadas, nas almas imperfeitas e condescendentes, a infelicidade imprime sua marca mais indelével: agora se delineia um caráter que até então era como água corrente, inquieta e difusa. "Quando enfim te tornarás tu mesma", lamentava sempre a mãe, desesperada. Agora, com os primeiros cabelos brancos nas têmporas, Maria Antonieta torna-se afinal ela mesma.

CONSTATA-SE A COMPLETA TRANSFORMAÇÃO num retrato, o único e o último, que a rainha mandou pintar nas Tulherias. Kucharski, o pintor polonês, fez um esboço, e a fuga a Varennes impediu-o de terminá-lo; todavia, é o mais completo que possuímos. Os quadros grandiosos de Wertmuller, os quadros de salão de Mme Vigée-Lebrun mostram o esforço incessante de lembrar ao observador, com vestidos suntuosos e adornos, que aquela mulher é a rainha da França. Com um chapéu pomposo, cheio de lindas penas de avestruz sobre a cabeça, vestido de brocado com diamantes fulgurantes, posa diante de seu trono de veludo. Mesmo os retratos que a representam numa roupa mitológica ou campestre têm de certa forma um sinal visível de que a dama é uma mulher nobre, a mais nobre do país, a rainha. O retrato de Kucharski deixa de lado todos esses adornos extravagantes: uma linda mulher exuberante, sentada num sofá e com olhos sonhadores olhando para a frente. Parece um pouco cansada e enfraquecida. Não vestiu nenhum traje grandioso, nenhuma joia, nenhuma pedra preciosa brilha em seu pescoço, ela não se enfeitou – longe estão os

Recolhimento

artifícios teatrais, não há mais tempo para isso; o galanteio deu lugar ao equilíbrio, a vaidade à simplicidade. O cabelo cai-lhe solto e natural, penteado com arte, nele já brilham as primeiras mechas prateadas; o vestido desce naturalmente dos ombros ainda bem-formados e viçosos; todavia, nada naquela pose insinua sedução. Os lábios não mais sorriem, os olhos não querem chamar a atenção; numa espécie de luz outonal, ainda bela, porém já com uma beleza mais suave, maternal, a meio caminho entre o desejo e a renúncia, como *femme entre deux âges*, não mais jovem, ainda não idosa, não mais desejosa, embora ainda desejável, assim perde-se a mulher em sonhos. Ao passo que nos outros retratos tem-se a impressão de que uma mulher apaixonada por sua própria beleza tivesse, no meio de uma corrida, de uma dança, de um riso, se voltado por instantes na direção do pintor, para logo retornar às brincadeiras, sente-se agora: essa mulher aquietou-se e ama a tranquilidade. Depois de milhares de ídolos em valiosas molduras de mármore e marfim, finalmente esse esboço numa folha de papel mostra o ser humano, único dentre muitos. Ele permite imaginar pela primeira vez que a rainha possui uma alma.

Mirabeau

Na batalha desgastante contra a revolução, a rainha até então tinha encontrado refúgio num único aliado: o tempo. "Apenas a flexibilidade e a paciência podem nos ajudar." O tempo, porém, é aliado pouco confiável; oportunista, coloca-se sempre ao lado do forte e abandona com desprezo qualquer um que nele confie passivamente. A revolução segue em frente, toda semana a ela se juntam na cidade mil novos recrutas oriundos do campesinato, o Exército, e o recém-fundado Clube dos Jacobinos aperta o torniquete todos os dias com mais força para afinal tirar a Monarquia dos trilhos. Por fim a rainha e o rei compreendem o perigo de seu recolhimento solitário e começam a procurar aliados.

Um aliado importante – o segredo precioso é mantido invisível no círculo íntimo – já se ofereceu à corte com palavras veladas. Desde os dias de setembro, sabe-se nas Tulherias que o líder da Assembleia Nacional, o arquitemido e admiradíssimo conde de Mirabeau, o leão da revolução, está disposto a comer ouro da mão do rei. Comunicou na ocasião a um intermediário: "Cuide para que a corte tome conhecimento de que estou mais a seu lado que contra ela." Porém, na segurança de Versalhes, a corte sentia-se firme demais sobre a sela, e a rainha ainda não tinha reconhecido a importância daquele homem que, mais que qualquer outro, estava capacitado para liderar a revolução, pois ele próprio era um gênio da revolta, a personificação da sede de liberdade, energia demolidora sob forma humana, anarquia em carne e osso. Os outros membros da Assembleia Nacional, eruditos esforçados, bem-intencionados, juristas astutos, democratas honrados, todos eles sonhavam idealisticamente com a ordem e a reorganização; para aquele único indivíduo o caos do Estado torna-se a salvação pessoal diante do próprio caos interior. Sua força vulcânica – que uma vez, cheio de orgulho, considerou igual à força de dez homens – necessita de uma tempestade universal para expandir-se na justa medida; desorganizado ele próprio nas relações morais, materiais e familiares, necessita de um Estado desorganizado para elevar-se acima das ruínas. Até então todas as explosões de sua natureza elementar, os pequenos pasquins, a sedução de mulheres, os duelos e escândalos eram apenas válvulas de escape insuficientes para o temperamento exuberante que nenhuma prisão da França pôde conter. A alma indomada precisa de amplo espaço; o espírito potente, de tarefas mais poderosas; qual um touro enfurecido preso por muito tempo num curral estreito, lança-se para fora, impelido pelas irracionais bandarilhas do desprezo, para a arena da revolução, e destrói de um só golpe a barreira apodrecida das classes sociais. A Assembleia Nacional é tomada de susto quando a voz tonitruante se eleva pela primeira vez, mas curva-se sob seu jugo imperioso; espírito forte e também grande escritor, Mirabeau, aquele ferreiro poderoso, forja em poucos minutos as leis mais difíceis, as propostas mais temerárias, em tábuas de bronze. Com seu *pathos* ardente, conquista de roldão a vontade de toda a Assembleia, e não fosse a desconfiança relativa a seu passado suspeito, não fosse a inconsciente autodefesa da ideia da ordem contra o mensageiro do caos, e a Assembleia Nacional teria desde o primeiro dia, em vez de doze mil cabeças, apenas uma, um único soberano absoluto.

Todavia, aquele herói da liberdade, por sua vez, não é livre: dívidas vergam-lhe as costas, uma rede de sujos processos imobiliza-lhe as mãos. Um homem como Mirabeau só pode viver, só pode exercer influência se ele mesmo consumir-se à exaustão. Ele necessita de irreflexão, pompa, bolsos recheados, ouro soante, mesa farta, secretários, mulheres, colaboradores e criados; apenas com isso pode desenvolver-se em sua plenitude. Para ser livre segundo sua própria concepção, aquele homem perseguido por todas as matilhas de credores oferece-se a qualquer um: a Necker, ao duque de Orléans, ao irmão do rei e finalmente à própria corte. Entretanto, Maria Antonieta, que nutre ódio especial pelos desertores da aristocracia, considera-se ainda forte o bastante em Versalhes para renunciar aos favores mercenários daquele *monstre*. "Espero", responde ao intermediário, o conde de la Marck, "que nunca seremos tão infelizes a ponto de ter de lançar mão desse último constrangimento, o de procurar a ajuda de um Mirabeau."

Agora chegara a hora. Cinco meses depois – tempo enorme numa revolução – o conde de la Marck recebe, através do embaixador Mercy, a mensagem de que a rainha estaria disposta a negociar com Mirabeau, ou seja, a comprá-lo. Felizmente ainda não é tarde demais, à primeira oferta Mirabeau morde a isca dourada. Com avidez, fica sabendo que Luís XVI mantém à sua disposição quatro promissórias assinadas de próprio punho, cada qual de duzentas e cinquenta mil libras, no total, um milhão, a lhe serem entregues após o término da sessão da Assembleia Nacional – "com a condição que ele preste bons serviços a mim", conforme o parcimonioso rei acrescenta com cautela. Mal percebe o tribuno que suas dívidas poderão ser saldadas com um único traço de pena e que poderia contar com seis mil libras mensais, e o homem perseguido durante anos por meirinhos e verdugos irrompe numa "explosão de júbilo cuja dimensão de início surpreendeu a mim" (conde de la Marck). Com o mesmo entusiasmo antigo com o qual sempre convence a todos, convence a si mesmo que sozinho poderia e queria salvar o rei, a revolução e ao mesmo tempo o país. De pronto, desde que seus bolsos nadam em dinheiro, Mirabeau recorda que ele, o leão tonitruante da revolução, sempre foi um ardente monarquista. Em 10 de maio assina o recibo de sua venda, segundo o qual se comprometeria a servir ao rei "com lealdade, empenho e coragem": "Já professara meus princípios monarquistas mesmo quando via na corte apenas fraqueza, desconhecia a alma e as ideias da filha de Maria Teresa e ainda não podia contar com uma aliada tão nobre. Servi ao monarca mesmo quando ainda imaginava jamais receber justiça ou recompensa de um rei probo, porém desorientado. O que não farei agora quando a confiança reforça minha coragem e a gratidão pela sanção de meus princípios enche-me de força? Serei sempre o que fui: um defensor do poder monárquico no sentido que lhe é determinado pela lei; e o apóstolo da liberdade enquanto esta for garantida pelo poder real. Meu coração seguirá o caminho que a razão lhe traçou."

Apesar da ênfase, as duas partes sabem perfeitamente: o contrato não é um assunto muito honrado, e mais ainda, é um assunto nebuloso. Por isso fica combinado que Mirabeau nunca deveria aparecer pessoalmente no palácio, apenas transmitir seus conselhos ao rei por escrito. Para as ruas, Mirabeau deve ser o revolucionário; na Assembleia Nacional, deve trabalhar pela causa do rei – um negócio sombrio no qual ninguém ganha e ninguém confia em ninguém. Mirabeau põe-se imediatamente a trabalhar, escreve cartas e mais cartas com conselhos ao monarca: todavia, o verdadeiro destinatário é a rainha. Sua esperança é ser compreendido por Maria Antonieta – o rei não conta, logo se convence disso. "O rei", escreve em uma segunda nota, "dispõe apenas de *um* homem, e este é sua mulher. Para ela não há certeza alguma enquanto a autoridade real não for restabelecida. Suspeito que ela não queira viver sem a coroa, mas tenho certeza absoluta de que não consegue manter sua vida se não conservar também o trono. Chegará o momento, provavelmente dentro em pouco, em que caberá mostrar o que uma mulher e uma criança podem fazer montadas num cavalo. Isso é hábito em sua família. Até lá, contudo, devemos preparar tudo e não imaginar que, seja com a ajuda do acaso, seja com pequenas maquinações, podemos sair de uma crise incomum com homens e meios comuns." Mirabeau, de maneira clara e transparente, oferece-se para ser esse homem incomum, esse homem extraordinário. Com o tridente da palavra espera aplacar as ondas enfurecidas com a mesma facilidade com que as enfureceu; em seu entusiasmo exagerado, em seu orgulho extremado, vê-se por um lado como presidente da Assembleia Nacional, por outro como primeiro-ministro do rei e da rainha. Mas Mirabeau se engana. Nem por um instante Maria Antonieta pensa em dar poder de fato ao "mauvais sujet". A pessoa demoníaca sempre é instintivamente suspeita para a pessoa medíocre, e Maria Antonieta não consegue entender a grandiosa amoralidade desse gênio, o primeiro e o último que encontra em sua vida. Sente apenas mal-estar com as arrojadas transformações de seu caráter, a face da paixão titânica consegue assustá-la mais que convencê-la. Assim, a intenção recôndita da rainha é, tão logo não mais precisarem dele, acertar as contas com aquele homem selvagem, violento, exagerado, inconstante e mandá-lo embora. Tinham-no comprado, agora então que trabalhasse com afinco em troca do dinheiro. Deve dar conselhos, pois é esperto e hábil. Tais conselhos serão lidos, farão uso daqueles que não forem excêntricos e ousados demais, e pronto. Ele será necessário como agitador nas eleições, como olheiro, como mediador da paz pela "boa causa" na Assembleia Nacional; ele, o corrupto, será utilizado também para corromper os outros. O leão deve rugir na Assembleia Nacional e ao mesmo tempo deixar-se conduzir na coleira pela corte. Assim pensa Maria Antonieta sobre aquele espírito supradimensional; todavia, não deposita um grão de genuína confiança no homem a cuja utilidade dá pouquíssimo valor, desdenhando sua "moralidade" e menosprezando até o último se-gundo seu caráter genial.

Depressa finda a lua de mel do primeiro entusiasmo. Mirabeau per-cebe que suas cartas só alimentam o cesto de lixo real, em lugar de pro-vocarem fogo espiritual. Contudo, seja por vaidade, seja pela cobiça do milhão prometido, ele não desiste de assediar a corte. Como percebe que suas sugestões por escrito não dão frutos, tenta a última investida. Sabe por experiência política e das incontáveis aventuras com mulheres, que sua força mais poderosa, sua força propriamente dita, não advém do que escreve, e sim do que fala, que seu poder eletrizante irradia de imediato e com mais eficácia de sua pessoa. Assim, assedia sem cessar o intermediário, o conde de la Marck, para que este afinal lhe dê a oportunidade de uma conversa com a rainha. Uma hora de conversa, e a desconfiança dela, as-sim como a de centenas de outras mulheres, se transformará de imediato em admiração. Apenas uma audiência, uma única! Pois sua presunção embriaga-se com a ideia de que não seria a última. Quem o conheceu um dia não pode mais afastar-se dele.

Maria Antonieta reluta por muito tempo, afinal cede e declara-se dis-posta a receber Mirabeau no dia 3 de julho no palácio de Saint-Cloud.

É evidente que o encontro deve ser totalmente discreto; numa singu-lar ironia do destino, concede-se a Mirabeau o que o cardeal de Rohan, o idiota ludibriado, sonhou para si – um encontro no jardim sob a proteção de um bosquezinho. O parque de Saint-Cloud, bem o percebe Hans Axel von Fersen no mesmo verão, possui inúmeros esconderijos secretos. "Encontrei um lugar", escreve a rainha a Mercy, "que não é muito confortável, mas adequado o bastante para encontrá-lo e manter os inconvenientes longe da casa e do jardim."

Como data do encontro determina-se a manhã de domingo, às oito, hora em que a corte ainda dorme e os guardas não esperam visitas. Mirabeau, decerto muito ansioso, passa a noite na casa de sua irmã em Passy. Uma carruagem o leva bem cedo a Saint-Cloud, conduzida por seu sobrinho disfarçado de cocheiro. Num local escondido, deixa o veículo à espera. Então Mirabeau enterra o chapéu sobre os olhos, levanta a gola do casaco como um conspirador e adentra o parque real por uma porta lateral predeterminada e deixada aberta para esse propósito.

Logo ouve passos leves sobre as pedras. A rainha aparece sem qualquer acompanhamento. Mirabeau quer curvar-se, porém, no momento em que ela vê o rosto transtornado pela paixão, carcomido pela varíola, circundado por cabelos desalinhados, o rosto violento e forte daquele aristocrata plebeu, um tremor percorre seu corpo involuntariamente. Mirabeau percebe o tremor, há muito que o conhece. Todas as mulheres, já o sabe, todas elas, até a meiga Sophie Voland, se assustam ao vê-lo pela primeira vez. Porém, a força medúsica de sua feiura assusta e também sabe prender a atenção; sempre conseguiu transformar o primeiro susto em surpresa, em admiração e – muitas vezes até! – em paixão arrebatadora.

O que a rainha falou com Mirabeau naquela hora permanece um segredo. Como não havia testemunhas, todos os relatos, como o da camareira Mme Campan, que se pretende onisciente, são apenas fábulas e suposições. Sabe-se apenas que não foi Mirabeau que submeteu sua vontade à rainha, mas o contrário. Sua nobreza herdada, fortalecida pela eficaz auréola da realeza, a dignidade natural e a inteligência ágil que costumava fazer com que Maria Antonieta parecesse no primeiro encontro sempre mais inteligente, enérgica, decidida e menos instável do que realmente era, exercem um poder de magia irresistível sobre a índole impetuosa e facilmente inflamável de Mirabeau. Onde pressente a coragem, sente simpatia. Ainda agitado, ao deixar o parque segura o sobrinho pelo braço e diz com a habitual paixão: "Ela é mesmo uma mulher maravilhosa, muito distinta e muito infeliz. Porém vou salvá-la." Numa única hora, Maria Antonieta transformou o homem corruptível e hesitante em homem decidido. "Nada me deterá, prefiro morrer a não cumprir minha promessa", escreve Mirabeau ao intermediário conde de la Marck.

Não existe referência alguma de Maria Antonieta a respeito do encontro. Nenhuma palavra de gratidão ou de confiança jamais foi pronunciada pelos lábios daquela representante dos Habsburgo. Jamais quis rever Mirabeau, nunca dirigiu uma só linha a ele. Também não selou pacto algum com ele no encontro, apenas aceitou a garantia de sua dedicação. Permitiu apenas que ele se sacrificasse por ela.

MIRABEAU FEZ UMA PROMESSA, ou melhor, duas. Jurou fidelidade ao rei e à nação. Imerso na luta, é ao mesmo tempo comandante em chefe de um e de outro partido. Nunca político algum assumiu tarefa mais perigosa que essa função dupla, jamais alguém a cumpriu até o fim de modo mais genial (comparado a isto, Wallenstein[105] foi um mero principiante). Até do ponto de vista físico o feito de Mirabeau naquelas semanas e meses dramáticos foi incomparável. Pronuncia discursos na Assembleia e nos clubes, agita, parlamenta, recebe visitas, lê, trabalha; à hora do almoço redige relatórios e solicitações para a Assembleia, à noite, os relatórios secretos para o rei. Três, quatro secretários trabalham simultaneamente e mal conseguem acompanhar a rapidez de seu discurso; entretanto, tudo isso ainda não basta para sua energia inesgotável. Quer mais trabalho, mais perigo, mais responsabilidade e, ao mesmo tempo, viver e gozar a vida. Como um trapezista, procura manter o equilíbrio, um pouco para

---

[105] Albrecht von Wallenstein (1583-1634): general boêmio da Guerra dos Trinta Anos, lutou ao lado do imperador Fernando II e da Liga Católica contra a União Protestante, destacando-se na arte de aliciar e suprir forças; excessivamente poderoso depois da guerra, acabou assassinado.

Mirabeau

a direita, um pouco para a esquerda, coloca as duas forças básicas de sua natureza extraordinária a serviço de ambas as causas, de seu visionário espírito político, de sua ardente e irresistível paixão; tal a rapidez com que alterna os golpes, tal a velocidade com que empunha a lâmina, que ninguém sabe qual o alvo, o rei ou o povo, o novo poder ou o antigo, e talvez nos momentos de autoentusiasmo nem ele mesmo o saiba. Mas essa contradição não pode durar muito tempo. Logo surgem as suspeitas. Marat o chama de vendido, Fréron ameaça-o com a "lanterna".[106] "Mais virtude e menos talento", é o grito que lhe bradam na Assembleia Nacional. Mas ele, verdadeiramente inebriado, não conhece o medo e o temor; despreocupado, distribui sua nova riqueza por toda Paris que o sabe endividado. Não o incomoda que as pessoas se surpreendam, murmurem e perguntem de onde vieram os meios com os quais de repente pode manter uma casa principesca, oferecer jantares requintados, comprar a biblioteca de Buffon, cobrir de colares de diamantes cantoras de óperas e prostitutas; ele caminha tão destemido quanto Zeus atravessando a tormenta, pois se imagina o soberano de todas as tempestades. Atacado, revida com a clava de sua cólera, com o raio de seu escárnio, como um novo Sansão abatendo os filisteus. Abaixo de si o abismo, ao seu redor desconfiança, atrás de si perigo mortal, assim, aquela força gigantesca sente-se em seu verdadeiro e adequado elemento. Como uma única chama gigantesca, reacendendo pouco antes de se extinguir, naqueles dias de decisão arde sua força, comparável à de dez homens. Por fim encontrou-se para esse homem extraordinário uma tarefa que corresponde a seu gênio: deter o inevitável, conter o destino; com toda a energia de sua natureza lança-se aos acontecimentos, tentando, sozinho contra milhões de pessoas, girar para trás a inexorável roda da revolução, à qual ele mesmo dera o primeiro impulso.

---

[106] Durante esse período da Revolução Francesa, inúmeros aristocratas morreram enforcados nos postes de iluminação, prática que deu origem ao verbo *lanterner*.

Compreender a maravilhosa temeridade dessa luta em duas frentes, a grandiosidade das duas posições, vai além da capacidade de apreensão política de uma natureza tão linear quanto a de Maria Antonieta. Quanto mais audazes os memorandos apresentados, quanto mais diabólicos os conselhos oferecidos, tanto mais se sente intimidado o raciocínio prosaico de Maria Antonieta. O pensamento de Mirabeau é exorcizar o demônio com Belzebu, aniquilar a revolução com seus excessos, com a anarquia. Como não é possível melhorar as circunstâncias, cabe então – sua famigerada "politique du pire"[107] – piorá-las o mais depressa possível, tal como o médico que provoca a crise com estimulantes para apressar a cura. Não reprimir o movimento popular, e sim dominá-lo; não atacar do alto a Assembleia Nacional, mas incitar secretamente o povo para que ele mesmo mande a Assembleia Nacional ao inferno; não esperar pela tranquilidade e pela paz, mas fazer aumentar até a máxima exaltação a injustiça e a insatisfação no país, determinando assim a máxima exigência de ordem, da ordem antiga; não retroceder diante de nada, nem diante de uma guerra civil – são essas as propostas amorais, porém politicamente precavidas, de Mirabeau. Todavia, diante de semelhante audácia, que como uma fanfarra anuncia ruidosamente "quatro inimigos aproximam-se a passos rápidos, os impostos, a bancarrota, o Exército e o inverno", é preciso "tomar uma decisão e preparar-se para os acontecimentos segurando-os pela mão. Resumindo, a guerra civil é certa e talvez necessária". Ante tais anúncios temerários treme o coração da rainha. "Como pode Mirabeau ou qualquer outro ser pensante acreditar que algum dia, ou mesmo agora, chegue o momento de provocar uma guerra civil", retruca assustada, e classifica o plano de "insano de ponta a ponta". Sua desconfiança em relação ao imoralista disposto a lançar mão de qualquer instrumento, até o mais terrível, torna-se aos poucos incontornável. Inutilmente Mirabeau procura "sacudir a horrível letargia com o estrondo de trovões". Não o ouvem, e pouco a pouco mistura-se à sua raiva por aquela indolência da família real certo desprezo pelo "royal bétail", pela natureza ovina da realeza que paciente espera até que chegue

---

[107] "Quanto pior melhor."

a hora do abate. Há muito sabe que luta em vão por aquela corte passivamente pronta para o bem, mas incapaz de uma ação verdadeira. A luta é o seu elemento. Ele próprio um homem perdido, luta por uma causa perdida, já abatido pela onda negra lança mais uma vez aos dois a profecia desesperada: "Um rei bom, mas fraco! Infeliz rainha! Vede o terrível abismo ao qual vos conduz a hesitação entre uma confiança cega e uma desconfiança exagerada! Resta ainda um esforço às duas partes, porém será o último. Se renunciarmos a ele ou se formos malsucedidos, um véu de luto cobrirá o reino. O que acontecerá a ele? Onde aportará o navio atingido pelo raio e impelido pela tempestade? Ignoro-o. Mas se conseguir escapar do naufrágio público, em meu retiro, direi sempre com orgulho: arrisquei-me à minha própria ruína a fim de salvá-los a todos. Porém, não o quiseram."

NÃO O QUISERAM. Já a Bíblia proíbe atrelar o boi e o cavalo ao mesmo arado. A mentalidade da corte, lenta e conservadora, não pode acompanhar o passo do temperamento ardente, tempestuoso, agressivo e irrefreável do grande tribuno. Mulher à antiga, Maria Antonieta não compreende a natureza revolucionária de Mirabeau, entende apenas o caminho linear, não o risco temerário desse genial aventureiro da política. Até a última hora, porém, Mirabeau continua a lutar pelo prazer da luta, por orgulho de sua desmedida temeridade. Um contra todos, suspeito para o povo, suspeito para a corte, suspeito para a Assembleia Nacional, joga com todos e contra todos ao mesmo tempo. Com o corpo arruinado, com sangue febril, continua a arrastar-se para o meio da arena a fim de impor a vontade mais uma vez àqueles mil e duzentos, até que em março de 1791 – durante oito meses serviu ao rei e à revolução – a morte o abate. Ainda pronuncia um discurso, ainda dita aos secretários até o último instante, ainda dorme a última noite com duas cantoras de ópera, e só então sucumbe a força daquele gigante. Multidões aglomeram-se diante de sua casa para ouvir se ainda pulsa o coração da revolução, trezentas mil pessoas acompanham o féretro do morto. Pela primeira vez o Panteão abre suas portas para que o ataúde ali repouse por toda a eternidade.

Entretanto, como é lamentável a palavra "eternidade" numa época tão tempestuosa! Dois anos mais tarde, depois que é descoberta a ligação de Mirabeau com o rei, outro decreto arranca da sepultura o cadáver ainda não decomposto e o lança ao esfoladouro.

SOMENTE A CORTE SILENCIA à morte de Mirabeau e sabe por que se cala. Podemos pôr de lado tranquilamente a anedota descabida de Mme Campan, segundo a qual se teria visto uma lágrima nos olhos de Maria Antonieta ao receber a notícia. Nada é mais impossível, pois a rainha provavelmente saudou com um suspiro de alívio a dissolução da parceria. Aquele homem era grande demais para servir, ousado demais para obedecer; a corte temera o homem em vida e teme-o agora depois de morto. Ainda quando Mirabeau agonizava na cama, um agente fiel é enviado do palácio para que recolha as cartas suspeitas da escrivaninha e permaneça em segredo a aliança que envergonha os dois lados: Mirabeau porque servia à corte, a rainha porque se servia dele. Com Mirabeau, todavia, cai o último homem que talvez pudesse servir de intermediário entre a Monarquia e o povo. Agora se encontram frente a frente Maria Antonieta e a revolução.

Prepara-se a fuga

COM MIRABEAU, a Monarquia perdeu o único padrinho no duelo contra a revolução. Novamente a corte está só. Há duas possibilidades: lutar contra a revolução ou capitular diante dela. Como sempre, entre duas decisões, a corte escolhe o caminho mais infeliz, o caminho do meio, a fuga.

Já Mirabeau aventara a ideia de que, para restabelecer sua autoridade, o rei deveria fugir à incapacidade de defesa imposta a ele em Paris, pois prisioneiros não conseguem fazer uma guerra. Para lutar é preciso ter os braços livres e terreno sólido sob os pés. Mirabeau tinha exigido apenas que o rei não empreendesse uma fuga às escondidas, pois isso seria contrário à sua dignidade. "Um rei não foge de seu povo", dizia ele, e com mais veemência: "Um rei só deve partir à luz do dia para assim tornar-se verdadeiramente rei." Ele sugerira que Luís XVI fizesse um passeio de carruagem nas proximidades, ali o aguardaria um regimento de cavalaria fiel a ele, e em meio aos soldados, sobre um cavalo, à luz do dia, deveria dirigir-se a seu Exército; e como homem livre negociar com a Assembleia Nacional. No entanto, é preciso ser homem para assumir tal comportamento, e nunca um apelo à ousadia encontrou alguém mais indeciso que Luís XVI. Ele pondera a respeito, aconselha-se aqui e ali, porém, de fato, ama mais sua comodidade que sua vida. No entanto, agora que Mirabeau morreu, Maria Antonieta, cansada das humilhações diárias, retoma a ideia com energia. Não a assusta o perigo da fuga, e sim a indignidade que se associa à ideia de fuga para uma rainha. A situação a cada dia pior não admite escolha: "Só há duas possibilidades", escreve a Mercy, "sucumbir sob a espada dos rebeldes, caso vençam, e por conseguinte não significar mais nada; ou ficarmos acorrentados ao despotismo de pessoas que afirmam querer o melhor para nós, porém, na verdade, nos fazem e sempre nos farão mal. Esse é nosso futuro, e talvez esteja mais próximo do que imaginamos o momento que nos aguarda, caso não tomemos nós mesmos uma decisão e não mudemos a opinião pública com nossa própria força e nosso comportamento. Podeis crer que isso que vos digo não vem de uma cabeça exaltada ou da aversão por nossa situação, ou ainda da impaciência de agir; conheço bem o perigo e as diversas possibilidades que se apresentam nesse momento; todavia, antevejo tantas coisas terríveis por todos os lados que o melhor seria realmente sucumbir à procura de meios de nos salvar do que deixar-se aniquiliar em total passividade." E como Mercy, o homem lúcido e cauteloso, continua a expressar de Bruxelas suas reservas, ela escreve uma carta ainda mais impetuosa e clarividente, que mostra como a mulher outrora ingênua reconhece a própria ruína inexorável: "Nossa situação é tenebrosa, e isso a tal ponto que ninguém que não tenha oportunidade imediata de observá-la nem sequer consegue imaginá-la. Há apenas uma opção para nós: ou fazer aquilo que os *factieux* exigem ou sucumbir sob a espada sempre pendente sobre nossas cabeças. Crede que não exagero o perigo. Sabeis que meu princípio sempre foi, enquanto possível, a flexibilidade, a esperança no tempo e na mudança da opinião pública. Hoje, porém, tudo mudou; temos que morrer ou percorrer o único caminho que nos resta. Não somos cegos a ponto de crer que esse caminho esteja isento de perigos; mas se é preciso morrer que seja com glória e tendo feito pela honra e a religião tudo que nosso dever exige... Creio que a província está menos corrompida que a capital, mas é Paris que dá o tom a todo o reino. Os clubes e as sociedades secretas governam a França; as pessoas decentes e os insatisfeitos, embora em grande número, fogem do país ou se escondem por não serem suficientemente fortes ou porque lhes falta coordenação. Somente quando o rei puder mostrar-se livremente numa cidade fortificada será motivo de espanto perceber quantos descontentes, que até agora se calam e lamentam, ousarão aparecer. Contudo, quanto maior for a hesitação, menor será o apoio que encontraremos, pois o espírito republicano ganha a cada dia mais terreno em todas as classes, as tropas estão mais acuadas, e não poderíamos mais contar com elas caso continuemos a vacilar."

Além da revolução, ainda ameaça um segundo perigo. Os príncipes franceses, o conde de Artois, o príncipe de Condé e os outros emigrados, heróis lamentáveis, todavia grandes fanfarrões, provocam alvoroço na fronteira com as espadas cautelosamente dentro da bainha. Arquitetam intrigas em todas as cortes e, a fim de camuflar o constrangimento da própria fuga, pretendem representar o papel de heróis, desde que não haja perigo; viajam de corte em corte, procuram instigar imperadores e reis contra a França, sem considerar (e sem se incomodar com) o fato de agravarem o risco que corre a vida do rei e da rainha com tais demonstrações inócuas. "Ele (Artois) pouco se importa com o irmão e com minha irmã", escreve o imperador Leopoldo II, *"gli importa un frutto*,[108] assim ele se expressa quando fala do rei, e não reflete como está pondo em perigo a vida do rei e de minha irmã com seus planos e investidas." Os grandes heróis permanecem em Coblenz e Turim, mantêm a mesa farta e afirmam estar sedentos de sangue jacobino; a rainha empenha-se ao máximo para ao menos evitar que façam grandes loucuras. Também é necessário tolher-lhes a ousadia. O rei precisa estar livre para dominar uns e outros, os ultrarrevolucionários e os ultrarreacionários, os destemperados de Paris e aqueles das fronteiras. O rei precisa ser livre, e, para alcançar esse objetivo, deve-se escolher o caminho mais desagradável, a fuga.

A execução da fuga está nas mãos da rainha, e assim se explica o fato de ela confiar os preparativos práticos àquele do qual nada esconde e em quem deposita irrestrita confiança: Fersen. A ele, que dissera "Vivo apenas para servi-la", a ele, ao amigo, ela confia os cuidados de uma ação que só pode ser levada a cabo com o sacrifício de todas as forças, e mais ainda, com o sacrifício da própria vida. As dificuldades são incomensuráveis. Para escapar à Guarda Nacional que vigiava o palácio, onde quase todos os criados eram espiões, para atravessar a cidade estranha e hostil, medidas especialmente cautelosas devem ser tomadas; para a viagem pelo país são necessários entendimentos com o único chefe de tropas ainda confiável, o general Bouillé. Conforme o plano, este deveria mandar tropas isoladas

---

[108] "Não lhe importa nada."

da cavalaria para ir a seu encontro, a meio caminho, até a fortaleza de Montmédy, nas proximidades de Châlons, para que, em caso de serem reconhecidos ou de uma perseguição, a carruagem do rei com toda a família real pudesse ser imediatamente protegida. Novas dificuldades: para justificar a movimentação militar ostensiva na região fronteiriça é preciso encontrar um pretexto, é necessário que na fronteira se reúna um batalhão do Exército organizado pelo governo austríaco, para dar ao general Bouillé o pretexto de solicitar a movimentação de sua tropa. Tudo isso deve ser debatido secretamente em incontáveis cartas e com a máxima cautela, pois a maioria das missivas é aberta e, como o próprio Fersen diz, "tudo estaria perdido se percebessem qualquer preparativo, por menor que fosse". Ademais – outra dificuldade –, a fuga exige grandes somas de dinheiro, e o rei e a rainha estão totalmente sem recursos. Todas as tentativas por parte de seu irmão, dos outros príncipes na Inglaterra, na Espanha, em Nápoles, ou do banqueiro da corte de tomar alguns milhões emprestados fracassaram. Também em relação a isso e a todo o resto, Fersen, aquele fidalgote estrangeiro, deve tomar providências.

Fersen, entretanto, alimenta de paixão a sua força. Ele trabalha ao mesmo tempo com dez cabeças, dez mãos, e apenas com um único e devotado coração. Durante horas discute os detalhes com a rainha, esgueirando-se à noite ou à tarde pelo caminho secreto. Encarrega-se da correspondência com todos os soberanos, com o general Bouillé, escolhe os fidalgos mais confiáveis que, disfarçados de mensageiros, devem acompanhar a fuga, e os que levam e trazem as cartas da fronteira. Ele encomenda a carruagem em seu nome, providencia os passaportes falsos, arranja dinheiro, empenhando a própria fortuna e tomando emprestadas trezentas mil libras de uma dama russa e de uma dama sueca, além de três mil libras, de um empréstimo particular de seu senhorio. Peça por peça as roupas necessárias são trazidas por ele às Tulherias, e retira de lá os diamantes da rainha. Dia e noite, semana após semana, nada faz além de escrever, negociar, planejar, viajar, em constante tensão e permanente perigo de vida, pois uma simples malha que se rompa da rede estendida por toda a França, um único abuso de confiança de algum iniciado, e sua vida está

Prepara-se a fuga

perdida. Porém, audaz e ao mesmo tempo sóbrio, incansável, pois que é movido pela paixão, o herói silencioso dos bastidores cumpre seu dever em um dos maiores dramas da história universal.

AINDA HÁ HESITAÇÃO, o rei ainda vacila, espera que algum acontecimento oportuno lhe poupe o constrangimento e o esforço da fuga. Em vão, porém, a carruagem está encomendada, o dinheiro necessário providenciado, concluídos os arranjos com o general Bouillé para a escolta. Falta apenas uma coisa: um motivo bastante notório, um acobertamento moral para essa fuga não muito cavaleiresca. Algo deve ser encontrado para comprovar claramente ao mundo que o rei e a rainha não fogem por mera ansiedade, mas que o Terror propriamente dito os forçou a tanto. Para criar o pretexto, o rei anuncia à Assembleia Nacional e à Prefeitura que gostaria de passar a semana santa em Saint-Cloud. E, prontamente, como se desejava e se calculava no íntimo, a imprensa jacobina infere que a corte desejaria ir a Saint-Cloud apenas para assistir à missa e receber a absolvição por um padre não juramentado; ademais, haveria o perigo de que o rei fugisse de lá com a família. Os artigos provocadores não deixam de produzir o efeito desejado. Em 19 de abril, quando o rei se prepara para subir na carruagem ostensivamente preparada, já se aglomera ali enorme multidão, os exércitos de Marat e dos clubes, para à força evitar a partida.

Era justamente um escândalo público dessa monta que a rainha e seus conselheiros mais almejavam. De modo claro e evidente é preciso mostrar ao mundo que Luís XVI era a única pessoa na França que não tinha liberdade de sair para um passeio de quinze quilômetros com sua carruagem, para tomar um pouco de ar puro. Toda a família real senta-se ostensivamente na carruagem e aguarda que os cavalos sejam atrelados. A multidão, porém, e com ela a Guarda Nacional, se posta diante das portas das estrebarias. Afinal aparece o eterno "salvador", La Fayette, e como comandante da Guarda Nacional ordena que se libere o caminho do rei. Mas ninguém obedece. O prefeito, a quem La Fayette solicitara que desfraldasse a bandeira vermelha de advertência, ri-lhe na cara. La Fayette quer falar ao povo, mas é impedido pelos gritos da multidão. Abertamente, a anarquia proclama seu direito à injustiça.

Enquanto o triste comandante inutilmente suplica às tropas que obedeçam, o rei, a rainha e a princesa Isabel, impassíveis, estão sentados na carruagem em meio à multidão alucinada. O barulho ensurdecedor, os palavrões grosseiros não ofendem Maria Antonieta; ao contrário, observa com silencioso prazer como La Fayette, o apóstolo da liberdade, o predileto do povo, torna-se fraco diante da multidão exaltada. Não interfere na disputa entre os dois poderes igualmente odiados por ela; tranquila e impassível aguarda que o tumulto recrudesça ao seu redor, pois ele serve de prova pública e visível ao mundo de que a autoridade da Guarda Nacional não existe mais, que reina total anarquia na França, que o populacho pode ofender a família real impunemente, e sendo assim o rei está em seu direito moral caso queira fugir. Durante duas horas e um quarto o povo obedece à própria vontade, só então o rei dá ordem de reconduzir as carruagens às cocheiras, decidindo renunciar ao passeio a Saint-Cloud. Como sempre, quando triunfa, a multidão ainda há pouco agitada, exaltada, furiosa, entusiasma-se de repente, aclama o casal real e, com súbita mudança de atitude, a Guarda Nacional faz à rainha a promessa de defendê-la. Maria Antonieta sabe porém o significado da proteção e responde em voz alta: "Sim, contamos com isso. Mas vós haveis de convir que não somos livres." De propósito, pronuncia as palavras bem alto. Aparentemente se dirigem à Guarda Nacional, na realidade, à Europa toda.

Se ao menos na madrugada daquele dia 20 de abril a ação tivesse correspondido à intenção, causa e efeito, ofensa e indignação, golpe e contragolpe teriam se completado numa sequência lógica. Duas carruagens simples, leves, discretas, numa delas o rei e seu filho, na outra a rainha e sua filha, quando muito Mme Isabel, e ninguém teria dado atenção a cabriolés tão comuns, conduzindo duas pessoas. Sem levantar suspeitas, a família real teria alcançado a fronteira. Prova disso é a fuga simultânea do irmão do rei, o conde de Provence, que conseguiu escapar sem incidentes graças à discrição.

Prepara-se a fuga

Entretanto, mesmo a uma distância mínima entre a vida e a morte, a família real não deseja ferir os sagrados regulamentos da casa; até numa viagem cheia de perigos a imortal etiqueta deve ir junto. Primeiro erro: decide-se que as cinco pessoas devem seguir juntas no mesmo veículo, portanto, a família toda, pai, mãe, irmã e as duas crianças, exatamente como costumam ser vistos em centenas de gravuras até na aldeia mais escondida da França. Porém, isso não é tudo: Mme de Tourzel invoca seu juramento de não abandonar as crianças reais um só minuto, por conseguinte, segundo erro, deve acompanhá-las como a sexta pessoa. Graças a essa sobrecarga desnecessária, retarda-se a velocidade numa viagem em que talvez um quarto de hora, um minuto é decisivo. Terceiro erro: é inconcebível que uma rainha sirva a si mesma. Portanto, mais duas camareiras devem seguir num segundo veículo; agora já se contam oito pessoas. No entanto, como os postos do cocheiro, do batedor, do postilhão e dos lacaios devem ser ocupados por pessoas confiáveis, que desconhecem o caminho, mas devem possuir sangue nobre, chega-se afinal a doze pessoas; com Fersen e seu cocheiro, são catorze, número considerável para um segredo. Quarto, quinto, sexto e sétimo erro: é preciso levar roupas para que a rainha e o rei apareçam em trajes de gala em Montmédy, e não em roupas de viagem; assim, algumas centenas de libras de peso são acondicionadas em malas novas em folha, amontoadas sobre a carruagem – mais uma perda de velocidade, maior perigo de chamar a atenção. Pouco a pouco, aquilo que deveria ser uma fuga secreta torna-se uma expedição pomposa.

Porém, o maior erro de todos: quando o rei e a rainha fazem uma viagem de vinte e quatro horas, mesmo que seja para fugir do inferno, eles devem viajar com conforto. Portanto encomenda-se outra carruagem, bem larga, de bons molejos, um veículo que cheira a tinta fresca e a riqueza, que nas paradas para a troca de cavalos deve despertar a curiosidade de todo cocheiro, todo postilhão, todo mensageiro, todo ajudante de cocheiro. Mas Fersen – os amantes nunca pensam com objetividade – deseja para Maria Antonieta o melhor possível, as coisas mais lindas e luxuosas. Seguindo suas orientações precisas, constrói-se (presumivelmente para certa baronesa de Korff) uma coisa enorme, um pequeno navio de guerra sobre quatro rodas que deve conduzir não só as seis pessoas da família real, mais a governanta, o cocheiro e os criados, mas também com espaço para todas as comodidades, talheres de prata, guarda-roupa, provisões e mesmo utensílios para as pequenas necessidades, comuns até para os reis. Uma adega inteira é preparada e acomodada, pois se conhece a garganta sedenta do monarca; para aumentar ainda mais o absurdo, a parte interna é forrada de tecido adamascado claro, e é quase de se admirar que não se tenha pintado o brasão da flor de lis de maneira bem visível nas portinholas. Com esse equipamento pesado, a incrível carruagem de luxo necessita, para viajar a uma velocidade razoável, de pelo menos oito e no máximo doze cavalos; enquanto uma leve carroça do correio é atrelada a uma só parelha em cinco minutos, aqui uma troca de cavalos necessita de meia hora, num total, portanto, de quatro a cinco horas de atraso numa viagem em que cada quarto de hora decide a vida ou a morte. Para compensar os guardas da nobreza pelo fato de terem de usar roupas simples de criadagem durante vinte e quatro horas, eles são engalanados em librés fulgurantes, novíssimas, e por isso extremamente chamativas, que, coisa curiosa, contrastam com o planejado disfarce humilde do rei e da rainha. O aparato por parte da família real chama ainda mais atenção pelo fato de que em cada uma das cidadezinhas ao longo do caminho surgem de repente, perturbando a paz, esquadrões de dragoneiros, supostamente à espera de um "transporte de dinheiro"; e uma última tolice, do duque de Choiseul, comprovadamente histórica: é escolhida como oficial de ligação entre os diversos segmentos da tropa a pessoa mais impossível, o fígaro em pessoa, o cabeleireiro da rainha, o divino Léonard, indicado para fazer penteados, não para serviços diplomáticos, mais fiel a seu papel de fígaro que ao rei, arriscando-se a complicar ainda mais uma situação já muito complicada.

Única desculpa para tudo isso: o cerimonial francês não tinha modelo algum na história para a fuga de um rei. O que se veste para um batizado, uma coroação, o teatro e a caça, que traje, sapatos e que fivelas se usam numa grande ou pequena recepção, para a missa, a caça e o jogo – para isso o cerimonial está treinado com centenas de detalhes. Porém, quando

Prepara-se a fuga 315

um rei e uma rainha fogem sob disfarce do palácio de seus antepassados, para isso não há regras, uma solução teria de ser tirada da manga, de acordo com o momento. Como vive completamente fora do mundo, nesse primeiro contato com a realidade a corte impotente teve de se dar por vencida. No momento em que o rei da França vestiu a libré de criado para fugir, não pode mais continuar a ser dono de seu destino.

Após contínuos adiamentos, o dia 19 de junho foi determinado para a fuga; já era hora, mais do que hora, pois uma rede secreta passando por tantas mãos pode romper-se a cada minuto num ponto qualquer. Como uma chicotada, explode de repente entre os sussuros e conversas, em voz baixa, um artigo de Marat que anuncia um complô para o sequestro do rei. "Querem levá-lo à força para os Países-Baixos, sob pretexto de que sua causa é a de todos os reis, e sereis bastante idiotas se a fuga não for impedida. Parisienses, parisienses desprovidos de razão, já estou cansado de vos repetir, é preciso manter o rei e o delfim presos atrás de vossos muros e guardá-los bem; metei a austríaca e seu cunhado na prisão com o resto da família; a perda de um único dia pode ser fatal para toda a nação." Estranha profecia daquele homem astuto, que enxerga com os óculos da desconfiança doentia. Só que a "perda de um dia" não se torna fatal para a nação, e sim para o rei e a rainha. Mais uma vez, na última hora, Maria Antonieta adia a fuga planejada em todos os detalhes. Inutilmente Fersen trabalhou até a exaustão a fim de aprontar tudo para o dia 19 de junho. Dia e noite, há semanas e meses, sua paixão dedica-se apenas a esse empreendimento. Com as próprias mãos, noite após noite em suas visitas à rainha carrega consigo peças de roupa sob o casaco, discute em incontáveis cartas com o general Bouillé em que ponto os dragoneiros e hussardos devem aguardar a carruagem do rei; tomando as rédeas nas próprias mãos na estrada para Vincennes, testa os cavalos do correio encomendados por ele. Os amigos fiéis estão todos cientes, o mecanismo funciona até a mínima engrenagem. Porém, no último instante, a rainha dá uma contraordem. Uma de suas camareiras, que mantém um caso amoroso com um revolucionário, parece suspeita. Agora está tudo combinado para que na manhã seguinte, 20 de junho, a mulher tenha folga, e é preciso aguardar esse dia. Assim, mais vinte e quatro horas de fatal adiamento. Contraordem ao general; ordem aos hussardos prontos para a partida que desatrelem os cavalos; nova tensão nervosa para o já combalido Fersen e para a rainha, que mal pode dominar sua inquietação. Por fim, também o último dia passa. Para afastar qualquer suspeita, a rainha leva à tarde os filhos e a cunhada até um parque de diversões em Tivoli. Na volta, dá ao comandante, com as costumeiras altivez e firmeza, as recomendações para o dia seguinte. Não se percebe nela nervosismo algum, e muito menos no rei, porque esse homem sem nervos é incapaz de qualquer emoção. À noite, Maria Antonieta recolhe-se às oito horas a seus aposentos e despede as camareiras. As crianças na cama, a família toda sem preocupação aparente reúne-se após o jantar no grande salão. Um observador sagaz poderia talvez perceber um detalhe, que a rainha várias vezes levanta-se para olhar o relógio, como se estivesse com sono. Na verdade, porém, nunca estivera mais tensa, mais desperta e mais disposta a enfrentar o destino quanto nessa noite.

A fuga para Varennes

NA NOITE DE 20 DE JUNHO DE 1791, o observador desconfiado não poderia sequer perceber algo de suspeito nas Tulherias. Como sempre a Guarda Nacional está a postos, como sempre as camareiras e os criados se recolheram após o jantar, e no grande salão se encontram, como todos os dias, o rei, seu irmão, o conde de Provence, e os outros membros da família pacificamente jogam o trique-traque ou conversam à vontade. Chama a atenção que a rainha se levante perto das dez horas, no meio da conversa, ausentando-se por algum tempo? Não, absolutamente. Talvez tenha afazeres a cuidar ou uma carta para escrever. Nenhum dos empregados a segue e quando adentra o corredor ele está totalmente vazio. Entretanto, daquela vez Maria Antonieta para tensa, prende a respiração, fica à escuta dos passos firmes da guarda, então sobe correndo até a porta do quarto de sua filha e bate de leve. A princesinha acorda assustada, a rainha chama pela governanta (a outra, a substituta), Mme Brunier; esta atende, surpreende-se com a ordem incompreensível da rainha de vestir depressa a menina, mas não ousa desobedecer. Entrementes, a rainha também desperta o delfim abrindo as cortinas do dossel adamascado e sussurrando-lhe carinhosamente: "Venha, levante-se, vamos partir. Vamos para uma fortaleza onde há muitos soldados." Meio adormecido, o pequeno príncipe balbucia algo, pede a espada e o uniforme, já que deveria ir ao encontro dos soldados. Maria Antonieta porém ordena "Rápido, rápido, vamos partir", à primeira governanta, Mme de Tourzel, há muito iniciada no segredo, e a pretexto de irem a um baile de máscaras veste roupas de menina no príncipe. As duas crianças são conduzidas em silêncio pela escada até o quarto da rainha. Ali aguarda-as uma surpresa divertida. Quando a rainha abre o armário embutido, de lá sai um oficial da guarda, certo senhor de Malden, escondido ali prudentemente pelo incansável Fersen. Os quatro dirigem-se para a saída não vigiada.

O pátio está quase às escuras. Em longa coluna, os veículos estão enfileirados, alguns cocheiros e lacaios, andando ociosos de um lado para outro, conversam com os soldados da Guarda Nacional que depuseram as armas pesadas e – como está linda e tépida a noite de verão – não pensam no dever nem no perigo. A rainha abre pessoalmente a porta e olha para fora, a autoconfiança não a abandona um segundo nesses momentos de decisão. Logo, saindo da sombra dos carros, esgueira-se um homem disfarçado de cocheiro e, sem dizer palavra, toma o delfim pela mão: Fersen, o incansável, que desde as primeiras horas da manhã desempenha tarefas sobre-humanas. Pôs os postilhões de prontidão, vestiu de cocheiros os três guarda-costas pessoais e os colocou no posto predeterminado. Contrabandeou objetos do palácio, preparou a berlinda e consolou à tarde a rainha desfeita em lágrimas. Três, quatro, cinco vezes, uma delas, disfarçado, nas outras com as próprias roupas, atravessou Paris para providenciar tudo. Agora coloca sua vida em perigo ao conduzir o delfim da França para fora do palácio do rei, e não deseja outra recompensa além do olhar agradecido da amada, que a ele, e unicamente a ele, confia seus filhos.

As quatro sombras esgueiram-se de volta à escuridão, a rainha fecha a porta devagar. Sem despertar atenção, com passos leves e despreocupados, volta ao salão como se tivesse apenas esquecido uma carta e continua a conversar com aparente indiferença, enquanto as crianças, alegres, conduzidas por Fersen através da grande praça, são colocadas num fiacre velho, onde imediatamente caem no sono. Ao mesmo tempo, as duas camareiras da rainha seguem na frente, em outro veículo, para Claye. Às onze horas tem início então o momento crítico. O conde de Provence e sua esposa, que também fugirão hoje, deixam como sempre o palácio; a rainha e Mme Isabel recolhem-se a seus aposentos. Para não levantar suspeitas, a rainha permite que sua camareira a ajude a despir-se, reserva as carruagens para um passeio na manhã seguinte. Às onze e meia – a inevitável visita de La Fayette ao rei deve estar por terminar –, ela ordena que as luzes sejam apagadas; é o aviso para a criadagem recolher-se. No entanto, mal a porta se fecha atrás da camareira, a rainha salta da cama, veste-se depressa, escolhe um traje discreto de seda cinzenta, um chapéu preto com véu lilás, que torna seu rosto irreconhecível. Agora é só descer a pequena escada em direção à porta, onde uma pessoa de confiança a aguarda, e atravessar a escura place du Carrousel – tudo transcorre às mil maravilhas. Porém, acaso desagradável, justamente agora luzes aproximam-se, uma carruagem com batedores e tocheiros, o veículo de La Fayette que se convenceu que tudo, como sempre, está em plena ordem. A rainha esquiva-se depressa das luzes nas sombras de um portal, e a carruagem de La Fayette passa tão perto que ela poderia tocar as rodas. Ninguém a percebeu. Mais alguns passos e ela alcança o fiacre de aluguel. No seu interior, o que mais ama neste mundo: Fersen e seus filhos.

MAIS DIFÍCIL É A FUGA DO REI. Primeiro teve de aturar a visita diária de La Fayette, e esta se alonga tanto que até para o impassível homem não é fácil manter a calma. Levanta-se sempre de sua poltrona e vai até a janela, como se quisesse observar o céu. Finalmente, às onze e meia, despede-se o hóspede inoportuno. Luís XVI recolhe-se a seu quarto, e aí começa a última batalha desesperada com a etiqueta que o protege com o maior cuidado. Segundo um costume antigo, o camareiro do rei precisa dormir no mesmo quarto que ele, com um cordão amarrado ao pulso, de modo que basta um movimento da mão do monarca para acordá-lo de imediato. Portanto, se Luís XVI quiser fugir agora, terá de escapar antes do próprio camareiro. O rei se fez despir devagar, como sempre, deita-se na cama e fecha as cortinas do dossel de ambos os lados, como se quisesse dormir. Na verdade espera apenas um minuto, já que o camareiro se dirige ao aposento contíguo para despir-se; então, nesse curto instante – a cena estaria à altura de Beaumarchais –, o rei esgueira-se por detrás do dossel, escapa de pés descalços e camisola pela outra porta, em direção ao quarto vazio do filho, onde lhe foi deixado um traje simples, uma rústica peruca e – nova humilhação! – um chapéu de lacaio. Entrementes, o fiel camareiro entra em seu quarto devagar, silenciosamente; prende a respiração, cheio de cuidados para não acordar seu amado rei que dorme atrás do baldaquim, e amarra a ponta do cordão, como todos os dias, em torno do pulso. Nesse ínterim, esgueira-se de camisão Luís XVI, descendente e herdeiro de são Luís, rei da França e Navarra, de casaco cinzento, peruca e chapéu de lacaio sob o braço, até o andar inferior, onde o espera o senhor de Malden, o oficial escondido no armário, para indicar-lhe o caminho. Irreconhecível em sua casaca verde-garrafa e com o chapéu de lacaio sobre a ilustre cabeça, o rei atravessa tranquilamente o pátio ermo de seu palácio; sem reconhecê-lo, os soldados da Guarda Nacional, não muito atentos, deixam-no passar. Assim, a parte mais difícil parece bem-sucedida. À meia-noite a família reúne-se no fiacre. Disfarçado de cocheiro, Fersen sobe na boleia e conduz o rei disfarçado de lacaio e sua família pelas ruas de Paris.

PELAS RUAS DE PARIS, fatidicamente, pelas ruas de Paris! Pois Fersen, o fidalgo, está acostumado a deixar-se conduzir por cocheiros, e não a conduzir, não conhece o imenso labirinto da complexa cidade. Além disso, por prudência – fatal prudência! –, em vez de sair logo da cidade, quer passar mais uma vez pela rue Matignon, para certificar-se da partida da grande carruagem. Somente às duas da madrugada, e não à meia-noite, conduz a preciosa carga pelos portões da cidade – duas horas, perderam-se duas horas irrecuperáveis.

A enorme carruagem deveria esperar atrás da barreira da alfândega; primeira surpresa, ela não está lá. Mais tempo se perde até que por fim é descoberta, atrelada a quatro cavalos e com lanternas apagadas. Só agora o fiacre aproxima-se do outro veículo para que a família real possa fazer a baldeação sem – isso seria terrível! – sujar os sapatos na lama das ruas francesas. São duas e meia da manhã, e não meia-noite, quando afinal as parelhas se põem em marcha. Agora Fersen não poupa o chicote, em meia hora chegam a Bondy, onde já os espera um oficial da guarda com oito cavalos novos, descansados. Chega a hora da despedida. Não é fácil. Maria Antonieta vê com desgosto o único amigo fiel abandoná-la, porém

A fuga para Varennes

o rei declarara expressamente não desejar que Fersen os acompanhe. Por que razão, não se sabe. Talvez para não aparecer diante de seus súditos fiéis com aquele amigo íntimo de sua esposa, talvez por consideração a ele – de qualquer modo, Fersen deixa anotado: "Il n'a pas voulu."[109] Afinal combina-se que Fersen irá se reunir imediatamente à família libertada; seria uma despedida temporária. Assim – já um leve vestígio de luz desponta no horizonte, anunciando um dia quente de verão –, Fersen aproxima-se mais uma vez da carruagem e grita bem alto para enganar os postilhões: "Adeus, Mme de Korff!"

OITO CAVALOS PUXAM MAIS QUE QUATRO, e, num animado galope, a colossal carruagem balança pelo meandro cinzento da estrada de terra. Todos demonstram contentamento, as crianças dormiram bem, o rei está mais alegre que de costume. Fazem brincadeiras com os nomes falsos que adotaram: a senhora de Tourzel é a distinta Mme de Korff; a rainha, como governanta das crianças, chama-se Mme Rochet; o rei, com chapéu de lacaio, é o mordomo Durand; Mme Isabel, a camareira; o delfim fantasiouse de menina. De fato, naquele veículo confortável, a família sente-se mais livre que em casa, no palácio, cercada de centenas de serviçais e seiscentos soldados da Guarda Nacional. Logo se anuncia o amigo fiel de Luís XVI, que jamais o abandona: o apetite. As opulentas provisões são servidas, come-se à fartura em pratos de prata, logo voam ossos de galinha e garrafas de vinho pela janela, os esforçados guarda-costas não são esquecidos. As crianças, encantadas com a aventura, brincam no carro; a rainha conversa com todos; o rei faz uso da oportunidade rara de conhecer o próprio reino: puxa de um mapa e acompanha com agudo interesse o avanço da viagem, de aldeia em aldeia, de povoado em povoado. Aos poucos todos são percorridos por uma sensação de segurança. Na primeira parada para a troca de cavalos, às seis da manhã, os cidadãos ainda estão em suas camas, ninguém pergunta pelos passaportes da baronesa de Korff; agora

---

[109] "Ele não quis."

falta apenas atravessar, felizes, a grande cidade de Châlons, e a partida terá sido ganha, pois quatro milhas depois desse último obstáculo, em Pont-de-Somme-Vesle, aguarda-os a primeira tropa da cavalaria, sob o comando do jovem duque de Choiseul.

Finalmente Châlons, quatro horas da tarde. De forma alguma suspeita-se de má intenção quando se vê tanta gente reunida diante do posto do correio. Quando chega uma berlinda da posta, deseja-se saber em primeira mão as novidades de Paris trazidas pelos mensageiros, ou mandar uma carta ou pacote até a estação seguinte; aliás, aprecia-se conversar numa sossegada cidadezinha do interior; hoje como outrora gosta-se de observar pessoas estranhas e uma bela carruagem. Meu Deus, o que há de melhor a fazer num dia quente de verão? Os mais experientes examinam a carruagem com olhar de especialista. Nova em folha, constatam com respeito, e de um bom gosto excepcional, forrada com tecido adamascado, com um maravilhoso revestimento de madeira, bagagem de luxo. Decerto são nobres, provavelmente emigrados. Na verdade estavam curiosos para vê-los, falar com eles. Porém, que estranho! Por que as seis pessoas insistem em permanecer sentadas na carroça num dia tão lindo e quente, após longa viagem, em vez de esticar um pouco as pernas dormentes ou beber um copo fresco de vinho e tagarelar? Por que esses lacaios engalanados se mostram tão soberbos, como se fossem diferentes dos outros? Curioso, curioso! Um leve murmúrio tem início, alguém se aproxima do chefe do correio e lhe sussurra algo no ouvido. Ele parece impressionado, muito impressionado. Mas não se intromete e permite ao veículo seguir viagem. Todavia – ninguém sabe a razão –, meia hora depois, a cidade toda fala e murmura que o rei e a família real teriam passado por Châlons.

Os viajantes, porém, de nada sabem e nada imaginam; ao contrário, apesar do cansaço estão de ótimo humor, pois na parada seguinte já os aguarda Choiseul com seus hussardos. Terão deixado então para trás o disfarce e o fingimento, o chapéu de lacaio será lançado ao longe, os passaportes serão rasgados, finalmente ouvirão de novo o grito "Vive le roi! Vive la reine!", há tanto tempo emudecido. Cheia de impaciência, Mme Isabel olha repetidamente pela janela, para ser a primeira a cumprimentar

A fuga para Varennes

Choiseul; os cocheiros protegem os olhos contra o sol para avistar de longe o brilho das lanças dos hussardos. Mas nada. Nada. Enfim um cavaleiro, apenas um, um oficial da guarda a galope.

"Onde está Choiseul?", perguntam-lhe.

"Foi-se embora."

"E os outros hussardos?"

"Não há ninguém."

De repente o bom humor desaparece. Algo deu errado. Ademais, está escurecendo, logo será noite. Terrível ter de andar por terras desconhecidas para local incerto. Mas não há como retornar ou parar, um fugitivo só tem um caminho, seguir sempre adiante. A rainha consola os outros. Se aqui não estão os hussardos, hão de achar-se dragoneiros em Sainte-Ménehould, distante apenas duas horas, então estaremos fora de perigo. Essas duas horas estendem-se mais do que o dia inteiro. Entretanto – nova surpresa –, nenhuma escolta em Sainte-Ménehould. A cavalaria esperara longo tempo, passara o dia todo nas tabernas, por puro tédio começara a beber e a fazer tanta balbúrdia que despertara a curiosidade de toda a população. Finalmente o comandante, ludibriado por uma notícia confusa dada pelo cabeleireiro da corte, achou mais conveniente conduzir os soldados para fora da cidade e fazê-los aguardar um pouco mais adiante, junto à estrada. Por fim surge pomposa a carruagem de oito cavalos e atrás dela o cabriolé de dois cavalos. Para os honrados pequeno-burgueses locais, era o segundo acontecimento inexplicável e misterioso do dia. Primeiro, os dragoneiros que chegaram e ficaram por ali sentados, não se sabia por que ou para quê; agora os dois carros com postilhões de ricas librés; e com que devoção, com que reverência o comandante dos dragoneiros cumprimenta os hóspedes singulares! Não, não só reverência, mas também submissão. Todo tempo, enquanto falam com eles, mantêm a mão junto à pala do chapéu. O chefe do correio, Drouet, membro do Clube dos Jacobinos e ferrenho republicano, lança-lhes um olhar arguto. Devem ser aristocratas ou migrantes, pensa ele, povinho distinto, muito distinto, gente como eu deveria fazer alguma coisa. De qualquer modo, primeiro dá a seus postilhões, em voz baixa, ordem de não se apressar demais com aqueles passageiros misteriosos, e a carroça prossegue sua marcha sonolenta com os sonolentos passageiros.

Porém, dez minutos mais tarde – teria alguém trazido a notícia de Châlons, ou teria o instinto do povo decifrado o mistério? –, espalha-se o rumor de que a família real estaria na carruagem. Todos fazem alarde e se exaltam, o comandante dos dragoneiros sente logo o perigo e quer mandar seus soldados ao encalço da berlinda para escoltá-la. Mas já é tarde demais, a multidão furiosa protesta, e os dragoneiros, já bastante aquecidos pelo vinho, irmanam-se com o povo e se recusam a obedecer. Algumas pessoas decididas fazem soar o alarme geral. Enquanto o tumulto se alastra, um único homem toma uma decisão: o chefe do correio Drouet. Bom cavaleiro desde o serviço militar de guerra, manda que lhe selem um cavalo e sai a galope, seguido por um companheiro; enveredando por um caminho mais curto, toma a dianteira da pesada carruagem na estrada de Varennes. Lá é possível ter uma conversa longa com os passageiros suspeitos. Se for o rei, Deus tenha piedade dele e de sua coroa! Como em mil outras vezes, também dessa feita uma única ação enérgica de um homem enérgico transforma a história universal.

ENTREMENTES, A ENORME carruagem do rei corre pela estrada sinuosa, descendo na direção de Varennes. As vinte e quatro horas de viagem sob sol causticante exauriram os viajantes, espremidos uns contra os outros; as crianças dormem, o rei dobra os mapas, a rainha está calada. Mais uma hora apenas, a última, e estarão sob escolta segura. Porém, nova surpresa: não há cavalos à espera na parada combinada para a troca dos animais fora da cidade de Varennes. Ficam tateando no escuro, batem às janelas e ouvem vozes pouco amáveis. Os dois oficiais com a incumbência de esperar ali – nunca se deve escolher um fígaro como mensageiro – tiveram de ouvir e acreditar na conversa confusa do cabeleireiro Leonard, enviado à frente dos demais, de que o rei já não viria. Foram deitar-se e seu sono é tão fatal para o rei quanto o de La Fayette em 6 de outubro. Portanto, adiante para Varennes com os cavalos cansados, talvez lá se

A fuga para Varennes

encontrem novas parelhas para troca. Todavia, segunda surpresa: do portão da cidade surgem inesperadamente alguns jovens que avançam sobre o batedor e ordenam: "Pare!" Num instante as duas carruagens estão cercadas, e, acompanhado por um bando de rapazes, Drouet e seus companheiros, que chegaram com antecedência de dez minutos, tiraram a juventude revolucionária de Varennes da cama e das tabernas. "Os passaportes!", ordena alguém. "Estamos com pressa, temos pressa de chegar", responde uma voz feminina de dentro do veículo. Trata-se da suposta "Mme Rochet", na verdade, a voz da rainha, a única a manter a coragem naquele momento perigoso. A resistência de nada adianta, têm de se dirigir à hospedaria mais próxima – como a história pode ser maldosa –, chamada Ao Grande Monarca. Lá já se encontra o prefeito, vendeiro de profissão, que atende pelo saboroso nome de Sauce[110] e deseja ver os passaportes. O pequeno comerciante, por dentro devotado ao rei e temeroso de meter-se numa situação embaraçosa, dá uma espiada nos documentos e diz: "Em ordem." Por ele, deixaria a carruagem seguir viagem tranquilamente. Contudo o jovem Drouet, que sente o peixe preso ao anzol, bate na mesa e grita: "É o rei com a família, se deixá-lo ir a um país estrangeiro será culpado de alta traição." Semelhante ameaça deixa o honrado pai de família de pernas bambas. Ao mesmo tempo, os companheiros de Drouet fazem soar o sino da torre, acendem-se as luzes em todas as janelas, a cidade inteira alarma-se. Ao redor da carruagem junta-se uma multidão cada vez maior. Fora de cogitação prosseguir sem o uso de violência, pois os cavalos descansados ainda não foram atrelados. Para contornar o embaraço, o honrado vendeiro-prefeito observa que já se faz tarde para seguir viagem. Que a senhora baronesa Korff e seus acompanhantes pernoitem em sua casa. Até amanhã cedo, pensa o esperto vendeiro consigo mesmo, tudo estará esclarecido, por bem ou por mal, e estarei livre da responsabilidade que recaiu sobre meus ombros. Hesitante, o rei aceita o convite, não há coisa melhor a fazer, aliás. Os dragoneiros hão de chegar logo...

---

[110] Literalmente "molho", "caldo".

Dentro de uma ou duas horas Choiseul ou Bouillé devem estar aqui. Assim, Luís XVI adentra tranquilamente a casa com sua peruca falsa, e seu primeiro ato real é exigir uma garrafa de vinho e um pedacinho de queijo. Será o rei? Será a rainha? – sussurram inquietos e excitados os camponeses e as velhas que tinham acorrido. Pois naquela época uma cidadezinha francesa ficava a tantas milhas de distância da corte, enorme e inatingível, que nem um só desses súditos jamais vira o rosto do rei senão nas moedas. Era preciso mandar um mensageiro atrás de algum fidalgo para esclarecer se o viajante desconhecido é o lacaio de certa baronesa Korff ou Luís XVI, o cristianíssimo rei da França e de Navarra.

A noite em Varennes

NAQUELE 21 DE JUNHO DE 1791, Maria Antonieta, de trinta e seis anos de idade e dezessete como rainha, põe pela primeira vez os pés na casa de um cidadão francês. Trata-se do único interlúdio entre palácio e palácio, entre cárcere e cárcere. O caminho a conduz primeiro pela vendinha do comerciante, cheirando a óleo rançoso e estragado, a salame seco e temperos fortes. Subindo por uma espécie de rangente escada, seguem em fila o rei, ou melhor, o senhor desconhecido com a peruca falsa, e aquela governanta da suposta baronesa Korff para o andar superior; dois cômodos, uma sala e um dormitório de teto baixo, pobres e sujos. Diante da porta coloca-se de pronto uma nova guarda, nada parecida com aquela fulgurante de Versalhes, dois camponeses com forcados na mão. As oito pessoas, a rainha, o rei, Mme Isabel, as duas crianças, a governanta e as duas camareiras, ficam de pé ou sentadas no cômodo apertado. As crianças exaustas são levadas à cama e logo adormecem, vigiadas por Mme de Tourzel. A rainha senta-se numa cadeira e puxa o véu sobre o rosto; ninguém deve gabar-se de ter visto sua ira, seu rancor. Apenas o rei fica logo à vontade, senta-se tranquilamente à mesa e corta bons nacos de queijo com a faca. Ninguém diz palavra.

Por fim ouve-se um tropel na rua, mas ao mesmo tempo soa o grito veemente de centenas de pessoas: "Os hussardos! Os hussardos!" Choiseul, também ludibriado por falsas notícias, chega afinal, abre caminho com alguns golpes de espada e reúne seus soldados ao redor da casa. As palavras que lhes dirige não são compreendidas pelos honrados hussardos alemães, que não entendem do que se trata, não captam mais que as palavras alemãs: "Der König und die Königin."[111] Mesmo assim obedecem e repelem a multidão com tanta energia que por alguns momentos a carruagem fica livre do cerco do povo.

Depressa o duque de Choiseul corre escada acima e faz sua proposta. Está disposto a mandar preparar sete cavalos. O rei, a rainha e o séquito devem montá-los e evadir-se da localidade no meio de suas tropas antes que a Guarda Nacional das redondezas se reúna. Em posição de sentido, o oficial curva-se após expor o plano: "Majestade, aguardo ordens."

Porém, dar ordens e tomar decisões rápidas nunca foram o forte de Luís XVI. Poderia Choiseul garantir, argumenta ele, que nessa investida nenhum tiro atingiria sua mulher, a irmã, um de seus filhos? Não seria mais aconselhável esperar até que os outros dragoneiros dispersos pelas tabernas estivessem reunidos? Nessa ponderação perdem-se minutos, minutos preciosos. Sobre as cadeiras forradas de palha da pequena sala escura está sentada a família, está sentado o passado que hesita e negocia. Mas a revolução, a nova linhagem, não espera. Das aldeias acorrem as milícias despertadas pelo repicar dos sinos, a Guarda Nacional está reunida, completa, o velho canhão foi trazido da fortaleza, nas ruas se montam barricadas. Por sua vez, os soldados dispersos, que estiveram sobre as selas durante vinte e quatro horas em absurdo galope de um lado para outro, apreciam o vinho que lhes é servido e confraternizam com a população. As ruas enchem-se cada vez mais de gente. Como se o pressentimento comum de horas decisivas alcançasse em profundidade o subconsciente das massas, de toda a redondeza acorrem camponeses, lavradores, pastores, trabalhadores tirados do sono, e marcham para Varennes; velhas curiosas pegam seus forcados para ver o rei ao menos uma vez, e agora, que o rei precisa dar-se a conhecer, estão decididas a não o deixar escapar dos muros de sua cidade. Cada tentativa de atrelar cavalos descansados à carruagem é frustrada. "Para Paris ou atiramos, atiramos nele e em sua carruagem", bradam vozes furiosas ao postilhão. Em meio ao tumulto novamente badala o sino da torre. Novo alarme naquela noite dramática:

---

[111] "O rei e a rainha!"

A noite em Varennes

um veículo chegou da direção de Paris, dois dos comissários que a Assembleia Nacional enviara sem destino definido para todas as direções do país a fim de prender o rei encontraram o alvo que procuravam. Aclamação frenética saúda os mensageiros do poder comunal. Agora Varennes está livre da responsabilidade, agora os humildes padeiros, sapateiros, alfaiates e açougueiros daquela cidadezinha pobre não mais precisam decidir o destino do mundo. Chegaram os enviados da Assembleia Nacional, a única autoridade que o povo reconhece como sua. Num cortejo triunfal, conduzem os dois mensageiros à casa do honrado vendeiro Sauce – e escada acima, até o rei.

Entrementes, a terrível noite vai chegando ao fim, já são seis e meia da manhã. Um dos dois emissários, Romeuf, está pálido, embaraçado e pouco satisfeito com sua missão. Como ajudante de La Fayette, estivera muitas vezes nas Tulherias, de guarda junto à rainha; Maria Antonieta, que trata seus subordinados com natural e bondosa cordialidade, sempre gozou de sua simpatia. Assim como o rei, muitas vezes falara de modo amável com ele. No fundo do coração, o ajudante de La Fayette só tem um desejo: salvar os dois. Mas a fatalidade, que de maneira invisível trama contra o rei, quer que nessa missão lhe fosse destinado outro acompanhante, muito ambicioso e totalmente fiel à revolução, de nome Bayon. Às escondidas, tão logo encontrara a pista, Romeuf tentou atrasar a viagem para conceder mais tempo ao rei, a fim de que seguisse adiante; contudo, Bayon, o obstinado espião, não lhe dá trégua. Assim, agora ali está ele enrubescido, cheio de temor, para transmitir à rainha o fatídico decreto da Assembleia Nacional ordenando que a família real seja detida. Maria Antonieta não consegue esconder sua surpresa: "O quê? O senhor? Não, nunca teria imaginado isso!" Em seu constrangimento, Romeuf gagueja que toda Paris está em alvoroço, o interesse do Estado exige que o rei regresse. A rainha torna-se impaciente e afasta-se, pressente algo ruim por trás da conversa confusa. Finalmente o rei solicita o decreto e lê que seus direitos foram suspensos pela Assembleia Nacional; qualquer emissário que encontrar a família real terá de tomar as medidas cabíveis para impedir o prosseguimento da viagem. As palavras fuga, detenção e prisão foram habilmente evitadas. Porém, pela primeira vez, a Assembleia Nacional proclama com esse decreto que o rei não é livre, mas está sujeito à vontade dela. Mesmo Luís o Lerdo compreende a histórica transformação.

Mas ele não se defende. "Já não há rei na França", diz com sua voz sonolenta, como se a coisa não lhe dissesse respeito, e distraído coloca o decreto sobre a cama onde dormem as crianças exaustas. Então, de repente, Maria Antonieta levanta-se de um salto. Quando seu orgulho é tocado, sua honra ameaçada, então aquela mulher adquire uma repentina dignidade, ela, que sempre fora mesquinha nas mesquinharias, superficial nas superficialidades. Amassa o decreto da Assembleia Nacional que ousa dispor sobre ela e sua família, atira-o desdenhosamente ao chão. "Eu não quero que esse papel suje meus filhos."

Um estremecimento percorre os pequenos funcionários diante da provocação. Para evitar uma cena, Choiseul pega o papel. Todos naquele cômodo estão igualmente perplexos, o rei com a audácia da mulher, os dois emissários com sua posição constrangedora. Todos estão indecisos. Agora o rei faz uma proposta de aparente submissão, porém na verdade insidiosa. Que o deixem descansar aqui por duas, três horas, depois voltaria a Paris. Eles podiam perceber como as crianças estavam cansadas; após dois dias e duas noites tão terríveis, precisavam de um pouco de repouso. Romeuf logo compreende o que o rei tem em mente. Dentro de duas horas a cavalaria de Bouillé estará ali, e atrás dela a infantaria e os canhões. Como no íntimo quer salvar o rei, nada objeta, afinal sua missão consiste apenas em ordenar a interrupção da viagem. Isso foi feito. Todavia, o outro comissário, Bayon, logo percebe o que se trama e decide atacar insídia com insídia. Aparentemente concorda, desce com calma a escada e, como a multidão exaltada o cerca e lhe pergunta o que foi decidido, suspira resignado: "Ah, eles não querem partir... Bouillé já se aproxima, estão esperando por ele." Essas poucas palavras são como óleo em fogo ardente. Isso não pode acontecer! Chega de sermos enganados! "A Paris! A Paris!" As janelas vibram com a gritaria. Desesperadas, as autoridades, principalmente o infeliz vendeiro Sauce, insistem com o rei, ele teria que ir, do contrário não poderiam mais garantir sua segurança. Os

A noite em Varennes

hussardos estão indefesos, encurralados na multidão ou aliados ao povo, em triunfo. A carruagem é empurrada até a porta, os cavalos atrelados para impedir qualquer delonga. E então começa um jogo humilhante, pois se trata de uma questão de quinze minutos. Os hussardos de Bouillé devem estar bem próximos, cada minuto que se ganhe pode salvar a Monarquia. Convém adiar a partida para Paris por todos os meios, até os mais indignos. Mesmo Maria Antonieta tem de se curvar e implorar pela primeira vez na vida. Volta-se para a mulher do vendeiro e suplica-lhe que a ajude. Mas a pobre mulher teme pelo marido. Com lágrimas nos olhos, lamenta muitíssimo ter de recusar hospitalidade a um rei e a uma rainha da França em sua casa, mas tem filhos, e seu marido terá de pagar com a vida – tem razão a pobre mulher, nem o imagina, pois realmente custou a cabeça do desditoso vendeiro o fato de naquela noite ter ajudado o rei a queimar alguns documentos secretos. O rei e a rainha continuam a protelar com os mais infelizes pretextos. Porém o tempo vai passando e os hussardos de Bouillé não aparecem. Já está tudo pronto, mas então Luís XVI – a que ponto descera para representar semelhante comédia – declara que deseja comer alguma coisa. Pode-se recusar uma pequena refeição a um rei? Não, mas apressam-se em trazê-la para não provocar delonga maior. Luís XVI come alguns bocados, Maria Antonieta afasta desdenhosamente o prato. Já não há mais pretexto. Aí, novo incidente, o último: a família se encontra à porta quando uma das camarciras, Mme Neuveville, cai ao chão simulando convulsões. De pronto Maria Antonieta diz categoricamente que não deixaria sua camareira sem atendimento. Não iria embora antes que um médico fosse chamado. Porém, também o médico – toda Varennes está nas ruas – chega antes das tropas de Bouillé. Dá à simuladora algumas gotas de calmante. O triste espetáculo já não pode prosseguir. O rei suspira e é o primeiro a descer a escada, apertada como um poleiro. Segue-se a ele Maria Antonieta, de lábios cerrados, apoiando-se no braço do duque de Choiseul. Ela pressente o que os aguarda na viagem de volta. Porém, em meio a tantas preocupações, pensa ainda no amigo. Suas primeiras palavras a Choiseul, quando este chega, são: "Acha que Fersen conseguiu salvar-se?" Com um homem de verdade a seu lado a viagem infernal teria sido suportável. É muito difícil permanecer forte entre fracos e pusilânimes.

A família real sobe à carruagem. Ainda nutre esperanças em Bouillé e seus hussardos. Nada, porém. Apenas o estrondo ensurdecedor da multidão a seu redor. Enfim a grande caravana põe-se em movimento. Seis mil pessoas a cercá-la, Varennes inteira marcha com a presa, a ira e o medo transformam-se em triunfo altissonante. Ensurdecida pelas canções da revolução, cercada pelo exército proletário, a desditosa nave da Monarquia afasta-se do recife junto ao qual encalhara.

Mais vinte minutos, a nuvem de poeira ainda assoma na estrada de terra depois de Varennes como uma coluna subindo ao céu escaldante. E eis que na outra ponta da cidade aproxima-se em rápido galope a cavalaria, esquadrões inteiros de soldados. Finalmente chegam os hussardos de Bouillé, aqueles que em vão se tinha aguardado! Se o rei tivesse resistido mais meia hora, eles o teriam protegido no seio de seu Exército, e aqueles que agora festejam a vitória, consternados, teriam se dispersado. Porém, ao ouvir que o rei cedera sem lutar, Bouillé retira as tropas. Para que derramar sangue inutilmente? Também ele sabe que o destino da Monarquia está decidido pela fraqueza do monarca. Luís XVI não é mais o rei e Maria Antonieta não é mais a rainha da França.

A volta

Um navio navega mais rápido com mar calmo do que sob tempestade. O trajeto de Paris a Varennes fora percorrido pela imensa carruagem em vinte horas; o retorno irá demorar três dias. O rei e a rainha têm de beber o cálice amargo da humilhação gota a gota e até o fundo. Exaustos pelas duas noites insones e sem trocar de roupa – a camisa do rei está tão manchada de suor que precisa pedir outra emprestada a um soldado – estão os seis ocupantes sentados no forno sufocante da carruagem. Inclemente bate o sol de junho sobre o teto já abrasador do veículo, o ar tem o sabor de pó escaldante; enfurecida e desdenhosa, uma escolta cada vez maior acompanha o triste retorno dos amaldiçoados. Aquela viagem de seis horas de Versalhes a Paris parecia o paraíso comparada a essa tortura, palavras insultuosas são vociferadas para dentro do carro, cada qual deseja deleitar-se com a humilhação dos fugitivos. Melhor fechar as janelas, sufocar e morrer de sede no vapor causticante daquele caldeirão sobre rodas a permitir que os olhares de fora os atinjam, que os insultos os ofendam. Logo o rosto dos infelizes viajantes parece ter sido pintado com uma camada de farinha cinzenta, os olhos vermelhos pela falta de sono e pela poeira; no entanto, não permitem que as cortinas fiquem fechadas, pois em cada estação um prefeitinho qualquer se sente na obrigação de dirigir um discurso doutrinário ao rei, e a cada vez este tem de assegurar não ter sido sua intenção abandonar a França. Em tais momentos, a rainha é quem ainda consegue manter a postura. Quando numa das paradas trazem-lhes afinal algo para comer e eles baixam as cortinas para aplacar sua fome, lá fora o povo grita, exigindo que elas sejam erguidas novamente. Mme Isabel logo quer ceder, mas a rainha opõe-se com energia. Calma, deixa que gritem, e somente após um quarto de hora, quando já não se tem a impressão de que está obedecendo à ordem, ela mesma levanta as cortinas, joga o osso de frango pela janela e diz com determinação: "É preciso manter a compostura até o fim."

Por fim um lampejo de esperança à noite, na parada em Châlons. Lá aguardam os cidadãos atrás de um arco de triunfo de pedra, o mesmo – ironia da história – construído vinte e um anos antes em honra de Maria Antonieta, quando ela chegava da Áustria na carruagem de cristal, aclamada pelo povo, para encontrar-se com o futuro esposo; sobre o friso de pedra, a inscrição: "Perset aeterna ut amor", que o monumento dure tanto quanto o amor. Porém o amor é mais efêmero que o bom mármore e a pedra esculpida. Parece a Maria Antonieta um sonho que tenha recebido um dia a nobreza sob aquele arco, vestida de gala, que a rua estivesse cheia de lanternas e de pessoas, que da fonte jorrasse vinho em sua honra. Agora aguarda-a apenas severa cortesia, quando muito olhares compadecidos, ainda assim um alívio comparado ao ódio flagrante que a atingia. Permitem-lhes dormir, mudar de roupa; mas na manhã seguinte de novo o sol arde hostil, e eles precisam continuar a trilhar o caminho de sua provação. Quanto mais se aproximam de Paris, mais agressivo se torna o povo; se o rei pede uma esponja molhada para limpar o pó e a sujeira do rosto, um funcionário ironiza: "É o que se ganha quando se viaja." Se a rainha, após rápida parada, sobe os degraus de sua carruagem, a voz de uma mulher sibila atrás dela como a picada de uma cobra: "Preste atenção, minha pequena, logo você verá outros degraus pela frente." Um fidalgo que os cumprimenta é atirado do cavalo, massacrado a tiros e facadas. Só agora a rainha e o rei compreendem que não apenas Paris sucumbiu ao "erro" da revolução, mas que em todos os cantos do país a nova semente brota com violência. Talvez não tenham mais força para suportar tudo aquilo. Aos poucos o cansaço torna-os totalmente insensíveis. Apáticos, deixam-se ficar na carruagem, já indiferentes à sua sorte. Então finalmente aproximam-se mensageiros a galope e anunciam que três membros da Assembleia Nacional estavam a caminho para proteger a viagem da família real. Por ora a vida está salva, só a vida.

A volta

A CARRUAGEM PARA NO MEIO DA ESTRADA. Aproximam-se os três deputados: Maubourg, realista; Barnave, advogado burguês; Pétion, jacobino. A rainha abre pessoalmente a portinhola: "Ah, meus senhores", diz nervosa, estendendo-lhes a mão, "fazei de tudo para que não aconteça uma desgraça, para que as pessoas que nos acompanham não sejam prejudicadas, ao contrário, que suas vidas sejam preservadas." Seu tato infalível em momentos decisivos encontrou o tom certo. Uma rainha não deve pedir proteção para si mesma, mas para aqueles que a serviram com fidelidade.

A atitude enérgica da rainha desarma desde o início a atitude altaneira dos emissários; mesmo Pétion, o jacobino, deve reconhecer a contragosto em suas anotações que as palavras pronunciadas com vivacidade causaram-lhe forte impressão. Imediatamente impõe silêncio aos ruidosos circunstantes e faz então ao rei a sugestão de que seria melhor se dois dos emissários da Assembleia Nacional tomassem lugar na carruagem e com sua presença protegessem a família real de qualquer perigo. Mme de Tourzel e Mme Isabel deveriam passar à outra carruagem. A rainha replica, contudo, que não seria necessário, era só se apertarem um pouco para dar-lhes assento. Depressa decidem pela seguinte disposição de lugares: Barnave senta-se entre o rei e a rainha, que por sua vez põe o delfim no colo; Pétion senta-se entre Mme de Tourzel e Mme Isabel, sendo que a primeira coloca a princesa entre os joelhos. Oito pessoas em vez de seis, uma perna grudada à outra, os representantes da Monarquia e do povo acomodam-se no mesmo veículo. Pode-se dizer que nunca a família real e os deputados da Assembleia Nacional estiveram tão próximos quanto naquelas horas.

O QUE SE PASSOU ENTÃO na carruagem é tão inesperado quanto natural. A princípio reina uma tensão hostil entre os dois polos, entre os cinco membros da família real e os dois representantes da Assembleia Nacional, entre prisioneiros e carcereiros. Cada um dos dois partidos está firmemente decidido a manter sua autoridade em relação ao outro. Maria Antonieta, justamente por estar protegida por aqueles *factieux* e depender de sua mercê, desvia o olhar dos dois e não abre a boca: não devem pensar que ela, a rainha, estava comprando seu favor. Os deputados, por sua vez, por preço algum querem que sua cortesia seja confundida com submissão. Na viagem, trata-se de dar uma lição ao rei: os representantes da Assembleia Nacional mantêm a cabeça erguida como homens livres e incorruptíveis, bem diferentes daquele bando de cortesãos rastejantes. Portanto, distância, distância, distância!

Com essa disposição de espírito, Pétion, o jacobino, passa ao franco ataque. Desde o começo quer dar uma pequena lição à rainha, a mais orgulhosa deles, para fazê-la perder a calma. Estaria muito bem-informado, esclarece ele, de que a família real teria tomado um fiacre comum nas proximidades do palácio, conduzido por um sueco, de nome... um sueco de nome... Aí se detém Pétion como se não conseguisse se lembrar, e pergunta à rainha o nome do sueco. É um golpe com uma adaga envenenada lançado por ele contra a rainha, ao lhe perguntar pelo amante na presença do rei. Mas Maria Antonieta apara o golpe com energia: "Costumo não incomodar-me com o nome de meus cocheiros." Hostilidade e tensão preenchem maldosamente o exíguo espaço após a primeira escaramuça.

Depois um pequeno incidente desanuvia a tensão constrangedora. O principezinho pula do colo da mãe. Os dois senhores estranhos despertam sua curiosidade. Ele segura com seus minúsculos dedos um dos botões de latão da roupa de Barnave e soletra com dificuldade a inscrição: "Vivre libre ou mourir." Naturalmente diverte muito os dois comissários o fato de que o futuro rei da França descubra dessa maneira a máxima fundamental da revolução. Aos poucos entabula-se uma conversa. E agora acontece o inusitado: Balaão, disposto a amaldiçoar, vê-se obrigado a bendizer. Os dois partidos começam a se achar muito mais simpáticos do que poderiam imaginar a distância. Pétion, o pequeno-burguês e jacobino, Barnave, o jovem advogado de província, tinham imaginado os "tiranos" em sua vida particular como seres inatingíveis, soberbos, altivos, idiotas e atrevidos, e achavam que aquela nuvem cortesã de incenso abafaria qualquer humanidade. Agora eles, o jacobino e o revolucionário burguês, estão surpresos com o tratamento natural que reina no seio da família real.

A volta

Até Pétion, que queria representar o papel de Catão,[112] é forçado a anotar: "Encontro neles uma espécie de simplicidade familiar que me agrada; nenhum vestígio de pompa real, mas uma leveza e uma bonomia doméstica. A rainha chama Mme Isabel de 'minha irmãzinha', Mme Isabel responde da mesma forma. Mme Isabel chama o rei de 'meu irmão'. A rainha deixa o príncipe dançar em seu colo, a princesinha brinca com o irmão, e o rei observa tudo com olhar satisfeito, embora se entusiasme pouco e seja apático." Os dois revolucionários percebem com surpresa que as crianças reais brincam exatamente como as suas, e começam até a sentir-se contrangidos pelo fato de estarem mais elegantemente vestidos que o soberano da França em suas roupas sujas. A resistência inicial vai se atenuando pouco a pouco. Quando o rei bebe, oferece o próprio copo gentilmente a Pétion. Ao admirado jacobino parece um acontecimento sobrenatural ver o delfim manifestar determinada necessidade, e o rei da França e de Navarra desabotoar os calções do filho e segurar-lhe o urinol de prata com as próprias mãos. Esses "tiranos" são na verdade pessoas como nós, reconhece surpreso o ferrenho revolucionário. Igualmente surpresa está a rainha. De fato, são pessoas bem simpáticas, educadas aqueles *scélérats*, os *monstres* da Assembleia Nacional! Não são sanguinários, não são mal-educados e principalmente não são nada imbecis; ao contrário, é mais agradável conversar com eles do que com o conde de Artois e seus asseclas. Nem bem percorreram juntos três horas de viagem, e os dois partidos, que queriam impôr-se mutuamente pelo rigor e a altivez – maravilhosa transformação, e no entanto profundamente humana – tentam fazer amizade. A rainha traz problemas políticos à baila para demonstrar aos dois revolucionários que no seu círculo não se era tão limitado e maldoso como imaginava o povo induzido pela má imprensa. Os deputados, por sua vez, empenham-se em esclarecer a rainha de que ela não deveria confundir os objetivos da Assembleia Nacional com a gritaria furiosa do senhor Marat. Quando a conversa recai sobre a República,

---

[112] Marco Pórcio Catão (234 a.C.-149 a.C.): censor romano; procedente de família plebeia, aos poucos ascendeu na hieraquia do Estado pelas mãos do antigo patrão, Lúcio Flaco; distinguiu-se pelos escritos em defesa das tradições romanas.

até Pétion cautelosamente desvia o assunto. Logo fica claro – experiência antiquíssima – que os ares da corte perturbam até os revolucionários mais combativos, e praticamente em nenhum outro lugar está comprovado de maneira tão divertida a que ponto de confusão a proximidade de uma majestade legítima pode levar um homem vaidoso do que nas anotações de Pétion. Após três noites angustiosas, após três dias de viagem mortal, escaldante, num veículo desconfortável, após tantas perturbações psicológicas e humilhações, as mulheres e as crianças obviamente estão terrivelmente cansadas. Sem querer, Mme Isabel, ao adormecer, encosta a cabeça em seu vizinho Pétion. Isso logo sugere ao vaidoso imbecil a ideia maluca de que fizera uma conquista galante, e assim escreve em seu relato as palavras que exporão ao rídiculo por centenas de anos aquele homem inebriado pelos ares da corte: "Mme Isabel dirige seus olhares carinhosos a mim com aquela expressão de devotamento que o instante proporciona e que desperta tanto interesse. Nossos olhos moviam-se por vezes numa espécie de compreensão e atração mútuas; a noite caía, e o luar começou a espalhar uma clareza homogênea, suave. Mme Isabel pegou a princesa ao colo, colocou-a em parte sobre as suas em parte sobre as minhas pernas. A princesinha adormeceu, estendi um braço, e Mme Isabel, o seu sobre o meu. Nossos braços estavam assim entrelaçados, e o meu tocava-a por baixo das axilas. Sentia o movimento e o calor que lhe percorria as vestes. Os olhares de Mme Isabel pareceram-me mais comoventes, percebi certa entrega em sua atitude, seus olhos umedeceram-se e em sua melancolia mesclava-se uma espécie de volúpia. Posso estar enganado, confundimos talvez demonstrações de infelicidade com aquelas do prazer, porém, creio que se estivéssemos a sós ela teria se deixado cair em meus braços, abandonando-se aos impulsos da natureza."

Mais sério que essa ridícula fantasia erótica do "belo Pétion" é o efeito da perigosa magia da majestade sobre seu acompanhante Barnave. Jovem ainda, vindo de sua província natal para Paris, advogado recém-formado, o revolucionário idealista sente-se totalmente fascinado quando uma rainha, a rainha da França, pede-lhe humildemente que ele lhe explique os princípios básicos da revolução, as ideias de seus companheiros de clube.

A volta

Que oportunidade, pensa involuntariamente o marquês de Posa, insuflar à monarca respeito e consideração pelos sagrados princípios básicos, talvez até conquistá-la para as ideias constitucionais. O ardente jovem advogado fala e gosta de ouvir-se falando, e eis que – ele nunca o teria imaginado – aquela mulher aparentemente superficial (só Deus sabe como a difamaram!) ouve atenta, cheia de compreensão, e como são inteligentes suas objeções! Com sua amabilidade austríaca, com a aparente sanção de suas considerações, Maria Antonieta atrai a seu favor aquele homem ingênuo e crédulo. Como julgaram mal a nobre mulher, como a injustiçaram, pensa surpreso. Ela só quer o melhor, e se houvesse alguém que a aconselhasse apropriadamente tudo ficaria bem na França. A rainha não lhe deixa dúvida de que está à procura de semelhante conselheiro, e lhe ficaria grata se ele futuramente pudesse oferecer-lhe as explicações corretas, tendo em vista a inexperiência dela. Sim, essa será sua missão: transmitir-lhe a partir de agora, àquela mulher tão inesperadamente sensata, os verdadeiros anseios do povo; e, por seu lado, convencer a Assembleia Nacional da pureza das convicções democráticas da rainha. Em longas conversas no Palácio Episcopal de Meaux, onde fazem uma parada, Maria Antonieta sabe envolver Barnave com tantas amabilidades que este se põe à disposição para qualquer serviço. Assim, a rainha carrega consigo secretamente da viagem a Varennes – ninguém poderia ter imaginado tal coisa – um enorme sucesso político. E enquanto os outros só fazem transpirar, comer, se cansar e fraquejar, ela conquista naquela prisão sobre rodas ainda uma última vitória para a causa monárquica.

O TERCEIRO E ÚLTIMO DIA de viagem é o pior. Também o céu francês está a favor da nação e contra o rei. Inclemente, o sol luz durante todo o dia sobre a carruagem de quatro rodas, um forno poeirento e superlotado, nem uma única nuvem, qual um gesto de frescor, provoca um minuto de sombra sobre o teto em brasa. Por fim o cortejo para diante dos portões de Paris. Mas as centenas de milhares de pessoas que querem ver o rei prisioneiro dentro daquele carro precisam ter sua recompensa. Assim, o rei e a rainha não podem ir para seu castelo entrando pela porta de Saint-Denis e têm que fazer um imenso desvio passando pelos longos bulevares. Nenhum grito se levanta em sua honra durante todo o trajeto, também nenhuma palavra de insulto, pois cartazes condenavam ao desprezo quem saudasse o rei e ameaçavam com surras quem fizesse alguma insolência ao prisioneiro da nação. Aclamações frenéticas acolhem o veículo que segue atrás da carruagem real. Nela apresenta-se o homem a quem o povo agradece esse triunfo, Drouet, o mestre do correio, o destemido caçador que com esperteza e fúria conseguira abater a caça real.

O último momento da viagem torna-se o mais perigoso: os dois metros da carruagem até o portão de entrada do palácio. Como a família real está protegida pelos deputados e a fúria grita por uma vítima, esta se lança contra os três inocentes guardas que ajudaram a "raptar" o rei. Logo são puxados da boleia, por um instante tem-se a impressão de que a rainha teria de ver novamente as cabeças sangrentas na entrada de seu palácio, balançando, espetadas em varapaus. Então a Guarda Nacional interfere e libera o portão de entrada com baionetas. Só agora se abre a porta da fornalha. Sujo, suado e exausto, o rei desce da carruagem com seu andar pesado. Segue-o a rainha. Imediatamente ergue-se um murmúrio perigoso contra a *autrichienne*, porém, com passos rápidos, ela transpõe o pequeno espaço entre a carruagem e a porta, as crianças vêm atrás. A terrível viagem chega ao fim.

Lá dentro os lacaios aguardam solenemente enfileirados. Como de costume, a mesa está posta, com a mesma disposição de lugares, os recém-chegados poderiam acreditar ter sonhado. Porém, na realidade, aqueles cinco dias sacudiram mais as estruturas da Monarquia que os cinco anos de reformas, pois os prisioneiros não possuem mais coroas. Mais uma vez o rei desceu um degrau, mais uma vez a revolução subiu um degrau.

Isso parece não perturbar aquele homem exausto. Indiferente a tudo, também está indiferente em relação ao próprio destino. Com mão imperturbável anota em seu diário nada mais que: "Partida de Meaux às seis e meia. Chegada em Paris às oito horas, sem paradas." Isso é tudo que Luís XVI tem a dizer sobre a mais profunda humilhação de sua vida. E Pétion relata da mesma forma: "Ele estava tão calmo como se nada tivesse ocorrido. Poder-se-ia pensar que ele estivesse retornando de uma caçada."

A volta

Maria Antonieta, contudo, sabe que tudo está perdido. Todo o tormento daquela viagem inútil deve ter sido um abalo quase mortal para seu orgulho. Porém, mulher verdadeira e amante verdadeira, com toda a entrega de uma paixão tardia, a última, também nesse inferno pensa apenas naquele que perdera, teme que Fersen, o amigo, pudesse preocupar-se demais com ela. Abalada com os terríveis perigos, perturba seu sofrimento acima de tudo o sofrimento compartilhado por ele e a preocupação do amigo. "Pode ficar tranquilo quanto a nós", rabisca depressa numa folha de papel, "estamos vivos." E na manhã seguinte, mais insistente, mais carinhosa (os trechos íntimos foram apagados pelo descendente de Fersen, mas sente-se na vibração das palavras o ardor do carinho): "Ainda estou viva… mas estou preocupada consigo, e como lamento que o senhor sofra por não receber notícias nossas! Quisera o céu que estas cheguem até o senhor, não me escreva, isso significaria expor-nos a um perigo; sobretudo não venha até aqui sob pretexto algum. Sabe-se que o senhor nos ajudou a fugir. Tudo estaria perdido se o senhor voltasse aqui. Somos vigiados dia e noite, porém, isso me é indiferente… Fique tranquilo, nada me acontecerá. A Assembleia quer nos tratar com consideração. *Adieu…* Não poderei mais escrever-lhe."

No entanto, ela não suporta ficar sem uma palavra de Fersen. E novamente, no dia seguinte, escreve a carta mais ardente, mais carinhosa, suplicando por notícias, tranquilização, amor: "Eu só posso lhe dizer que o amo e mal tenho tempo para isso. Estou bem, não se preocupe comigo, apenas gostaria de saber o mesmo a seu respeito. Escreva-me em linguagem cifrada, peça a seu camareiro para escrever o endereço… E diga-me a quem devo endereçar as cartas ao senhor, pois não posso mais viver sem isso. Adeus ao mais amante e mais amado dos homens. Abraço-o de todo o coração."

"Não posso mais viver sem isso." Nunca se ouviu tal grito de paixão saído dos lábios de uma rainha. Rainha de fato, muito pouco pode sê-lo agora; o poder de antes lhe foi tomado. Restou apenas à mulher o que ninguém lhe pode tirar: o amor. E esse sentimento lhe dá forças para lutar firme e decidida por sua vida.

Um engana o outro

A FUGA PARA VARENNES abre um capítulo na história da revolução: naquele dia nasceu um novo partido, o republicano. Até então, até 21 de julho de 1791, a Assembleia Nacional fora unanimemente monarquista, pois era composta apenas por nobres e burgueses; entretanto, para as próximas eleições, por trás do terceiro estado, da burguesia, já toma a dianteira a quarta classe, o proletariado, a grande e turbulenta massa impetuosa diante da qual a burguesia se assusta tanto quanto o rei se intimidara ante a burguesia. Cheia de medo e com tardio arrependimento, a ampla classe dos proprietários reconhece as demoníacas forças elementares que ela liberou; desse modo, quer depressa limitar com uma Constituição o poder do rei e o poder do povo. Para obter o assentimento de Luís XVI a esse respeito faz-se necessário poupá-lo pessoalmente. Assim, os partidos moderados conseguem se impor no sentido de não se dirigir censura alguma ao rei pela fuga para Varennes. Ele não teria deixado Paris por vontade própria; é esse o argumento que se faz valer de maneira hipócrita: teria sido "sequestrado". No entanto, quando os jacobinos organizam uma manifestação no Campo de Marte pela deposição do rei, os líderes da burguesia, Bailly e La Fayette, mandam pela primeira vez dispersar energicamente a multidão com a cavalaria e salvas de tiros. A rainha, no entanto, prisioneira em sua própria casa – desde a fuga a Varennes não pode mais trancar as portas, a Guarda Nacional vigia severamente cada passo que dá –, intimamente já não se ilude sobre o real valor das tentativas tardias de salvação. Com muita frequência ouve de suas janelas, em vez do antigo brado de "Viva o rei!", o novo grito de "Viva a República!" E ela sabe que essa república só pode se estabelecer depois que ela, seu esposo e seus filhos tiverem sucumbido.

Um engana o outro

A FATALIDADE PROPRIAMENTE DITA da noite de Varennes – a rainha logo reconhece isso também – não foi tanto o malogro da própria fuga, mas o sucesso da fuga do irmão mais moço de Luís, o conde de Provence. Assim que chega a Bruxelas, ele abandona a subordinação ao irmão, tão desconfortavelmente mantida, declara-se regente, representante legal da Monarquia enquanto o verdadeiro rei Luís XVI permanecesse prisioneiro em Paris, e em segredo faz de tudo para prolongar essa situação. "Manifestaram aqui, de maneira inadequada, alegria a respeito da prisão do rei", relata Fersen de Bruxelas, "e o conde de Artois está radiante." Agora, enfim, empertigam-se sobre a sela aqueles que durante muito tempo foram obrigados com humilhação a cavalgar na comitiva do irmão; agora podem fazer tinir as espadas e chamar à guerra sem cerimônia; se nessa oportunidade Luís XVI, Maria Antonieta e oxalá também Luís XVII sucumbissem, tanto melhor, então se poderiam galgar dois degraus para o trono de uma vez; por fim, Monsieur, o conde de Provence, poderia se denominar Luís XVIII. Por infortúnio também os príncipes estrangeiros compartilham dessa opinião, porque era totalmente indiferente para o ideal monárquico que Luís ocupasse o trono francês; o principal era que o veneno revolucionário, republicano, fosse extinto da Europa, que a "epidemia francesa" fosse sufocada ainda em germe. Com terrível frieza, escreve Gustavo III da Suécia: "Não importa quão grande seja meu interesse pelo destino da família real; a dificuldade da situação geral relativa ao equilíbrio europeu, o interesse especial da Suécia e a causa dos soberanos pesam mais na balança. Tudo depende de que se restabeleça a Monarquia na França, e tanto faz para nós se agora Luís XVI, Luís XVII ou Carlos X ocupe o trono, conquanto que este se restabeleça e que a monstruosidade da escola de equitação (a Assembleia Nacional) seja esmagada." Mais claro e cínico não pode ser. Para os monarcas, existe apenas a "causa dos monarcas", isto é, manter seu poder intacto; "tanto lhes importa", como diz Gustavo III, qual Luís ocupa o trono francês. Isso lhes é indiferente e continuará sendo assim. Essa indiferença custa a vida de Maria Antonieta e de Luís XVI.

Maria Antonieta agora tem de lutar ao mesmo tempo contra esse duplo perigo, interno e externo, contra o republicanismo no país e a movimentação de guerra dos príncipes nas fronteiras, tarefa sobre-humana e totalmente impraticável para uma mulher sozinha, fraca, inquieta e abandonada por todos os amigos. Aqui seria necessário um gênio que fosse simultaneamente Ulisses e Aquiles, audacioso e astuto, um novo Mirabeau. No entanto, naquela situação premente, há apenas pequenos colaboradores por perto, e é a eles que a rainha recorre. Na volta de Varennes, Maria Antonieta reconheceu com seu olhar arguto como seria fácil envolver o pequeno advogado de província Barnave, um dos líderes da Assembleia, sensível a palavras lisonjeiras pronunciadas por uma rainha, e decide aproveitar-se dessa fraqueza.

Assim, numa carta secreta, dirige-se diretamente a Barnave, dizendo que desde seu retorno de Varennes ela tinha "pensado bastante a respeito da inteligência e do espírito daquele com quem conversara, e percebera que teria muito a ganhar se mantivesse uma espécie de conversa epistolar com ele". Barnave poderia contar com sua discrição e confiar em seu caráter; como se tratava do bem comum, estaria sempre disposta a sujeitar-se às necessidades. Após essa introdução, ela se torna mais explícita: "Não se pode persistir na presente situação. Certo é que algo deve acontecer. Mas o quê? Ignoro-o. Dirijo-me ao senhor para sabê-lo. Em nossas conversas, o senhor deve ter percebido que sempre agi de boa-fé. E sempre atuei assim. É o único bem que nos resta e que nunca poderá ser tomado de mim. Creio ter visto no senhor o desejo de justiça, nós igualmente a desejamos e sempre a cultivamos, não importa que se diga o contrário. Que o senhor se coloque numa situação em que possamos realizar nossos desejos juntos. Se encontrar um meio de comunicar-me suas ideias, responda com franqueza o que pode realizar. Estarei disposta a qualquer sacrifício se vir nisso realmente o bem comum." Barnave mostra a carta a seus amigos, que se alegram e ao mesmo tempo se inquietam. Decidem a partir de então consultar secretamente a rainha – Luís XVI nada conta. Em primeiro lugar, exigem da rainha que determine o retorno dos príncipes e que convença seu irmão, o imperador, a reconhecer a Constituição francesa.

Um engana o outro

Aparentemente dócil, a rainha concorda com todas as sugestões. Envia ao irmão cartas ditadas por seus conselheiros, age segundo suas ordens; apenas "no ponto em que mencionam a honra e a gratidão" recusa-se a aceitar. E logo os novos mestres políticos pensam ter encontrado em Maria Antonieta uma discípula atenta e agradecida.

MAS COMO SE ILUDE essa boa gente! Na realidade Maria Antonieta não pensa sequer um minuto em sujeitar-se a esses *factieux*; os encontros devem apenas facilitar o antigo *temporizer*, a contemporização, até que seu irmão convoque o tão sonhado "congresso armado". Qual Penélope, desmancha à noite a teia tecida durante o dia com seus novos amigos. Enquanto envia com aparente obediência as cartas ditadas ao irmão, o imperador Leopoldo, ao mesmo tempo manda dizer a Mercy: "Escrevi-lhe uma carta no dia 29 que, como o senhor deve ter notado, não corresponde a meu estilo. Porém, achei que deveria ceder às exigências do partido local, que me entregou o rascunho da carta. Ontem enviei mensagem semelhante ao imperador, e me sentiria humilhada se não soubesse que meu irmão compreenderá que, na presente situação, sou obrigada a fazer e escrever tudo que exigem de mim." Ela insiste em que "é importante o imperador se convencer de que nenhuma palavra da carta partiu de mim nem corresponde à minha maneira de ver as coisas". Assim, cada carta se torna uma carta de Urias.[113] Com sentido de justiça, diz: "Devo admitir ter encontrado grande sinceridade em meus conselheiros, apesar de eles manterem suas opiniões, assim como um verdadeiro desejo de restabelecer a ordem, e com isso a autoridade real"; contudo, recusa-se a obedecer fielmente a seus colaboradores, pois "embora acredite em suas boas intenções, suas ideias são exageradas e nunca poderão nos convir".

---

[113] Urias: soldado do exército do rei Davi e esposo de Betsabá; depois de cometer adultério com Betsabá, Davi mandou o marido enganado levar uma carta ao comandante Joabe, na qual ordenava que pusesse Urias na frente de batalha, sem proteção, para que fosse morto pelos inimigos.

Trata-se de um incrível jogo duplo o que Maria Antonieta passa a jogar, e nada honroso para ela, pois pela primeira vez desde que se meteu em política, ou melhor, exatamente porque se meteu em política, vê-se obrigada a mentir, e o faz da maneira mais arrojada. Ao mesmo tempo que assegura aos colaboradores, com ar inocente, que nenhuma segunda intenção guia seus passos, escreve a Fersen: "Não tenha medo, não me deixo iludir pelos *enragés*.[114] Quando vejo alguns deles ou deles me aproximo, faço-o apenas para servir-me deles; porém, sinto por todos uma repulsa grande demais para poder confiar neles." No fundo, está clara para ela a falta de dignidade desse jogo com pessoas bem-intencionadas, que por ela põem sua cabeça à disposição da guilhotina, e sente claramente a culpa moral; mas, decidida, atribui toda responsabilidade à época, às circunstâncias que a obrigaram a representar aquele papel deplorável. "Por vezes", escreve em desespero ao fiel Fersen, "não compreendo a mim mesma e vejo-me forçada a refletir se sou eu mesma quem está falando. Mas o que quer o senhor? Tudo isso é necessário, e, creia-me, teríamos nos rebaixado mais do que já nos rebaixamos se eu não tivesse imediatamente lançado mão desse meio. Ao menos ganharemos tempo, e isso é tudo de que precisamos. Que felicidade se eu pudesse um dia ser eu mesma, se pudesse provar a todos esses maltrapilhos (*gueux*) que não me deixei ludibriar por eles." É com isso que sonha e é por isso que almeja seu orgulho desmedido: ser livre novamente, não mais ser forçada a fazer política, a praticar diplomacia, a dizer mentiras. Ela, uma rainha coroada, sente que aquela liberdade ilimitada é um direito seu, conferido por Deus, e julga-se no direito de enganar da maneira mais vil todos aqueles que querem tolhê-lo.

Mas a rainha não é a única a mentir. Nessa crise que antecede a decisão, todos os parceiros do grande jogo enganam uns aos outros – raramente pode-se reconhecer melhor a imoralidade da política feita às ocultas do que examinando a infinda correspondência dos governos da época, dos príncipes, embaixadores e ministros. Todos trabalham secretamente con-

---

[114] *Enragés*: literalmente, "enraivecidos"; nome dado ao grupo de revolucionários radicais liderados pelo padre Jacques Roux e por Théophile Leclerc.

tra todos e cada um por seu interesse particular. Luís XVI engana a Assembleia Nacional, que por sua vez espera apenas que a ideia republicana esteja suficientemente disseminada para depôr o rei. Os constitucionalistas ostentam para Maria Antonieta um poder que há muito não mais detêm, e são ludibriados por ela de modo desprezível, pois ela negocia dissimuladamente com o irmão Leopoldo. Este, por seu lado, vai alimentando esperanças na irmã, pois no íntimo está decidido a não investir um único soldado, um só centavo naquela causa; entrementes, ele pactua com a Rússia e a Prússia para uma nova divisão da Polônia. Enquanto o rei da Prússia em Berlim debate com ele o "congresso armado" contra a França, o próprio embaixador prussiano em Paris financia os jacobinos e janta à mesa de Pétion. Os príncipes emigrados incitam à guerra não para manter o trono do irmão Luís XVI, mas para si próprios; além disso, no meio daqueles montes de papel gesticula o Don Quixote da Monarquia, Gustavo da Suécia, a quem no fundo nada importa, a não ser representar a função de Gustavo Adolfo, o salvador da Europa.[115] O duque de Braunschweig, que deve conduzir o Exército da coalizão contra a França, confabula com os jacobinos, que lhe oferecem o trono da França. Por sua vez, Danton e Dumouriez fazem jogo duplo. Os príncipes estão em discordância quanto aos revolucionários, o irmão engana a irmã, o rei o povo, a Assembleia Nacional o rei, um monarca engana o outro, todos se enganam mutuamente para ganhar algum tempo em prol de sua própria causa. Cada qual quer tirar algo dessa confusão, aumentando com ameaças a incerteza geral. Ninguém quer queimar os dedos, mas todos brincam com fogo, todos – imperadores, reis, príncipes, revolucionários – criam com aqueles constantes acordos e logros uma atmosfera de desconfiança (semelhante àquela que envenena o mundo hoje), e ao fim arrastam, na verdade involuntariamente, vinte e cinco milhões de pessoas na torrente de uma guerra de vinte e cinco anos.

---

[115] Gustavo Adolfo (1594-1632): rei da Suécia, um dos heróis da causa protestante, considerado o melhor príncipe guerreiro da época; em 1630 decidiu intervir na Guerra dos Trinta Anos, em prol da pacificação da Europa, mas sem resultado.

Ignorando esses pequenos ardis, o tempo corre tumultoso, o ritmo veloz da revolução não se submete à "contemporização" da antiga diplomacia. Uma decisão deve ser tomada. A Assembleia Nacional finalmente concluiu o projeto de uma Constituição e o apresentou a Luís XVI para sanção. Agora é preciso dar uma resposta. Maria Antonieta sabe que essa Constituição *monstrueuse* – conforme escreve à imperatriz Catarina da Rússia – "significa uma morte moral, mil vezes pior que a morte física, que liberta de todos os males"; sabe também que a sanção será criticada em Coblenz e nas cortes como renúncia à dignidade, talvez até como covardia pessoal; contudo, o poder real decaiu tanto que mesmo ela, a mais orgulhosa, deve aconselhar a submissão.

"Por ocasião da viagem, demonstramos de maneira bastante clara", escreve ela, "que não receamos submeter-nos ao perigo quando se trata do bem comum. Porém, em referência à presente situação, o rei não pode recusar a sanção por mais tempo. Acreditai que é verdade, pois eu o digo. Conheceis meu caráter para saber que eu preferiria lançar-me a uma ação elegante e corajosa. Mas não há sentido em submeter-se a um perigo absurdo conhecendo-o de antemão." Todavia, quando a pena já está pronta para assinar a capitulação, Maria Antonieta comunica a seus confidentes que o rei, no íntimo de seu coração, nem cogita – um engana o outro e é também enganado – em manter a palavra dada ao povo. "Quanto à sanção, considero impossível que qualquer ser pensante deixe de perceber que tudo o que fazemos acontece porque não somos livres. Agora é importante que não despertemos suspeitas nos *monstres* que nos cercam. De qualquer modo, apenas as potências estrangeiras podem nos salvar. O Exército está perdido, o dinheiro não existe mais, nenhuma rédea, nenhuma barreira pode deter o populacho armado. Nem os líderes da revolução são ouvidos quando pregam a ordem. Essa é a triste situação em que nos encontramos. Acrescente-se a isso o fato de que não temos um único amigo, que o mundo todo nos trai, uns por medo, outros por fraqueza ou ambição, e que eu mesma decaí a ponto de temer o dia em que nos concederem novamente algum tipo de liberdade. Agora, pelo menos, nesse estado de impotência em que nos encontramos, nada temos a nos censurar." E

Um engana o outro

com maravilhosa sinceridade, prossegue: "Encontrais minha alma inteira nesta carta. Talvez me engane, mas é o único meio que vejo para resistir. Tanto quanto possível, ouvi as pessoas de ambos os lados e formei minha opinião a partir daí; não sei se ela é acatada. Conheceis a pessoa com quem tenho negociado; no momento em que se pensa tê-la convencido, uma palavra ou a opinião de outrem basta para fazê-la mudar sem que ela mesma o perceba, e por isso mil coisas se tornam irrealizáveis; aconteça o que acontecer, concedei-me vossa amizade e dedicação. Tenho muita necessidade delas; e acreditai, não importa a desgraça que recaia sobre mim, pode ser que me adapte às circunstâncias, mas jamais concordarei com qualquer medida que não seja digna de mim. Somente na infelicidade sentimos quem realmente somos. Meu sangue corre nas veias de meu filho, e espero que um dia ele se demonstre digno de um neto de Maria Teresa."

São palavras grandiosas e comoventes, mas elas não escondem a vergonha interior que aquela mulher, empenhada em ser sincera, sente em relação ao jogo de fingimentos. No âmago do coração, sabe que com esse comportamento desleal sua atitude é menos nobre do que se tivesse voluntariamente renunciado ao trono. Contudo, não resta alternativa. "Recusar teria sido mais elegante", escreve ao amado Fersen, "mas isso era impossível, dadas as circunstâncias. Eu desejaria que a sanção tivesse sido mais sucinta. Infelizmente, porém, estamos sempre cercados por pessoas maldosas; no entanto, asseguro-te, a versão que prevaleceu foi a melhor. A loucura dos príncipes e emigrados também determinou nossa maneira de agir. Assim, na sanção foi necessário suprimir cada linha que poderia ter sido interpretada como se não tivéssemos a melhor das intenções de aquiescer."

Com aquela pseudoanuência da Constituição, pouco honesta, e por isso pouco política, a família real recebeu algum fôlego; mas, como se verá, esse será o único ganho cruel do jogo duplo. Tomando fôlego, todos agem como se cada um acreditasse na mentira do outro. Por um segundo dispersam-se as nuvens da tempestade e o céu clareia. Mais uma vez, ilusório, brilha o sol da mercê do povo sobre a cabeça dos Bourbon. Imediatamente depois de o rei ter comunicado, em 13 de setembro, que no dia seguinte prestaria juramento à Constituição na Assembleia, são retirados os guardas que até então vigiavam o palácio real, os jardins das Tulherias são franqueados ao público. A prisão terminou e – como crê a maioria, apressadamente – também a revolução. Pela primeira vez, após incontáveis semanas e meses, mas também pela última vez, Maria Antonieta ouve o grito de dez mil vozes, há muito banido: "Viva o rei! Viva a rainha!"

Mas todos os amigos e inimigos, aquém e além fronteiras, já tinham conspirado para não os deixar viver por muito tempo.

O amigo aparece pela última vez

As horas verdadeiramente trágicas da queda de Maria Antonieta nunca foram as das grandes tempestades, e sim os dias radiantes que de modo enganador se entremeavam cheios de luz. Se a revolução tivesse se precipitado como um raio, esmagando a Monarquia de um só golpe, sua queda teria acontecido como uma avalanche, sem pausas para respirar ou pensar, sem esperanças e resistências, e não teria abalado tanto os nervos da rainha quanto aquela lenta agonia. Mas sempre, de súbito, entre as tempestades vêm calmarias: cinco, dez vezes durante a revolução a família real pôde acreditar que a paz fora definitivamente restabelecida, que a batalha terminara. Todavia, a revolução é um elemento da natureza como o mar; um vagalhão não se precipita de um só ímpeto sobre a terra, mas após cada avanço renhido a onda recua aparentemente exaurida, preparando-se apenas para um impulso mais destruidor. E os ameaçados jamais sabem se a última onda foi a mais forte, a decisiva.

Após o reconhecimento da Constituição, a crise parece superada. A revolução tornou-se lei, a inquietação se acalmara. Passam-se alguns dias, algumas semanas de bem-estar ilusório, semanas de euforia enganadora. Aclamações percorrem as ruas, o entusiasmo enche a Assembleia, os teatros tremem sob os aplausos. Entretanto, Maria Antonieta já há muito perdeu a credulidade ingênua e irrefletida da juventude. "Que pena", suspira para a preceptora de seus filhos quando esta retorna para o palácio, chegando da cidade festivamente iluminada, "que uma coisa tão linda assim só possa despertar um sentimento de tristeza e desassossego em nossos corações." Não, decepcionada muitas vezes, ela não quer mais se deixar iludir. "No momento está tudo tranquilo", escreve a Fersen, o amigo do coração, "porém a calmaria está por um fio, e o povo está como sempre esteve, a cada instante pronto para qualquer ato de horror. Asseguram-nos de que está a nosso favor. Não creio em nada disso, pelo menos no que me diz respeito. Sei em quanto se pode acreditar. Na maioria dos casos, tudo foi compensado, e o povo só nos ama se fizermos o que exige de nós. É impossível que isso ainda vá muito longe. Reina menos segurança em Paris do que antes, pois acostumaram-se a nos ver humilhados." De fato, a recém-eleita Assembleia Nacional torna-se uma decepção. Segundo a opinião da rainha, ela é "mil vezes pior que a anterior", e logo após as primeiras determinações retira do rei o título de "Majestade". Poucas semanas depois, a liderança passa aos girondinos, que manifestam abertamente sua simpatia pela República, e o sagrado arco-íris da reconciliação logo desaparece atrás das nuvens que ressurgem no céu. Mais uma vez a batalha recomeça.

O RÁPIDO AGRAVAMENTO DE SUA SITUAÇÃO não pode ser atribuído à revolução, ao rei nem à rainha, mas sobretudo a seus próprios parentes. O conde de Provence e o conde de Artois instalaram seu quartel-general em Coblenz, de onde praticam guerra aberta contra as Tulherias. O fato de o rei ter sancionado a Constituição por força maior serve-lhes para fazê-los escarnecer de Maria Antonieta e Luís XVI por intermédio de jornalistas pagos, a fim de que eles, em confortável segurança, pudessem representar o papel dos verdadeiros e únicos defensores dignos do pensamento monárquico. Tanto faz a eles que seu irmão pague com a vida o preço dessa representação. Inutilmente Luís XVI suplica e apela aos irmãos, chega até a ordenar-lhes que regressem, acalmando assim a justa desconfiança do povo. Os usurpadores afirmam perfidamente que isso não seria a verdadeira expressão da vontade do rei prisioneiro, ficam em Coblenz longe do tiroteio e continuam a fazer-se de heróis. Maria Antonieta treme de raiva pela covardia dos emigrados, aquela "raça desprezível que sempre se declarava fiel a nós, porém nunca fez outra coisa senão nos prejudicar." Culpa abertamente os parentes de seu marido, afirmando "que o comportamento deles provocou a situação em que nos encontramos". "Afinal", escreve furiosa, "o que querem? Para escapar a nossos desejos, assumiram um tom e o modo de dizer que não somos livres (o que, aliás, está certo) e por isso não devemos dizer o que pensamos, e que sempre se veem compelidos a agir contrários a nós." Em vão, suplica ao imperador que contenha os príncipes e os outros franceses que se encontram no exterior, mas o conde de Provence passa à frente dos emissários, declara "arbitrárias" as ordens da rainha e consegue aprovação de todos os partidos favoráveis à guerra. Gustavo da Suécia devolve sem abrir a carta em que Luís XVI comunica a sanção da Constituição; Catarina da Rússia, com mais desprezo, zomba de Maria Antonieta, dizendo ser triste não ter outra esperança além do rosário. Em Viena, o próprio irmão deixa que transcorram semanas antes de enviar uma resposta tortuosa. No fundo, as potências esperam até que as circunstâncias sejam favoráveis para tirar algum proveito da situação anárquica da França. Ninguém oferece ajuda verdadeira, ninguém faz uma proposta clara e ninguém pergunta seriamente o que os reféns das Tulherias desejam e esperam. Com ímpeto cada vez maior – à custa dos infelizes prisioneiros – todos fazem seu jogo duplo.

ENTRETANTO, O QUE ESPERA e o que deseja a própria Maria Antonieta? A Revolução Francesa, que, como quase todo movimento político, atribui planos profundos e misteriosos ao adversário, acredita que Maria Antonieta, que o *comité autrichien*, esteja preparando nas Tulherias uma grandiosa cruzada contra o povo francês – e alguns historiadores repetiram essa história. Na realidade, Maria Antonieta, diplomata por desespero, nunca teve uma ideia clara, um plano verdadeiro. Com admirável espírito de sacrifício, com um empenho surpreendente para ela, escreve cartas e mais cartas para todas as direções, rascunha e redige memorandos e propostas, negocia e delibera, porém, quanto mais escreve, menos se torna compreensível o pensamento político que ela de fato acalenta. Sonha vagamente com um congresso armado das potências, uma meia-medida, nada de muito veemente, nada de muito brando, que por um lado intimidasse os revolucionários com ameaças e por outro não desafiasse o sentimento nacional francês. Porém, como e quando? Isso não está claro para ela; ela age, não pensa logicamente, e seus gritos e movimentos bruscos lembram os de um afogado que, ao debater-se, acaba afundando mais. Certa ocasião afirma que o único caminho possível para ela seria ganhar a confiança do povo; no mesmo instante, na mesma carta, escreve: "Não existe mais possibilidade de reconciliação." Ela não deseja a guerra e prevê, acertada e claramente: "Por um lado, seríamos obrigados a lutar contra eles, não haveria como evitá-lo; por outro, seríamos suspeitos de estar de acordo com as tropas estrangeiras." E escreve novamente alguns dias depois: "Apenas o poder armado pode restabelecer tudo", e "sem ajuda externa não podemos fazer nada!" De uma parte, incita o irmão para que tome consciência da afronta que lhe é feita. "Não importa mais a nossa segurança, é este país aqui que desafia à guerra." Mas depois cai em si. "Um ataque de fora seria o nosso fim." Enfim, ninguém mais consegue compreender suas intenções. As chancelarias diplomáticas, que não cogitam desperdiçar seu dinheiro só para um "congresso armado", caso enviassem exércitos dispendiosos à fronteira, desejam uma guerra sangrenta com anexações e indenizações, e dão de ombros à ideia absurda de colocar seus soldados armados de prontidão apenas "pour le roi de France". "O que devemos pensar", escreve Catarina da Rússia, "de pessoas que negociam de maneiras totalmente opostas?"; e mesmo Fersen, o mais fiel, que acredita conhecer os pensamentos mais íntimos de Maria Antonieta, não entende o que a rainha realmente deseja, se a guerra ou a paz, se havia se reconciliado interiormente com a Constituição ou estaria mantendo os constitucionalistas à espera, se estaria traindo a revolução ou os príncipes. Mas a mulher sofrida na verdade deseja só uma coisa: viver, viver, viver e não mais ser humilhada. No íntimo, mais do que todos imaginam, ela sofre com o jogo duplo insuportável para sua natureza linear. A repulsa por aquele papel que lhe fora impingido revela-se num grito profundamente humano: "Não sei mais que comportamento e que tom devo assumir. O mundo inteiro acusa-me de fingimento, de falsidade, ninguém consegue acreditar – e com razão – que meu irmão tenha tão pouco interesse na

O amigo aparece pela última vez

situação terrível de sua irmã, que ele a exponha constantemente a perigos sem lhe dizer uma palavra. Sim, ele me expõe, e isso mil vezes mais do que se realmente agisse. O ódio, a desconfiança e o atrevimento são as três forças que movem o país nesse momento. As pessoas são atrevidas por temor exagerado e porque acreditam, ao mesmo tempo, que não se fará nada a partir do exterior... Não há nada pior que permanecer assim como estamos, pois não podemos mais esperar ajuda alguma do tempo nem de algo que venha de dentro da França."

APENAS UMA PESSOA AFINAL entende que essas idas e vindas, que as ordens e contraordens são puro desespero, e que aquela mulher não pode salvar-se sozinha. Essa pessoa sabe que ela não tem ninguém a seu lado, pois Luís XVI não conta, por causa da indecisão. Também a cunhada, Mme Isabel, não é a companheira de padecimentos tão angelical, tão fiel, tão religiosa quanto a lenda monarquista exalta: "Minha irmã é tão indiscreta, tão cercada de intrigantes e sobretudo tão dominada pelos irmãos lá de fora que não se pode mais conversar com ela, caso contrário iríamos discutir o dia inteiro." E de modo mais veemente, com a mais profunda sinceridade: "Nossa vida familiar é um inferno, mesmo com as melhores intenções do mundo não se pode dizer outra coisa." Com clareza cada vez maior, Fersen sente à distância que só uma pessoa poderia ajudá-la agora, e que a pessoa merecedora de sua confiança não é o esposo, o irmão e nenhum dos parentes, mas ele. Há algumas semanas ela lhe enviara pelo conde de Esterhazy uma mensagem de irrestrito amor: "Se lhe escrever, diga-lhe que distâncias e países não podem separar corações, e que sinto a cada dia mais essa verdade"; e em outra ocasião: "Não sei onde ele está. É para mim um sofrimento terrível não ter notícias e nem sequer saber onde estão aqueles que amamos." Essas últimas palavras ardentes de amor foram acompanhadas por um presente, um pequeno anel de ouro, e no lado externo do aro foram gravadas três flores de lis e a inscrição "Covarde quem a abandonar". O anel foi encomendado por Maria Antonieta, assim escreve a Esterhazy, na medida de seu dedo, ela usou-o durante dois dias na própria mão antes de enviá-lo, para que o calor do sangue ainda pulsante penetrasse no ouro gélido. Fersen põe o anel da amada no dedo, e esse anel com a inscrição "Covarde quem a abandonar" torna-se um apelo diário à sua consciência para tudo ousar por ela. Como o tom de desespero transparece nas cartas de modo tão tocante, como reconhece a perturbação crescente que se apossa da mulher amada, pois se vê abandonada por todos, ele sente-se impelido a uma ação verdadeiramente heroica. Uma vez que ambos não conseguem comunicar-se pela palavra escrita, decide procurar Maria Antonieta em Paris, na mesma Paris onde sua vida é desprezada e sua presença significa a morte certa. Maria Antonieta apavora-se com o anúncio da visita. Não, não quer do amigo sacrifício tamanho e tão verdadeiramente heroico. Como uma amante que ama de fato, ela ama a vida dele mais que a própria, mais ainda que a indescritível calma e felicidade que sua presença poderia lhe propiciar. Por isso, responde-lhe apressada em 7 de dezembro: "É totalmente impossível vir aqui no momento. Isso significaria pôr sua sorte em jogo. Se assim o digo, acredite-me, pois tenho um desejo intenso de vê-lo." Fersen, porém, não cede. Ele sabe que é absolutamente necessário tirá-la do estado em que se encontra. Arquitetou com o rei da Suécia um novo plano de fuga, apesar da recusa da rainha; sabe com todo o instinto de um coração ardente que ela o deseja, e como aliviaria a alma daquela mulher solitária poder se desabafar ainda uma vez, livre e sem reservas, esquecendo todo cuidado e toda dissimulação. No início de fevereiro, Fersen toma a decisão de não esperar mais e viajar para a França, para Maria Antonieta.

A decisão é de fato suicida. Cem de probabilidades contra uma indicam que Fersen não retornará, pois naquela ocasião nenhuma cabeça tem cotação mais alta na França que a dele. Nome algum foi tão citado, tão odiado, Fersen é publicamente execrado em Paris, a ordem de prisão circula em todas as mãos, basta que alguém o reconheça durante o trajeto ou em Paris, e seu cadáver jazerá na calçada. Entretanto, Fersen – e isso aumenta em mil vezes seu heroísmo – não só quer ir a Paris e lá esconder-se num canto secreto, como também deseja ir imediatamente à caverna inacessível do Minotauro, às Tulherias, ao palácio vigiado dia e noite por mil

O amigo aparece pela última vez

e duzentos soldados da Guarda Nacional, ao lugar onde cada serviçal, cada camareira, cada cocheiro, cada membro da imensa criadagem o conhece pessoalmente. Porém, pela última vez se oferecia a ele a oportunidade de confirmar sua jura de amor. "Vivo apenas para servir-lhe." Em 11 de fevereiro, cumpre a palavra e empreende uma das mais audaciosas ações de toda a história da revolução. Portando uma peruca, com passaporte falso, no qual adultera com ousadia a indispensável assinatura do rei da Suécia, Fersen viaja supostamente em missão diplomática a Lisboa, acompanhado apenas por um oficial, fingindo-se criado deste. Por milagre as pessoas e os documentos não são examinados com detalhe, e ele chega a Paris incólume em 13 de fevereiro. Embora possua ali uma amiga, ou melhor, uma amante disposta a escondê-lo sob risco de vida, Fersen dirige-se diretamente às Tulherias. Nos meses de inverno, a noite cai muito cedo, a proteção amiga da escuridão oculta o homem audacioso. A porta secreta, cuja chave ainda possui, também daquela vez não está vigiada – surpreendente lampejo da sorte. A chave tão bem guardada cumpre sua tarefa, Fersen entra. Após oito meses de cruel separação e indescritíveis acontecimentos – um mundo transformou-se desde então –, o amante está de novo perto da amada, Fersen está de novo e pela última vez com Maria Antonieta.

A RESPEITO DESSA VISITA há dois tipos de anotação do punho de Fersen que discrepam muito, uma oficial e outra íntima; a diferença é extremamente elucidativa para a verdadeira natureza da relação que une Fersen e Maria Antonieta. Pois na carta oficial ele relata a seu monarca que teria chegado a Paris em 13 de fevereiro às seis da tarde, e que teria visto e falado a Suas Majestades – expressamente o plural, portanto, o rei Luís e Maria Antonieta – ainda na mesma noite, e uma segunda vez na noite seguinte. Mas essa comunicação destinada ao rei da Suécia, que Fersen sabe ser muito loquaz e a quem não ousa confiar a honra feminina de Maria Antonieta, contraria a anotação íntima, bastante reveladora, de seu diário. Lê-se ali, em primeiro lugar: "Fui até ela; passei pelo caminho habitual. Preocupação com a Guarda Nacional; sua residência, maravilhosa." Diz expressamente "até ela" e não "até eles". Seguem-se ainda duas palavras no diário que depois se tornaram ilegíveis por obra daquela temível e cautelosa mão. Felizmente, porém, foi possível decifrá-las, e as duas palavras significativas dizem: "Resté là", ou seja, "Fiquei lá".

Com essas duas palavras a situação daquela noite digna de Tristão fica evidente. Fersen não foi recebido naquela noite pelas duas majestades, como fez crer ao rei da Suécia, mas apenas por Maria Antonieta, e – não há dúvidas também quanto a isso – passou a noite nos aposentos da rainha. Partir à noite, voltar e novamente sair das Tulherias teria significado um desnecessário agravamento do perigo, pois a Guarda Nacional patrulha dia e noite os corredores. Os aposentos de Maria Antonieta no andar térreo continham, como se sabe, nada mais que um dormitório e um minúsculo quarto de vestir. Não há, portanto, outra explicação do que aquela tão constrangedora para os defensores da virtude, de que Fersen passou escondido essa noite e o dia seguinte, até a meia-noite, no dormitório da rainha, o único aposento a salvo da vigilância da Guarda Nacional e dos olhares da criadagem.

Fersen, que sempre soube silenciar, cala-se também no seu diário íntimo a respeito daquelas horas a sós. Essa mais nobre intenção se aplica também a qualquer outra. Ninguém pode ser impedido de imaginar que também aquela noite tenha sido dedicada unicamente aos amorosos ritos cavalheirescos e à conversa política. Porém, quem sente com o coração e possui sentidos argutos, quem acredita no poder do sangue como lei eterna, tem certeza: mesmo que Fersen há muito não fosse o amante de Maria Antonieta, ele o teria sido naquela noite fatídica, naquela noite conquistada com o máximo empenho de coragem humana, naquela que foi irrevogavelmente a última noite.

A PRIMEIRA NOITE PERTENCE exclusivamente aos amantes; a noite seguinte, à política. Às seis horas, portanto, vinte e quatro horas após a chegada de Fersen, o discreto marido adentra o quarto da rainha para ter um

O amigo aparece pela última vez

colóquio com o heroico mensageiro. O plano de fuga exposto por Fersen é rechaçado por Luís XVI, primeiro por considerá-lo praticamente inviável e depois também por honradez, pois prometera publicamente à Assembleia Nacional permanecer em Paris, e não quer trair sua promessa. (Fersen observa com respeito em seu diário: "Pois é um homem honrado.") De homem para homem, com total confiança, o rei expôs sua situação ao amigo confiável. "Estamos entre nós", diz, "e podemos falar. Sei que me culpam de fraqueza e incapacidade de tomar decisões, porém, ninguém jamais se encontrou em situação semelhante à minha. Sei que deixei passar o momento oportuno [para a fuga] em 14 de julho, e desde então não o encontrei mais. O mundo inteiro me abandonou." Tanto a rainha quanto o rei não têm mais esperanças de salvar-se. As potências estrangeiras deveriam fazer todo o possível sem se incomodar com eles. Apenas não deveriam se admirar caso ele tivesse de dar sua aquiescência a diversos assuntos. Naquela situação, talvez devessem fazer coisas que não condiziam com seus corações. Só poderiam ganhar algum tempo, a salvação propriamente só poderia vir de fora.

Fersen permanece até meia-noite no palácio. Foi dito tudo que havia a dizer. Então chega a parte mais difícil daquelas trinta horas, o momento da despedida. Ambos não ousam crer nesse fato, ambos o sabem de modo ineludível: nunca mais! Nunca mais nesta vida! Para consolar a pobre mulher desesperada, ele promete voltar assim que possível e percebe, orgulhoso, o quanto sua presença a acalmara. A rainha acompanha Fersen pelo corredor, felizmente livre e mergulhado na escuridão, até a porta. Ainda não pronunciaram as últimas palavras, não trocaram os últimos abraços, quando se aproximam passos desconhecidos. Perigo de morte! Fersen, envolto em seu casaco, peruca na cabeça, esgueira-se para fora. Maria Antonieta volta apressada a seu quarto. Os amantes viram-se pela última vez.

O refúgio na guerra

RECEITA ANTIGA: quando Estados e governos não sabem mais contornar crises internas, eles procuram desviar a tensão para fora. Obedecendo a essa lei eterna, os líderes da revolução exigem há meses a guerra contra a Áustria para evitar a incontornável guerra civil. Ao sancionar a Constituição, Luís XVI enfraqueceu sua posição real, porém conseguiu garanti-la. A revolução deveria estar terminada para sempre – e os ingênuos como La Fayette acreditavam nisso. Porém, o partido dos girondinos, que domina a recém-eleita Assembleia Nacional, possui coração republicano. Quer abolir a Monarquia, e para tanto não existe meio melhor que uma guerra, porque esta, inevitavelmente, colocaria a família real em conflito com a nação. Na verdade, os irmãos fanfarrões do rei formam a vanguarda dos exércitos estrangeiros, enquanto o estado-maior inimigo está subordinado ao irmão da rainha.

Maria Antonieta sabe que uma guerra aberta não ajudaria à sua causa, ao contrário, apenas a prejudicaria. Não importa qual seja a decisão militar, esta não deve ser favorável a eles. Caso vençam os exércitos da revolução contra os emigrados, os imperadores e reis, é certo que a França não mais toleraria um "tirano". Por outro lado, caso as tropas nacionais sejam vencidas pelos parentes do rei e da rainha, o populacho de Paris, excitado ou incitado por outros, responsabilizará os prisioneiros das Tulherias. Caso a França seja vitoriosa, eles perdem o trono; caso vençam as potências estrangeiras, eles perdem a vida. Por esse motivo, Maria Antonieta suplicou em incontáveis cartas a seu irmão Leopoldo e aos emigrados que se mantivessem quietos, e aquele soberano cuidadoso, hesitante, calculista e no íntimo contrário à guerra de fato afastou de

O refúgio na guerra   361

si os príncipes espadachins e os emigrados, evitando tudo que pudesse parecer provocação.

Todavia, a boa estrela de Maria Antonieta há muito já se ofuscara. Tudo que o destino guarda como surpresa volta-se contra ela. Justamente agora, em 1º de março, uma súbita moléstia rouba-lhe o irmão Leopoldo, o defensor da paz, e quinze dias mais tarde o tiro de pistola de um conspirador mata o melhor aliado do pensamento monárquico que ela possuía entre os monarcas da Europa, Gustavo da Suécia. Dessa forma, a guerra tornou-se inevitável. O sucessor de Gustavo não pensa mais em apoiar a causa dos monarquistas, e o sucessor de Leopoldo II não se preocupa com seus parentes de sangue, cuidando única e exclusivamente de seus próprios interesses. No imperador Francisco, de vinte e quatro anos, simplório, severo, totalmente insensível, em cuja alma não pulsa uma centelha sequer do espírito de Maria Teresa, Maria Antonieta não encontra compreensão nem tampouco vontade de compreender. Friamente acolhe seus mensageiros, indiferente recebe suas cartas; não lhe interessa se sua parenta se encontra mergulhada no mais terrível conflito psicológico, que a vida dela seja prejudicada por suas medidas. Enxerga apenas uma boa oportunidade de aumentar seu poder e recusa todos os desejos e exigências da Assembleia Nacional de maneira fria e provocadora.

Agora os girondinos veem-se em posição vantajosa. Em 20 de abril, Luís XVI é obrigado, após longa resistência e – como se afirma – com lágrimas nos olhos, a declarar guerra ao "rei da Hungria". Os exércitos põem-se em movimento e o destino toma seu curso.

DE QUE LADO ESTÁ o coração da rainha nessa guerra? Do lado de sua antiga pátria ou da nova? Do lado dos exércitos franceses ou dos exércitos estrangeiros? A questão decisiva foi temerosamente evitada pelos historiadores monarquistas, seus defensores absolutos e exaltadores; chegaram mesmo a falsificar e inserir longos trechos nas memórias e cartas com o fim de obscurecer o fato claro e inequívoco de que naquela guerra Maria Antonieta ansiava com toda sua alma pelo triunfo das tropas aliadas e pela derrota do Exército francês. Essa posição é indiscutível, e quem silenciar a respeito estará falseando a verdade. Quem a negar estará mentindo. Ademais, Maria Antonieta sente-se acima de tudo rainha, só em segundo lugar é rainha da França; não só está contra aqueles que lhe limitaram o poder real e a favor daqueles que querem apoiá-la no sentido dinástico, mas chega mesmo a fazer tudo que é permitido ou proibido para apressar a derrota da França e favorecer a vitória estrangeira. "Queira Deus que de uma vez por todas nos vinguemos de todas as provocações dirigidas a nós neste país", escreve a Fersen. E embora tenha há muito esquecido sua língua materna e veja-se forçada a mandar traduzir cartas redigidas em alemão, escreve: "Nunca senti maior orgulho de ter nascido alemã do que agora." Quatro dias antes da declaração de guerra, ela transmite – ou melhor, revela – ao embaixador austríaco o quanto sabia do plano de campanha dos exércitos revolucionários. Sua posição é totalmente clara: para Maria Antonieta, as bandeiras austríacas e prussianas são as dos aliados; a bandeira tricolor local, o estandarte dos inimigos.

Sem sombra de dúvida – a palavra está na ponta da língua – trata-se de alta traição, e hoje a justiça de qualquer país consideraria crime tal procedimento. Porém, não se deve esquecer que os conceito de sentimento nacional e de nação ainda não haviam sido descoberto no século XVIII. A Revolução Francesa se encarregaria de forjá-lo para a Europa. Aquele século, a cujas concepções Maria Antonieta está ligada indissoluvelmente, ainda não conhece outro ponto de vista que não o puramente dinástico, o país pertence ao rei; onde está o rei está a justiça; quem luta pelo rei e pela Monarquia combate inquestionavelmente por uma causa justa; quem está contra a Monarquia é um revoltoso e um rebelde, mesmo que defenda seu próprio país. A total falta de solidez do pensamento patriótico determina, de modo surpreendente nessa guerra, uma concepção patriótica invertida por parte dos adversários. Os alemães mais renomados, Klopstock, Schiller, Fichte, Hölderlin, invocando a ideia da liberdade, anseiam pela derrota das tropas alemãs, que ainda não são tropas do povo, mas exércitos do despotismo. Alegram-se com a derrota prussiana, ao passo que na França o rei e a rainha saúdam a derrota de suas próprias tropas como uma vantagem

O refúgio na guerra 363

pessoal. Tanto cá quanto lá, a guerra não é travada pelos interesses do país, mas por uma ideia espiritual, a da soberania ou a da liberdade. Nada caracteriza melhor a curiosa luz difusa entre as concepções do século passado e as do novo que o exemplo do duque de Braunschweig, o comandante dos exércitos aliados alemães, que ainda um mês antes cogitara se não seria melhor assumir o comando das tropas francesas contra as alemãs. Como se vê, em 1791, os conceitos de pátria e de nação ainda não estão claros nas almas do século. Somente aquela guerra, com a criação do exército popular, da consciência de povo e a instauração da terrível guerra entre irmãos, que envolve nações inteiras, faria nascer a ideia de patriotismo nacional, deixando-a como herança ao século seguinte.

Em Paris, não há indícios de que Maria Antonieta tenha desejado a vitória das potências estrangeiras nem de que tenha cometido alta traição. Porém, mesmo que o povo como massa nunca pense ou planeje logicamente, ele possui uma capacidade de percepção mais elementar, mais intuitiva, que o indivíduo; em vez de usar o raciocínio trabalha com instintos, e estes são quase sempre infalíveis. Desde o início o povo francês sente no ar aquela hostilidade nas Tulherias; sem dados palpáveis, o povo fareja a traição militar, de fato ocorrida por parte de Maria Antonieta, contra seu exército e sua causa. A cem passos do palácio real, na Assembleia Nacional, um dos girondinos, Vergniaud, lança as acusações publicamente no plenário: "Desta tribuna de onde vos falo pode-se avistar o palácio, onde conselheiros degenerados corrompem e iludem o rei, que nunca nos deu a Constituição; onde forjam as correntes nas quais nos querem prender e tecem as artimanhas que devem nos submeter à casa da Áustria. Vejo as janelas do palácio onde já se prepara a contrarrevolta e se planejam todos os meios para nos jogar de volta nos domínios da escravidão." E para que se reconheça claramente Maria Antonieta como a incitadora da suposta conspiração, acrescenta ameaçador: "Que saibam todos os que habitam esse palácio que nossa Constituição só garante a inviolabilidade do rei. Que saibam que a lei alcançará todos os culpados sem distinção, e nem uma única cabeça cuja culpa tenha sido comprovada deixará de escapar da lâmina." A revolução começa a entender que só pode bater o inimigo externo caso se livre também do inimigo interno. Para que possa ganhar a partida diante do mundo, o rei e sua influência devem ser postos em xeque. Todos os verdadeiros revolucionários visam agora, de forma veemente, o conflito. Mais uma vez os jornais tomam a dianteira e exigem a deposição do rei. Novas edições do famigerado libelo "La vie scandaleuse de Marie-Antoinette" são distribuídas nas ruas para realimentar o antigo ódio com nova energia. Na Assembleia Nacional, propõem-se intencionalmente moções na esperança de que o rei faça uso de seu direito constitucional de veto, sobretudo propostas com as quais Luís XVI, como católico fervoroso, nunca poderia concordar, como por exemplo o exílio forçado dos padres que se recusam a prestar juramento à Constituição. Procura-se, provoca-se a ruptura pública. De fato, pela primeira vez o rei resiste e opõe seu veto. Enquanto tinha poder, nunca fez uso de nenhum de seus direitos; agora, a um passo da derrocada, aquele homem infeliz tenta pela primeira vez mostrar coragem no mais infeliz dos momentos. Todavia o povo não está mais disposto a aceitar o veto de um boneco de cera. Esse veto seria a última palavra do rei ao povo e contra o povo.

PARA DAR UMA LIÇÃO AO REI e principalmente a ela, à inflexível e orgulhosa austríaca, os jacobinos, a tropa de choque da revolução, escolhem um dia simbólico, 20 de junho. Nesse mesmo dia, três anos antes, no salão do Jogo da Pela de Versalhes, os deputados do povo reuniram-se pela primeira vez para o juramento solene de não ceder ao poder da baioneta e pela própria força conferir norma e lei à França. Na mesma data, um ano atrás, o rei vestido de lacaio esgueirou-se à noite pelo pequeno portão do palácio para fugir das imposições do povo. No aniversário desse dia, então, ele deve ser lembrado de que não é nada, de que o povo é tudo. Como em 1789, por ocasião da tomada da Bastilha, em 1792 preparara-se com método o assalto às Tulherias. Na outra ocasião, porém, foi preciso arregimentar o exército de amazonas às escondidas e de maneira ilegal, protegido pela

O refúgio na guerra 365

escuridão. Hoje, em plena luz do dia, sob o soar dos sinos, comandados pelo cervejeiro Santerre, marcham quinze mil homens, a Convenção participa agitando bandeiras, a Assembleia Nacional abre-lhes os portões e o prefeito Pétion, a quem sempre competia cuidar da ordem, faz-se de cego e surdo para favorecer o sucesso da humilhação do rei.

A marcha da coluna revolucionária inicia-se como mero desfile diante da Assembleia Nacional. Os quinze mil homens marcham em fileiras e alas, portando grandes cartazes: "Abaixo o veto!" e "Liberdade ou morte!", sob o compasso de "Ça ira", passando pela escola de equitação, onde se reúne a Assembleia Nacional. Às três e meia o grande espetáculo parece terminado, a marcha se dissolve. Porém, só agora começa a manifestação propriamente dita. Em vez de se retirar em paz, a enorme massa popular, sem ordem expressa, mas visivelmente guiada, lança-se inteira contra a entrada do palácio. Lá estão postados os soldados da Guarda Nacional e policiais com baionetas prontas para o ataque, mas a corte, em sua habitual indecisão, não dera ordens para aquela situação mais que presumível; os soldados não impõem resistência, e num só fluxo o polulacho avança afunilando-se pelas portas. Tão forte é a pressão da massa que ela avança praticamente por si mesma escada acima, até o primeiro andar. Nada mais a detém, as portas são arrombadas ou as fechaduras forçadas, e antes que se possa tomar qualquer medida de proteção os primeiros invasores estão diante do rei, precariamente protegido por um grupo de soldados da Guarda Nacional. Agora, em sua própria casa, Luís XVI tem de passar o povo rebelado em revista, e somente sua inabalável impassividade fleugmática evita um confronto. Com paciência e cortesia responde às provocações, obediente coloca na cabeça o barrete vermelho que um dos *sans-culottes* lhe estende. Por três horas e meia, sob calor infernal, suporta sem objeção nem resistência a curiosidade e o escárnio dos hóspedes hostis.

Ao mesmo tempo, outro grupo de insurgentes invade os aposentos da rainha. A cena de terror do dia 5 de outubro em Versalhes parece querer repetir-se agora. Como a rainha corre perigo maior que o rei, os oficiais mandam chamar mais soldados, empurram Maria Antonieta para um canto e colocam uma mesa grande à sua frente, como proteção, para que ao menos ficasse a salvo de maus-tratos físicos. Além disso, forma-se diante da mesa uma tripla fileira de soldados da Guarda Nacional. Os invasores, mulheres e homens que selvagemente invadiram o aposento, não conseguem tocar em Maria Antonieta, mas chegam suficientemente perto para observar o "monstro" de modo desafiador, como se fora uma peça de coleção, tão perto que Maria Antonieta ouve cada insulto e ameaça. Santerre, que pretende com seu ato apenas o completo constrangimento e a total intimidação da rainha, contudo, sempre empenhado em reprimir qualquer ato concreto de violência, ordena aos granadeiros que se afastem para o lado, para que o povo satisfaça sua vontade e possa encarar sua vítima, a rainha derrotada. Ao mesmo tempo tenta acalmar Maria Antonieta: "Madame, querem enganá-la, o povo não pretende fazer-lhe nada de mal. Se madame quisesse, poderiam amá-la como a esta criança" (e aponta para o delfim, que se assusta e agarra-se tremendo à mãe). "Aliás, não tenha medo, não lhe farão mal algum." Mas sempre que um dos *factieux* oferece ajuda à rainha o orgulho dela vem à tona. "Ninguém me iludiu ou enganou", responde duramente Maria Antonieta, "e não tenho receio algum. Nunca há que se ter medo entre pessoas decentes." Fria e orgulhosa, a rainha resiste aos olhares hostis e às palavras mais atrevidas. Somente quando querem forçá-la a pôr o barrete frígio sobre a cabeça do filho vira-se e diz aos oficiais: "Isso é demais, isso ultrapassa a paciência humana." Entretanto, ela resiste sem demonstrar um segundo de medo ou insegurança. Só depois de não estar mais ameaçada pelos invasores aparece o prefeito Pétion e roga à multidão para voltar às suas casas, "para não oferecer a oportunidade de que se suspeite da intenção honrada do povo". Esse ato avança até tarde da noite, e só então o palácio é evacuado, apenas agora a rainha, a mulher humilhada, sente a aflição de sua impotência. Só agora percebe que tudo está perdido. "Ainda estou viva, mas é um milagre", escreve apressadamente a seu confidente Hans Axel von Fersen. "Este dia foi terrível."

Os últimos apelos

DESDE QUE TINHA SENTIDO bafejar-lhe o ódio no rosto, desde que viu as lanças da revolução nas Tulherias, em seu próprio quarto, que presenciou a impotência da Assembleia Nacional e a maldade do prefeito, Maria Antonieta sabia que ela e sua família estavam irremediavelmente perdidas caso não tivessem ajuda rápida do exterior. Apenas uma vitória fulminante dos prussianos, dos austríacos, poderia ainda salvá-los. Naquela última hora, na hora final, velhos e novos amigos tentam planos de fuga. O general La Fayette, à testa de um batalhão da cavalaria, quer resgatar pessoalmente o rei e sua família em 14 de julho, durante as comemorações no Campo de Marte, e levá-los para fora da cidade com a espada em punho. Porém Maria Antonieta, que ainda vê em La Fayette o responsável por toda a desgraça, prefere sucumbir a confiar seus filhos, seu marido e a si mesma àquele homem crédulo.

Por motivo mais nobre recusa também outra proposta, a da margravina de Hesse-Darmstadt, para resgatá-la, só a ela, no palácio, pois é a mais ameaçada. "Não, princesa", responde Maria Antonieta, "embora reconheça o valor de sua oferta, não posso aceitá-la. Devotei minha vida a meus deveres, a pessoas que me são caras, cujas desventuras compartilho e que, digam o que quiserem, merecem toda solidariedade pela coragem com que suportam sua sorte... Que tudo aquilo que fazemos e sofremos possa um dia tornar nossos filhos mais felizes, este é o único desejo que me permito ter. Adeus, princesa! Tiraram-me tudo, exceto o coração, que sempre me restará para amá-los, nunca duvide disso. É a única desventura que jamais poderia suportar."

Essa é uma das primeiras cartas que Maria Antonieta escreve não para satisfazer sua própria vontade, mas para a posteridade. No fundo, já sabe: caso não se possa deter a desgraça, cabia ainda cumprir seu último dever, o de sucumbir com dignidade e com a cabeça erguida. Talvez, no subconsciente, anseie já por uma morte rápida e tanto quanto possível heroica, em vez daquele lento mergulho na lama, em vez daquela descida a cada hora mais funda. Em 14 de julho, a festa popular da queda da Bastilha, em que deveria comparecer – pela última vez – à grande cerimônia no Campo de Marte, ela se nega a colocar um colete de malha sob a roupa como fizera o marido cauteloso. À noite dorme sozinha, embora em certa ocasião um vulto suspeito apareça em seu quarto. Não mais deixa a casa, pois há muito já não pode pisar em seu jardim sem que ouça o povo cantar: "Madame Veto avait promis de faire égorger tout Paris."[116] Nada mais de sono tranquilo à noite. Sempre que soa o sino da torre, tremem todos no palácio: talvez seja o sino de alarme anunciando o há muito planejado e definitivo assalto às Tulherias. Informada todos os dias e até de hora em hora por mensageiros e espiões infiltrados nos clubes secretos e seções de subúrbio, a corte sabe que se trata apenas de dias, três, oito, dez, talvez quinze dias, até que os jacobinos provoquem um fim violento. E os espiões já não revelam segredo algum. Com voz cada vez mais estridente os jornais de Marat e Hébert exigem a deposição. Só um milagre poderia salvá-los – Maria Antonieta sabe disso –, ou uma ofensiva devastadora e rápida dos exércitos prussianos e austríacos.

O HORROR, O PAVOR, o medo daqueles dias de espera derradeira e de impaciente expectativa estão refletidos nas cartas da rainha a seu amigo mais fiel. Realmente, não são mais cartas, e sim gritos, brados angustiantes e selvagens, ao mesmo tempo, indefinidos e estridentes, como os de alguém perseguido ou espancado. Agora, somente com máximo cuidado e meios arrojados as notícias podem ser contrabandeadas das Tulherias,

---

[116] "Madame Veto prometeu degolar toda a Paris!"

Os últimos apelos 369

pois a criadagem não é mais confiável, os espiões se postam diante das janelas e atrás das portas. Escondidas em caixinhas de chocolate, enroladas sob as abas de chapéus, escritas com tinta especial e cifradas (na maioria das vezes, não de próprio punho), as cartas de Maria Antonieta são formuladas de maneira a dar uma impressão totalmente inofensiva, caso sejam interceptadas. Em aparência, elas falam apenas de temas gerais, de assuntos e casos fictícios. O que a rainha realmente quer dizer é expresso em terceira pessoa e, além disso, em linguagem cifrada. Esses apelos de extrema aflição seguem-se agora uns aos outros, cada vez mais amiudados. Antes de 10 de junho, a rainha ainda escreve: "Seus amigos consideram impossível ou mesmo remoto o restabelecimento de sua sorte. Por isso, tranquilize-os, se puder, pois têm necessidade disso, sua situação é cada dia pior." Em 23 de junho, a advertência torna-se mais urgente. "Seu amigo se encontra em grande perigo, sua doença sofre evolução espantosa, os médicos não sabem o que fazer... Caso queira vê-lo mais uma vez, apresse-se, comunique aos parentes seu estado desesperador." O estado febril piora cada vez mais (26 de junho): "Uma crise imediata é necessária para trazer-lhe salvação, estamos desesperados, mas esta ainda não se anuncia. Comunique seu estado a todos que têm contato com ele, a fim de que tomem providências. O tempo urge." Em meio a seus apelos de socorro, por vezes a mulher perturbada, sensível como qualquer mulher apaixonada, assusta-se com o fato de preocupar dessa maneira a pessoa que lhe é mais cara. Mesmo em meio aos maiores temores e angústias, Maria Antonieta, em vez de pensar em sua própria sorte, pensa primeiramente no abalo psicológico que seus gritos de pavor possam provocar no amante: "Nossa situação é terrível, mas não se inquiete demais, sinto coragem e ouço em mim algo dizendo que logo seremos felizes e estaremos a salvo! Apenas esse pensamento me mantém de pé... Adeus! Quando poderemos nos ver de novo em paz?" (3 de julho). E novamente: "Não se preocupe demais por minha causa. Creia-me, a coragem sempre prevalece... Adeus e apresse, se possível, a ajuda prometida para o nosso socorro... Poupe-se e não se inquiete conosco." Uma carta sucede-se à outra: "Amanhã chegarão oitocentos homens de Marselha e diz-se que dentro de oito dias haverá forças suficientes para realizar seu plano" (21 de julho). E três dias mais tarde: "Diga ao senhor Mercy que a vida do rei e da rainha corre o maior perigo, que a perda de um único dia pode acarretar uma desgraça incalculável... O bando de assassinos cresce sem parar a cada dia." E a derradeira carta, de 1º de agosto, a última que Fersen recebe da rainha, descreve todo o perigo com a clarividência própria do máximo desespero. "A vida do rei e da rainha há muito está ameaçada. A chegada de cerca de seiscentos homens de Marselha e de uma série de outros dos Clubes de Jacobinos infelizmente aumenta nossa inquietação mais do que justificada. Tomam precauções para a segurança da família real. Contudo, os assassinos circulam todo o tempo em torno do palácio; incitam o povo, uma parte da Assembleia Nacional tem más intenções, na outra reina a fraqueza e a covardia... Agora é preciso pensar numa maneira de escapar dos punhais e de acabar com os planos dos conspiradores que já esvoaçam em torno do trono com o fito de pô-lo abaixo. Há muito que os *factieux* nem mesmo se preocupam em ocultar a intenção de aniquilar a família real. Nas duas últimas reuniões noturnas da Assembleia apenas não tinham ainda concordado quanto aos meios a utilizar para tal fim. Por minhas cartas anteriores, fica evidente como é importante ganhar tempo, nem que sejam apenas vinte e quatro horas; hoje só posso reiterar isso e acrescentar que, se não vierem em nossa ajuda, apenas a Providência divina pode salvar o rei e a rainha."

O AMANTE RECEBE AS CARTAS da amada em Bruxelas. Pode-se imaginar seu desespero. De manhã à noite ele luta contra a apatia, a indecisão dos reis, dos generais, dos emissários. Escreve cartas e mais cartas, faz uma visita após outra, insiste com toda a energia de sua impaciência incontida para uma rápida ofensiva, uma ação militar. Porém, o comandante dos exércitos, o duque de Braunschweig, é um soldado da velha escola militar que acreditava ter de calcular uma ofensiva com meses de antecedência, em todos os detalhes. Lenta, cuidadosa e sistematicamente, segundo as leis mais que ultrapassadas da arte bélica aprendidas de Frederico o Grande, Braunschweig forma suas tropas; e em seu ancestral orgulho militar não

Os últimos apelos

Maria Antonieta. Desenho de Henri Grevedon, s/d.

se deixa induzir por políticos, muito menos por estranhos, a alterar uma polegada sequer de seus planos preestabelecidos de mobilização. Declara não poder transpor as fronteiras antes de meados de agosto, depois então promete, conforme o planejado – a excursão militar é o eterno sonho preferido de todos os generais –, avançar até Paris de uma só assentada.

Fersen, com a alma dilacerada pelos gritos de angústia vindos das Tulherias, sabe que não há muito tempo. É preciso que algo aconteça para salvar a rainha. Na desordem de sua paixão, o amante faz justamente aquilo que viria a destruir a amada. A medida pela qual pretende deter o assalto da turba às Tulherias acaba por apressá-lo. Havia muito Maria Antonieta exigira um manifesto dos aliados.

O raciocínio dela – muito acertado – era tentar com o documento separar claramente a causa dos republicanos, dos jacobinos, daquela da nação francesa, e assim reforçar a coragem dos bem-intencionados (na opinião dela) e provocar medo nos *gueux*, nos "maltrapilhos". Queria sobretudo que nesse manifesto não se interviesse nos assuntos internos da França, "que se evitasse falar do rei e enfatizar demais o fato de que na verdade pretendiam apoiá-lo". Sonhava com uma declaração de amizade ao povo francês e, ao mesmo tempo, com uma ameaça aos terroristas. No entanto, o desventurado Fersen, com a alma tomada pelo pavor, sabendo que ainda demoraria uma eternidade até que se organizasse uma efetiva ajuda militar por parte dos aliados, exige que o manifesto seja redigido em tons violentos. Ele mesmo escreve um esboço, envia-o através de um amigo, e, fatidicamente, o rascunho é aprovado! O famigerado manifesto das tropas aliadas às tropas francesas assume forma imperiosa, como se os regimentos do duque de Braunschweig já estivessem vitoriosos às portas de Paris; ele abrange tudo que a rainha, como melhor conhecedora da situação, queria evitar. Constantemente menciona-se ali a sagrada pessoa do cristianíssimo rei, a Assembleia Nacional é acusada de ter tomado ilegalmente as rédeas da administração, os soldados franceses são instados a submeter-se imediatamente ao rei, a seu legítimo monarca, e a cidade de Paris, caso o palácio das Tulherias seja tomado à força, é ameaçada com uma "punição exemplar, a ser lembrada por toda eternidade", com execuções militares e total destruição. As ideias de um Tamerlão[117] são pronunciadas por um general inepto antes do primeiro tiro de fuzil.

O efeito dessa ameaça de papel foi terrível. Mesmo aqueles que até então eram leais ao rei tornaram-se de chofre republicanos, tão logo tomaram conhecimento como seu rei era caro aos inimigos da França, tão logo reconheceram que a vitória das tropas estrangeiras destruiria todas as conquistas da revolução, que em vão tinham tomado a Bastilha, em vão prestaram juramento no salão de Jogo da Pela, que seria inválido tudo que incontáveis franceses tinham jurado no Campo de Marte. A mão de

---

[117] Tamerlão (1334-1405): líder turco-mongol, último dos grandes conquistadores nômades da Ásia Central, reuniu inúmeras tribos graças a seu talento militar e a seu carisma, e conquistou vastos territórios nos atuais Paquistão, Afeganistão, Rússia, Geórgia, chegando até a Índia; ficou conhecido pela crueldade e a brutalidade com que tratava os povos conquistados.

Os últimos apelos

Fersen, a mão do amante, lançou com essa ameaça insana uma bomba no meio da fogueira. E a ira de vinte milhões de pessoas explode diante da provocação absurda.

Nos últimos dias de julho, torna-se conhecido em Paris o texto do desastroso manifesto de Braunschweig. A ameaça dos aliados, de fazer sumir Paris da face da Terra se o povo atacar as Tulherias, é considerada pelo povo um incentivo ao ataque. Desde logo começam os preparativos. Se não entram logo em ação, isso acontece apenas porque ainda se quer esperar as tropas de elite, os seiscentos republicanos de Marselha. Em 6 de agosto, avançam elas, essas figuras bronzeadas pelo sol meridional, selvagens e decididas. Para acompanhar o compasso de sua marcha, cantam uma nova canção, cujo ritmo arrebatará o país inteiro dentro de poucas semanas, a *Marselhesa*, o hino da revolução composto numa hora inspirada por um oficial totalmente sem inspiração. Agora está tudo pronto para o último golpe contra a Monarquia apodrecida. O ataque pode começar: "Allons, enfants de la patrie..."

O dia 10 de agosto

A MADRUGADA DE 9 PARA 10 DE AGOSTO prenuncia um dia quente. Nenhuma nuvem no céu iluminado por milhares de estrelas, nenhuma brisa; as ruas estão totalmente silenciosas, os telhados brilham sob a luz clara da lua de verão. Essa tranquilidade, contudo, não engana ninguém. Mesmo que as ruas pareçam extraordinariamente abandonadas, isso apenas confirma que se prepara algo excepcional e singular. A revolução não dorme. Nas seções regionais, nos clubes, em suas casas, reúnem-se os líderes. Mensageiros com ordens correm de maneira silenciosa e suspeita de um distrito a outro, o estado-maior, os chefes da rebelião, Danton, Robespierre e os girondinos, embora se mantenham à sombra, armam o exército ilegal, o povo de Paris, para o ataque.

Mas também no palácio ninguém dorme. Há dias já esperam uma revolta. Sabe-se que não era à toa que os marselheses vinham a Paris, e as últimas notícias anunciam que sua chegada é aguardada para a manhã seguinte. As janelas permanecem abertas na noite abafada de um verão sufocante, a rainha e Mme Isabel estão à escuta. Porém nada se ouve. Silêncio tranquilo reina no fechado parque das Tulherias, apenas os passos das sentinelas podem ser ouvidos nos pátios, pois mais de dois mil soldados acampam no palácio, as galerias estão apinhadas de oficiais e fidalgos armados.

Finalmente, às quinze para a uma da madrugada – todos acorrem às janelas: um toque de sino ao longe, nos arredores da cidade, dá o alarme, depois um segundo, um terceiro, um quarto. À distância, o rufar de tambores. Agora não há mais dúvida, o toque de reunir da revolta. Mais algumas horas, e a decisão estará tomada. Nervosa, a rainha corre várias

O dia 10 de agosto

vezes até a janela para ouvir se os sintomas ameaçadores se agravam. A noite não é propícia ao sono. Por fim às quatro horas da manhã surge o sol rubro no céu sem nuvens. Será um dia quente.

No palácio, tudo está preparado. À última hora chegara uma tropa de novecentos homens, o regimento mais fiel da coroa, os suíços, homens duros, inquebrantáveis, educados numa férrea disciplina, rigidamente fiéis ao dever. Além disso, desde as seis horas da tarde, dezesseis batalhões especiais da Guarda Nacional e da cavalaria vigiam as Tulherias; desceram as pontes levadiças, triplicaram-se os postos de sentinela e uma dúzia de canhões barram a entrada com sua bocarra muda e ameaçadora. Ademais, enviou-se uma notificação a dois mil nobres. Os portões ficaram abertos até a meia-noite, mas em vão. Só apareceram cerca de cento e cinquenta homens, na maioria fidalgos idosos, grisalhos. Quem cuida da disciplina é Mandat, oficial corajoso, enérgico, decidido, que não se deixa deter por ameaças. Mas os revolucionários também sabem disso, e às quatro da manhã ele recebe de repente um chamado, devia dirigir-se ao Conselho. Tolamente o rei permite que vá, e embora Mandat saiba o que o ameaça e o aguarda, atende ao chamado. Uma nova Comuna revolucionária, que se apoderara do Conselho sem autorização, recebe-o e encena um processo sumário. Duas horas mais tarde o corpo do oficial assassinado de modo traiçoeiro, com o crânio esfacelado, boia no Sena. As tropas de assalto perdem seu líder, seu coração intrépido, sua mão enérgica.

O rei decerto não é um líder. Indeciso, o perturbado homem segue tropeçando, vestido numa casaca lilás, a peruca amassada pelo sono, com seu pobre olhar vazio, de aposento em aposento, à espera. Ainda ontem combinou-se defender as Tulherias até a última gota de sangue, e com energia desafiadora o palácio tinha se tranformado em fortaleza, em acampamento militar. Mas agora, mesmo antes que o inimigo mostre a face, começam novamente a ficar inseguros, e a insegurança vem de Luís XVI. Sempre que uma decisão deve ser tomada, aquele homem – que no fundo não é covarde, mas se apavora diante de qualquer responsabilidade – sente-se doente. Como se pode esperar coragem dos soldados se eles veem seu comandante a tremer? O regimento suíço, mantido rigidamente pelos oficiais, ainda se mostra firme, mas a Guarda Nacional começa a dar indícios alarmantes, provocados pela insistente pergunta: "Devemos ou não combater?"

A RAINHA MAL PODE OCULTAR sua exasperação pela fraqueza do esposo. Maria Antonieta quer agora uma última decisão. Seus nervos exaustos não suportam muito tempo a eterna tensão, seu orgulho não tolera mais as constantes ameaças e a aviltante submissão. Naqueles dois anos aprendera bastante para perceber que a condescendência e o recuo não enfraquecem as exigências de uma revolução, ao contrário, só fortalecem sua autoconfiança. Agora, porém, a Monarquia atingiu o último degrau, o mais baixo, a partir do qual só resta o abismo; só mais um passo e tudo estará perdido, até a honra. Lutando com seu orgulho, a mulher preferiria dirigir-se ela mesma aos desanimados soldados da Guarda Nacional para insuflar-lhes o espírito de decisão e instá-los a cumprir seu dever. De modo inconsciente, talvez nessa hora tenha-lhe vindo à memória sua mãe, que numa situação extremamente crítica, com o herdeiro do trono nos braços, postou-se diante dos nobres húngaros, também hesitantes, conseguindo conquistá-los com um único gesto. No entanto ela também sabe que numa hora daquelas a mulher não deve substituir o marido, a rainha não deve assumir o lugar do rei. Assim, tenta convencer Luís XVI a comandar mais uma revista às tropas antes da batalha e a quebrar a incerteza dos defensores com um discurso.

O raciocínio estava correto. Em Maria Antonieta o instinto como sempre é infalível. Algumas palavras feéricas, como as extraídas por Napoleão de suas convicções mais íntimas em momentos de perigo, uma promessa do rei de morrer com seus soldados, um gesto enérgico e coercitivo – e aqueles batalhões ainda hesitantes teriam se consolidado numa fortaleza indestrutível. Porém, lá vem tropeçando, míope e desajeitado, um homem lerdo, pusilânime, o chapéu metido sob o braço, descendo a grande escadaria, e tartamudeia algumas palavras isoladas, canhestras: "Dizem que eles estão chegando... Minha causa é a de todos os bons cidadãos...

Iremos lutar corajosamente, não é?" O tom hesitante e o comportamento tímido aumentam a insegurança, em vez de diminui-la. Com desprezo, os soldados da Guarda Nacional veem aquele fracote aproximar-se de suas fileiras com passos incertos. Em vez do brado esperado, "Viva o rei!", apenas o silêncio como resposta, e então um brado ambíguo: "Viva a nação!" E quando o rei tenta aproximar-se da grade onde as tropas já se irmanam com o povo, ouve gritos claros de revolta: "Abaixo o veto! Abaixo o porco obeso!" Os próprios partidários e ministros horrorizados cercam o rei e o conduzem de volta ao palácio. "Pelo amor de Deus, estão zombando do rei", grita do primeiro andar o ministro da Marinha, e Maria Antonieta, que observara de olhos vermelhos, irritados pelo choro e pela falta de sono, o lamentável espetáculo lá embaixo, afasta-se com amargura. "Tudo está perdido", diz abalada à sua camareira. "O rei não demonstrou energia, a revista causou mais mal do que bem." A luta nem começou e já terminara.

Naquela manhã da batalha final e decisiva entre a Monarquia e a República encontra-se também entre a multidão diante das Tulherias um jovem tenente, um oficial desempregado da Córsega, Napoleão Bonaparte, que chamaria de idiota todo aquele que lhe dissesse que ele iria habitar um dia aquele palácio como sucessor de Luís XVI. Ele agora não está de serviço e pode calcular com seu infalível olhar de soldado as chances de um ataque e da defesa. Alguns tiros de canhão, um avanço pesado, e a canalha (como denominará com desprezo mais tarde, em Santa Helena, as tropas de subúrbio) seria varrida com um golpe de ferro. Tivesse o rei aquele pequeno tenente de artilharia a seu serviço, e ele se imporia contra toda Paris. Porém, nem uma só pessoa no palácio possui o coração férreo e o olhar calculista do pequeno tenente. "Não atacar, posição firme, defesa forte", nisso se resumia a ordem dada aos soldados – uma meia-medida, por isso, uma derrota total. Entrementes, são quase sete horas da manhã. Aproxima-se a guarda avançada dos rebeldes, um enxame desorganizado, mal armado, mas ameaçador, não por capacidade militar, e sim pelo inflexível propósito. Logo se reúnem pequenos grupos diante da ponte levadiça.

A decisão não pode mais ser adiada. Roederer, o procurador-geral, sente sua responsabilidade. Uma hora atrás aconselhara o rei a dirigir-se até a Assembleia Nacional e colocar-se sob sua proteção. Mas Maria Antonieta se irritara: "Meu senhor, temos aqui forças suficientes, e afinal é tempo de verificar quem levará a melhor, o rei ou os rebeldes, a Constituição ou os revolucionários." No entanto, nem agora o rei encontra uma palavra enérgica. Resfolegando, com olhar esgazeado, está sentado à sua poltrona e espera, espera não sabe o quê; só está interessado em protelar a situação, nada de tomar decisões. Então se aproxima Roederer mais uma vez, com uma echarpe que lhe garante salvo-conduto em toda parte; alguns conselheiros acompanham-no: "Sire", disse enérgico a Luís XVI, "Vossa Majestade não tem mais cinco minutos a perder, não há segurança para Vossa Majestade senão na Assembleia Nacional." "Mas eu vejo ainda muitas pessoas na place du Carrossel", responde amedrontado Luís XVI, que só quer ganhar tempo. "Sire, uma multidão imensa com doze canhões vem chegando dos subúrbios."

Um funcionário municipal, negociante de rendas cuja mercadoria a rainha muitas vezes adquirira em outros tempos, reforça a advertência de Roederer. Porém: "Cale-se, meu senhor", interrompe-o Maria Antonieta de pronto (sempre a antiga ira quando alguém não respeitado por ela deseja salvá-la), "deixe o procurador-geral falar!" Agora ela mesma se dirige a Roederer. "Mas meu senhor, nós temos um poder armado." "Madame, toda Paris está em marcha, qualquer resistência é inútil."

Maria Antonieta não pode mais conter seu nervosismo, o sangue sobe-lhe às faces, precisa dominar-se para não investir contra aqueles homens que não se mostram viris. Mas a responsabilidade é enorme. Em presença do rei da França, uma mulher não pode dar a ordem de batalha. Então ela espera pela decisão do sempre indeciso. Este afinal ergue a cabeça, encara Roederer por alguns segundos e diz, satisfeito por ter tomado uma decisão: "Vamos!"

Entre duas fileiras de fidalgos que olham para ele sem nenhuma consideração, passando pelos soldados suíços, a quem se esquecera de dizer ao menos uma palavra, se devem combater ou não, atravessando a massa

O dia 10 de agosto 379

popular sempre mais compacta, que escarnece publicamente do rei, de sua esposa e dos poucos partidários fiéis e que chega até a ameaçá-los, Luís XVI abandona sem luta, sem uma tentativa de resistência, o palácio que seus ancestrais construíram e ao qual nunca mais voltaria. Eles atravessam o jardim, à frente o rei com Roederer, atrás dele a rainha de braço com o ministro da Marinha, o menino a seu lado. Correm com pressa indigna até a escola de equitação onde outrora a corte se deleitava alegre e despreocupadamente com cavalgadas e onde a Assembleia Nacional do povo presencia agora com orgulho o rei, tremendo por sua vida, sem resistência clamar por proteção! São talvez duzentos passos. Porém, com aqueles duzentos passos, Maria Antonieta e Luís XVI deixaram irrevogavelmente o poder. A Monarquia chegara ao fim.

A Assembleia Nacional vê com sentimentos contraditórios o antigo soberano, a quem ainda está ligada por juramento e honra, solicitar-lhe direito à hospitalidade. Na magnanimidade suscitada pela surpresa, Vergniaud, como presidente, declara: "Sire, podeis contar com a firmeza da Assembleia Nacional. Seus membros juraram morrer pela observância dos direitos do povo e da autoridade constituída." É uma grande promessa, pois segundo a Carta o rei ainda é uma das duas legítimas autoridades constituídas, e em meio ao caos a Assembleia age como se ainda houvesse ordem legal. Ela se atém, com pedantismo, ao parágrafo da Constituição que proíbe a presença do rei no recinto durante as sessões. Mas como ainda querem continuar a sessão, destinam-lhe como abrigo o camarote contiguo, onde em geral ficam os escrivães. O camarote tem o teto baixo, tão baixo que é impossível ficar de pé; à frente, algumas poltronas, no fundo, um banco de palha; uma grade de ferro separava-o até então do recinto das sessões. A grade é agora retirada, limada e martelada, apressadamente, com a ajuda pessoal dos deputados, pois conta-se ainda com a possibilidade de que o povo das ruas pudesse à força tentar tirar dali a família real. Para esse caso extremo está previsto que os deputados interrompam todas as discussões e acolham a família real no recinto dos debates. Naquela gaiola, em que faz um calor infernal no dia quente de agosto, Maria Antonieta e Luís XVI precisam permanecer durante dezoito horas, com as crianças, à mercê dos olhares curiosos, cruéis e compadecidos da Assembleia. O que torna sua humilhação ainda mais terrível que qualquer hostilidade insinuada ou manifesta é a total indiferença que a Assembleia Nacional demonstra pela família real. Prestam tão pouca atenção a eles, como se fossem porteiros ou espectadores das tribunas. Nenhum deputado levanta-se e vem até eles cumprimentá-los, ninguém pensa em fazer alguma cortesia para tornar sua permanência naquele redil mais suportável. Permitem-lhes apenas que ouçam como se fala a respeito deles, como se não estivessem presentes. É uma cena fantasmagórica, como se alguém observasse seu próprio enterro a partir de uma janela.

De repente, uma onda de agitação perpassa a Assembleia. Alguns deputados põem-se depressa de pé e apuram os ouvidos, a porta é escancarada, já se ouvem tiros de fuzil vindos das Tulherias. Então as janelas vibram com o estrondo surdo: tiros de canhão. Os rebeldes se confrontam com a Guarda Suíça na invasão do palácio. Na lamentável precipitação de sua fuga, o rei esquecera-se de dar alguma ordem; ou, como sempre, não tivera forças para decidir-se por um claro sim ou por um não. Fiel à ordem anterior, ainda não revogada, de permanecer na defensiva, a Guarda Suíça protege a abandonada residência da Monarquia, as Tulherias, e por ordem de seus oficiais dispara algumas salvas de canhão. Logo evacuam o pátio, tomam os canhões para ali levados e demonstram assim que um soberano decidido poderia ter se defendido com honra, cercado por sua tropa fiel. Agora, no entanto, o rei, o soberano sem cabeça – logo realmente não a terá mais –, lembra-se de seu dever: não exigir coragem e sangue dos outros quando ele mesmo se mostra pusilânime. Envia aos suíços a ordem de suspender qualquer defesa do palácio. Porém – eterna expressão fatídica de seu reinado – é tarde demais! Sua indecisão ou seu esquecimento custaram a vida de mais de mil pessoas. Sem qualquer impedimento, a multidão enfurecida invade o palácio desprotegido. Mais uma vez acende-se a lan-

O dia 10 de agosto

terna sangrenta da revolução. Sobre varapaus são carregadas as cabeças de monarquistas assassinados. Apenas às onze da manhã a carnificina chega ao fim. Mais nenhuma cabeça cai nesse dia, apenas uma coroa.

Apertada no camarote sufocante, sem poder dizer uma só palavra, a família real deve presenciar tudo que acontece na sessão. Primeiro vê seus fiéis suíços, sujos de pólvora, manchados de sangue, precipitar-se recinto adentro, e atrás deles os rebeldes vitoriosos, que querem arrancá-los à força da proteção da Assembleia. Depois objetos roubados do palácio são colocados sobre a mesa do presidente: prataria, joias, cartas, cofres, papel moeda. Maria Antonieta tem de ouvir de boca calada os elogios dirigidos aos líderes da rebelião. Deve ouvir indefesa, muda, como os deputados das diferentes seções se aproximam da tribuna exigindo a deposição do rei com as palavras mais violentas, como os acontecimentos mais notórios são falseados nos relatórios; por exemplo, o fato de que os sinos de rebate teriam soado por ordem do palácio, que o palácio sitiara a nação, e não a nação o palácio. Mais uma vez ela pode tomar conhecimento do eterno e sempre renovado espetáculo de que os políticos se tornam covardes tão logo sentem o vento mudar de direção. O mesmo Vergniaud que duas horas antes, em nome da Assembleia, prometera morrer a deixar atacar os direitos da autoridade constituída capitula e apresenta a proposta de eliminação imediata do titular do Poder Executivo, o rei, exigindo a remoçao da família real para o palácio de Luxemburgo, "sob a proteção dos cidadãos e da lei". É a prisão. Para tornar a mudança mais suave aos deputados de ideias monarquistas, para disfarçar, pede-se a nomeação de um preceptor para o príncipe herdeiro, mas de fato ninguém pensa na coroa ou no rei. Seu veto, seu único direito, lhe é tomado, as mesmas leis que ele desaprovara são postas despoticamente em vigor pela Assembleia Nacional, nem um olhar pede a aprovação daquele homem impotente, cansado, transpirando, sentado numa poltrona do camarote dos escrivães, talvez aliviado por não ser mais interpelado. De agora em diante Luís XVI não precisa tomar decisão alguma. De agora em diante é sobre ele que decidem.

OITO, DOZE, QUATORZE horas dura a sessão. As cinco pessoas espremidas no estreito recinto não dormiram naquela noite de horror e desde o amanhecer viveram uma eternidade. As crianças, que não compreendem nada, adormeceram de cansaço; gotas de suor brotam da testa do rei e da rainha. Maria Antonieta frequentemente tem que umedecer o lenço com água, uma ou duas vezes bebe um copo de água fresca que uma mão compadecida lhe estende. Com os olhos ardendo, cansada e ao mesmo tempo terrivelmente desperta, olha para aquela caldeira superaquecida onde a maquinaria das palavras gira durante horas e horas em torno de seu destino. Não toca sequer na comida, bem ao contrário do esposo. Sem incomodar-se com o público, Luís XVI manda vir uma refeição atrás da outra e mastiga sem parar no camarote, com suas bochechas lentas e pesadas, tão à vontade quanto à mesa coberta de pratarias de Versalhes. Nem o máximo perigo pode perturbar a fome e o sono daquele corpo pouco régio. As pálpebras pesadas vão se fechando, e no meio da batalha que lhe custará a coroa Luís XVI cochila por uma horinha. Maria Antonieta afasta-se dele, procurando a penumbra. Nessas horas ela se envergonha da fraqueza indigna daquele homem, mais preocupado com o estômago do que com a honra, que mesmo em meio à mais terrível humilhação é capaz de devorar alimentos e tirar sonecas. Com os olhos abrasados, afasta a vista para não revelar sua exasperação. Também da Assembleia a rainha afasta os olhos, e gostaria de tapar os ouvidos com as mãos. Sozinha ela sofre toda a humilhação daquele dia, e na garganta sufocada já sente o sabor de fel de tudo aquilo que ainda estava por vir. Mas nem por um instante perde a pose, sempre grandiosa nas horas em que se sente desafiada; nenhuma lágrima hão de ver esses rebeldes, não ouvirão um suspiro sequer, ela apenas se encolhe mais na penumbra do cubículo.

Finalmente, após dezoito horas terríveis na gaiola causticante, o rei e a rainha podem transferir-se para o antigo convento dos Feuillants, onde lhes foi preparado um leito improvisado numa das celas vazias, abandonadas. Mulheres estranhas emprestam à rainha da França uma camisola e algumas roupas íntimas, de uma das próprias criadas precisa tomar emprestadas algumas moedas de ouro, pois seu dinheiro se perdeu ou foi

O dia 10 de agosto

esquecido durante o tumulto. Agora, por fim sozinha, Maria Antonieta come alguns bocados. Diante das janelas gradeadas não há silêncio, bandos ainda passam por ali sem parar – a cidade continua febril; das Tulherias ouve-se o ruído surdo de carros. São as carroças que removem o corpo de mil mortos, tarefa nada atraente na madrugada. O cadáver da Monarquia será removido em plena luz do dia.

Na manhã seguinte e na outra, a família real tem novamente que participar das sessões da Assembleia Nacional, no mesmo cubículo pavoroso; de hora em hora podem sentir como seu poder vai se diluindo naquele forno escaldante. Ontem ainda falava-se do rei, hoje Danton já fala dos "opressores do povo", e Cloots, dos "indivíduos que se denominam reis". Ontem escolheu-se ainda o palácio de Luxemburgo como "residência" para a corte e determinou-se arranjar um preceptor para o delfim, hoje a fórmula é bem mais contundente: colocar o rei sob a "sauve-garde de la nation", expressão mais agradável para dizer cárcere. Ademais, a Comuna, a nova Convenção revolucionária, formada na madrugada do dia 10 de agosto, recusa-se a concordar com o Luxemburgo ou com a sede do Ministério da Justiça como futura residência e afirma claramente o motivo da não concordância, pois seria muito fácil fugir dos dois edifícios. Somente no Templo ela poderia garantir a segurança dos *détenus* – cada vez mais claramente forma-se a ideia da prisão. A Assembleia Nacional, no fundo aliviada por não precisar responsabilizar-se pela decisão, transfere à Comuna os cuidados com o rei. Esta promete conduzir a família real ao Templo "com todo o respeito que merece sua desventura". Assim, tudo fica resolvido, e durante o dia inteiro, até as duas horas da madrugada, continua girando o moinho das palavras, mas nenhuma delas fala a favor dos humilhados, encolhidos na penumbra do cubículo como que sentados à sombra do destino.

Afinal, em 13 de agosto, o Templo está preparado. Um caminho longuíssimo foi percorrido naqueles três dias. Da Monarquia absolutista à Assembleia Nacional decorreram-se séculos; da Assembleia Nacional à Constituição, dois anos; da Constituição ao assalto das Tulherias, alguns meses; do assalto das Tulherias à prisão, apenas três dias. Ainda há algumas semanas até a guilhotina, e daí apenas um só empurrão para a sepultura.

Às seis da tarde de 13 de agosto a família real é conduzida ao Templo, guiada por Pétion – às seis da tarde, antes que caia a noite, e não de madrugada, pois é desejável que o povo vitorioso admire seu antigo soberano e sobretudo ela, a orgulhosa rainha, a caminho do cárcere. Por duas horas deixa-se a carruagem rodar lentamente, de propósito se faz um desvio atravessando a place Vendôme, para que Luís XVI observe a estátua de seu bisavô, Luís XIV, destruída e arrancada de seu pedestal por ordem da Assembleia Nacional, e para que não duvide interiormente de que não só seu reinado chegara ao fim, mas também toda sua dinastia.

Na mesma noite em que o antigo regente da França troca seu castelo ancestral por uma prisão, o novo regente de Paris também troca de domicílio. Na mesma noite a guilhotina é retirada do pátio da Conciergerie e colocada, ameaçadora, na place du Carrossel. A França deve saber: desde o dia 13 de agosto não mais reina Luís XVI sobre a França, e sim o Terror.

O Templo

JÁ É NOITE QUANDO A FAMÍLIA REAL chega ao antigo palácio dos templários, ao "Templo". As janelas do edifício principal – afinal, comemora-se uma festa popular – estão iluminadas com incontáveis lampiões. Maria Antonieta conhece o pequeno palácio. Aqui, nos anos despreocupados e felizes do rococó, morara o irmão do rei, o conde de Artois, seu companheiro de danças e parceiro de diversões. Há catorze anos, envolta em peles valiosas, certa ocasião no inverno, com seu trenó ricamente adornado, viera ali cear com o cunhado. Hoje convidam-na anfitriões menos cordiais, os membros da Comuna, para uma longa estada; em vez dos lacaios, como precavidas sentinelas, há diante das portas soldados da Guarda Nacional e policiais. O grande salão, no qual se serve o jantar aos prisioneiros, é conhecido por um quadro famoso, *Le thé à l'anglaise chez le Prince de Conti*.[118] O rapazinho e a menina que entretêm a sociedade ilustre com um concerto são nada mais do que Wolfgang Amadeus Mozart aos oito anos e sua irmã. Música e alegria ecoaram por aquelas salas, aristocratas felizes e hedonistas tinham morado naquela residência.

O elegante palácio em cujas paredes revestidas de madeira pintada a ouro talvez ressoe baixinho uma vibração daquela leveza argêntea da música de Mozart, porém, não é destinado pela Comuna à permanência de Maria Antonieta e Luís XVI. Eles os acomodam ao lado, nas duas antiquíssimas torres fortificadas, circulares e pontudas. Construídas pelos templários na Idade Média como inexpugnável fortaleza de sólido granito,

---

[118] *Le thé à l'anglaise dans le salon des quatre glacés au Temple, avec toute la court du prince de Conti*, pintado em 1766 por Michel Barthélemy Olivier (1712-1784).

cinzenta e escura, provocam a princípio, tal como a Bastilha, um arrepio de pavor. Com suas portas maciças, chapeadas de ferro, as janelas baixas, os pátios sombrios cercados de muros, evocam baladas esquecidas de tempos remotos, secretos tribunais do medievo, Inquisição, bruxaria e salas de tortura. Com olhares tímidos, a contragosto, os parisienses miram aqueles resquícios de uma época violenta, que permaneceram sem uso e por isso duplamente misteriosos no meio de um movimentado bairro pequeno-burguês. Apavorante símbolo destinar aqueles muros velhos e inúteis à prisão para a velha e igualmente inútil Monarquia.

As semanas seguintes são dedicadas à segurança do amplo cárcere. Uma série de pequenas casas ao redor das torres é demolida, todas as árvores do pátio são cortadas para não tolher a vigilância por todos os lados; além disso, há os dois pátios vazios e nus em torno das torres, separados dos outros edifícios por um muro de pedras, de modo que é preciso primeiro percorrer três bastiões antes de chegar à cidadela propriamente dita. Controem-se guaritas de segurança em todas as saídas e montam-se cuidadosamente barreiras diante de todas as portas interiores, nos corredores de cada andar, obrigando a qualquer um que entre ou saia a identificar-se a sete ou oito sentinelas diferentes. Como encarregado, o Conselho Municipal responsável pelos prisioneiros nomeia todos os dias, por sorteio, quatro comissários que, alternadamente, devem inspecionar dia e noite todos os aposentos, obrigados a guardar consigo à noite as chaves de todas as portas. Além deles e dos conselheiros municipais, ninguém sem autorização especial do magistrado pode adentrar o espaço da fortaleza do Templo. Nenhum Fersen e nenhum amigo fiel pode mais aproximar-se da família real. O envio de cartas ou de qualquer comunicação está – ou parece estar – definitivamente impossibilitado.

Outra medida de precaução fere ainda mais os prisioneiros. Na madrugada de 19 de agosto aparecem dois funcionários da magistratura com ordem de transferir todas as pessoas que não pertencem à família real. Para a rainha, torna-se especialmente dolorosa a despedida de Mme de Lamballe, que, já em segurança, retornara espontaneamente de Londres para reafirmar sua amizade na hora do perigo. Ambas intuem que nunca

O Templo

mais irão se ver. Nessa despedida, não testemunhada por ninguém, Maria Antonieta deve ter presenteado a amiga, como último sinal de amizade, com aquele claro cacho de cabelos escondido dentro de um anel, trazendo a trágica inscrição: "Embranquecidos pela desgraça". Mais tarde será encontrado junto ao cadáver esquartejado da princesa assassinada. Também a preceptora, Mme de Tourzel, e sua filha são transferidas dessa prisão para outra, para a Force, tal como os acompanhantes do rei; apenas um camareiro pode permanecer para seu atendimento pessoal. Assim é destruído o último brilho e esplendor de uma corte, e a família real – Luís XVI, Maria Antonieta, seus dois filhos e a princesa Isabel – está totalmente só.

O TEMOR DIANTE DE UM ACONTECIMENTO em geral é mais insuportável que o próprio acontecimento. Por mais que a prisão signifique degradação para o rei e a rainha, ela lhes oferece certa segurança. Os espessos muros que os cercam, os pátios barricados, as sentinelas com fuzis constantemente armados impedem qualquer tentativa de fuga, contudo, também protegem de um ataque. Não mais como nas Tulherias a família real precisa ficar atenta a cada dia e a cada hora ao toque dos sinos e ao rufar de alerta dos tambores avisando se teriam de enfrentar um ataque hoje ou amanhã. Naquela torre solitária, tanto hoje quanto amanhã haverá a mesma rotina, a mesma calmaria da reclusão segura e o mesmo distanciamento de todas as agitações mundanas. No começo, a Convenção faz tudo para cuidar do bem-estar puramente físico dos prisioneiros reais. Inescrupulosa na batalha, a revolução não tem propósito desumano. Após cada golpe duro ela faz uma pausa de alguns instantes, sem perceber que justamente essas pausas, esses períodos de aparente repouso, tornam a derrota ainda mais perceptível para os vencidos. Nos primeiros dias após a transferência para o Templo, esforçam-se para tornar o cárcere tão agradável quanto possível para os prisioneiros. A grande torre recebe novo revestimento de parede, um pavimento inteiro é provido de móveis, com quatro quartos à disposição do rei, quatro para a rainha, Mme Isabel e as crianças. A qualquer hora podem deixar a torre sombria, cheirando a mofo, passear no jardim. A Comuna cuida sobretudo daquilo que para o rei, infelizmente, é o mais importante em seu bem-estar: comida boa e farta. Nada menos que treze empregados encarregam-se da cozinha. Para cada almoço servem-se pelo menos três qualidades de sopa, quatro entradas, dois assados, quatro pratos leves, compotas, frutas, vinho malvasia, bordeaux, champanhe, de modo que ao fim de três meses e meio as despesas de cozinha chegaram a nada menos que trinta e cinco mil libras. Enquanto Luís XVI não é tratado como criminoso, dispõem-se em quantidade também roupas de cama, roupas pessoais, arranjos de casa. A seu pedido, recebe uma biblioteca inteira de duzentos e cinquenta e sete livros – na maioria, clássicos latinos – para passar o tempo. Nesse primeiro e muito breve período, a detenção da família real não possui o caráter de punição. Assim, à exceção da pressão psicológica, o rei e a rainha podem levar uma vida tranquila e quase pacífica. Pela manhã, Maria Antonieta chama a si os filhos e ministra-lhes lições ou brinca com eles; ao meio-dia, almoçam todos juntos; após a refeição, uma partida de trique-traque ou de xadrez. Então, enquanto o rei passeia com o delfim no jardim e juntos soltam pipas, a rainha, orgulhosa demais para passear em público sob vigilância, dedica-se em seu quarto a trabalhos manuais. À noite, ela mesma leva as crianças para a cama, conversa-se ainda um tanto ou jogam-se cartas, às vezes, como no passado, ela tenta tocar cravo ou cantar um pouco; mas, afastada da grande sociedade, longe de suas amigas, falta-lhe aquela leveza de coração, para sempre perdida. Não fala muito e prefere ficar junto às crianças ou sozinha. Falta-lhe o consolo da profunda religiosidade que proporciona a Luís XVI e à irmã, que rezam muito e observam rigidamente os dias de jejum, alguma serenidade no sofrimento. Sua vontade de viver não se quebra tão facilmente como a desses companheiros sem força vital; seus sentidos, mesmo na fortaleza fechada, estão voltados para o mundo; sua alma acostumada às vitórias recusa-se a renunciar, ainda não quer perder as esperanças – essa energia contida recolhe-se agora para dentro. Só ela se considera prisioneira na prisão. Os outros mal a percebem, não houvesse a vigilância, o constante pavor do dia seguinte, o pequeno-burguês Luís XVI e a freirinha Mme

Isabel estariam plenamente satisfeitos com aquela forma de existência pela qual ansiaram inconscientemente por anos e anos: a passividade irrefletida e irresponsável. Entretanto, lá estão as sentinelas. Sem cessar os prisioneiros são lembrados de que outro poder dispõe de seu destino. Na sala de jantar, a Comuna mandou afixar na parede um cartaz de tamanho grande estampando o texto da "Declaração dos direitos humanos", com uma data de impressão dolorosa para o rei: "No primeiro ano da República". Sobre as chapas de cobre de sua estufa, ele tem de ler a inscrição "Liberdade, Igualdade". À hora do almoço aparece um comissário ou o comandante da guarnição como convidado indesejável; cada pedaço de pão é cortado por mãos estranhas e examinado, para detectar alguma comunicação secreta; nenhum jornal pode penetrar no quarteirão do Templo, e cada um que entra ou sai da torre é revistado cuidadosamente pela guarda em busca de papéis escondidos; além disso, as portas dos quartos são trancadas por fora. O rei ou a rainha não podem dar um só passo sem que um guarda os acompanhe de arma ao ombro, não podem ter uma conversa sem testemunhas, não podem ler nada impresso sem censura. Apenas em seus quartos isolados conhecem a felicidade e a misericórdia da solidão.

A vigilância, porém, foi de fato propositadamente torturante? Os guardas e inspetores da prisão da realeza foram realmente torturadores sádicos como os descreve a história dos mártires da Monarquia? Maria Antonieta e os seus foram mesmo humilhados com vexames desnecessários, e teriam escolhido *sans-culottes* especialmente violentos para esse fim? Os relatos da Comuna contrariam essa história, contudo, também são parciais. Para manter uma opinião justa nessa questão decisiva sobre o fato de a revolução ter conscientemente maltratado e torturado o rei vencido é necessária a máxima cautela. Pois o conceito de revolução é por si só bastante amplo: numa escala de transições ininterruptas, oscila do máximo idealismo até a brutalidade efetiva, da grandeza à crueldade, da inteligência a seu oposto, a violência; é como um camaleão e se transforma porque sempre assume a cor das pessoas e das circunstâncias. Na Revolução Francesa – como em qualquer outra – distinguem-se claramente dois tipos de revolucionários:

os revolucionários por idealismo e aqueles movidos por ressentimento; aqueles que tiveram uma situação melhor que a massa desejam elevá-la até seu nível, melhorando a educação, a cultura, a liberdade, sua maneira de viver. Os outros, que sempre tiveram uma situação ruim, querem vingar-se dos mais afortunados e procuram exercer seu novo poder prejudicando os antigos poderosos. Essa concepção, por estar baseada na duplicidade da natureza humana, é válida para todas as épocas. Na Revolução Francesa, a princípio prevaleceu o idealismo. A Assembleia Nacional, composta por nobres e burgueses, os notáveis do país, queria ajudar o povo, libertar as massas; porém, a massa libertada, a violência desenfreada, volta-se logo contra os libertadores. Na segunda fase prevalecem os elementos radicais, os revolucionários do ressentimento, e para estes o poder é novo demais a fim de que pudessem resistir ao prazer de desfrutá-lo à fartura. As figuras de pouca inteligência e da opressão recém-libertada tomam o leme, e sua ambição é a de fazer descer a revolução até o nível de sua própria medida, de sua própria mediocridade espiritual.

Confia-se a guarda da família real a Hébert, dentre os revolucionários por ressentimento justamente o mais típico e asqueroso. Os mais nobres, os mais intelectuais da revolução, Robespierre, Camille Desmoulins, Saint-Just, logo reconheceram nesse vil escritor desqualificado, nesse rude falastrão, o que ele de fato era: uma pústula emergente da honra revolucionária. Robespierre – infelizmente tarde demais – extirpou-a queimando-a com ferro em brasa. De vida pregressa suspeita, acusado publicamente de desfalque na bilheteria do teatro, desempregado e inescrupuloso, lança-se no seio da revolução qual a fera perseguida atira-se às águas do rio; a correnteza o leva, pois, como afirma Saint-Just, "ele varia de acordo com a época e a circunstância, e muda de cor, hábil como um réptil". Quanto mais a República se mancha de sangue, mais vermelha se torna sua pena no *Père Duchesne*, escrito, ou melhor, emporcalhado por ele, o mais torpe dos pasquins da revolução. Em tom grosseiro – "como se o Sena fosse uma fossa de esgoto de Paris", diz Camille Desmoulins – bajula ali os instintos mais asquerosos das classes baixas, as mais inferiores, acabando assim com o conceito da revolução no exterior; porém, ao lado de polpudos rendi-

O Templo

mentos, ele deve pessoalmente à popularidade junto à ralé sua cadeira no Conselho Municipal e um poder cada vez maior. Fatidicamente, coloca-se em suas mãos o destino de Maria Antonieta.

Um indivíduo dessa espécie, designado como senhor e carcereiro da família real, obviamente com toda a satisfação de uma alma mesquinha, desfruta da possibilidade de humilhar e tratar com prepotência uma arquiduquesa da Áustria, uma rainha da França. Frio e cortês no contato pessoal, sempre preocupado em mostrar que é o representante verdadeiro e legítimo da nova justiça, Hébert descarrega sua ira no *Père Duchesne* com insultos infames, afirmando que a rainha lhe recusa qualquer conversa. Era a voz do *Père Duchesne* que exigia constantemente o "salto adiante" e o "rasoir national"[119] para o "beberrão e sua prostituta", para as mesmas pessoas que o senhor procurador Hébert visitava todas as semanas com a maior cortesia. Sua língua ferina era sem dúvida mais veemente que seu coração; no entanto, o fato de se escolher o mais lamentável e hipócrita dentre os patriotas como chefe da prisão foi sem dúvida uma humilhação desnecessária para os vencidos. Pois o pavor diante de Hébert reflete-se obviamente nos soldados da vigilância e nos funcionários. Por medo de serem considerados pouco confiáveis, devem agir de forma ainda mais rude do que desejariam. Por outro lado, seu grito de ódio ajudou os prisioneiros de modo surpreendente, pois os simplórios e ingênuos artesãos e pequenos-burgueses que Hébert convoca para a vigilância tinham lido no *Père Duchesne* a respeito do "tirano sanguinário" e da austríaca perdulária e dissoluta. O que veem agora os encarregados da viligância? Um pequeno-burguês crédulo e gordo que passeia no jardim com o filhinho pela mão e calcula com ele quantas polegadas e pés quadrados mede o pátio; veem-no comer com fartura e prazer, dormir e entreter-se com seus livros. Logo reconhecem que aquele honrado e apático pai de família não faria mal a uma mosca; é realmente difícil odiar semelhante tirano, e, não fosse a vigilância de Hébert tão severa, os soldados provavelmente teriam conversado, brincado ou jogado cartas com aquele senhor agradá-

---

[119] "Lâmina nacional".

vel como se fosse seu companheiro. Naturalmente a rainha impõe maior distância. À mesa, Maria Antonieta não dirige uma única vez a palavra a qualquer dos guardas, e quando chega uma comissão para indagar sobre seus eventuais desejos e reclamações, responde sempre que nada deseja, que não tem queixas. Prefere carregar todo peso sobre si a pedir uma gentileza a um dos carcereiros. Essa atitude soberana na desgraça comove aquelas pessoas simples, e como sempre uma mulher que visivelmente sofre desperta particular compaixão. Aos poucos os carcereiros, que de fato também são companheiros de prisão de seus prisioneiros, passam a ter certa simpatia pela rainha e pela família real. Só assim explicam-se as diversas tentativas de contornar o problema. Quando os carcereiros, tal qual narrado nas memórias monarquistas, comportavam-se de maneira ríspida e francamente republicana, quando vez por outra deixavam escapar alguma palavra chula, cantavam mais alto ou assobiavam mais que o necessário, isso se dava para disfarçar seu pesar íntimo pela vigília. Melhor do que os ideólogos da Convenção, o povo simples compreendeu que os reis depostos mereciam profundo respeito em sua desventura, e a rainha sentiu muito menos ódio e hostilidade pelos soldados do Templo, supostamente tão rudes, do que em outras épocas, nos salões de Versalhes.

No entanto o tempo não para. Mesmo que não se queira aceitar esse fato dentro dos muros da fortaleza, lá fora ele voa com asas gigantescas. Notícias ruins chegam das fronteiras, finalmente os prussianos e os austríacos puseram-se em movimento e ao primeiro ataque dispersaram as tropas revolucionárias. Na Vendeia, o campesinato rebelou-se, a guerra civil começou, o governo inglês chamou de volta seu embaixador. La Fayette abandona o exército, amargurado pelo radicalismo da revolução que ele próprio invocara. Os alimentos escasseiam, o povo torna-se inquieto. A mais perigosa de todas as palavras, traição, é pronunciada por mil línguas após cada derrota e perturba a cidade inteira. Nessa hora, Danton, o homem mais forte e inescrupuloso da revolução, empunha a bandeira sangrenta do Terror e, em três dias e três noites de setembro, toma a decisão trágica de mandar trucidar todos os que pudessem ser suspeitos. Entre as duas mil pessoas, é morta também a amiga da rainha, a princesa de Lamballe.

O Templo

No Templo, a família real nada sabe a respeito dos terríveis acontecimentos, pois vive isolada, sem ouvir vivalma, sem ler qualquer palavra impressa. Apenas escutam de repente o alarme dos sinos, e Maria Antonieta conhece aqueles brônzeos pássaros de mau agouro. Ela já sabe, quando eles passam voando com seu grasnado, então cai uma tempestade, uma desgraça qualquer chega pelo ar. Nervosos, os prisioneiros sussuram na torre. Já estará lá o duque de Branschweig com suas tropas diante dos portões da cidade? Terá eclodido uma revolução contra a revolução?

Lá embaixo, no portão trancado do Templo, os guardas e funcionários civis discutem na maior agitação; eles sabem mais. Mensageiros enviados à dianteira comunicaram que uma multidão imensa vem marchando dos subúrbios, trazendo sobre um varapau a cabeça exangue da trucidada princesa de Lamballe, com os cabelos esvoaçando; arrastam atrás de si seu corpo nu, retalhado, esquartejado. Não há dúvida de que aquele animalesco bando de assassinos, embriagado de sangue e vinho, quer proporcionar-se agora o prazer do último triunfo canibalesco, o de mostrar a cabeça lívida da amiga morta, seu corpo nu e profanado, a Maria Antonieta, aquele corpo com o qual a rainha, segundo a convicção geral, teria fornicado durante muito tempo. Desesperados, os guardas pedem ajuda militar à Comuna, pois sozinhos não poderiam deter a multidão enfurecida. Mas o traiçoeiro Pétion faz o que sempre fez quando as coisas se tornam perigosas: torna-se invisível. Reforço algum chega, e já vocifera a súcia com seu troféu horrível diante do portão principal. Para não tornar a multidão ainda mais enfurecida e evitar uma invasão, que sem dúvida terminaria com fatalidade para a família real, o comandante tenta deter o bando; a princípio, permite a entrada do cortejo de bacantes no pátio externo da área do Templo, e qual uma torrente imunda a malta avança espumando pelo portão.

Dois dos canibais arrastam o corpo nu pelas pernas; nas mãos estendidas, outro expõe as entranhas sangrentas; outro ainda levanta o varapau com a cabeça de uma palidez esverdeada da princesa, ainda pingando sangue. Com esses troféus querem subir à torre, conforme anunciam, para obrigar a rainha a beijar a cabeça de sua concubina. De nada valeria a violência contra a turba, e assim, um dos comissários tenta a vitória pela astúcia. Identificado pela echarpe oficial de deputado, exige silêncio e pronuncia um discurso. Para cativar a multidão, primeiro a elogia por seu grandioso feito e sugere que seria melhor carregar a cabeça por toda Paris a fim de que o povo pudesse admirar aquele "troféu" como "eterno monumento da vitória". Felizmente a lisonja faz efeito, com gritos alucinados os bêbados afastam-se para arrastar o corpo nu e profanado pelas ruas até o Palais Royal.

Entrementes, os prisioneiros da torre tornaram-se inquietos. Ouvem lá embaixo gritos confusos de uma multidão enfurecida, sem compreender o que querem e pleiteiam. Todavia, conhecem o rumor sombrio dos dias do assalto a Versalhes e às Tulherias e percebem como os soldados, pálidos e nervosos, correm para seus postos a fim de fazer frente a algum perigo. Inquieto, o rei pede explicações a um dos soldados da Guarda Nacional. "Ora, meu senhor", responde este com veemência, "se o senhor insiste mesmo em saber: querem mostrar-lhe a cabeça de Mme de Lamballe. Só posso aconselhá-lo a não aparecer à janela, se não quiser que o povo suba até aqui."

A essas palavras ouve-se um grito surdo: Maria Antonieta caiu desmaiada. "Foi o único momento", afirma sua filha em relato posterior, "em que sua energia a abandonou."

Três semanas mais tarde, em 21 de setembro, as ruas novamente entram em ebulição. De novo os prisioneiros apuram os ouvidos. Dessa vez, contudo, não ecoa a fúria do povo, agora ressoa sua alegria. Ouvem os jornaleiros lá embaixo gritar em voz propositadamente alta que a Convenção decidiu pelo fim da Monarquia. No dia seguinte aparecem os deputados para comunicar ao rei que não é mais rei. Luís o Último – assim é denominado a partir de então, antes de ser-lhe atribuída a designação depreciativa de Luís Capeto – ouve a mensagem de maneira tão tranquila quanto Ricardo II de Shakespeare. "Que deve fazer agora o rei? Submeter-se? O rei assim o fará. Deve ser destronado? O rei o aceita. Deve perder o título de rei? Vá lá, em nome de Deus!"

O Templo

NÃO SE PODE MAIS obter luz de uma sombra, tampouco algum poder de um rei de há muito impotente. Nenhuma palavra de contestação expressa o homem já insensível a qualquer humilhação, e também Maria Antonieta. Talvez ambos se sintam aliviados de um grande peso. A partir de agora não têm mais nenhuma responsabilidade por seu próprio destino ou pelo do Estado, nada mais podem fazer de errado ou deixar de fazê-lo, não têm mais com que se preocupar a não ser com o pequeno lapso de vida que talvez ainda lhes concedam. Melhor agora contentar-se com pequenos afazeres humanos, ajudar a filha a costurar ou a tocar cravo, corrigir as lições do menino, escritas com sua letra grande, trêmula, infantil. Na verdade, precisam rasgar a folha de papel imediatamente, tão logo a criança escreve – como poderia um menino de seis anos compreender os acontecimentos? – seu nome no papel: "Louis Charles Dauphin", aprendido a duras penas. Decifram charadas de um novo exemplar do *Mercure de France*, descem ao jardim e sobem novamente, acompanham os sempre lentos ponteiros do velho relógio sobre a lareira, observam a fumaça em serpentina sobre os telhados, percebem como as nuvens do outono anunciam o inverno. Sobretudo tenta-se esquecer o passado e pensar naquilo que está por vir e inexoravelmente virá.

AGORA, ASSIM PARECE, a revolução atingiu seu objetivo. O rei foi deposto, renunciou sem contestação e calado habita sua torre, com mulher e filhos. Porém toda revolução é uma bola sempre em movimento. Quem a estiver guiando e deseja continuar a ser seu guia deve correr com ela sem descanso, à maneira dos acrobatas, para manter-se em equilíbrio. Não há como parar um eterno movimento. Sabe disso cada um dos partidos, temendo ficar para trás dos outros. A direita teme os moderados; os moderados temem os da esquerda; a esquerda teme seus próprios extremistas, os girondinos; os girondinos, por sua vez, os partidários de Marat; os líderes temem o povo; os generais, os soldados; a Convenção, a Comuna; a Comuna, as seções – e esse medo contagioso de um grupo em relação ao outro impele sua energia interior a uma corrida inclemente. Foi apenas o temor de parecer moderada que empurrou a Revolução Francesa para além de seu objetivo propriamente dito, ao mesmo tempo imprimindo-lhe o impulso de uma torrente que leva tudo e a si própria de roldão. Seu destino é derrubar todos os períodos de pausa que determinara para si; suas metas, uma vez atingidas, devem ser ultrapassadas. A princípio a revolução pensou ter cumprido seu papel com a neutralização e a deposição do rei. Entretanto, deposto e sem coroa, aquele homem desditoso e inofensivo é ainda um símbolo, e se a própria República arranca dos túmulos os ossos de reis mortos há seculos para queimar mais uma vez aquilo que já era pó e cinzas, como então poderia suportar a sombra de um rei vivo? Os líderes acreditam que a morte política de Luís XVI deve ser completada com a morte física, a fim de precaver-se diante de qualquer recaída. Para um republicano radical, o edifício da República só pode ser estável e sólido se sua argamassa for feita com sangue real; logo os outros, menos radicais, concordam com a exigência por medo de ficar para trás na corrida pelo favor popular, e o processo contra Luís Capeto é marcado para dezembro.

No Templo, toma-se conhecimento da decisão pela súbita chegada de uma comissão que confisca "todos os objetos cortantes", portanto, facas, tesouras e garfos. O *détenu*, apenas colocado sob vigilância, fica assim caracterizado como acusado. Além disso, Luís XVI é isolado de sua família. Embora morando na mesma torre, apenas num pavimento abaixo, o que aumenta ainda mais a crueldade da medida, a partir desse dia não lhe é permitido ver nem a mulher nem os filhos. Durante aquelas semanas fatídicas a própria mulher não pode falar com seu esposo uma única vez, não lhe é dado saber nada acerca do andamento do processo, do que está sendo decidido. Não se permite que leia jornal algum, não pode questionar os defensores do marido. Numa incerteza e numa ansiedade atroz, a infeliz é obrigada a passar sozinha todas aquelas horas de máxima tensão. Um andar abaixo, separado apenas por uma laje, ouve os passos pesados de seu esposo e não pode vê-lo, não pode falar-lhe – tortura indescritível provocada por uma medida totalmente absurda. E quando, em 20 de janeiro, um funcionário municipal se apresenta a Maria Antonieta e lhe comunica com voz um tanto aflita que naquele dia, excepcionalmente,

O Templo 397

lhe fora permitido dirigir-se com sua família ao encontro do esposo no andar inferior, ela compreende desde logo o significado terrível do favor: Luís XVI fora condenado à morte, ela e os filhos veem o marido e o pai pela última vez. Em consideração ao momento trágico – quem estará no patíbulo no dia seguinte não mais oferece perigo –, os quatro funcionários deixam pela primeira vez a sós os membros da família, esposa, esposo, irmã e filhos, num último encontro; apenas vigiam a despedida através de uma porta envidraçada.

Ninguém participou daquela hora patética do reencontro com o rei condenado, ao mesmo tempo hora da despedida final. Todas as narrativas impressas são pura invenção livre, romântica, como também aquelas gravuras sentimentais que ao estilo meloso da época diminuem a tragicidade de tal instante transformando-o em comoção chorosa. Como duvidar que a despedida entre pai e filhos representou um dos momentos mais dolorosos da vida de Maria Antonieta? Para que tentar aumentar ainda mais a emoção? Apenas o fato de se ver um homem em sua última caminhada, prestes a morrer, um condenado à morte, ainda que nos seja totalmente estranho, é um sofrimento avassalador para um ser humano sensível. Esse homem, porém, Maria Antonieta nunca o amou com paixão, há muito havia dado seu coração a outro. No entanto vivera com ele dia a dia por vinte anos, dera-lhe quatro filhos. Nunca, naqueles tempos tumultuados o vira senão bondoso e dedicado a ela. Mais intimamente ligadas do que jamais o foram nos anos de despreocupação, aquelas duas criaturas unidas para sempre apenas por uma razão política de Estado tinham se aproximado nas horas sombrias na torre por um acúmulo de desgraças e padecimentos comuns. Além disso, a rainha sabe, logo deverá segui-lo e galgar o último degrau. Ele apenas a antecedeu por um átimo.

Naquela última hora, na hora extrema, aquilo que durante uma vida inteira foi fatal para o rei torna-se um privilégio para o homem sofrido: sua total falta de nervos. A impassividade tão insuportável em outros tempos concede a Luís XVI, no momento decisivo, certa grandeza moral. Não demonstra medo nem aflição, os quatro comissários no quarto contíguo não o ouvem uma só vez levantar a voz ou soluçar. Naquela despedida dos seus, o homem lamentavelmente fraco, o rei indigno, mostrou mais força e dignidade do que jamais em sua vida inteira. Tranquilo como em qualquer outra noite, o condenado ergue-se às dez horas, dando assim à família o sinal para deixá-lo. Diante de sua vontade tão claramente manifesta, Maria Antonieta não ousa contrariá-lo, tanto mais que ele, numa piedosa intenção de iludi-la, afirma que irá subir ao seu quarto na manhã seguinte às sete horas.

Então tudo fica em silêncio. A rainha permanece sozinha no aposento superior, uma madrugada longa e insone. Afinal o dia se anuncia e com ele despertam os ruídos pavorosos dos preparativos. Ela ouve uma carroça aproximar-se com rodas pesadas, ouve passos escada acima, escada abaixo, passos, passos e mais passos. Será primeiro o confessor, são os comissários ou já é o carrasco? Ao longe rufam os tambores dos regimentos em marcha, a manhã vai clareando. Nasce o dia, cada vez mais se aproxima a hora que tomará o pai às crianças, e a ela mesma o honrado, atencioso e bondoso companheiro de tantos anos. Prisioneira em seu quarto, os guardas inclementes diante da porta, a mulher sofrida não pode descer aqueles poucos degraus, não pode ouvir nada, ver nada daquilo que está acontecendo, e talvez por isso vivencia interiormente tudo de maneira mil vezes mais terrível do que ocorre na realidade. Então, de repente reina um silêncio pavoroso no andar abaixo do seu. O rei deixou a casa, a carroça pesada segue para o cadafalso. Uma hora mais tarde, a guilhotina conferiu a Maria Antonieta, outrora arquiduquesa da Áustria, depois delfina e finalmente rainha da França, um novo nome: a viúva Capeto.

Maria Antonieta sozinha

AO SURDO GOLPE DA LÂMINA segue-se um silêncio constrangedor. Com a execução de Luís XVI, a Convenção queria apenas traçar uma linha divisória entre a Monarquia e a República. Nenhum dos deputados, cuja maioria empurrou com secreto pesar aquele homem fraco e bondoso para debaixo do cutelo, pensa a princípio em acusar também Maria Antonieta. Sem deliberar, a Comuna concede à viúva as roupas de luto solicitadas, a vigilância vai aos poucos afrouxando. Se ainda mantém prisioneira a descendente dos Habsburgo e seus filhos, é porque pensam ter com sua pessoa uma preciosa garantia para tornar a Áustria mais dócil.

Mas o cálculo não se revela correto; a Convenção francesa superestima o sentimento familiar dos Habsburgo. O imperador Francisco, totalmente apático e insensível, ganancioso e desprovido de grandeza, não pensa em tirar uma única gema preciosa do cofre imperial, no qual, ao lado do famoso brilhante Florentino, ainda estão depositados inúmeros outros tesouros e joias, para comprar a liberdade de sua parenta de sangue; além disso, o partido militar austríaco emprega todos os meios para anular as negociações. Embora Viena no início tenha declarado solenemente que a guerra ocorreria apenas por um ideal, e não por conquistas ou indenizações – a Revolução Francesa também desmentirá suas promessas –, é inerente a qualquer conflito armado que ele se torne, por fatalidade, uma guerra de anexação. Ao longo do tempo, os generais jamais gostaram de ser perturbados no comando das guerras; para seu gosto, os povos raras vezes lhes concedem essa oportunidade, por isso, quanto mais longas melhor. De nada adianta que o velho Mercy, sempre pressionado por Fersen, faça lembrar à corte vienense que Maria Antonieta, uma vez privada do título de rainha da França, seria novamente arquiduquesa da Áustria, e portanto membro da família imperial; o imperador tinha o dever moral de reclamá-la. Todavia, quão pouco vale uma mulher prisioneira numa guerra mundial, um ser humano vivo no jogo cínico da política. Por toda parte os corações permanecem frios e as portas fechadas. Cada um dos monarcas declara estar profundamente consternado, mas nenhum move um dedo. Maria Antonieta poderia repetir a frase que Luís XVI pronunciou a Fersen: "O mundo inteiro abandonou-me."

O MUNDO INTEIRO A ABANDONOU. Maria Antonieta sente isso em seu quarto solitário e trancado. Porém, a vontade de viver daquela mulher ainda é inquebrantável, e dessa vontade cresce a decisão de ajudar a si mesma. Puderam tomar-lhe a coroa, mas, apesar do rosto cansado e envelhecido, uma coisa ela conseguiu manter: o estranho poder e a magia de cativar as pessoas ao seu redor. Todas as medidas de precaução tomadas por Hébert e pelos demais membros da Convenção mostram-se ineficazes diante da força magnética que emana da presença e da aura de uma verdadeira rainha sobre os soldados pequeno-burgueses e subalternos. Após poucas semanas, todos ou quase todos aqueles ferrenhos *sans-culottes* que deviam vigiá-la haviam se transformado de carcereiros em colaboradores, e não obstante os rígidos regulamentos da Comuna, rompe-se a parede invisível que separa Maria Antonieta do mundo. Graças à ajuda dos carcereiros, mensagens e notícias são contrabandeadas constantemente para dentro e para fora da casa, em parte escritas com sumo de limão ou tinta invisível em pequenos bilhetes, escondidos em rolhas de garrafas d'água ou na chaminé da estufa. Inventa-se uma linguagem de gestos e sinais, e, apesar da vigilância dos atentos comissários, chegam à rainha notícias diárias da política e da guerra; além disso, arranja-se para que um arauto anuncie em voz alta diante do Templo as novidades mais importantes. Aos poucos alarga-se o círculo secreto de colaboradores entre os carcereiros. E agora que Luís XVI – que com sua eterna indecisão paralisava qualquer ação real – não está mais ao seu lado, Maria Antonieta, abandonada por todos, ousa ela mesma buscar sua libertação.

Maria Antonieta sozinha

O PERIGO É QUAL ÁCIDO NÍTRICO. Fatores que em circunstâncias normais e tranquilas da vida confundem-se de maneira obscura – a ousadia e a covardia humanas – segregam-se nessa experiência. Os covardes da antiga sociedade, os interesseiros entre a nobreza, todos eles, tão logo o rei fora transferido para Paris, fugiram como exilados. Restaram apenas os fiéis de verdade, e cada um daqueles que não fugiu pode ser considerado totalmente confiável, pois a presença em Paris é um perigo mortal para todo antigo servo do rei. Dentre os mais corajosos encontra-se em primeiro lugar o antigo general Jarjayes, cuja esposa fora dama da corte de Maria Antonieta. Para ajudar a rainha a qualquer hora, voltara expressamente da segura Coblenz e mandara avisar que estaria disposto a qualquer sacrifício. Em 2 de fevereiro de 1793, quinze dias após a execução do rei, apresenta-se a Jarjayes um homem totalmente estranho com a proposta surpreendente de libertar Maria Antonieta do Templo. Jarjayes lança um olhar desconfiado ao desconhecido, que parece um completo e autêntico *sans-culotte*. Imediatamente imagina ter um espião diante de si. Porém o homem entrega-lhe um bilhete minúsculo, sem qualquer dúvida escrito pela mão da rainha: "Pode ter confiança no homem que lhe fala em meu nome e lhe entrega este bilhete. Conheço seus sentimentos, em cinco meses nunca mudaram." Trata-se de Toulan, um dos constantes carcereiros do Templo, caso psicológico curioso. Em 10 de agosto, quando se tratava de esmagar a Monarquia, foi um dos primeiros voluntários no assalto às Tulherias; a medalha de mérito pela façanha orna com galhardia o seu peito. Graças à convicção republicana abertamente declarada, o Conselho Municipal, por considerá-lo probo e leal, confia a Toulan a vigiliância da rainha. Mas Saulo transforma-se em Paulo;[120] comovido pelo sofrimento da mulher que deve vigiar, Toulan torna-se o amigo mais dedicado daquela contra quem empunhou a arma para o ataque, e demonstra tanta dedicação e abnegação à rainha que Maria Antonieta em seus bilhetes

---

[120] Saulo de Tarso: soldado romano que se dedicava à perseguição dos discípulos de Jesus; numa viagem de Jerusalém a Damasco, recebeu uma visão do Cristo e converteu-se, adotanto o nome de Paulo; daí em diante passou a ser o principal propagador do Evangelho no Império Romano.

secretos denomina-o sempre com o codinome de *fidèle*, "fiel". De todos aqueles envolvidos na conspiração pela liberdade da rainha, esse singular Toulan é o único que não expõe a própria cabeça por dinheiro, e sim por uma espécie de paixão humana, talvez também pelo prazer de uma aventura temerária. Os mais corajosos sempre amam o perigo, e corresponde à lógica o fato de que os outros, que apenas procuravam tirar vantagem, souberam habilmente salvar a própria pele quando o plano veio à tona, enquanto Toulan pagou sua ousadia com a vida.

Jarjayes confia no estranho, mas não totalmente. Uma carta pode muito bem ser falsificada, qualquer correspondência significa perigo. Assim, Jarjayes exige de Toulan que lhe facilite a entrada no Templo para debater tudo com a rainha pessoalmente. A princípio parece impossível introduzir um homem estranho, um fidalgo, naquela fortaleza cercada. Mas com promessas de dinheiro a rainha conseguira novos adeptos entre os carcereiros, e poucos dias mais tarde Toulan entrega a Jarjayes um novo bilhete: "Uma vez que o senhor parece decidido a vir até aqui, melhor seria que isso ocorresse logo, mas, pelo amor de Deus, tome cuidado para não ser reconhecido, principalmente pela mulher que está presa aqui conosco." A mulher chama-se Tison, e não falha o instinto da rainha quando desconfia de que fosse uma espiã. A extrema bisbilhotice da mulher porá tudo a perder. Todavia, de início tudo ocorre sem problemas: Jarjayes é contrabandeado para dentro do Templo, e isso de um modo que lembra uma história de detetives. Todas as noites um acendedor de lampiões entra no quadrilátero da prisão; por ordem dos conselheiros municipais, os arredores da torre devem ser bem iluminados, pois a escuridão poderia favorecer uma fuga. Toulan então deu a entender ao acendedor de lampiões que um amigo seu por brincadeira gostaria de ver o Templo, que ele emprestasse suas roupas e ferramentas por uma noite. O acendedor ri-se e prazerosamente vai tomar vinho com o dinheiro ganho. Disfarçado dessa maneira, Jarjayes consegue chegar até a rainha e combina com ela um ousado plano de fuga: ela e Mme Isabel, vestindo roupas masculinas, com uniformes de comissários, e de posse de autorizações roubadas, deveriam deixar a torre como se fossem magistrados que tivessem acabado de fazer uma inspeção. Mais difícil é tirar as crianças. Contudo, por feliz coincidência, às vezes o acendedor de lampiões faz-se acompanhar de seus filhos pequenos. Assim, o papel de acendedor será desempenhado por um fidalgo dedicado que conduziria as duas crianças, pobremente vestidas como as que em geral acompanhavam a ronda, fazendo-as atravessar calmamente a barreira após realizar a tarefa. Três coches leves devem ficar à espera nas cercanias, um para a rainha, seu filho e Jarjayes, o segundo para a filha e o outro conspirador, Lepître, o terceiro para Mme Isabel e Toulan. Com cinco horas de vantagem até que fosse descoberta a fuga, esperam escapar a qualquer perseguição naqueles veículos rápidos. A rainha não se deixou assustar pela audácia do plano. Concorda com ele, e Jarjayes declara-se disposto a entrar em contato com o segundo conspirador, Lepître.

Esse segundo elemento, Lepître, antigo mestre-escola, tagarela, baixinho e manco – a própria rainha escreve: "O senhor verá o novo homem, seu aspecto não o favorece, mas ele é essencial e precisamos conquistá-lo" – representa um papel singular na conspiração. Não o movem sentimentos humanitários, muito menos sede de aventuras, apenas uma grande soma de dinheiro que Jarjayes lhe promete – infelizmente sem tê-lo à disposição, pois o cavalheiro Jarjayes, curiosamente, não tem ligação com o verdadeiro financiador da contrarrevolução em Paris, o barão de Batz. Os dois conspiradores agem quase simultaneamente, contudo, sem relação alguma e sem que um soubesse do outro. Assim, perde-se tempo, tempo precioso, porque é preciso antes pôr a par o antigo banqueiro da rainha. Por fim, após idas e vindas, o dinheiro está arranjado e disponível. Nesse ínterim, Lepître, que como membro do Conselho Municipal já conseguira arranjar os documentos falsos, perde a coragem. Um boato espalhou-se de que as barreiras de Paris estariam fechadas e de que todos os veículos deveriam ser examinados com minúcia, e o homem cauteloso fica com medo. Talvez também tenha percebido por um indício qualquer que a espiã Tison está à espreita. Seja como for, recusa a ajuda, e assim torna-se impossível retirar as quatro pessoas de uma vez do Templo. Somente a rainha poderia ser salva, e Jarjayes e Toulan procuram persuadi-la. Todavia, com verdadeira nobreza, Maria Antonieta recusa a proposta de salvar-se sozinha. Melhor desistir que abandonar as crianças! Com perpeptível comoção, explica a Jarjayes a decisão irrevogável: "Tivemos um belo sonho, é tudo. Mas foi um grande privilégio reconhecer nessa oportunidade uma nova prova de sua devoção por mim. Minha confiança no senhor é ilimitada. Em qualquer ocasião encontrará em mim caráter e coragem, porém o interesse de meu filho é a única coisa que deve guiar-me. Não importa a felicidade que significa para mim sair daqui, não posso consentir em separar-me dele. Reconheço também sua dedicação no que me disse ontem, e creiame, não apenas sinto como seus motivos servem aos meus interesses, mas também que tal oportunidade nunca se repetirá. Porém, não poderia ter mais prazer algum se tivesse que deixar meus filhos para trás."

JARJAYES CUMPRIRA SEU DEVER CAVALHEIRESCO; agora não pode mais prestar auxílio à rainha. Entretanto, o fiel amigo ainda lhe faz um favor: por seu intermédio ela tinha oportunidade segura de mandar um último sinal de vida e de afeto aos amigos e parentes no exterior. Pouco antes de sua execução, Luís XVI quisera enviar por um camareiro um anel de sinete e uma pequena mecha de cabelos como lembrança à família, porém os conselheiros cívicos, temendo que por trás desse gesto do moribundo houvesse um sinal secreto de conspiração, confiscaram e lacraram as relíquias. Toulan, sempre audacioso a serviço da rainha, quebra o lacre e entrega as lembranças a Maria Antonieta. Esta sente, contudo, que tais objetos não estão seguros por muito tempo, e como enfim tem agora um mensageiro confiável, envia o anel e os cabelos aos irmãos do rei, para sua guarda. Anexa uma carta ao conde de Provence: "Como possuo uma pessoa fiel com a qual podemos contar, aproveito a oportunidade de enviar-te, meu irmão e amigo, este legado, que deve estar mais seguro em tuas mãos. O portador te dirá de que modo extraordinário conseguimos tomar posse dessas valiosas lembranças. Reservo-me o direito de não revelar o nome de quem nos tem sido tão prestativo. A impossibilidade na qual me encontro de mandar notícias a nosso respeito e o acúmulo de desgraças nos faz sentir ainda mais a terrível separação. Que ela não dure mais tanto tempo! Até lá, envio-te meu abraço e minha estima, e bem sabes que o faço de coração." Escreveu carta semelhante ao conde de Artois. Mas Jarjayes hesita em deixar Paris, o homem corajoso ainda espera poder ser útil a Maria Antonieta com sua presença. Mas sua permanência representa um enorme perigo. Pouco antes da partida, recebe de Toulan uma última carta da rainha: "Adeus. Como tomou a decisão de partir, acho conveniente que o faça imediatamente. Meu Deus, como me compadeço de sua pobre esposa! E como seria feliz se pudéssemos estar juntos dentro em pouco. Nunca pude ser-lhe suficientemente grata por tudo que fez por nós. *Adieu!* Como é terrível essa palavra!"

MARIA ANTONIETA SENTE, ela sabe, que esta é a última vez que poderá mandar uma mensagem segura para o exterior, uma última oportunidade foi-lhe concedida. Teria ainda alguém a quem enviar uma palavra, um sinal de afeto, além daqueles dois, os condes de Provence e de Artois, aos quais nada tem a agradecer, apenas o sangue, para torná-los depositários da herança fraternal? Não teria realmente remetido algumas linhas àquele que foi para ela o mais caro, além dos filhos, Fersen, sem cujas notícias ela afirmara "não poder viver", a quem mandara do inferno das Tulherias sitiadas aquele anel, para que ele se lembrasse dela para sempre? E agora, naquela última oportunidade, a derradeira, não deveria entregar-lhe mais uma vez o coração? Mas não: as memórias de Goguelat, que documentam detalhadamente a despedida de Jarjayes com reproduções das cartas, não citam Fersen com uma só palavra, um último abraço; nosso sentimento, que ansiava nesse instante por uma mensagem final, advinda de uma pressão psicológica interior, sofre uma desilusão.

No entanto, o sentimento sempre tem razão. De fato, Maria Antonieta – como poderia ser de outro modo? – não se esqueceu do amante naquela hora de extrema solidão, e a mensagem ditada pelo dever aos irmãos foi talvez apenas um pretexto para ocultar a mensagem mais íntima que Jarjayes fiel e prontamente transmitiu. Porém, em 1823, quando as memórias de Goguelat foram publicadas, já tivera início a conspiração do silêncio em torno de Fersen, que deveria ocultar à posteridade a relação íntima entre ambos. Também aqui o trecho da carta importante para nós (como é habitual no caso de Maria Antonieta) fora suprimido por editores cautelosos. Apenas um século mais tarde ele vem à tona e revela: nunca o sentimento de paixão da rainha foi tão forte quanto nos momentos que precedem a derrocada. Para sentir em seu âmago a ligação da lembrança confortadora do amante, Maria Antonieta mandara fazer um anel que, em vez da flor de lis real (Fersen recebera dela um anel assim), tinha encravado o brasão dos Fersen: como ele, que carregava no dedo o emblema da rainha, naqueles dias de separação, também ela usou no dedo o brasão de armas do fidalgo sueco; cada olhar sobre a própria mão traz à lembrança da rainha da França o seu amante distante. E como agora, afinal, mostra-se a oportunidade de enviar-lhe o último – ela bem o sabe – sinal de amor, quer provar-lhe que mantém com aquele anel também o sentimento que nutre por ele. Ela mergulha o brasão com a inscrição em cera quente e envia a impressão a Fersen por intermédio de Jarjayes. Nem uma palavra é necessária, no símbolo está tudo implícito: "A impressão que segue anexa", escreve a Jarjayes, "queira por obséquio fazer chegar àquela certa pessoa que veio até a mim de Bruxelas no inverno passado. Diga ao interessado que essa divisa nunca foi tão verdadeira quanto agora."

O que revela a inscrição sobre o anel de sinete que Maria Antonieta mandou confeccionar especialmente e que nunca "foi tão verdadeira quanto agora"? Um anel de sinete no qual a rainha da França mandara gravar o brasão de um pequeno fidalgo sueco e que mantinha carinhosamente no dedo durante a prisão como única joia restante de sua valiosa coleção de outros tempos?

Cinco palavras italianas formam a inscrição e revelam-se, apenas a dois passos de distância da morte, mais verdadeiras que nunca: *Tutto a te mi guida* – "Tudo me conduz a ti". Toda a intensidade da morte, toda a veemência do "nunca mais", ecoa grandiosamente naquele mudo adeus de uma condenada à morte, antes que o corpo físico se transforme em pó; o amante distante, ele não tem dúvidas, sabe que aquele coração bate pleno de amor por ele até o último instante. Na última mensagem de despedida evoca-se a ideia de eternidade, invoca-se a imortalidade do sentimento na transitoriedade da vida. A última palavra da grande e incomparável tragédia amorosa à sombra da guilhotina foi dita. Agora pode cair o pano.

A extrema solidão

Alívio: a última palavra foi pronunciada e mais uma vez pode-se dar livre vazão ao sentimento. Agora é mais fácil, mais tranquilo e sereno aguardar o que está por vir. Maria Antonieta despediu-se do mundo. Não tem mais esperanças, nada mais tenta. Não se deve contar com a corte de Viena, com a vitória das tropas aliadas, ela sabe que não há mais salvação na cidade desde que Jarjayes partiu e o fiel Toulan foi afastado por ordem da Comuna. Graças à espiã Tison, a administração municipal ficou atenta aos carcereiros. Se a tentativa de libertação já era perigosa antes, agora ela seria absurda e suicida.

Há porém naturezas que misteriosamente atraem o perigo, como jogadores que apostam tudo na vida, que só sentem a plenitude de sua força quando ousam o impossível, para quem a aventura arriscada é a única forma aceitável de existir. Em tempos medíocres, pessoas assim não conseguem respirar; a vida para elas é monótona demais, estreita demais, qualquer ação é covarde, elas necessitam de tarefas espetaculares para sua audácia, objetivos perigosos e alucinados, e sua maior paixão é tentar o absurdo, o impossível. Um homem assim vive naquela época em Paris, chama-se barão de Batz. Enquanto a Monarquia vive seu esplendor e glória, esse rico fidalgo manteve-se orgulhosamente em segundo plano; para que curvar a cabeça por um cargo, por um benefício? O espírito aventureiro surge nele apenas com o perigo. Somente quando todos consideram perdido o rei, lança-se este Dom Quixote da fidelidade a Luís XVI à luta para salvá-lo. Durante toda a revolução o doidivanas permanece no lugar mais perigoso: sob dezenas de nomes fictícios, esconde-se em Paris para lutar contra a revolução como um anônimo solitário. Sacrifica

A extrema solidão

toda a sua fortuna em incontáveis ações das quais a mais ousada ocorreu quando Luís XVI era conduzido ao cadafalso, e ele, em meio a oitenta mil pessoas armadas, subitamente avança, desembainha a espada e grita em voz alta: "Siga-me quem quiser salvar o rei!" Mas não há quem o acompanhe. Na França, ninguém possui a coragem tão tresloucada de tentar resgatar um homem em plena luz do dia, enfrentando uma cidade inteira, todo um exército. Assim, o barão de Batz desaparece na multidão antes que os soldados se recobrem de seu espanto. No entanto, o fracasso não o tornou menos corajoso, e ele se prepara para superar aquele feito, pondo imediatamente em prática após a execução do rei um plano fantástico e ousado para salvar a rainha.

O barão de Batz reconheceu com olhar sagaz o ponto fraco da revolução, seu secreto germe virulento, que Robespierre tenta extirpar com ferro em brasa: a emergente corrupção. Com o poder político, os revolucionários começaram a receber cargos administrativos do Estado, e em todos os cargos há dinheiro envolvido, esse perigoso corrosivo que adere às almas como ferrugem no aço. Existências proletárias, pessoas simples que nunca lidaram com grandes somas de dinheiro, artesãos, escrivães e agitadores até então sem ofício têm de administrar agora, sem qualquer fiscalização, verbas vultosas na distribuição de suprimentos de guerra, no pedido de materiais, na liquidação de bens dos emigrados, e nem todos têm a austeridade de Catão para enfrentar a enorme tentação. Entre a fé política e os negócios formam-se ligações obscuras. Após os ganhos com a conquista da República, muitos dos revolucionários mais empenhados querem agora também com empenho ganhar com ela. Naquele viveiro de corruptos que se engalfinham pela melhor presa, o barão de Batz lança decidido sua isca ao sussurar as palavras mágicas que tanto hoje quanto na época ofuscam os sentidos: um milhão. Um milhão para todos aqueles que ajudarem a resgatar a rainha do Templo! Com tal soma pode-se pôr abaixo até os mais compactos muros do cárcere, pois o barão de Batz não trabalha com auxiliares subalternos, como Jarjayes e seus acendedores de lampião e uns poucos soldados, ele tenta ousadamente um plano de maior vulto: não comprar os subalternos, mas os órgãos principais do sistema de vigilância, sobretudo o homem mais importante do Conselho, o ex-vendedor de limonada Michonis, encarregado de todas as prisões, portanto, também do Templo. Sua segunda peça no tabuleiro é o coordenador militar de toda a seção, Cortey. Assim, aquele monarquista procurado dia e noite por todas as repartições públicas e pela polícia tem em suas mãos tanto as autoridades civis quanto a vigilância militar do Templo, e enquanto se esbraveja na Convenção e no Comitê de Segurança contra o "infame Batz", ele pode lançar-se à sua tarefa com todo resguardo.

De uma frieza imperturbável na avaliação e no suborno, aquele mestre da conjura, o barão de Batz, possui também uma ardente coragem pessoal. Ele, a quem centenas de espiões e agentes perseguem desesperadamente por todo o país – o Comitê de Segurança já sabe que ele arquiteta planos e mais planos para a queda da República –, engaja-se como soldado raso na companhia de guardas do Templo sob o nome de Forguet, para explorar o terreno em pessoa. De fuzil na mão, no uniforme sujo e andrajoso de um soldado da Guarda Nacional, o aristocrata milionário e mimado realiza com os outros soldados o rude serviço de sentinela diante das portas da rainha. Não se tem conhecimento se conseguiu entrar em contato pessoal com Maria Antonieta. Isso, porém, não era importante para a execução do plano, pois Michonis, que deve receber uma parte substancial do milhão, sem dúvida informara a rainha. Ao mesmo tempo, graças à cumplicidade do comandante militar Cortey, um número cada vez maior de colaboradores do barão é infiltrado nas guarnições de soldados. Afinal, ocorre assim uma das situações mais espantosas e improváveis da história: em determinado dia, em 1793, em plena Paris revolucionária, toda a área do Templo – no qual nenhuma pessoa desautorizada pode circular sem permissão da administração municipal, onde Maria Antonieta, a rainha da França, é a prisioneira desprezada – é vigiada exclusivamente por inimigos da República, por um batalhão de monarquistas disfarçados; seu comandante é o barão de Batz, perseguido e procurado pela Convenção e pelo Comitê de Segurança com centenas de decretos e mandados de segurança. Reviravolta mais absurda e mais ousada jamais foi urdida por poeta algum.

A extrema solidão

Finalmente Batz acha que a hora está madura para o golpe decisivo. Chegou a noite que, caso a ação fosse bem-sucedida, poderia se tornar uma das mais inesquecíveis e fatídicas da história, pois o novo rei da França, Luís XVII, deve ser resgatado para sempre do poder da revolução. Nessa noite, o barão de Batz e o destino disputam o sucesso ou o fracasso da República. Cai a noite, escurece, tudo está preparado nos menores detalhes. Cortey, previamente subornado, marcha para dentro do pátio com seu destacamento; com ele está o comandante do complô, o barão de Batz. Cortey divide a guarnição de tal maneira que as saídas mais importantes fiquem nas mãos dos monarquistas aliciados pelo barão. Ao mesmo tempo, o outro auxiliar subornado, Michonis, assume o serviço nos quartos e já providenciou capotes militares para Maria Antonieta, Mme Isabel e para a filha. À meia-noite, as três, com bonés militares na cabeça, fuzil ao ombro, devem marchar sob a ordem de Cortey para fora do Templo junto com alguns outros soldados da falsa Guarda Nacional, tendo no meio deles o pequeno delfim. Tudo parece seguro, o plano funciona nos mínimos detalhes. Uma vez que Cortey, como comandante da guarda, tem direito de mandar abrir a qualquer hora os grandes portões para suas patrulhas, é quase certo que a tropa guiada por ele alcançará a rua sem problemas. Tudo o mais fora preparado pelo conspirador-mor Batz, que comprara sob nome falso uma casa de campo nas cercanias de Paris onde a polícia nunca pôs os pés; ali a família real ficará escondida, a princípio por algumas semanas, e, na primeira oportunidade segura, será levada para além das fronteiras. Ademais, alguns jovens monarquistas, empenhados e resolutos, cada um com duas pistolas no bolso, estão postados na rua para deter os perseguidores em caso de alarme. Tão absurdamente temerário quanto possa parecer, o plano foi debatido nos mínimos detalhes e já é um sucesso.

São cerca de onze horas. Maria Antonieta e os seus estão prontos para acompanhar os libertadores a qualquer momento. Ouvem lá embaixo os passos firmes da patrulha a marchar de um lado para o outro, mas a vigilância não assusta, pois sabem que sob os uniformes de *sans-culottes* batem corações amigos. Michonis espera apenas pelo sinal do barão de Batz. De repente, o que aconteceu? – estremeceram apavorados. Ecoam batidas fortes no portão do Templo. Para evitar qualquer suspeita, permitem que o recém-chegado entre imediatamente. Trata-se do sapateiro Simon, o revolucionário honrado, incorruptível, membro da administração municipal, que avança nervoso pelo portão para verificar se a rainha já tinha escapado. Algumas horas atrás, um policial lhe trouxera um bilhete dizendo que Michonis estaria planejando uma traição para esta noite, e desde logo transmitira a notícia aos conselheiros municipais. Estes não dão muito crédito à história romântica; surgem diariamente centenas de denúncias sobre suas mesas. Depois, como isso poderia ser possível? No Templo vigiado por duzentos e oitenta homens e controlado pelos comissários mais confiáveis? Seja como for – o que custa? –, incumbem Simon de assumir naquela noite o controle dos recintos internos do Templo em lugar de Michonis. Assim que o vê chegar, Cortey logo percebe que tudo está perdido. Por sorte Simon nem de longe desconfia que ele possa ser um dos cúmplices. "Já que você está por aqui, fico tranquilo", afirma-lhe amigavelmente, e sobe até a torre, ao encontro de Michonis.

O barão de Batz, que vê seu plano fracassar por causa desse único homem desconfiado, pensa por um segundo: não deveria depressa ir atrás de Simon e arrebentar-lhe a cabeça com um tiro de pistola? Mas isso não teria muito sentido, o tiro chamaria a atenção de toda a tropa; além disso, já deve haver um traidor entre eles. Não há como salvar a rainha: qualquer ato de violência exporia a vida dela a um risco inútil. Agora o importante é retirar a salvo do Templo aqueles que se esgueiraram para lá sob disfarce. Rapidamente, Cortey, que também se sente em apuros, organiza uma patrulha com os conspiradores. Esta se põe em marcha para fora do pátio do Templo em direção à rua; entre os soldados, o barão de Batz. Os conspiradores estão salvos, a rainha fica à mercê de sua sorte.

ENTREMENTES, O IRADO SIMON chamou Michonis às falas; ele deveria apresentar suas explicações à administração municipal. Michonis, que

A extrema solidão

logo se livrara das roupas usadas como disfarce, permanece impassível. Sem resistência, acompanha o perigoso Simon até o perigosíssimo tribunal. Coisa curiosa, ali despacham Simon rápida e friamente. Elogiam seu patriotismo, sua boa vontade e sua vigilante presteza, mas dão a entender ao zeloso Simon que teria visto fantasmas. Aparentemente o Conselho Municipal não leva a conspiração muito a sério.

Na verdade – e isso merece uma observação profunda dos meandros da política –, os conselheiros municipais levaram a tentativa de fuga muitíssimo a sério, apenas evitaram que algo viesse a público. Comprova-o um ato bastante singular, no qual o Comitê de Segurança dá instruções expressas ao promotor público do processo de Maria Antonieta para que omita todos os detalhes do plano abortado por Simon, do qual Batz e seus cúmplices participaram. Pode-se falar apenas a respeito da tentativa de fuga, sem entrar em detalhes. O Conselho Municipal receava que o mundo tomasse conhecimento de quanto a corrupção já havia envenenado seus melhores homens. Assim, um dos episódios mais dramáticos e inverossímeis da história ocidental permaneceu desconhecido por décadas a fio.

Como o Conselho Municipal fica consternado ante a corruptibilidade de seus funcionários aparentemente confiáveis e não ousa abrir um processo público contra os cúmplices da tentativa de fuga, ele decide então agir com mais contundência e tornar impossíveis quaisquer outras tentativas da parte daquela mulher temerária, que, em vez de desistir, luta sempre renovadamente por sua liberdade. De início os comissários suspeitos, sobretudo Toulan e Lepître, são exonerados de seus cargos, e Maria Antonieta passa a ser submetida à vigilância de uma criminosa comum. Às onze horas da noite, Hébert, o mais brutal dos conselheiros municipais, apresenta-se a Maria Antonieta e Mme Isabel, que, sem saber de nada, tinham ido dormir, e faz o mais amplo uso de uma ordem da Comuna de examinar "à vontade" os aposentos e as pessoas. Até as quatro horas da manhã, cada quarto, cada vestido, cada gaveta e cada peça do mobiliário é revirada.

Contudo, o saldo da busca é irritantemente baixo – uma caderneta de couro vermelho com alguns endereços sem importância, um porta-lápis sem lápis, um pedaço de lacre, dois retratos em miniatura e outras lembranças pessoais, um velho chapéu de Luís XVI. A procura recomeça, porém sem nenhum resultado incriminador. Maria Antonieta, que durante todo o tempo da revolução sempre queimara qualquer papel escrito para não revelar desnecessariamente seus amigos e colaboradores, dessa vez não dá aos encarregados da revista o mínimo pretexto para uma acusação. Aborrecido por não flagrar a lutadora de sangue-frio em alguma transgressão comprovada, mas assim mesmo convencido de que ela não renunciará a esforços obscuros, o Conselho decide atingir a mulher exatamente no seu ponto mais sensível: no sentimento materno. Dessa vez o golpe acerta-lhe certeiro o coração. Em 1º de julho, poucos dias após a descoberta da conspiração, o Comitê de Salvação Pública, sob a ordem do Conselho Municipal, lança um decreto no sentido de que o jovem delfim, Luís Capeto, separado de sua mãe e sem qualquer possibilidade de comunicar-se com ela, fique alojado no aposento mais seguro do Templo; ou, mais específica e cruelmente, que seja tirado dos cuidados da mãe. A escolha do preceptor fica reservada ao Conselho e, claramente em sinal de gratidão por seu espírito atento, é escolhido o sapateiro Simon como o mais confiável e comprovado, o mais incorruptível dos *sans-culottes,* fosse por dinheiro, fosse por sentimentos ou sentimentalismos. Ora, Simon, um simplório, tolo, rude homem do povo, um genuíno e legítimo proletário, de forma alguma era aquele beberrão grosseiro e sádico sanguinário que os monarquistas pintaram. Contudo, quanto ódio na escolha do preceptor! Pois esse homem provavelmente nunca lera um livro em toda sua vida, ele não domina, como comprova a única carta supostamente escrita por ele, nem as regras mais rudimentares da ortografia; é um leal *sans-culotte* e, em 1793, isso parece aptidão suficiente para qualquer cargo. A linha espiritual da revolução sofrera uma curva descendente no período de seis meses, quando Condorcet, o grande e elegante escritor, autor do *Progrès de l'esprit humain*, ainda fora cogitado pela Assembleia Nacional para ser preceptor do herdeiro do trono francês. Terrível a diferença em relação

A extrema solidão

ao sapateiro Simon. Porém, das três palavras "liberdade, igualdade, fraternidade", desde a instauração do Comitê de Segurança, o conceito de liberdade – assim como o de fraternidade desde a guilhotina – foi quase tão desvalorizado quanto o papel-moeda; apenas a ideia de igualdade, ou antes, de igualdade forçada, domina a última fase, a mais radical e violenta da revolução. Conscientemente, manifesta-se com ela a intenção de que o jovem delfim não seja educado para ser um homem bem formado, nem para ser culto, mas que permaneça intelectualmente no nível da classe mais baixa e menos educada do povo. Ele deve desaprender e esquecer sua origem para tornar mais fácil aos outros esquecê-lo.

Maria Antonieta não pressente a sentença da Convenção de arrancar o filho dos cuidados da própria mãe quando, às nove e meia da noite, seis enviados do Conselho batem à porta do Templo. O método das surpresas cruéis, súbitas, faz parte do sistema de punição de Hébert. Suas inspeções sempre ocorrem como assaltos repentinos, tarde da noite, sem aviso prévio. A criança há muito dorme, a rainha e Mme Isabel estão ainda acordadas. Os funcionários entram, a rainha ergue-se desconfiada. Nenhuma dessas visitas noturnas lhe trouxe algo além de humilhação ou más notícias. Desta vez até os funcionários parecem um pouco perturbados. Trata-se de uma missão difícil para eles, em sua maioria pais de família, comunicar a uma mãe que o Comitê de Salvação Nacional ordenara que ela devia imediatamente, sem qualquer motivo e sem despedir-se dele, entregar seu único filho para sempre a mãos estranhas.

A respeito das cenas que ocorreram naquela noite entre a mãe desesperada e os funcionários da magistratura não temos outro relato que não aquele pouquíssimo confiável da única testemunha ocular, a filha de Maria Antonieta. Seria verdade, tal qual descreve a duquesa de Angoulême, como ficou posteriormente conhecida, que Maria Antonieta teria suplicado aos prantos aos funcionários, que só faziam cumprir uma ordem recebida, que lhe deixassem o filho? Que ela lhes tivesse implorado ser preferível a morte a que lhe tirassem o filho? Que os funcionários (isso soa improvável, pois não tinham ordem para tanto) teriam ameaçado matar a criança e a pequena princesa caso a mãe continuasse a relutar, e, finalmente, após uma batalha de horas, depois de luta corporal, teriam levado com violência brutal a criança que gritava e soluçava? O relato oficial nada revela a respeito; ao contrário, nele os funcionários capricham nas cores suaves: "A separação deu-se com todas as manifestações de sentimento que se esperava em tal circunstância. Os representantes do povo manifestaram a máxima consideração, compatível com seu dever." Aqui, pois, um relato contradiz o outro, partido contra partido, e quando fala o partido raramente se diz a verdade. Todavia uma coisa é certa: a separação violenta e desnecessariamente cruel de seu filho talvez seja o momento mais difícil da vida de Maria Antonieta. A mãe tinha uma predileção especial por aquela criança loira, impetuosa, precoce; o menino que ela queria educar como futuro rei, com sua vivacidade e tagarelice, com sua divertida curiosidade, tinha tornado um pouco mais suportáveis suas horas na torre solitária. Sem dúvida ele estava mais próximo de seu coração que a filha, de temperamento mal-humorado, sombrio, pouco simpática, intelectualmente lerda e insignificante, que em todos os aspectos não lhe oferecia a contraparte do carinho sempre expansivo de Maria Antonieta quanto o lindo menino delicado e excepcionalmente esperto que lhe é arrancado dos braços de maneira tão absurdamente hostil e brutal. Pois embora o delfim possa continuar a morar na área do Templo, apenas a poucos metros de distância da torre de Maria Antonieta, um indesculpável formalismo do Conselho Municipal não concede à mãe o direito de trocar uma única palavra com o filho. Mesmo quando ela ouve dizer que o menino está doente, proíbem-lhe a visita; como uma vítima da peste, proíbem-na de qualquer aproximação. Não lhe era permitido – mais uma crueldade absurda – falar com o singular preceptor, o sapateiro Simon; qualquer informação sobre o filho é omitida. Muda e impotente, a mãe sabe que seu filho respira sob o mesmo espaço que ela, mas não pode abraçá-lo nem manter com ele outro contato que o do sentimento íntimo, impossível de se proibir por qualquer decreto.

Finalmente – pequeno e insuficiente consolo! – Maria Antonieta descobre que pode espiar aquela parte do pátio onde o delfim às vezes brinca através de uma única e minúscula janela da torre, no terceiro andar. E ali fica por horas a fio e muitas vezes inutilmente a mulher sofrida, outrora

A extrema solidão

rainha de todo o reino, esperando que lhe deixem (os carcereiros são tolerantes) entrever no pátio da prisão o contorno da sombra amada. A criança, sem imaginar que sua mãe, com os olhos marejados de lágrimas, acompanha cada um de seus movimentos a partir de uma seteira protegida por grades, brinca alegre e despreocupada (o que um menino de nove anos pode saber de seu próprio destino?). O rapazinho adaptara-se depressa, muito depressa, a seu ambiente; em sua existência alegre já se esquecera de quem era filho, de que sangue e nome era herdeiro. Canta alto e cheio de energia, sem compreender o sentido, "La charmagnole" e "Ça ira", que Simon e seus companheiros lhe ensinaram; usa o barrete vermelho dos *sans-culottes* e acha engraçado, brinca com os soldados que vigiam sua mãe – não só por um muro, mas por um mundo inteiro a criança já está interiormente distante dela. Não obstante, o coração da mãe bate sempre forte e rápido quando vê seu filho, que só pode abraçar com os olhos, e não com os braços, a brincar cheio de alegria e despreocupação. O que está reservado à pobre criança? Já não tinha Hébert, em cujas mãos detestáveis a Convenção a entregara sem piedade, escrito em seu vergonhoso pasquim, o *Père Duchesne*: "Pobre nação, esse pequeno garoto ser-te-á fatal, cedo ou tarde: quanto mais encantador for agora, tanto mais perigoso. Essa pequena serpente e sua irmã deveriam ser abandonadas numa ilha deserta; devemos nos livrar dele a qualquer preço. Ademais, o que conta uma criança quando se trata do bem-estar da República?"

O que conta uma criança? Não muito para Hébert, a mãe bem o sabe. Por isso estremece a cada dia quando não avista o filho adorado no pátio. Por isso treme também de raiva impotente quando aparece diante dela aquele inimigo odiado, responsável pela moção que lhe tirou a criança, cometendo assim o crime moral mais hediondo, a crueldade desnecessária contra uma pessoa derrotada. O fato de a revolução ter colocado a rainha à mercê justamente de Hébert, o seu Tersites,[121] é uma página sombria da história, que preferiríamos saltar. Pois mesmo a ideia mais pura torna-se

---

[121] Tersites: um dos combatentes menores da Guerra de Troia; feio, coxo e corcunda, é retratado por Homero como impertinente e caluniador.

reles e mesquinha tão logo concede a gente mesquinha o poder de praticar atos desumanos em seu nome.

Agora as horas são longas, e mais escuros os quartos gradeados da torre, desde que o riso da criança não os ilumina. Nem um som, nem uma notícia chega mais de fora, os últimos paladinos desapareceram, os amigos no estrangeiro estão inacessíveis. Três mulheres solitárias ficam sentadas juntas, dia após dia: Maria Antonieta, sua filha e Mme Isabel; há muito não têm mais o que dizer uma à outra, desaprenderam o que é ter esperanças e talvez até medo. Mal saem para o pequeno jardim, e, embora seja primavera, quase verão, um grande cansaço tolhe seus membros. Algo se apaga também no rosto da rainha naquelas semanas de máxima provação. Ao se observar o último retrato de Maria Antonieta produzido naquele verão por um pintor desconhecido, mal se reconhece a rainha dos jogos pastoris de outrora, a deusa do rococó, tampouco a mulher majestática, a orgulhosa e altiva lutadora que Maria Antonieta fora ainda nas Tulherias. A mulher desse quadro banal, com o véu de viúva sobre os cabelos já embranquecidos, a despeito de seus trinta e oito anos, já é uma mulher idosa – ela sofrera demais. Apagado o brilho e a vivacidade dos olhos antes tão brejeiros, lá está ela sentada com as mãos caídas, inertes de grande exaustão, pronta a seguir dócil e sem resistência a qualquer chamado, mesmo que seja o da morte. A antiga graça de seu rosto deu lugar a uma tristeza suave, à inquietação, a uma grande indiferença. Visto de longe, poderíamos confundir o último retrato de Maria Antonieta com o de uma madre superiora, uma abadessa, uma mulher que não tem mais pensamentos terrenos, que não deseja nada do mundo, que já não vive nesta vida, e sim em outra. Não se sente mais beleza nele, muito menos coragem ou força; nada além de uma imensa e estoica indiferença. A rainha abdicara, a mulher renunciara; apenas uma matrona cansada, sem viço, ergue seu claro olhar azul, ao qual nada mais surpreende ou assusta.

Maria Antonieta tampouco se assusta quando, poucos dias mais tarde, às duas horas da madrugada, novamente batem forte à sua porta. Depois

A extrema solidão

de lhe tirar o marido, o filho, o amante, a coroa, a honra, a liberdade, o que o mundo ainda pode tramar contra ela? Levanta-se tranquila, veste-se e manda que entrem os comissários. Eles leem o decreto da Convenção em que se exige que a viúva Capeto seja removida para a Conciergerie, uma vez que se instaurou processo contra ela. Maria Antonieta ouve calmamente e não responde. Sabe que uma acusação do tribunal da revolução significa a condenação, e que a Conciergerie é sinônimo de casa mortuária. Entretanto, nada pede, não discute, não solicita um adiamento. Não responde uma só palavra àquelas pessoas que, como assassinos, assaltam-na no meio da madrugada com aquela notícia. Indiferente, tolera que revistem suas roupas e que lhe tirem tudo que traz consigo. Pode guardar apenas um lencinho e um frasquinho de cordial. Então, deve novamente – quantas vezes já o fez – despedir-se, desta feita da cunhada e de sua filha. Sabe que será a última vez. O mundo, porém, já a habituara às despedidas.

Sem voltar-se, ereta e firme, Maria Antonieta anda até a porta do aposento e desce depressa as escadas, recusa qualquer ajuda. Fora inútil deixar-lhe o frasquinho com as fortes essências para a eventualidade de lhe faltarem forças: já se tornara forte interiormente. O mais difícil já passara. Nada pode ser pior que a vida naqueles últimos meses. Agora virá o mais fácil: morrer. Parece querer precipitar-se em direção à morte. Tão apressada deixa para trás a torre das pavorosas lembranças que – talvez lágrimas lhe turvassem a visão –, ao chegar diante do portão de saída, muito baixo, esquece de se curvar e bate com força a testa contra a viga da porta. Preocupados, os acompanhantes acorrem para perguntar se se machucara. "Não", responde calmamente, "agora nada mais pode me machucar."

A Conciergerie

TAMBÉM OUTRA MULHER fora despertada naquela madrugada, Mme Richard, a mulher do guardião da Conciergerie. Tarde da noite ordenaram-lhe subitamente que preparasse uma cela para Maria Antonieta; depois de duques, príncipes, condes, bispos, cidadãos, depois de vítimas de todas as classes sociais, agora a rainha da França deve ser encaminhada à casa mortuária. Mme Richard espanta-se. Para uma mulher do povo, a palavra "rainha" ainda provoca um sentimento de reverência no coração, como se fosse tocado por possante sino. Uma rainha, a rainha sob seu teto! Imediatamente Mme Richard procura entre suas roupas de cama o linho mais fino e branco; o general Custine, o conquistador da Mogúncia, sobre cuja cabeça também paira a ameaça do cutelo, tem que deixar a cela gradeada que por muitos anos serviu como sala do Conselho; com a máxima pressa o recinto sombrio é preparado para a rainha. Uma cama dobrável de ferro, dois colchões, duas cadeiras forradas de palha, um travesseiro, uma colcha leve, além de uma bacia de toalete e, diante da parede úmida, um velho tapete: eis tudo o que lhe permitem oferecer à rainha. E então tudo fica à espera no antiquíssimo edifício de pedras, na cela quase subterrânea.

Às três horas da manhã ouve-se o ruído de alguns veículos. Primeiro os policiais portando tochas entram pelo corredor escuro, depois surge o vendedor de limonada Michonis – o hábil negociante safara-se por sorte do caso Batz, mantendo seu cargo de inspetor-geral das prisões; atrás dele, na luz bruxuleante, a rainha, seguida de seu cachorrinho, o único ser vivo a acompanhá-la no cárcere. Em razão da hora avançada – seria cômico fazer de conta que não se soubesse na Conciergerie quem era Maria Antonieta, a rainha da França –, poupam-na das formalidades habituais da burocracia

A *Conciergerie*

e permitem-lhe que se recolha à cela para descansar. A criada da guardiã, uma pobre moça do campo, Rosalie Lamorlière, que não sabe escrever e a quem, contudo, devemos os relatos mais verossímeis e comoventes sobre os setenta e sete últimos dias da rainha, segue consternada e com passos lentos a mulher pálida, vestida de negro, oferecendo-se para ajudá-la a despir-se. "Muito agradecida, minha filha", responde a rainha, "desde que não tenho mais ninguém, sirvo a mim mesma." Primeiro pendura o relógio num prego da parede para medir o tempo, o curto tempo, embora infindo, que lhe fora concedido. Depois despe-se e deita-se na cama. Entra um policial com a carabina carregada e fecha-se a porta. Teve início o último ato da grande tragédia.

SABE-SE EM PARIS e no mundo que a Conciergerie é a prisão destinada aos criminosos políticos mais perigosos. A anotação de um nome em seu registro de entrada pode ser considerada, sem exagero, um atestado de óbito. De Saint-Lazare, de Carmes, de Abbaye, de todas as outras prisões ainda é possível retornar ao mundo; da Conciergerie, nunca, ou apenas em casos raros e excepcionais. Maria Antonieta e a opinião pública precisam (e devem) acreditar que a remoção para a casa mortuária soa como o primeiro acorde do violino para a dança da morte. Na verdade, a Convenção ainda não pensa em instaurar um processo contra a rainha, essa refém preciosa. A transferência desafiadora para a Conciergerie deve representar apenas uma chicotada nas negociações lentas e arrastadas com a Áustria, um gesto ameaçador com o significado de "apressem-se", um instrumento de pressão política, de fato, porém, deixa-se a acusação tão clamorosamente anunciada na Convenção em tranquilo repouso. Três semanas depois, após a patética remoção para a "antecâmara da morte", obviamente recebida em todos os jornais estrangeiros (era o que queria o Comitê de Salvação Pública) com um grito de horror, o promotor público do tribunal da revolução, Fouquier-Tinville, ainda não tinha recebido um só documento dos autos do processo; depois daquele primeiro soar das trombetas, não se fala mais de Maria Antonieta em qualquer debate público, seja na Convenção, seja na Comuna. No *Père Duchesne*, Hébert, o cão torpe da revolução, rosna de quando em vez que a *grue* finalmente deveria experimentar a "gravata de Sansão", e que o carrasco "deveria jogar peteca com a cabeça da loba". Todavia, o Comitê de Salvação Pública, que mira mais longe, deixa-o livre para questionar a razão de "montar tal circo para julgar a tigresa austríaca e procurar provas para sua condenação, pois, caso se queira ser justo, a prisioneira deveria ser transformada em carne moída por todo o sangue que carrega na consciência". Esse cruel palavrório e a gritaria em nada influenciam os planos secretos do Comitê de Salvação Pública, que tem os olhos unicamente voltados para o quadro da guerra. Quem sabe essa filha dos Habsburgo poderia ainda servir para alguma coisa, e talvez dentro de pouco, porque os dias de julho tornaram-se fatais para o Exército francês. A qualquer momento as tropas aliadas podem marchar em direção a Paris. Por que desperdiçar sangue tão precioso! Assim, deixam Hébert com seus gritos e acessos de fúria, pois isso aumenta a impressão de que se planeja uma rápida execução. Na realidade, a Convenção mantém o destino da rainha pairando no ar. Maria Antonieta não é libertada nem é condenada. Mantém-se apenas a espada bem à vista sobre sua cabeça, e de quando em quando baixa-se um pouco a lâmina brilhante com a intenção de assustar a casa de Habsburgo e deixá-la mais dócil para negociar.

FATIDICAMENTE, PORÉM, a notícia da remoção de Maria Antonieta para a Conciergerie não comove nem um pouco seus parentes de sangue. Para Kaunitz, Maria Antonieta só contara como saldo ativo da política da corte dos Habsburgo enquanto fora soberana da França. Uma rainha deposta, uma infeliz mulher sem coroa, torna-se desinteressante para ministros, generais e imperadores. A diplomacia não conhece sentimentalismos. Só para uma pessoa, totalmente impotente, a notícia arde como brasa no coração: Fersen. Desesperado, escreve à irmã: "Minha cara Sophie, minha única e dileta amiga. Neste momento você decerto já tomou conhecimento da terrível desgraça da transferência da rainha para a prisão da Conciergerie e do decreto da desprezível Convenção que a abandona ao tribunal da revolu-

A Conciergerie   423

ção. Desde esse instante não vivo mais, pois viver como eu desta maneira não é viver, é padecer as dores que me consomem. Se pudesse ao menos fazer algo pela libertação dela, creio que meu sofrimento seria menor. Nada poder fazer a não ser suplicar aos outros é horrível para mim. Você deve imaginar o que estou sofrendo, tudo está perdido para mim, meu pesar será eterno e só a morte me permitirá esquecer. Não consigo me concentrar em coisa alguma, não posso pensar senão na desgraça dessa sofrida e infeliz princesa. Nem possuo forças para expressar o que sinto. Daria minha vida para salvá-la, e não posso fazê-lo. Minha maior felicidade seria morrer por ela, para resgatá-la." E alguns dias depois: "Por vezes amaldiçoo o ar que respiro quando me vem à mente que ela está encarcerada numa prisão pavorosa. Esse pensamento me dilacera o coração, envenena minha vida, vivo continuamente dividido entre a dor e o ódio." Porém, o que significa aquele pequeno fidalgo, o senhor Von Fersen, para um onipotente estado-maior e para a grande política, sábia e sublime? O que mais pode fazer senão aliviar sua ira, sua amargura e seu desespero, todo o fogo infernal que o consome e lhe queima a alma, em solicitações inúteis, insistir nas antecâmaras e suplicar aos militares, estadistas, príncipes e emigrados, um após outro, que não assistam de maneira vergonhosamente fria a uma rainha da França, uma princesa da casa de Habsburgo ser humilhada e assassinada. Entretanto, por toda parte encontra uma cortês e evasiva indiferença; "gélido" está até o fiel secretário de Maria Antonieta, o conde de Mercy. Este repele qualquer intervenção de Fersen de forma respeitosa, mas categórica, e na ocasião permite infelizmente que sua mágoa pessoal venha à tona: Mercy nunca perdoou Fersen por estar mais próximo à rainha do que a moral permitia. Não quer aceitar conselho algum, ainda mais do amante da rainha – o único que a ama e preza a vida dela.

MAS FERSEN NÃO DESANIMA. A frieza de todas as pessoas, em terrível contraste com seu ardor, leva-o à loucura. Quando Mercy falha, volta-se para o outro fiel amigo da família real, o conde de la Marck, que outrora condu-

Maria Antonieta na Conciergerie.
Óleo sobre tela de Alexander Kucharski, 1793.

zira as negociações com Mirabeau. Nele encontra compreensão humana. O conde de la Marck dirige-se a Mercy e recorda ao ancião a promessa que há vinte cinco anos fizera a Maria Teresa, de proteger sua filha até o fim. À mesa de Mercy é redigida uma carta veemente ao príncipe de Coburgo, o supremo comandante das tropas austríacas: "Enquanto a rainha não estava diretamente ameaçada, podia manter-se silêncio por temor de despertar a ira dos selvagens que a cercam. Hoje, à mercê de um tribunal sanguinário, qualquer medida para salvá-la deve parecer-lhe um dever." Mercy, instado por La Marck, exige o avanço rápido e imediato sobre Paris para lá disseminar o terror; qualquer outra operação militar deve ceder lugar a essa manobra urgentíssima. "Permita-me", adverte Mercy, "lembrar do pesar que um dia haveremos de sentir por não termos agido em tal situação. A posteridade não acreditará que um crime dessa dimensão pôde ser cometido a algumas horas de distância dos exércitos vitoriosos, sem que estes tenham feito sequer uma tentativa de evitá-lo."

A exigência para uma imediata salvação de Maria Antonieta, por infortúnio, é dirigida a um homem fraco e terrivelmente tolo, a um soldado de cabeça oca. A resposta do supremo comandante, o príncipe de Coburgo, reflete bem isso. Como se em 1793 ainda vivessem nos tempos das bruxas e da Inquisição, propõe o príncipe, conhecido por sua *nullité*, que, "na eventualidade de que se cometa a menor violência contra a pessoa de Sua Majestade a rainha, sejam os quatro membros da Convenção, recentemente aprisionados, amarrados vivos à roda". Mercy e La Marck, ambos fidalgos cultos e distintos, apavoram-se diante dessa imbecilidade e percebem que não faz sentido negociar com aquele desmiolado; por isso, La Marck suplica a Mercy que escreva sem delongas à corte de Viena: "Envie desde já outro mensageiro, cuide para que Viena reconheça a dimensão do perigo, expresse a máxima preocupação, que, por infelicidade, é plenamente justificada. Faz-se mister que Viena afinal entenda como seria constrangedor, ouso dizer, como seria fatal para o governo imperial se a história tivesse um dia que registrar: a sessenta quilômetros de distância da poderosa e vitoriosa Áustria, a augusta filha de Maria Teresa terminou seus dias no cadafalso sem que se fizesse a mínima tentativa de salvá-la. Seria uma mácula indelével na coroa de nosso imperador." Para atiçar ainda mais o velho e lento senhor, acrescenta uma advertência pessoal a Mercy: "Permita-me o comentário. O sempre injusto julgamento humano não avaliaria direito os sentimentos que seus amigos prezam se nas atuais e lamentáveis circunstâncias o senhor, desde o começo e com o máximo empenho, não tentasse de tudo para tirar nossa corte da fatal apatia em que se encontra."

Perturbado com essas palavras, o velho Mercy afinal põe-se prontamente em ação e escreve a Viena. "Pergunto-me se condiz com a dignidade do imperador e com seus interesses que ele se mantenha como mero espectador do destino que ameaça sua augusta tia, sem tentar ajudá-la ou mesmo salvá-la. ... Não teria o imperador deveres especiais a cumprir dentro de tais circunstâncias? ... Não se deve esquecer que o comportamento de nosso governo será um dia julgado pela posteridade. E não há de se temer o rigor desse julgamento se Sua Majestade, o imperador, não tiver feito tentativas ou sacrifícios para salvá-la?"

Essa carta bastante corajosa para um embaixador é friamente guardada numa pasta qualquer da chancelaria da corte, deixam-na empoeirar ali, sem resposta. O imperador Francisco não pensa em mover um dedo; tranquilo, continua a fazer passeios no palácio de Schönbrunn; tranquilo, Coburgo espera em seu quartel de inverno e ordena que seus soldados executem tantos exercícios militares que grande parte acaba desertando, muitos mais do que teriam morrido na mais sangrenta das batalhas. Todos os monarcas continuam calmos, indiferentes e despreocupados. De que vale um pouco de honra a mais ou a menos para a ancestral casa de Habsburgo? Ninguém se mobiliza para a salvação de Maria Antonieta. Amargurado, Mercy explode com súbita raiva: "Não a salvariam nem que com os próprios olhos a vissem subir à guilhotina."

Não se pode contar com Coburgo, com a Áustria, nem com os príncipes, os emigrados ou os parentes – assim, Mercy e Fersen tentam por conta própria um último artifício: suborno. Por intermédio de um professor de dança, Noverre, e de um obscuro banqueiro mandam dinheiro a Paris. Ninguém sabe em que mãos irá parar. Tenta-se primeiro uma aproximação com Danton, que – Robespierre bem o pressentira – é considerado acessível. Curiosamente, certos caminhos chegam a Hébert. Embora, como costuma acontecer em casos de suborno, falte qualquer prova, surpreende que de repente aquele falastrão, há meses esbravejando como um epilético para que a *grue* afinal dê o "grande mergulho", exija que ela seja transferida de volta ao Templo. Qual o alcance dessas obscuras negociações? Tiveram ou teriam sucesso? Quem pode afirmá-lo? De qualquer modo, as balas de ouro foram atiradas tarde demais. Enquanto os hábeis amigos tentam salvar a rainha, outro, totalmente inábil, já empurrara Maria Antonieta abismo abaixo: como sempre em sua vida, os amigos se tornariam para ela mais fatais que os inimigos.

A última tentativa

A CONCIERGERIE, aquela "antecâmara da morte", possui as regras mais severas de todos os cárceres da revolução. Prédio antigo, de pedra, muros inexpugnáveis e portas espessas revestidas de ferro, grades em todas as janelas, barreiras em cada um dos corredores, cercado por companhias inteiras de sentinelas. Poderia ter as palavras de Dante inscritas em seus blocos de pedra: "Deixai morrer toda esperança…" Um sistema de vigilância eficaz durante séculos e sete vezes mais reforçado desde as prisões em massa da época do Terror torna impossível qualquer comunicação com o mundo exterior. Nenhuma carta pode ser enviada nem são permitidas visitas, pois o pessoal da vigilância não foi recrutado por carcereiros diletantes, como no Templo, mas por funcionários especializados, peritos em farejar qualquer ardil. Além disso, por precaução, infiltram-se entre os acusados alcaguetes profissionais, denominados *moutons*, que denunciam qualquer tentativa de fuga às autoridades. Ali onde durante anos e até séculos o sistema dera resultado era inútil qualquer tentativa de resistência.

Entretanto, misterioso consolo diante de cada violência coletiva: o indivíduo, se inflexível e resoluto, acaba por se demonstrar quase sempre mais forte que qualquer sistema. A inteligência humana, quando a força de vontade se mostra inquebrantável, pode anular toda ordem escrita. Assim também aconteceu no caso de Maria Antonieta. Já poucos dias mais tarde, graças àquela magia singular que emanava em parte de seu nome, em parte da soberana atitude pessoal, também na Conciergerie ela consegue transformar todos os que devem vigiá-la em amigos, aliados, auxiliares. A mulher do guardião não teria outra incumbência a não ser a de varrer o recinto e providenciar comida grosseira. Porém, com capricho comovente cozinha para a rainha os pratos mais seletos; oferece-se para penteá-la; manda trazer diariamente de outro bairro uma garrafa da água que Maria Antonieta prefere. A criada da guardiã, por sua vez, aproveita qualquer oportunidade para esgueirar-se junto à prisioneira a fim de perguntar se lhe poderia ser útil de alguma forma. E os severos guardas, com os bigodes enrolados para cima, as largas espadas tilintando, os fuzis constantemente carregados, justo eles, que de fato devem proibir tudo isso, o que fazem? Trazem – e o comprova a ata de um interrogatório – todos os dias, por espontânea vontade, flores frescas para a rainha enfeitar sua cela sombria, compradas no mercado com o dinheiro deles. Entre os desafortunados, que moram mais perto da desgraça que os burgueses, uma comovente onda de solidariedade manifesta-se em relação à soberana tão odiada em seus dias de glória. Quando as vendedoras do mercado nas proximidades da Conciergerie ficam sabendo por Mme Richard que a galinha ou as verduras são destinadas à rainha, escolhem cuidadosamente o melhor. Com furioso espanto Fouquier-Tinville toma conhecimento durante o processo de que a rainha teve mais regalias na Conciergerie que no Templo. Onde a morte reina de maneira mais terrível, aumenta nas pessoas o sentimento de humanidade como forma inconsciente de defesa.

No caso de uma prisioneira de Estado tão importante como Maria Antonieta, a princípio surpreende que a vigilância fosse bastante frouxa, tendo em vista as tentativas de fuga. Contudo, pode-se compreender muita coisa tão logo vem à lembrança que o inspetor supremo daquele cárcere não era outro senão o vendedor de limonada Michonis, que já estivera envolvido no complô do Templo. Através dos espessos muros de pedra da Conciergerie também soa e brilha o ouro do barão de Batz, e Michonis continua a exercer seu arriscado papel duplo. Todos os dias se dirige consciencioso e severo à cela da rainha, sacode as grades de ferro, verifica as portas e depois relata com detalhes pedantes tais visitas à Comuna, que se considera feliz por ter encontrado um republicano tão confiável como guardião, como carcereiro. Na realidade, Michonis espera apenas que os guardas deixem a cela para conversar quase amigavelmente com a rainha, trazendo-lhe as notícias tão esperadas dos filhos que ficaram no Templo; vez por outra, talvez por ganância ou bondade, chega a permitir que algum visitante curioso o acompanhe quando faz a inspeção na Conciergerie; numa ocasião, um inglês ou uma inglesa, provavelmente a excêntrica Mrs Atkins; de outra feita, um noviço que ainda não se ordenara padre e que, segundo consta, recebeu a última confissão da rainha; ou o pintor a quem devemos o quadro no Museu Carnevalet. Por fim, fatidicamente, também aquele ousado maluco que, num entusiasmo exagerado, provocou o fim abrupto de todas as liberdades e regalias.

O FAMIGERADO *affaire de l'oeillet*, a "conspiração do cravo" que mais tarde Alexandre Dumas transformou em grande romance,[122] é uma história obscura; talvez não seja mais possível desvendá-la, pois o que os autos do processo revelam é insuficiente; o que seu protagonista descreve tem o sabor suspeito de fanfarronice. Caso se acredite na Comuna e no inspetor supremo das prisões, Michonis, o incidente teria sido um episódio totalmente sem importância. Certa ocasião, durante um jantar com amigos, ele teria mencionado as visitas obrigatórias que fazia todos os dias à rainha. Então, um senhor desconhecido, cujo nome não sabia, mostrara-se muito curioso e perguntara se poderia acompanhá-lo uma vez. De bom humor, não teria indagado mais nada e levara o homem consigo em uma das visitas, obviamente com a recomendação de não dirigir palavra à rainha.

Seria Michonis, o homem de confiança do barão de Batz, realmente tão ingênuo como se apresenta? Não teria tido o cuidado de averiguar quem era aquele desconhecido que deveria levar à cela da rainha? Em caso afirmativo, teria descoberto que aquele homem é um velho conhecido de Maria Antonieta, o cavalheiro de Rougeville, um dos fidalgos que defenderam a rainha em 20 de junho, arriscando a própria vida. Porém, tudo leva a crer que Michonis, que prestara ajuda ao barão de Batz, teria razões sonantes e de peso para não fazer perguntas demais sobre as intenções do

---

[122] *Le chevalier de Maison-Rouge*, romance escrito em 1845.

desconhecido; provavelmente o complô estava muito mais amadurecido do que fazem crer os poucos indícios que restaram.

De qualquer modo, em 28 de agosto, soa o molho de chaves à porta da cela do presídio. A rainha e a guardiã erguem-se. Ela sempre se assusta no momento em que a porta de seu cárcere é aberta, pois todas as visitas inesperadas das autoridades sempre lhe trouxeram, durante semanas e meses, notícias nefastas. Ora, trata-se apenas de Michonis, o amigo secreto, desta vez acompanhado por um cavalheiro desconhecido qualquer, a quem a prisioneira não dá atenção. Maria Antonieta suspira aliviada; troca algumas palavras com Michonis e pergunta pelos filhos: eles são a primeira e mais urgente preocupação da mãe. Michonis responde com cortesia, a rainha quase fica alegre; esses poucos minutos em que a cinzenta capa de silêncio se rompe, em que ela pode pronunciar o nome dos filhos diante de alguém, significam para ela uma espécie de felicidade.

Porém, de súbito, Maria Antonieta empalidece. A palidez dura um segundo. Depois sobe-lhe o sangue para as faces. Começa a tremer e sente dificuldade de manter-se de pé. A surpresa é grande demais, pois reconhecera Rougeville, o homem que estivera a seu lado centenas de vezes no palácio, o homem que sabe ser capaz de qualquer temeridade. Mas o que – o tempo passa rápido demais para que possa refletir –, o que significa esse amigo seguro e confiável em sua cela? Pretende salvá-la? Pretende dizer-lhe algo? Transmitir algo? Não ousa dirigir a palavra a Rougeville, nem ousa erguer o olhar para ele, por temor dos policiais e da guardiã; contudo, nota que ele lhe faz sinais que não compreende. Uma felicidade e uma tortura ao mesmo tempo, a de saber estar tão próxima de um mensageiro e não compreender sua mensagem; a mulher perturbada fica cada vez mais inquieta, temendo trair-se.

Talvez Michonis tivesse percebido algo da agitação; o fato é que de repente lembra-se de inspecionar outras celas e afasta-se apressado com o estranho, explicando, contudo, que voltaria.

Uma vez sozinha, Maria Antonieta – seus joelhos fraquejam – senta-se e procura refazer-se. Decide, caso ambos retornem, permanecer mais atenta e menos nervosa do que no primeiro encontro, prestando atenção a

A *última tentativa* 431

qualquer sinal ou gesto. E eles voltam de fato, novamente tinem as chaves, mais uma vez Michonis entra com Rougeville. Agora Maria Antonieta está senhora de seus nervos. Mais atenta, mais alerta, mais contida, observa Rougeville enquanto conversa com Michonis e percebe de repente que o cavalheiro, num rápido gesto, jogara algo no canto atrás da estufa. O coração pulsa rápido, mal pode esperar para ler a mensagem; nem bem Michonis e Rougeville deixam a cela, com presença de espírito, sob um pretexto qualquer, diz aos guardas que os acompanhem. Utiliza esse único minuto sem vigilância para acorrer depressa ao esconderijo. Como? Nada além de um cravo? Não, no cravo há um bilhete dobrado. Ela o abre e lê: "Minha protetora, nunca a esquecerei, empenharei sempre todos os meios para demonstrar-lhe meu espírito de sacrifício. Se tiver necessidade de trezentos ou quatrocentos luíses para aqueles que a cercam, virei trazê-los na próxima sexta-feira."

Pode-se bem imaginar o sentimento daquela infeliz mulher quando percebe reacender em si a esperança. De novo resplandece a escura cela, como que sob a espada de um anjo. Um dos seus, um cavaleiro da ordem de São Luís, um fiel e confiável monarquista conseguiu penetrar na terrível e inatingível casa mortuária, trancada a sete ou oito chaves, a despeito de todas as proibições, de todas as medidas de precaução da Comuna. Agora a salvação está próxima. Decerto as mãos adoradas de Fersen teceram esses fios, sem dúvida aliados poderosos e desconhecidos colaboram para salvar sua vida a um passo do abismo. De súbito, aquela mulher já resignada, já grisalha, sente novamente coragem e vontade de viver.

Por infortúnio, sente coragem, coragem até demais. Infelizmente sente confiança, muita confiança. Os trezentos ou quatrocentos luíses, ela compreende logo, devem servir para subornar os guardas da cela; esta apenas é sua tarefa, o resto será providenciado pelos amigos. Em seu otimismo renovado, põe-se logo em ação. Rasga o bilhete comprometedor em pedacinhos minúsculos e prepara uma resposta. Tomaram-lhe a pena, o lápis, a tinta, só lhe resta uma tira de papel. Toma-a e espeta no papel – a necessidade torna as pessoas inventivas – as letras da resposta com sua agulha de costura; o bilhete ainda hoje é conservado como relíquia, embora ilegível, prejudicado por espetadelas posteriores. Entrega o bilhete com a promessa de polpuda recompensa ao guarda Gilbert, para que este o passe às mãos do desconhecido, caso ele retorne.

Nesse ponto uma sombra paira sobre o caso. Tudo indica que o policial Gilbert ficou indeciso. Trezentos luíses cintilam de maneira tentadora para um pobre-diabo; entretanto, também a lâmina da guilhotina lampeja e brilha de maneira indizível. Sente-se condoído pela pobre mulher, mas também teme por seu cargo. O que fazer? Cumprir a tarefa significaria trair a República, fazer o papel de delator seria abusar da confiança da mulher infeliz. Assim, o honrado guarda percorre primeiro o caminho intermediário, confidencia-se com a mulher do guardião do presídio, a todo-poderosa Mme Richard. E eis que Mme Richard partilha de seu embaraço. Também ela não ousa silenciar, também ela não ousa falar abertamente e muito menos envolver-se numa conspiração tão temerária; é provável que tenham soado em seus ouvidos as badaladas secretas dos milhões.

Afinal, Mme Richard faz o mesmo que o guarda: não apresenta queixa mas também não se cala. Tal como o gendarme, livra-se da responsabilidade e comunica confidencialmente a história do bilhete secreto a seu superior, Michonis, que empalidece diante da notícia. Já teria Michonis compreendido que introduzira no cárcere um cúmplice da rainha ou percebeu o logro nesse instante? Teria sido informado antes acerca do complô, ou foi ludibriado por Rougeville? Contudo, não fica satisfeito ao saber que havia agora duas pessoas cientes do assunto. Ostentando uma atitude de extremo rigor, toma da boa senhora Richard o bilhete suspeito, mete-o no bolso, recomendando-lhe que se cale. Espera assim ter contornado a imprudência da rainha e resolvido o assunto constrangedor. Logicamente não presta queixa alguma; assim como no primeiro complô com o conde de Batz, safa-se com tranquilidade tão logo o risco aumenta.

Tudo estava em ordem agora. Por desgraça, porém, o assunto não dá sossego ao guarda. Um punhado de moedas de ouro talvez o tivesse feito se calar, mas Maria Antonieta não tem dinheiro, e pouco a pouco ele começa a temer pela cabeça. Depois de um silêncio de cinco dias (eis o ponto suspeito e insondável do caso) sem nada ter comentado com seus

A última tentativa

companheiros ou as autoridades, afinal, em 3 de setembro, presta contas a seus superiores; duas horas mais tarde comissários do Conselho acorrem à Conciergerie e interrogam todos os envolvidos.

A princípio a rainha nega tudo. Não reconhecera ninguém. Quando lhe perguntam se teria escrito algo nos últimos dias, responde friamente que não teria como escrever. Michonis também se faz de desentendido e conta com o silêncio de Mme Richard, provavelmente comprada com dinheiro. Todavia, esta afirma ter passado o bilhete a Michonis, que agora é obrigado a apresentá-lo (de modo astuto, porém, ele tornara o texto ilegível com novas espetadelas de agulha). No dia seguinte, durante o segundo interrogatório, a rainha deixa de resistir. Declara conhecer o homem da época das Tulherias e ter recebido dele um bilhete oculto no cravo, tendo-o respondido; ela não nega mais sua participação e sua culpa.

Com o máximo empenho, no entanto, protege o homem que queria sacrificar-se por ela, não menciona Rougeville, sustentando não se lembrar do nome daquele oficial da guarda; acoberta Michonis, salvando-lhe a vida. No entanto, vinte e quatro horas mais tarde, o Conselho e o Comitê de Segurança já conhecem o nome de Rougeville; em vão os policiais perseguem por toda Paris o homem que pretendera salvar a rainha, mas que na verdade apenas selou sua ruína.

A CONSPIRAÇÃO QUE COMEÇARA de maneira desastrosa apressa sobremaneira a sorte da rainha. O tratamento atencioso que até então lhe fora concedido de forma tácita cessa de pronto. Todos os objetos pessoais são confiscados, os últimos anéis, até o pequeno relógio de ouro que trouxera da Áustria como derradeira lembrança de sua mãe, assim como o pequeno medalhão com as mechas de cabelo dos filhos, guardado com tanto carinho. Confiscam-lhe também as agulhas com as quais inventivamente escrevera o bilhete a Rougeville e proíbem-lhe ter luz à noite. Exoneram o indulgente Michonis e também Mme Richard, substituída por nova guardiã, Mme Beault. Ao mesmo tempo, o magistrado ordena, num decreto de 11 de setembro, que uma cela de maior segurança contra fugas reincidentes fosse destinada à prisioneira; e como não se encontra cela alguma na Conciergerie que pareça inviolável o bastante para o temeroso magistrado, o espaço da farmácia é desocupado e transformado em cela com portas de ferro duplas. A janela voltada para o pátio feminino é emparedada até meia altura; sob a janela instalam uma guarita com duas sentinelas, e dois guardas se revezam dia e noite no recinto contíguo, respondendo com a própria vida pela prisioneira. Dali em diante, estranho algum poderia entrar na cela, salvo no cumprimento de sua função – e, tanto quanto se podia prever, o carrasco.

Maria Antonieta chegou agora ao último degrau, ao mais baixo, de seu isolamento. Os novos carcereiros, embora nutrindo simpatia por ela, não ousam trocar uma única palavra com aquela mulher perigosa, tampouco os guardas. Foi-se o pequeno relógio que com seu tique-taque suave marcava o tempo infindo; tomaram-lhe o trabalho de costura, nada lhe deixaram além do cachorrinho. Só agora, passados vinte e cinco anos, o total isolamento faz com que Maria Antonieta se recorde do conforto tantas vezes aconselhado por sua mãe: pela primeira vez na vida solicita que lhe deem livros e os lê, um após outro, com olhos cansados, irritados; dedica-se sem parar à leitura. Nada de romances ou peças de teatro, nada que seja alegre, nada sentimental, nada de histórias de amor – estes talvez a fizessem lembrar-se de outros tempos –, apenas livros de aventura, as viagens do Capitão Cook, histórias de náufragos e aventuras arrojadas, livros que prendem a atenção e seduzem, que excitam e libertam a imaginação, que a fazem esquecer o tempo e o mundo. Personagens de ficção, inventadas, são as únicas companheiras de sua solidão. Ninguém mais aparece para visitá-la, por dias inteiros nada ouve além dos sinos da vizinha Sainte-Chapelle e o rumor das chaves no trinco. Depois novamente o silêncio, o eterno silêncio no recinto baixo, apertado, úmido e escuro como um túmulo. A falta de movimento, de ar, enfraquece seu corpo; fortes hemorragias deixam-na exaurida. Quando enfim é convocada ao tribunal, é uma mulher envelhecida, de cabelos grisalhos, que sai daquela longa noite para a claridade, já esquecida do céu.

A grande infâmia

ATINGIU-SE O ÚLTIMO DEGRAU, o caminho chega ao fim. A máxima tensão do contraste tecido pelo destino cumpre seu objetivo. Aquela que nascera num palácio imperial e possuíra centenas de quartos em seu próprio castelo habita um cubículo apertado, gradeado, quase subterrâneo, úmido e sombrio. Aquela que amava o luxo e as multifacetadas preciosidades artísticas e artificiosas da riqueza que a cercavam nem ao menos possui um armário, um espelho, uma poltrona, apenas o essencial, uma mesa, uma cadeira, uma cama de ferro. Aquela que tivera a seu serviço um séquito vaidoso de incontáveis serviçais, uma camareira-chefe, uma dama de honra, uma *dame d'atours*,[123] duas camareiras para o dia, duas para a noite, um leitor, um médico, cirurgiões, secretários, mordomos, lacaios, criados, cabeleireiros, cozinheiros e pajens, penteia agora os próprios cabelos grisalhos. Aquela que necessitava de trezentos vestidos novos por ano remenda agora com olhos quase cegos a bainha da roupa rasgada no cárcere. Outrora forte, tornara-se fraca, a mulher linda e desejada está pálida e envelhecida. Amante de diversões do meio-dia à meia-noite, ela medita agora solitária, e insone espera passar a noite até que a manhã desperte por trás das grades da janela. Quanto mais o verão declina, tanto mais a penumbra invade a cela sombria, transformando-a numa tumba, pois o dia escurece sempre mais cedo, e desde o recrudescimento das medidas de segurança Maria Antonieta não pode ter luz; apenas do corredor penetra pelo vão superior de vidro, misericordioso, o pobre e tímido reflexo de

---

[123] *Dame d'atours*: "açafata", dama encarregada das vestimentas e atavios das senhoras da corte.

uma lamparina a óleo, rompendo a total escuridão. Sente-se a chegada do outono, a friagem sobe do chão cru de pedra, do Sena próximo vem uma névoa úmida pelos muros, cada pedaço de madeira parece molhado e visguento; tudo cheira a mofo e podridão, respira-se o odor da morte. O tecido das roupas se desfaz, os vestidos se rasgam, o frio úmido e cortante penetra os ossos, provocando dores reumáticas lancinantes. Torna-se cada vez mais exausta a mulher encolhida de frio que um dia – parece-lhe que já se passaram mil anos – fora a rainha daquele país, a mulher mais alegre e vital da França. O silêncio torna-se cada vez mais gelado, o tempo ao redor dela cada vez mais vazio. Não mais se assustará quando a chamarem para a morte, pois nessa cela ela aprendeu o que significa ser enterrada viva.

Naquele túmulo habitado no coração de Paris não se ouve eco algum da terrível tormenta que assola o mundo no outono. Nunca a Revolução Francesa correu tantos riscos quanto nesse momento. Caíram duas de suas mais sólidas fortalezas, Mogúncia e Valenciennes, os ingleses se apossaram do mais importante porto bélico; a segunda maior cidade da França, Lyon, rebelou-se; as colônias estão perdidas. Na Convenção há discórdia, fome e abatimento em Paris, a República está a poucos passos da queda. Apenas uma coisa pode salvá-la: a ousadia desesperada, o desafio suicida. A República só pode superar o medo quando ela mesma insuflar o medo. "Ponhamos o Terror na ordem do dia" – essas terríveis palavras fazem ecoar o pavor no recinto da Convenção; sem qualquer exame, as ações confirmam a ameaça. Os girondinos são considerados fora da lei, o duque de Orléans e inúmeros outros são entregues ao tribunal revolucionário. O cutelo da guilhotina já está em movimento quando Billaud-Varennes se ergue e clama: "A Convenção há pouco deu grande exemplo de rigor com os traidores que preparam a ruína do próprio país. Porém, cumpre-lhe ainda o dever de um importante decreto. Uma mulher, a vergonha da humanidade e de seu sexo, deve enfim expiar seu crime na guilhotina. Já se fala à boca pequena que ela teria sido reconduzida ao Templo, que teria sido julgada secretamente e absolvida pelo tribunal revolucionário, como se uma mulher que tem na consciência o sangue de milhares de pessoas pudesse ser absolvida pela justiça francesa,

A *grande infâmia*

437

pelo júri francês. Exijo que o tribunal da revolução tome uma decisão ainda esta semana."

Embora a moção não exija apenas o julgamento de Maria Antonieta, mas sua execução, ela é aceita por unanimidade. Porém, Fouquier-Tinville, o promotor público, que em geral trabalha de modo frio e rápido, sem parar, como uma máquina, hesita agora também de maneira suspeita. Não apresenta a acusação contra a rainha naquela semana nem na próxima, tampouco na seguinte; não se sabe se alguém secretamente lhe tolheu a mão ou se o homem de coração de pedra, que costumava transformar papel em sangue e sangue em papel com mágica rapidez, não disporia ainda de algum documento comprobatório convincente. Seja como for, ele hesita, adia o processo. Escreve ao Comitê de Segurança para que lhe envie material. De modo curioso, também o Comitê é acometido pela mesma lentidão suspeita. Por fim, junta alguns papéis sem importância, o inquérito sobre "a conspiração do cravo", uma lista de testemunhas, os autos do processo do rei. Mas Fouquier-Tinville de novo adia a decisão. Falta-lhe algo ainda, ou a ordem secreta para dar início ao processo, ou algum documento incisivo, algum fato notório que pudesse conferir a seu libelo acusatório o brilho e o ardor de uma legítima indignação republicana; um delito qualquer, provocador e excitante, da parte da mulher ou da parte da rainha. Mais uma vez parece que o processo pateticamente invocado iria dar em nada. Então, à última hora, Hébert, o mais ferrenho e resoluto inimigo da rainha, deposita um documento nas mãos de Fouquier-Tinville, o mais pavoroso e infame de toda a Revolução Francesa. Esse forte impulso é decisivo: a máquina infernal se põe em movimento.

O QUE ACONTECERA? Em 30 de setembro Hébert recebe inesperadamente do Templo uma carta do sapateiro Simon, o preceptor do delfim. A primeira parte fora escrita por mãos estranhas e diz o seguinte, em ortografia correta e legível: "Saudações! Venha logo, meu amigo, tenho coisas a lhe dizer e teria prazer em vê-lo; faça o possível para vir ainda hoje, pois encontrará em mim um republicano sincero e honrado." O resto da carta, ao contrário, está rabiscado com a letra de Simon e demonstra com sua ortografia terrivelmente grotesca o grau de instrução do "preceptor": "Je te çoitte bien le bon jour moi e mon est pousse Jean Brasse tas cher est pousse e mas petiste bon amis la petist e fils cent ou blier ta cher soeur que jan Brasse. Jan tan prie de nes pas manquer a mas demande pout te voir ce las presse mois. Simon, ton amis pour la vis."[124] Hébert, consciencioso e firme, corre à procura de Simon. O que ouve parece tão espantoso mesmo para uma pessoa calejada como ele que pessoalmente não quer interferir, e convoca uma comissão de todo o Conselho, sob a presidência do prefeito, a qual se dirige em grupo ao Templo para lá recolher em três depoimentos escritos (e conservados até hoje) o decisivo material de acusação contra a rainha.

Aproximamo-nos agora do fato que durante muito tempo permaneceu inacreditável, psicologicamente inconcebível, o episódio da história de Maria Antonieta que só se pode entender pelo extremo nervosismo da época, pelo envenenamento longo e sistemático da opinião pública. O pequeno delfim, um menino precoce e travesso, ao brincar com um pedaço de madeira algumas semanas antes, enquanto ainda estava sob a guarda da mãe, machucara um dos testículos; um médico atendeu ao chamado e providenciou uma espécie de cinta para hérnias. O incidente, que ocorrera ainda durante a estada de Maria Antonieta no Templo, parecia estar resolvido e esquecido. Porém, certo dia, Simon ou sua mulher descobrem que a criança precoce e atrevida dedica-se a certas travessuras próprias de garotos, os assim chamados *plaisirs solitaires*. O menino pego em flagrante não pôde negar. Pressionado por Simon sobre quem lhe ensinara tais práticas malsãs, diz a infeliz criança – ou permitiu que lhe sugerissem – que sua mãe e sua tia o teriam induzido àquele mau costume. Simon, que acredita em tudo que se atribui à tigresa, até nas coisas mais diabólicas, continua a questionar a criança e, visivelmente indignado com

---

[124] "Eu ti dezejo bondia, eu e minha espoza, e mando um abrasso pra tua cara espoza e pro meu bom amigo e o netinho, sem esqueçe da tua irma, pra quem mando um abrasso. Eu ti pesso não dexa de atende meu pidido pra ti ver cem demora. Simon, seu amigo sempre."

A grande infâmia

a depravação de uma mãe, induz por fim o menino a afirmar que as duas mulheres o teriam posto inúmeras vezes em sua a cama e que a mãe praticara incesto com ele.

Diante de testemunho tão monstruoso de um menino que ainda não completara nove anos, uma pessoa razoável numa época normal teria obviamente reagido com total desconfiança. Porém, a convicção de uma insaciedade erótica por parte de Maria Antonieta impregnara tão profundamente o sangue do povo graças a incontáveis publicações difamatórias da revolução que até a acusação estapafúrdia de que a própria mãe teria abusado de seu filho de oito anos e meio não despertou dúvidas em Hébert e Simon. Ao contrário, os fanáticos e cegos *sans-culottes* consideraram a coisa totalmente lógica e clara. Maria Antonieta, a arquimeretriz da Babilônia, a lésbica mal-afamada, está acostumada desde os tempos do Trianon a procurar todos os dias os favores de alguns homens e mulheres. Nada mais natural, concluem eles, que semelhante loba, encarcerada no Templo, onde não encontra um parceiro para sua diabólica ninfomania, recorra a seu próprio filho inocente e indefeso. Hébert e seus desgraçados amigos totalmente cegos pelo ódio nem por um instante duvidam da veracidade da acusação mentirosa da criança contra a mãe. Trata-se agora apenas de documentar num protocolo por escrito, preto no branco, a vergonha da rainha para que toda a França tome conhecimento da extrema vilania da infame austríaca, para cuja perversidade a guilhotina não passa de suave castigo. Assim, são tomados três depoimentos: o de um menino que ainda não completou nove anos, o de uma mocinha de quinze anos e o de Mme Isabel – uma cena tão horrenda e vergonhosa que poderia ser considerada irreal, caso os documentos não estivessem hoje no Arquivo Nacional de Paris, amarelecidos, mas bem legíveis, assinados pela mão inábil das duas crianças.

PARA O PRIMEIRO INTERROGATÓRIO, em 6 de outubro, apresentam-se o prefeito Pache, o síndico Chaumette, Hébert e outros conselheiros; no segundo, em 7 de outubro, lê-se entre as assinaturas também o nome de um pintor famoso, ao mesmo tempo um dos homens mais vis da revolução, David. Em primeiro lugar chama-se a criança de oito anos e meio como testemunha-chave. A princípio interrogam-na sobre outros fatos ocorridos no Templo, e o menino tagarela; sem compreender o alcance de sua declaração, revela o nome dos aliados secretos da mãe, sobretudo Toulan. Depois o assunto delicado vem à baila, e aqui dizem os autos: "Frequentemente flagrado na cama de Simon e sua mulher em hábitos impróprios que prejudicam sua saúde, teria ele declarado que fora instruído pela mãe e pela tia a tais práticas perigosas; muitas vezes se divertiram ao vê-lo realizar tais brincadeiras diante delas. Isso ocorria inúmeras vezes quando permitiam que ele dormisse entre elas. Pela maneira como o menino se expressava, deu-nos a entender que certa ocasião sua mãe o fez aproximar-se dela, resultando desse contato uma cópula; daí adviria o inchaço em um de seus testículos, razão pela qual ainda usaria uma faixa. Sua mãe lhe teria proibido comentar o assunto, e desde então o ato teria se repetido inúmeras vezes. Ademais, acusa Michonis e alguns outros de terem conversado de maneira muito íntima com sua mãe."

Preto no branco, com sete ou oito assinaturas, foi documentada a ignomínia. A autenticidade disso, do fato de que a criança ingênua realmente prestou esse infame depoimento, é incontestável; quando muito se poderia objetar que o trecho com a acusação de incesto com a criança de oito anos e meio não consta do texto, mas foi depois acrescentado à margem – evidentemente os próprios inquisidores teriam hesitado em documentar a desonra. Uma coisa, porém, não pode ser apagada: a assinatura "Louis Charles Capet" consta abaixo do depoimento, em letras enormes, traçadas de maneira pueril e desajeitada. O próprio filho lançou diante daquelas pessoas estranhas a mais vil das acusações contra a mãe.

Mas não basta esse absurdo: os juízes de instrução criminal querem realizar seu trabalho com esmero. Depois do menino de quase nove anos chamam para depor a mocinha de quinze anos, sua irmã. Chaumette pergunta-lhe "se, ao brincar com o irmão, ele não a teria tocado lá onde não deveria, e se a mãe e a tia não o teriam deixado dormir na cama entre elas". Ela responde "Não". Agora – cena pavorosa – as duas crianças, a de

A grande infâmia

nove e a de quinze anos, são acareadas para discutir diante dos inquisidores a honra da mãe. O pequeno delfim mantém sua afirmação, a menina de quinze anos, intimidada pela presença dos homens austeros e confusa com as perguntas impróprias, refugia-se atrás da declaração de que nada sabia, nunca presenciara nada daquilo. Agora é convocada a terceira testemunha, Mme Isabel, a irmã do rei: diante dessa jovem senhora de vinte e nove anos, os inquisidores não têm tarefa tão fácil quanto com as crianças inocentes e amedrontadas. Assim que lhe apresentaram o documento com a declaração do delfim, um rubor cobre as faces da moça ofendida; com desprezo atira o papel longe e diz que tal infâmia estaria abaixo de seu nível para que se dignasse a responder. Agora – nova cena diabólica – o menino é confrontado com ela. Ele mantém firme e atrevidamente que ela e sua mãe o teriam induzido aos atos libidinosos. Mme Isabel não se contém: "Ah! Le monstre", brada com raiva justificada, incontida, para o garoto dissimulado que a acusa de tais obscenidades. Mas os comissários já ouviram tudo que queriam. Também esse protocolo é redigido com todo cuidado, e em triunfo Hérbert apresenta os três depoimentos ao juiz instrutor, na esperança de que a rainha tenha sido desmascarada para os contemporâneos e para a posteridade, agora e por todo sempre, e que seja levada ao cadafalso. Com gesto patriótico, o peito inflado, põe-se à disposição para apresentar-se como testemunha da perversidade incestuosa de Maria Antonieta perante o tribunal.

O DEPOIMENTO DE UMA CRIANÇA contra a própria mãe, talvez por ser inusitado nos anais da história, constituiu desde sempre um dos maiores enigmas na biografia de Maria Antonieta. Para contornar o obstáculo constrangedor, os defensores apaixonados da rainha refugiam-se em explicações evasivas e deturpações. Hébert e Simon, descritos por eles como a personificação do demônio, teriam se aliado no complô e submetido a pobre criança ingênua a terrível coação, arrancando-lhe a vergonhosa denúncia. Teriam – primeira versão monarquista – amansado o menino com guloseimas ou com o chicote, ou teriam – segunda versão igualmente pouco psicológica – embriagado a criança com conhaque; seu depoimento teria sido prestado em estado de embriaguês, por isso seria inválido. As duas afirmações não atestadas contradizem a descrição clara e absolutamente imparcial de uma testemunha ocular da cena, o secretário Danjou, cuja mão produziu o protocolo: "O jovem príncipe, cujos pés não alcançavam o chão, estava sentado numa poltrona e balançava as perninhas curtas de um lado para outro. Inquirido a respeito do assunto em questão, respondia que era verdade." A atitude do delfim demonstra um atrevimento desafiador, uma brincadeira. Também se deduz do texto dos outros dois depoimentos que o menino não agiu sob qualquer coação, ao contrário, repetiu com espontaneidade e teimosia infantil – sente-se nisso certa maldade e um espírito de vingança – a acusação contra a tia.

Como explicar isso? Não seria muito difícil para a nossa geração, acostumada a lidar com mais compreensão com os desacertos psicológicos dessa natureza em menores, mais informada que as gerações passadas sobre a inveracidade de depoimentos infantis tanto do ponto de vista científico quanto psicológico-legal. Antes de tudo, deve-se deixar de lado a opinião sentimental de que o delfim se vira terrivelmente humilhado pelo fato de ter passado à tutela do sapateiro Simon e lamentava a ausência da mãe; as crianças acostumam-se de maneira rápida e surpreendente a ambientes estranhos; embora assustador à primeira vista, é provável que o menino de quase nove anos se sentisse muito mais à vontade com Simon – grosseiro, mas bem-humorado – que na torre do Templo, com aquelas mulheres lastimosas que lhe ministravam lições o dia inteiro, obrigando-o a ler e tentando impor dignidade e compostura à criança, como futuro rei da França. Na casa do sapateiro Simon o pequeno delfim está totalmente livre, Deus sabe que ali não é torturado com estudos; pode brincar à vontade, sem se preocupar ou tomar cuidado; é muito mais divertido para ele cantar "La charmagnole" com os soldados que rezar o rosário com a beata e enfadonha Mme Isabel. Instintivamente, toda criança tem em si uma tendência a nivelar-se por baixo, uma defesa contra a cultura e os hábitos que lhe foram impostos; ela se sente mais à vontade entre gente sem grande educação que entre pessoas refinadas; onde reina mais

A grande infâmia

liberdade, mais naturalidade, e se exige menos disciplina, o lado anárquico propriamente dito de sua natureza pode desenvolver-se melhor. O desejo de ascensão social surge somente com o despertar da inteligência – até os dez, às vezes até os quinze anos, na verdade, toda criança de boa família inveja seus amiguinhos proletários, a quem se permite tudo que a boa educação lhes proíbe. Com essa rápida mudança de sentimento, normal entre crianças, o delfim parece ter se libertado muito depressa da maternal esfera melancólica – os biógrafos sentimentais não querem de maneira alguma admitir esse fenômeno natural –, adaptando-se ao ambiente do sapateiro, mais descontraído, embora inferior, porém muito mais divertido para ele; a própria irmã admite que ele cantava canções revolucionárias em alto e bom som; outra testemunha insuspeita refere-se a uma declaração tão grosseira do delfim sobre a mãe e a tia que não ousamos reproduzi-la. A respeito da predisposição singular da criança para fazer afirmações fantasiosas há ainda um testemunho mais incontestável; ninguém menos que a própria mãe já escrevera sobre o menino de então quatro anos e meio naquelas orientações à governanta: "é tagarela, gosta de repetir o que ouve. … Isso é um grande defeito, que deve ser corrigido."

Com essa descrição de caráter Maria Antonieta nos fornece o dado decisivo para a solução do enigma. E isso se complementa com uma afirmação de Mme Isabel. Como se sabe, crianças que são apanhadas num ato proibido tentam lançar a culpa nos outros. Por instintiva autodefesa (pois sabem que não se aprecia responsabilizar as crianças), dão como justificativa o fato de terem sido "induzidas" por alguém. Nesse caso, a declaração de Mme Isabel, constante dos autos, elucida bem a situação. Ela esclarece – e isso foi absurdamente encoberto que o sobrinho há muito se entregava àquela brincadeira de menino, e lembrava-se perfeitamente de que tanto ela quanto a mãe o teriam repreendido com frequência. Aqui surge a pista verdadeira. A criança fora surpreendida antes pela mãe e pela tia e provavelmente fora punida com maior ou menor severidade. Inquirida por Simon sobre quem lhe ensinara tais hábitos reprováveis, a criança, talvez numa óbvia associação com o fato, pensa naquela primeira vez, lembra das pessoas que a castigaram. De forma inconsciente vinga-se pelo castigo e, sem medir as consequências de sua afirmação, cita os nomes de quem o castigara como as pessoas que o induziram; ou talvez tenha anuído a uma pergunta sugestiva nesse sentido sem qualquer hesitação, dando a impressão de total veracidade. Agora a trajetória torna-se clara. Uma vez enredado na mentira, o menino não consegue mais voltar atrás; porém, como no presente caso, tão logo sente que acreditam piamente e até com alegria em sua afirmação, sente-se seguro na mentira e admite de bom grado tudo que os comissários perguntam. Por instinto de autodefesa, mantém-se firme em sua versão desde que percebe que ela o poupará de uma punição. Até psicólogos mais experientes que aqueles sapateiros, ex-atores, pintores e escrivães teriam certa dificuldade em não se deixar sugestionar por uma declaração tão clara e evidente. Além do mais, nesse caso específico, os inquiridores estavam sob a influência de uma sugestão coletiva; para eles, para os leitores diários do *Père Duchesne*, a terrível acusação da criança adequava-se ao caráter infernal da mãe, que as brochuras pornográficas de toda a França tinham transformado em poço de vícios. No caso de Maria Antonieta, nenhum crime, nem o mais absurdo, surpreende aqueles sugestionados cidadãos. Assim, não se espantaram muito, não refletiram profundamente; ao contrário, de maneira tão despreocupada quanto a criança de nove anos, colocaram suas assinaturas sob uma das maiores infâmias jamais engendradas contra uma mãe.

POR FELICIDADE, a prisão incomunicável na Conciergerie impediu que Maria Antonieta tomasse conhecimento imediato do horrendo depoimento do filho. Apenas no penúltimo dia de sua vida o libelo de acusação instruiu-a a respeito da terrível humilhação. Durante décadas tolerara todos os insultos contra sua honra, as mais vis difamações, sem sequer decerrar os lábios. O fato, porém, de se ver tão torpemente aviltada pelo próprio filho... Esse sofrimento inconcebível deve tê-la abalado até as profundezas da alma. Às portas da morte, acompanha-a esse pensamento torturante; três horas antes da execução, a mulher até então serena escreve a Mme Isabel, também acusada: "Sei como esse menino deve tê-la feito

A grande infâmia

sofrer, perdoa-o, querida irmã, lembra-te de sua idade e de como é fácil pôr na boca de uma criança aquilo que queremos ouvir, mesmo coisas que ela não compreende. Espero que logo chegue o dia em que ele entenderá o valor de tua bondade e do teu carinho."

Hébert não conseguiu o que queria: desonrar a rainha diante do mundo com a clamorosa acusação. Ao contrário, durante o processo, escapa-lhe das mãos o cutelo destinado a ela, que atingiu a ele mesmo. Mas conseguiu outro feito: ferir-lhe mortalmente a alma, envenenar as últimas horas de uma mulher já nos braços da morte.

Começa o processo

AGORA HÁ BASTANTE LENHA na fogueira e o promotor público pode deliciar-se com o fogo. Em 12 de outubro, Maria Antonieta é convocada à grande sala do Conselho para a primeira audiência. Diante dela estão sentados Fouquier-Tinville, seu assessor Herman e alguns escrivães; a seu lado, ninguém, nenhum defensor, nenhum assistente, apenas o guarda que a vigia.

Entretanto, nas muitas semanas de solidão, Maria Antonieta conseguiu reunir forças. O perigo ensinou-a a concentrar os pensamentos, a falar bem e, melhor ainda, a calar-se: cada uma de suas respostas é convincente e ao mesmo tempo cautelosa e sagaz. Nem por um instante perde a calma, nem as perguntas mais absurdas e maliciosas conseguem desconcertá-la. No último, no derradeiro minuto, Maria Antonieta compreende a responsabilidade inerente ao seu nome. Bem o sabe, nessa semiescura sala de interrogatório, ela, que não tinha sido rainha o bastante nos salões luxuosos de Versalhes, deve sê-lo ali. Suas respostas não se destinam a um pequeno advogado fugido da fome e refugiado na revolução que pretende ser promotor público, ou àqueles carcereiros fantasiados de juízes e escrivães, mas ao único juiz legítimo e verdadeiro, a história. "Quando enfim te tornarás tu mesma", escrevera-lhe desesperada a mãe Maria Teresa vinte anos antes. Agora, às portas da morte, por energia própria, Maria Antonieta começa a conquistar a grandeza que lhe fora conferida apenas externamente. À pergunta formal de qual era seu nome responde em alto e bom som: "Maria Antonieta de Áustria-Lorena, trinta e oito anos, viúva do rei da França." Fouquier-Tinville, preocupado em manter a aparência de um processo judicial legítimo, segue à risca as

Começa o processo

formalidades do interrogatório e continua a perguntar, como se não o soubesse, o domicílio dela no momento da prisão. Sem denotar ironia, Maria Antonieta informa seus acusadores de que nunca tinha sido presa, apenas a haviam levado do recinto da Assembleia Nacional para o Templo. Têm início então as perguntas propriamente ditas e as acusações, no patético estilo burocrático da época. Ela teria, antes da revolução, mantido contatos políticos com o "rei da Boêmia e Hungria", dilapidado de "maneira pavorosa" as finanças da França, o "fruto do suor do povo, para seus prazeres e intrigas, com a cumplicidade de ministros infames", e enviara ao imperador "milhões para que fossem utilizados contra o povo que a alimentava".

Desde a revolução, ela conspirara contra a França, negociara com agentes estrangeiros, induzira o rei, seu consorte, ao veto. Todas as acusações são refutadas de maneira objetiva e firme por Maria Antonieta. Apenas diante de uma afirmação canhestramente formulada por Herman o diálogo adquire mais contundência.

"Foi a senhora que ensinou a Luís Capeto a arte da profunda dissimulação, com a qual ele pôde iludir por tanto tempo os bons cidadãos franceses, esse bom povo que não imaginava até que ponto a infâmia e a perfídia poderiam chegar." A esta tirada, Maria Antonieta responde com calma:

"Sim, o povo foi enganado e da maneira mais cruel, porém, não por meu esposo nem por mim."

"Por quem então o povo foi enganado?"

"Por aqueles que tinham interesse nisso. Nós mesmos não tínhamos o mínimo interesse em enganá-lo." Herman logo se aproveita da resposta ambígua. Espera induzir a rainha a dizer uma palavra qualquer que pudesse ser interpretada como hostil à República.

"Pois então quem são aqueles que, segundo sua opinião, teriam interesse em enganar o povo?"

Maria Antonieta esquiva-se habilmente. Não saberia dizê-lo. Seu próprio interesse teria sido esclarecer o povo, e não iludi-lo.

Herman percebe a ironia da resposta e adverte: "A senhora não respondeu claramente à minha pergunta."

Mas a rainha não se deixa arredar da posição defensiva: "Responderia sem evasivas se conhecesse o nome de tais pessoas." Após a primeira contenda, o interrogatório retoma sua objetividade. Perguntam-lhe a respeito das circunstâncias da fuga a Varennes; Maria Antonieta responde com cautela, encobrindo todos os amigos secretos que o promotor quer arrastar com ela no processo. Somente quando Herman formula uma acusação ridícula ela revida com energia.

"A senhora nunca, nem por um instante, desistiu das tentativas de destruir a França. A qualquer preço, seu desejo era reinar e subir novamente ao trono, passando por cima do cadáver dos patriotas." Ao palavrório empolado, a rainha responde com orgulho e mordacidade (ah! por que lhe impuseram semelhante idiota como inquisidor?) que ela e seu marido não teriam necessidade de subir ao trono, pois ele lhes pertencia, e não poderiam aspirar senão à felicidade da França.

Agora Herman torna-se mais agressivo; quanto mais sente que Maria Antonieta não se deixa desviar da atitude cautelosa e segura, não lhe fornecendo "material" para o processo público, tanto mais furioso se torna nas acusações: ela teria enfeitiçado os regimentos de Flandres, teria mantido correspondência com cortes estrangeiras, provocado a guerra e exercido influência sobre o Tratado de Pillnitz. Contudo, Maria Antonieta retifica em conformidade com os fatos que a guerra fora decidida pela Convenção, e não por seu esposo, e que durante o banquete ela apenas atravessara o salão duas vezes.

Herman guardou para o fim, contudo, as perguntas mais perigosas, aquelas que obrigariam a rainha a negar seus próprios sentimentos ou a deixar-se apanhar em alguma afirmação contra a República. Exigem dela um catecismo do direito público. "Que interesse tem a senhora no destino das armas da República?"

"A felicidade da França é o que desejo acima de tudo."

"Acredita que os reis são necessários para a felicidade do povo?"

"Ninguém pode decidir sozinho sobre tal questão."

"Sem dúvida, a senhora lamenta que seu filho tenha perdido o trono ao qual poderia ascender se o povo, uma vez esclarecido sobre seus direitos, não o tivesse impedido?"

Começa o processo

"Jamais lamentarei algo para meu filho se isso trouxer vantagens para seu país."

Vê-se que o juíz instrutor não tem sorte. Maria Antonieta não poderia ter se expressado de maneira mais sagaz e jesuítica ao dizer que nada lamenta para seu filho, se "isso trouxer vantagens para seu país". Com a palavra "seu" declarava incompetente a República e proclamava abertamente, diante dessa mesma República, que considerava a França posse e território legítimos do filho. Mesmo correndo perigo, não abrira mão do que lhe é mais sagrado, o direito de seu filho à coroa. Depois dessa escaramuça, o interrogatório logo chega ao fim. Perguntam se ela gostaria de nomear um defensor para a sessão do julgamento. Maria Antonieta esclarece não conhecer advogado algum e consente que lhe coloquem à disposição, oficialmente, um ou dois advogados desconhecidos. No fundo, bem o sabe, é indiferente conhecê-lo ou não, pois homem algum em toda a França teria coragem de defender com seriedade a antiga rainha. Se uma pessoa dissesse francamente uma palavra a seu favor, de imediato passaria da tribuna da defesa para o banco dos réus. Agora – a aparência de uma investigação legítima foi mantida – Fouquier-Tinville, o afetado amante das formalidades, pode pôr-se ao trabalho e redigir o auto da acusação. Sua pena flui com rapidez e agilidade sobre o papel; quem tem de fabricar acusações aos montes todos os dias adquire presteza na mão. Mas o jurista provinciano sente se obrigado, nesse caso específico, a utilizar certo estilo poético: quando se acusa uma rainha, isso deve ocorrer em tom mais solene, mais patético, porque agora não se trata de agarrar pelo pescoço uma costureirinha que gritara "Vive le roi!". Assim, o documento começa de maneira bastante pomposa: "Após exame dos documentos comprobatórios enviados pelo promotor público, verifica-se, à semelhança de Messalina, Brunilda, Fredegunda e Catarina de Médici, chamadas um dia rainhas da França, cujos nomes, para sempre odiados, não poderão ser apagados da história, que Maria Antonieta, a viúva de Luís Capeto, desde sua chegada à França foi o flagelo e a sanguessuga dos franceses." Depois desse pequeno descuido histórico – pois na época de Fredegunda e Brunilda ainda não existia o reino da França – seguem-se as bem conhecidas acusações: Maria

Antonieta teria mantido contatos políticos com certo "rei da Boêmia e Hungria", sustentado financeiramente o mencionado homem, transferido milhões ao imperador, participado da "orgia" do corpo da guarda, desencadeado a guerra civil, provocado o massacre dos patriotas, passado os planos de guerra ao exterior. De modo um tanto velado, assume-se a acusação de Hébert de que "ela era a tal ponto perversa e estava tão familiarizada com todos os crimes que, escarnecendo de sua posição de mãe e dos ditames da natureza, não hesitou em praticar atos libidinosos com Luís Carlos Capeto, seu filho, cuja simples ideia ou menção bastam para produzir tremores de horror". Nova e surpreendende era apenas a acusação de que sua perfídia e dissimulação teriam chegado a ponto de mandar publicar e distribuir obras em que ela própria é descrita de maneira pouco favorável, para dar às potências estrangeiras a impressão de que era maltratada pelos franceses. Segundo Fouquier-Tinville, portanto, Maria Antonieta preparara, ela própria, os panfletos de conteúdo lésbico da pena de Mme de La Motte e de inúmeros outros. À vista de tais acusações, Maria Antonieta passa do estado de simples detenta para o de acusada.

O documento, certamente nenhuma obra-prima da arte forense, é transmitido em 13 de outubro, ainda com a tinta úmida, ao defensor de Maria Antonieta, Chauveau-Lagarde, que com ele se apresenta imediatamente à rainha na prisão. Juntos, a acusada e seu advogado leem o libelo de acusação. Porém, apenas o advogado se surpreende e se deixa abalar com o tom hostil. Maria Antonieta, que após o interrogatório não esperava nada melhor, permanece calma. Mas o jurista consciencioso desespera-se. Não, não é possível examinar numa única noite tal quantidade de acusações e documentos, só se sentiria capaz de uma defesa eficaz se pudesse estudar com minúcia a papelada caótica. Assim, insiste com a rainha para que requeira uma prorrogação de três dias, a fim de que ele pudesse preparar seu discurso de defesa com base no material estudado e nos documentos comprobatórios.

"A quem devo dirigir-me?", pergunta Maria Antonieta.

"À Convenção."

"Não, não... Isso nunca!"

Começa o processo

"Ora", Chauveau-Lagarde insiste, "a senhora não deveria abster-se de um privilégio por um vão sentimento de orgulho. A senhora tem a obrigação de defender sua vida, não só por si mesma, mas pelos seus filhos." A rainha cede ao apelo quando ouve o nome dos filhos. Escreve ao presidente da Assembleia: "Cidadão presidente, os cidadãos Tronson e Chauveau, a mim concedidos pelo Tribunal como defensores, chamam-me a atenção de que só hoje lhes foi transmitida sua missão. Devo ser julgada amanhã, e eles declaram ser-lhes impossível estudar ou mesmo ler os autos do processo em espaço de tempo tão curto. Devo a meus filhos não poupar meio algum para a completa justificativa de sua mãe. Meu defensor solicita três dias de adiamento. Espero que a Convenção os conceda."

Mais uma vez surpreende nessa nota a transformação espiritual de Maria Antonieta. Ela, que em toda sua vida jamais tivera inclinação para a escrita e a diplomacia, começa agora a escrever como uma rainha e a pensar com responsabilidade. Mesmo sob extremo risco de vida, não concede à Convenção, a quem deve dirigir-se como instância legalmente superior, a honra de um favor. Não faz a solicitação em seu próprio nome – não, antes morrer! –, transmite apenas a solicitação de um terceiro. "Meu defensor solicita três dias de adiamento", é o que se lê, e "espero que a Convenção os conceda". Nada de "Solicito".

A Convenção não responde. A morte da rainha há muito está selada, para que retardar as formalidades diante do tribunal? Qualquer hesitação seria crueldade. Na manhã seguinte, às oito horas, começa o processo, e todos sabem de antemão como terminará.

A audiência

OS SETENTA DIAS NA CONCIERGERIE tinham tornado Maria Antonieta uma mulher velha e doente. Seus olhos vermelhos e irritados pelas lágrimas agora ardem, desabituados à luz do dia; os lábios surpreendem pela palidez depois das fortes e permanentes hemorragias que sofrera nas últimas semanas. Cada vez mais deve lutar contra o cansaço, com frequência o médico tem que lhe prescrever um tônico cardíaco. Entretanto, ela sabe que hoje começa um dia histórico, hoje não pode mostrar cansaço, na sala do tribunal ninguém deve escarnecer da fraqueza de uma rainha e da filha de um imperador. Mais uma vez deve arrancar toda energia do corpo exaurido, da alma há muito extenuada, depois poderá descansar por muito tempo, para sempre. Duas coisas apenas ainda há por fazer na Terra: defender-se altiva e altiva morrer.

Interiormente firme, Maria Antonieta também quer se apresentar ao tribunal com honra. O povo deve sentir que a mulher que hoje ocupa o banco dos réus é uma descendente dos Habsburgo e uma rainha, a despeito de qualquer decreto de destituição. Com mais esmero que de costume, penteia seus cabelos embranquecidos, sobre eles põe uma touca de linho branco de pregas, recém-engomada, sobre a qual pende o véu de viúva; quer aparecer diante do tribunal da revolução como viúva de Luís XVI, o último rei da França.

Às oito horas reúnem-se no grande recinto juízes e jurados. Herman, o conterrâneo de Robespierre, como presidente, Fouquier-Tinville como promotor público. Os jurados foram constituídos por todas as classes sociais, um antigo marquês, um cirurgião, um vendedor de limonada, um músico, um tipógrafo, um cabeleireiro, um ex-padre e um carpinteiro;

A audiência

453

alguns membros do Comitê de Salvação tomaram lugar ao lado do promotor público para fiscalizar o decorrer da audiência. A sala propriamente dita está lotada. Uma vez em séculos havia oportunidade de se ver uma rainha no banco dos réus.

Maria Antonieta entra serena e toma seu lugar; não lhe destinam, como haviam feito com seu esposo, uma poltrona especial; aguarda-a um simples banco de madeira; tampouco os juízes são representantes eleitos da Assembleia Nacional, como no solene processo público de Luís XVI, e sim aqueles que exercem sua função no dia a dia, que cumprem sua tarefa como qualquer ofício comum. Em vão o público procura em seu rosto cansado, mas não transtornado, um sinal visível de nervosismo e medo. Com postura ereta, firme, espera pelo início da audiência. Tranquila, dirige o olhar aos juízes, ao recinto, e concentra as forças.

Fouquier-Tinville é o primeiro a levantar-se; lê em voz alta o libelo da acusação. A rainha mal o escuta. Já conhece todos os detalhes: ainda ontem examinara cada uma das denúncias com seu advogado. Nem uma única vez ergue a cabeça, nem mesmo diante das incriminações mais duras; seus dedos tamborilam indiferentes nos braços da cadeira "como se fosse o teclado de um cravo".

Então começa o desfile das quarenta e uma testemunhas que, segundo o juramento, se propõem a dizer "a verdade, nada mais que a verdade, sem rancor ou ódio". Como o processo foi preparado às pressas – o pobre Fouquier-Tinville tem realmente muito a fazer naqueles dias, os girondinos já aguardam na fila, além de Mme Roland e centenas de outros –, as diversas acusações são apresentadas de maneira confusa, sem qualquer sequência temporal ou lógica. As testemunhas ora falam sobre os acontecimentos de 6 de outubro em Versalhes, ora sobre o dia 10 de agosto em Paris, sobre os crimes que precederam a revolução ou que ocorreram durante o processo. A maioria dos depoimentos é insignificante, às vezes ridícula, como o da criada Milot, que afirmava ter ouvido o duque de Coigny dizer a alguém, em 1788, que a rainha mandara duzentos milhões ao irmão; ou o depoimento ainda mais absurdo de que Maria Antonieta carregaria consigo duas pistolas para assassinar o duque de Orléans. Sob juramento, duas testemunhas alegam ter visto remessas de dinheiro da rainha; mas os originais dos documentos decisivos não são apresentados. Tampouco aparece uma carta que Maria Antonieta teria escrito ao comandante da Guarda Suíça: "Pode-se contar de fato com seus suíços? Resistirão eles com coragem no momento oportuno?" Não se apresenta sequer uma única folha de papel escrito por Maria Antonieta, nem o pacote selado que contém seus objetos pessoais confiscados no Templo revela algo comprometedor. As mechas de cabelo são de seu marido e filhos, as miniaturas são da princesa de Lamballe e de sua amiga da juventude, a margravina de Hesse-Darmstadt, os nomes anotados em seu caderno são da lavadeira e do médico; nenhuma peça que servisse para a acusação. Assim, o promotor público busca retomar as acusações gerais, mas a rainha, dessa vez preparada, responde ainda mais resoluta e firmemente que no inquérito preliminar. Ocorrem debates como os que se seguem:

"De onde tirava o dinheiro com que mandou construir e mobiliar o Pequeno Trianon, onde se realizavam festas nas quais sempre era a deusa?"

"Foi criado um fundo para tais despesas."

"Esse fundo deve ter sido considerável, pois o Pequeno Trianon custou somas enormes."

"É possível que o Pequeno Trianon tenha custado importâncias vultosas e talvez mais do que eu mesma desejaria. Pouco a pouco fomos engolidos pelas despesas. Aliás, desejo mais que ninguém que tudo seja esclarecido."

"Não foi no Pequeno Trianon que viu Mme la Motte pela primeira vez?"

"Eu nunca a vi."

"Não foi ela uma vítima sua no famigerado caso do colar?"

"Não pode ter sido, pois não a conhecia."

"Persiste então em negar tê-la conhecido?"

"Meu sistema não é negar. Disse a verdade e continuarei a dizer."

SE HOUVESSE ALGUM lampejo de esperança, Maria Antonieta deveria apegar-se a ele, pois a maioria das testemunhas tinha falhado completamente. Nenhuma a comprometera de alguma forma, nem aquelas que tanto temera. Sua autodefesa torna-se cada vez mais veemente. Quando o promotor público afirma que ela induzira e influenciara o antigo soberano a fazer tudo que exigira, respondeu: "Trata-se de coisa bem diferente aconselhar alguém e fazê-lo executar algo." Quando no decorrer da audiência o presidente adverte-a de que em seu depoimento estaria contradizendo as afirmações do filho, diz com desprezo: "É fácil mandar uma criança de oito anos dizer o que se quer que ela diga." Diante de perguntas mais perigosas, defende-se com um cauteloso "Não sei, não me recordo". Assim, Herman não saboreia o triunfo de apanhá-la numa só mentira ou contradição; nem uma vez durante as longas horas o público atento é levado a interromper a sessão com gritos irados, com alguma manifestação hostil ou com aplausos patrióticos. A acusação segue seu curso, vazia, lenta, com muitos pontos movediços. É hora de uma afirmação decisiva, realmente esmagadora, para reanimar a audiência. Afinal, Hébert imagina poder produzir sensação com a terrível inculpação de incesto.

Ele dá um passo à frente. Decidido, seguro, em voz alta e sonora, repete a horrível acusação. Mas logo percebe que a inacreditável infâmia da acusação soa falsa, que ninguém no recinto manifesta com gritos furiosos sua aversão diante da mãe desnaturada, daquela mulher desumana; todos permanecem quietos, pálidos e consternados. O mesquinho imbecil imagina ter de apresentar mais uma explicação engenhosa no sentido político-psicológico. "Pode-se supor", declara o idiota, "que esse prazer criminoso não tivesse sido ditado pelo anseio de divertimentos, mas pela intenção política de exaurir fisicamente a criança. A viúva Capeto tinha a esperança de que o filho um dia subisse ao trono, e ela pudesse então, graças a tais maquinações, assegurar para si o predomínio sobre a maneira de agir da criança."

Curiosamente, porém, mesmo diante dessa ingenuidade histórica, o público permanece em consternado silêncio. Maria Antonieta não responde e com desprezo desvia o olhar de Hébert. Indiferente, como se o feroz imbecil tivesse falado chinês, e sem mudar a expressão do rosto, continua sentada firme e impassível. Também o presidente Herman parece não ouvir a acusação. Intencionalmente, esquece-se de perguntar o que a mãe difamada teria a revidar – já percebera a impressão constrangedora que a acusação de incesto provocara no público, em especial nas mulheres, e por isso apressa-se em empurrá-la para baixo do tapete. Infelizmente, um dos jurados comete a indiscrição de lembrar ao presidente: "Cidadão presidente, intimo-o a considerar que a acusada não se pronunciou a respeito dos acontecimentos que o cidadão Hébert afirma ter ocorrido entre ela e seu filho."

O presidente então não pode mais esquivar-se. Contra sua própria vontade, dirige a pergunta à acusada. Orgulhosa, Maria Antonieta ergue abruptamente a cabeça – "aqui a acusada parece estar vivamente como-vida", descreve o jornal *Moniteur*, sempre tão lacônico – e retruca em voz alta e com indescritível indignação: "Se não respondi é porque a natureza se recusa a revidar tal acusação contra uma mãe. Apelo a todas as mães que aqui possam se encontrar."

De fato, um rumor abafado, uma forte comoção percorre o público. As mulheres do povo, operárias, peixeiras, cozinheiras, prendem a respiração, sentem-se unidas por um misterioso sentimento solidário: através daquela mulher ofendiam-se e atingiam-se a todas as mulheres. O presidente mantém-se calado, o jurado indiscreto baixa os olhos: o tom de dolorosa ira na voz da mulher difamada atingiu a todos. Sem dizer palavra, Hébert afasta-se da barra, nada orgulhoso de seu feito. Todos sentem, talvez ele próprio, que sua acusação conferira à rainha um grande triunfo moral justamente na hora mais trágica. Ao tentar rebaixá-la, conseguira exaltá-la.

Robespierre, que toma conhecimento do incidente ainda na mesma noite, não consegue dominar sua irritação contra Hébert. Ele, o único espírito político entre os barulhentos agitadores do povo, compreende de imediato a enorme imbecilidade de oferecer ao público a acusação de um menino de quase nove anos, arrancada por medo ou sentimento de culpa, contra a própria mãe. "Esse idiota do Hébert", diz furioso aos amigos, "ainda tem que lhe dar um triunfo de presente." Há muito que Robespierre está farto daquele sujeito grosseiro que desonra a sagrada causa da revolução com sua demagogia mesquinha, com sua atitude anárquica; nesse dia,

A audiência

decide no íntimo eliminar a nódoa indelével. A pedra lançada por Hébert contra Maria Antonieta cai mortamente sobre sua própria cabeça. Alguns meses mais, e ele irá percorrer o mesmo caminho, sobre a mesma carroça, e não corajosamente como ela, mas com tal ausência de coragem que seu camarada Ronsin precisa repreendê-lo: "Quando se tratava de agir, você tagarelava sem parar. Agora aprenda pelo menos a morrer."

MARIA ANTONIETA SENTIU SEU TRIUNFO. Mas também ouviu uma voz entre os espectadores a exclamar: "Vês como ela é orgulhosa!" E pergunta ao defensor: "Não terei talvez imprimido muita dignidade à minha resposta?" Mas ele a tranquiliza: "Madame, siga sendo quem é e será perfeita." Maria Antonieta terá de lutar por mais um dia, o processo se arrasta lentamente, o público e os participantes estão cansados; porém, embora esteja enfraquecida pelas hemorragias e aceite apenas uma xícara de sopa nos intervalos, sua postura e seu espírito permanecem firmes e fortes. Em suas memórias, o defensor escreve: "Faz-se necessário imaginar a força espiritual necessária à rainha para suportar tão longa e terrível sessão; estar no palco diante do povo, lutando contra adversários ávidos de sangue, defendendo-se contra as armadilhas a que estava exposta, mantendo ao mesmo tempo, porém, a postura e a medida certa para não ficar abaixo de si mesma." No primeiro dia, suportou o combate durante quinze horas, mais de doze horas já se passaram no segundo dia, quando afinal o presidente declara terminado o interrogatório, perguntando à acusada se teria algo a acrescentar em sua defesa. Resoluta, Maria Antonieta responde: "Ontem ainda não conhecia as testemunhas, ignorava o que poderiam dizer para me incriminar. Ora, nenhuma delas apresentou fato algum comprometedor contra mim. Nada mais tenho a observar senão que fui apenas a esposa de Luís XVI e, portanto, tinha de me submeter a tudo que foi decidido por ele."

Ergue-se então Fouquier-Tinville e resume basicamente a acusação. Os dois defensores designados revidam de maneira um tanto tíbia: talvez se lembrem que o defensor de Luís XVI, que tomou partido dele de modo veemente demais, foi intimado à guilhotina; preferem, pois, invocar a clemência do povo, em vez de reiterar a inocência da rainha. No entanto, antes que o presidente apresente aos jurados a questão da culpabilidade, Maria Antonieta é levada para fora do recinto; juízes e jurados permanecem. Agora, após o palavreado protocolar, o presidente Herman torna-se claro e objetivo: deixa de lado as mil acusações vagas e resume todas as questões numa fórmula concisa. É o povo francês quem acusa Maria Antonieta, pois todos os acontecimentos políticos ocorridos nos últimos cinco anos depunham contra ela. Nesse sentido, dirige quatro questões aos jurados:

Primeira: Está provado que houve entendimentos e negociações com as potências estrangeiras e os inimigos da República, fornecendo-lhes auxílio financeiro, facilitando-lhes a entrada em solo francês e apoiando a vitória de seus exércitos?

Segunda: Maria Antonieta da Áustria, viúva Capeto, é suspeita e culpada de ter participado de tais entendimentos e de ter mantido tais negociações?

Terceira: Está provado que existiu um complô e uma conspiração para deflagrar uma guerra civil no interior do país?

Quarta: Maria Antonieta da Áustria, viúva Capeto, é suspeita e culpada de ter participado dessa conspiração?

Silenciosos, os jurados se levantam e encaminham-se a uma sala contígua. Já passa da meia-noite. As velas bruxuleiam inquietas no recinto cheio e abafado, e os corações batem rápido ao compasso da tensão e da curiosidade.

UMA PERGUNTA: como deveriam decidir os jurados do ponto de vista jurídico? Em seu discurso final, o presidente deixara de lado todos os ornatos políticos do processo e reduzira as acusações a uma só. Os jurados não são questionados se consideram Maria Antonieta uma mulher desnaturada, infiel, incestuosa, uma mulher perdulária, mas unicamente se a ex-rainha seria culpada de ter mantido contatos com o estrangeiro, desejado a vitória dos exércitos inimigos e incentivado uma revolta no país.

A audiência

É Maria Antonieta suspeita e culpada no sentido legal desses crimes? Essa é uma faca de dois gumes, uma questão que pode ser respondida de duas maneiras. Indubitavelmente, Maria Antonieta – e nisso está a força do processo – era realmente culpada, de acordo com a República. Como se sabe, ela manteve contatos permanentes com o inimigo estrangeiro. De conformidade com a acusação, ela realmente cometera crime de lesa-pátria, ao transmitir ao embaixador austríaco os planos militares da França, ela de fato procurara e favorecera incondicionalmente qualquer meio legal ou ilegal que restituísse o trono e a liberdade ao esposo.

Portanto, a acusação do ponto de vista legal é consistente. Mas – aqui reside o ponto fraco do processo – ela não foi sequer minimamente comprovada. Hoje os documentos que implicam Maria Antonieta em crime de alta traição contra a República são claros e conhecidos; encontram-se no Arquivo do Estado, em Viena, no espólio de Fersen. Todavia, o processo fora conduzido em 16 de outubro de 1793, em Paris, e na ocasião nenhum desses documentos estava acessível ao promotor público. Nem uma única prova realmente válida do crime de alta traição pudera ser apresentada aos jurados durante todo o processo.

Um corpo de jurados honesto, imparcial, se veria, pois, em grandes apuros. Sem dúvida obedecendo a seu instinto aqueles doze republicanos teriam de condenar Maria Antonieta, pois nenhum deles poderia duvidar: a mulher é a inimiga mortal da República, fez o que pôde para reconquistar, intacto, o poder real para seu filho. Mas, a rigor, a justiça encontra-se do lado da rainha: falta a prova efetiva. Como republicanos, podem considerar a rainha culpada; como jurados, convocados sob juramento, deveriam ater-se à lei, que desconsidera qualquer culpa não comprovada. Felizmente, porém, esse conflito de consciência é poupado aos simples cidadãos, pois sabem que a Convenção não exige uma sentença justa. Ela não os chamara para julgar, convocara-os para condenar uma mulher hostil ao Estado. Ou entregam a cabeça de Maria Antonieta ou expõem as próprias cabeças à guilhotina. Assim, os doze jurados deliberam apenas na aparência; e, se demoram mais que um minuto, é apenas para dar a impressão de uma deliberação de fato, uma vez que o veredito inequívoco já fora definido.

ÀS QUATRO HORAS DA MADRUGADA, os jurados retornam calados ao recinto do tribunal. Silêncio mortal aguarda o veredito. Por unanimidade, declaram Maria Antonieta culpada pelos crimes que lhe são imputados. O presidente Herman adverte os presentes – agora, bem depois da meia-noite, já não são muitos, o cansaço os fizera desistir e voltar para casa – a se abster de qualquer sinal de aprovação. Então Maria Antonieta é chamada. Apenas ela, que vem suportando sem tréguas o segundo dia desde as oito horas da manhã, não tem direito ao cansaço. Leem para ela a decisão dos jurados. Fouquier-Tinville pede a condenação à morte. Esta é unanimemente aceita. Depois o presidente pergunta à condenada se teria alguma queixa a formular.

Maria Antonieta, sem comoção alguma, totalmente calma, ouve a sentença dos jurados e a condenação. Não dá o menor sinal de medo ou de raiva, tampouco de fraqueza. À pergunta do presidente, não pronuncia palavra alguma, apenas meneia a cabeça. Sem voltar-se, sem dirigir o olhar a ninguém, percorre o silêncio geral do recinto e desce os degraus. Está cansada dessa vida, dessa gente, e profundamente satisfeita porque todas as pequenas torturas enfim terminaram. Agora o que conta é continuar firme para a hora derradeira.

Por um instante os olhos cansados e enfraquecidos a traem no corredor escuro, o pé não encontra o degrau, hesita e tropeça. Depressa, antes que caísse, o oficial da guarda, o tenente de Busne, o único que durante a audiência tivera a coragem de lhe oferecer um copo d'água, estende o braço para ampará-la. Por isso, e por ter tirado o chapéu enquanto acompanhava a condenada, é logo denunciado por outros colegas e precisa se defender: "Fiz isso apenas para evitar a queda, qualquer pessoa em sã consciência não verá nisso outro motivo, pois se ela caísse na escada haveria logo quem suspeitasse de conspiração e traição." Também os advogados da rainha são presos após o fim da sessão; são revistados para descobrir se ela lhes entregara secretamente alguma mensagem escrita; mesquinharia dos juízes, que temem a energia indestrutível daquela mulher a um passo da sepultura.

A audiência

461

Entretanto, aquela que inspira temor e preocupação, a pobre mulher cansada e exangue, não toma mais conhecimento das deploráveis mesquinharias; calma e resignada, retorna ao cárcere. Agora sua vida resume-se a algumas poucas horas.

No CUBÍCULO ARDEM duas velas sobre a mesa. Tinham concedido à condenada à morte esse último favor, para que não passasse no escuro a noite anterior à noite eterna. O carcereiro, até então muito cauteloso, também não ousara negar-lhe outro favor: Maria Antonieta pede papel e tinta para uma carta; de sua última e escura solidão, gostaria de dirigir ainda uma vez a palavra àqueles que se preocupam com ela. O carcereiro traz tinta, pena e uma folha dobrada. Enquanto os primeiros raios rubros da aurora penetram pela janela gradeada, Maria Antonieta começa a escrever a última carta com suas últimas forças.

Goethe certa vez proferiu divinas palavras sobre as últimas considerações antes da morte iminente: "No fim da vida, pensamentos até então inauditos assomam ao espírito sereno; são como demônios bem-aventurados que pousam radiosos sobre os cumes do passado." Também uma luz misteriosa de despedida ilumina a última carta da condenada à morte; Maria Antonieta nunca resumira sua alma com tão potente e decidida clareza quanto na carta de despedida para Mme Isabel, a irmã de seu esposo, agora a única protetora de seus filhos. A carta, escrita sobre uma miserável mesinha do cárcere, revela traços mais firmes, mais seguros, quase masculinos, que a garatuja apressada escrita sobre a escrivaninha dourada do Trianon; a linguagem flui mais pura, o sentimento, sem reservas. É como se a tormenta interior suscitada pela morte tivesse rompido as nuvens inquietas que por um tempo fatidicamente longo ocultaram a essa mulher trágica a visão de sua própria alma. Maria Antonieta escreve:

"A ti, querida irmã, escrevo pela última vez. Há pouco fui condenada, não a uma morte vergonhosa, que só se aplica aos criminosos, mas a reencontrar teu irmão. Inocente como ele, espero igualar-me a ele nos últimos instantes. Estou tranquila como se fica quando a consciência não nos faz nenhuma censura. Lamento profundamente abandonar meus pobres filhos. Bem sabes que só vivi para eles e para ti, minha cara e preciosa irmã. Tu, que por afeto sacrificaste tudo para ficar conosco – em que situação te abandono agora! Pelos autos do processo, tomei conhecimento de que minha filha foi separada de ti. Ah, pobre pequena! Não ouso escrever-lhe, não receberia minha carta – pois nem mesmo sei se esta te chegará. Recebe por meio desta a bênção para meus filhos. Espero que mais tarde, quando forem maiores, eles se reúnam a ti e que possam usufruir de teu cuidado afetuoso. Que possam lembrar-se sempre daquilo que lhes ensinei: que os princípios e o cumprimento exato dos próprios deveres são o principal fundamento da vida, que a recíproca amizade e confiança os tornará felizes. Que minha filha, como a mais velha, sinta que deve auxiliar o irmão com conselhos ditados por sua maior experiência e amizade. Que meu filho, por sua vez, destine à irmã todo o cuidado e os favores próprios da amizade. Finalmente, que ambos sintam que em qualquer situação da vida só serão felizes em harmonia. Que sejamos ambas exemplo para eles! Quanto consolo a amizade proporcionou a nossos sofrimentos! Usufruímos a felicidade em dobro quando podemos dividi-la com um amigo. Onde, porém, podemos encontrar amigo mais carinhoso, mais íntimo que na própria família? Que meu filho nunca se esqueça das últimas palavras de seu pai, que repito agora para ele de modo expresso: que nunca procure vingar a nossa morte!

"Devo falar sobre um assunto que muito me magoa o coração. Sei o quanto esta criança deve tê-la feito sofrer, perdoa-o, querida irmã, lembra-te de sua idade e de como é fácil pôr na boca de uma criança aquilo que queremos ouvir, mesmo coisas que ela não compreende. Espero que chegue o dia em que ele entenderá o valor de tua bondade e do teu carinho.

"Devo ainda confiar-te meus últimos pensamentos. Eu gostaria de tê-los escrito no início do processo. Mas, além de não me terem permitido escrever, o processo transcorreu tão rápido que de fato não houve tempo.

"Morro na fé católica apostólica romana, a religião de meus antepassados, na qual fui educada e que sempre professei. Como não espero nenhum consolo espiritual, como não sei se aqui ainda há padres dessa religião, e como o lugar em que me encontro os colocaria em grande perigo se viessem a mim, peço a Deus de coração o perdão pelos pecados que cometi em toda a minha vida. Espero que Ele, em Sua bondade, acolha minhas últimas preces, assim como as que há muito Lhe dirijo, recebendo minha alma na Sua misericórdia e bondade.

"Peço a todos que me conhecem e especialmente a ti, cara irmã, perdão por qualquer sofrimento que eu possa ter-lhes infligido. Perdoo meus inimigos pelo mal que me fizeram. Digo adeus às tias e a meus irmãos e irmãs. Tive amigos. A ideia de que estamos separados para sempre e a certeza de sua dor fazem parte das maiores aflições que levo comigo na hora da morte. Que pelo menos saibam que pensei neles até meu último instante de vida.

"Adeus, boa e terna irmã! Que esta carta chegue às tuas mãos! Não me esqueças! Envio meu abraço a ti e a meus pobres filhos queridos! Meu Deus, como me dilacera o coração abandoná-los para sempre! Adeus, adeus! Cuidarei agora apenas de meus deveres espirituais. Como não sou livre nas minhas ações, talvez me concedam um padre. Porém, declaro aqui que não direi a ele uma única palavra e que o tratarei como se fosse completo estranho."

A carta interrompe-se de súbito, sem fecho, sem assinatura. Provavelmente o cansaço tomara conta da autora. Sobre a mesa ardem ainda as duas velas, cuja chama bruxuleante talvez sobreviva à pobre criatura.

ESSA CARTA ESCRITA NA PENUMBRA não chegou às mãos daqueles a quem se dirigia. Pouco antes da entrada do carrasco, Maria Antonieta entrega-a ao chefe dos carcereiros, Bault, para que a encaminhasse à cunhada; Bault ainda tivera a caridade de lhe fornecer papel e pena, mas não a coragem de encaminhar a carta-testamento sem permissão (quanto mais se veem cabeças a rolar, tanto mais se teme pela própria cabeça!). Assim, segundo o regulamento, passa a carta da rainha ao juiz instrutor Fouquier-Tinville, que a rubrica, mas também não manda entregá-la. Dois anos mais tarde, quando Fouquier, por sua vez, teve de subir à mesma carreta que chamara à Conciergerie para buscar tantos outros, a carta desaparecera. Ninguém no mundo sabia de sua existência, a não ser um homem totalmente insignificante chamado Courtois. Aquele deputado sem importância ou inteligência, depois da prisão de Robespierre, recebera a incumbência de organizar e publicar os documentos da Convenção; na oportunidade, o ex-fabricante de tamancos percebeu quanto poder recai nas mãos de quem possui documentos secretos oficiais. Todos os deputados comprometidos adulam agora de forma humilhante e submissa o pequeno Courtois, a quem antes nem dirigiam um cumprimento; prometem-lhe mundos e fundos para que lhes restituam as cartas que dirigiram a Robespierre. É de bom alvitre, percebe o hábil comerciante, guardar o máximo de correspondência possível na gaveta. Assim, aproveita o caos geral para saquear os arquivos do tribunal revolucionário com o propósito de fazer negócio. O espertalhão guardou para si apenas a carta de Maria Antonieta, que lhe cai nas mãos nessa ocasião: quem poderá saber nesses tempos difíceis como tirar proveito de um documento secreto tão valioso, caso o vento mude de direção? Durante vinte anos mantém escondido o produto de seu furto, e o vento muda de direção. De novo um Bourbon, Luís XVIII, torna-se rei da França, e os antigos "regicidas", aqueles que votaram a favor da execução de seu irmão, Luís XVI, sentem estranhas cócegas no pescoço. Para conquistar os favores reais, Courtois, numa carta hipócrita dirigida a Luís XVIII (boa ideia roubar documentos), oferece-lhe como presente a missiva de Maria Antonieta, "resgatada" por ele. O truque audacioso de nada lhe serve. Courtois é banido como os outros. Mas a carta está salva. Vinte e um anos depois de ter sido escrita, aquela maravilhosa despedida vem à luz. Tarde demais, porém. Quase todos aqueles de quem Maria Antonieta quisera despedir-se seguiram seu caminho. Mme Isabel terminou seus dias na guilhotina, o filho morreu no Templo (até hoje não se sabe toda a verdade) ou vagou pelo mundo sob nome falso, sem ser reconhecido e com destino desconhecido. As carinhosas palavras de despedida tampouco chegaram até Fersen. Não foi nominalmente citado na carta; no entanto, a quem se destinavam aquelas linhas comoventes: "Tive amigos. A ideia de que estamos separados para sempre e a certeza

A audiência

de sua dor fazem parte das maiores aflições que levo comigo na hora da morte." O dever impedira Maria Antonieta de citar aquele que lhe foi mais caro no mundo. Mas esperava que suas palavras algum dia lhe chegassem às mãos, fazendo-o saber que ela pensara nele até o último sopro de vida, com o mesmo ardor de sentimentos. Misteriosa transmissão de amor! – como se ele tivesse sentido o anseio de estar com ela na hora derradeira, o diário de Fersen, como que respondendo a um apelo mágico diante da notícia da morte, revela: "Entre todas, trata-se da maior dor, a de saber de seu completo abandono nos momentos derradeiros, sem o consolo de ter alguém com quem falar." Como ela em sua solidão, também ele pensa nela no mesmo instante. Separados por distância e muros, sem poder ver-se ou tocar-se, as almas gêmeas acalentam ao mesmo tempo um só desejo: num espaço ilimitado, além do tempo, em ondas harmoniosas, tocam-se o pensamento dele e o dela como lábios selados por um beijo.

MARIA ANTONIETA DEPUSERA A PENA. A maior dificuldade fora superada, despedir-se de tudo e de todos. Agora, deitar-se, repousar por alguns instantes e reunir as forças. Pouco lhe resta a fazer nessa vida. Apenas uma coisa: morrer, e morrer bem.

A última viagem

Às CINCO HORAS DA MANHÃ, enquanto Maria Antonieta ainda escreve a missiva, já rufam os tambores nos quarenta e oito departamentos de Paris. Às sete horas, toda a guarnição armada está de pé, canhões prontos para o disparo interditam as pontes, as largas ruas; sentinelas de baioneta percorrem a cidade, a cavalaria forma fileiras; um incontável contingente de soldados contra uma única mulher que só desejava o fim. Por vezes a violência tem mais medo de sua vítima do que ela da violência.

Às sete horas, a ajudante de cozinha do carcereiro esgueira-se silenciosa até a cela. Sobre a mesa ardem ainda as duas velas de cera; no canto, uma sombra vigilante, o oficial da guarda. A princípio Rosalie não vê a rainha, depois nota assustada: Maria Antonieta está deitada na cama, totalmente vestida com seus trajes de viúva. Não dorme. Apenas está muito cansada, exaurida pelas constantes hemorragias.

A rapariga camponesa fica ali, trêmula, tomada de dupla compaixão: pela condenada à morte e por sua rainha. "Madame", aproxima-se ela comovida, "a senhora não comeu nada ontem à noite e quase nada durante o dia. O que deseja tomar esta manhã?"

"Minha filha, de nada mais necessito; para mim tudo acabou", responde a rainha sem se levantar. Mas como a moça insiste em oferecer-lhe uma sopa especialmente preparada, diz a pobre mulher: "Pois então, Rosalie, traga-me o caldo." Toma algumas colheradas, depois a moça começa a ajudá-la a se vestir. Sugeriram a Maria Antonieta que não envergasse a roupa de luto negra com que se apresentara aos juízes ao dirigir-se ao cadafalso; as vestes de viúva poderiam ser consideradas uma provocação

A última viagem 467

ao povo. Maria Antonieta – que lhe importa agora uma roupa! – não faz objeção alguma e decide-se por um leve vestido branco.

Entretanto, até para esse último esforço não se poupou uma última humilhação. Durante aqueles dias a rainha perdera sangue sem parar, suas roupas de baixo estão manchadas. Por um desejo natural de estar limpa na última viagem, quer vestir agora outra camisa e pede ao guarda de plantão que se afaste um pouco. Mas o homem, que recebera ordem expressa de não perdê-la de vista um só instante, esclarece que não pode deixar seu posto. Assim, a rainha agacha-se no recinto apertado, entre a cama e a parede; enquanto veste a camisa, a jovem criada coloca-se solidária à sua frente, para cobrir-lhe a nudez. Mas o que fazer com a camisa suja de sangue? A mulher envergonha-se de deixar à vista do homem estranho a roupa manchada, abandonada aos olhares indiscretos daqueles que virão dentro de poucas horas repartir o seu legado. Assim, enrola rapidamente a camisa numa trouxa e enfia-a num vão atrás da estufa.

Com especial esmero, a rainha começa a vestir-se. Há mais de um ano não punha os pés na rua, não via sobre sua cabeça o amplo e vasto céu: o último caminho deve encontrá-la bem-trajada, composta e limpa; o que a move não é mais vaidade feminina, e sim sentimento de dignidade pelo momento histórico. Com esmero veste a roupa branca, envolve o pescoço com um lenço de fina musselina, escolhe os melhores sapatos; uma touca de duas abas esconde os cabelos embranquecidos.

Batem à porta às oito horas. Não, ainda não é o carrasco. Apenas seu arauto, o padre, um daqueles que prestaram o juramento republicano. A rainha recusa-se cortesmente a confessar-se com ele, reconhecendo como servos de Deus apenas sacerdotes que não tinham prestado o juramento; à pergunta de se deveria acompanhá-la nos últimos passos, responde indiferente: "Como quiser." Essa aparente indiferença até certo ponto é uma muralha defensiva atrás da qual Maria Antonieta armazena a determinação para a última viagem. Quando às dez horas o carrasco Samson, um jovem de estatura gigantesca, entra para cortar seus cabelos, permite calmamente que lhe amarrem as mãos atrás das costas, sem a menor oposição. Bem o sabe, a vida já não pode ser salva, apenas a honra. Nada de exibir fraqueza a quem quer que seja! Devia manter toda firmeza para mostrar a todos que a vissem como morre uma filha de Maria Teresa.

Por volta das onze horas os portões da Conciergerie são abertos. Lá fora aguarda a carreta do verdugo, espécie de carroça com grades, à qual está atrelado um imenso cavalo negro. Luís XVI foi levado à morte ainda na carroça da corte, fechada, solene e respeitosamente protegido da implacável curiosidade e do ódio mais doloroso pelas vidraças. Mas a República avançara muito em seu caminho de fogo, e ela exige igualdade também no trajeto até a guilhotina. Uma rainha não precisa morrer mais confortavelmente que qualquer outro cidadão, uma carroça de grades é boa demais para a viúva Capeto. Serve-lhe de banco apenas uma tábua atravessada nas bordas, sem almofada ou coberta. Mme Roland, Danton, Robespierre, Fouquier, Hébert, todos os que mandaram Maria Antonieta para o cadafalso, farão também sua última viagem sobre aquela tábua dura; a condenada antecipou-se a seus algozes apenas por pouco tempo.

Primeiro saem do sombrio corredor da Conciergerie os oficiais; atrás deles, toda a companhia da guarda, armas em punho; depois, com passos calmos e firmes, Maria Antonieta. O carrasco Samson segura-a pela ponta da longa corda com a qual amarraram suas mãos às costas, como se houvesse risco de que sua vítima, cercada por centenas de guardas e soldados, pudesse ainda escapar. Involuntariamente, os espectadores surpreendem-se com a inesperada e desnecessária humilhação. Não se ouve sequer um dos habituais gritos de escárnio. Em total silêncio, a rainha pôde caminhar até a carroça. Diante dela, Samson oferece-lhe a mão para ajudá-la a subir. Ao lado de Maria Antonieta senta-se o padre Girard em roupas civis; de pé, com o rosto impassível, está o carrasco, a corda na mão. Como Caronte ao transportar as almas dos mortos, com o coração frio ele também conduz todos os dias sua carga até a outra margem da vida. Agora, contudo, tanto ele quanto seus assistentes carregam o chapéu de três pontas sob o braço durante toda a viagem, como se quisessem desculpar-se por sua triste missão diante da mulher indefesa que conduzem ao patíbulo.

A última viagem

A deplorável carroça segue lenta e ruidosa sobre o calçamento. Não há pressa, cada um deve assistir com detalhes ao incomparável espetáculo. Sobre a tábua dura, a rainha sente nos ossos cada um dos solavancos do grosseiro veículo sobre a pavimentação desigual; mas o rosto pálido está imóvel, ela olha fixamente para adiante, com os olhos avermelhados; Maria Antonieta não oferece à curiosa multidão ali espremida qualquer indício de medo ou dor. Concentra toda a energia de sua alma em continuar forte até o fim; em vão seus inimigos mais ferrenhos alimentam a expectativa de apanhá-la num instante de fraqueza ou desânimo. No entanto, nada perturba Maria Antonieta; nem quando, à altura da igreja de Saint-Roche, o mulherio reunido a acolhe com os habituais gritos de escarninho; nem quando o ator Grammond, vestindo o uniforme da Guarda Nacional, para dar um toque de folguedo à cena sombria, cavalga em direção à fatal carroça e, empunhando a espada, grita: "Lá vai ela, a infame Antonieta! Agora ela está liquidada, meus amigos." O rosto de Maria Antonieta permanece pétreo, fechado, ela parece nada ouvir, nada ver. As mãos amarradas atrás das costas obrigam-na a esticar mais o pescoço; olha fixamente para a frente, as imagens coloridas e violentas da rua não penetram mais em seus olhos, que por dentro estão mergulhados na morte. Nenhum tremor nos lábios, nenhum estremecimento passa-lhe pelo corpo; totalmente senhora de sua força, está ali, sentada, orgulhosa e cheia de desprezo; mesmo Hébert é obrigado a confessar no dia seguinte no *Père Duchesne*: "Aliás, a meretriz permaneceu altiva e atrevida até o fim."

À esquina da rue Saint-Honoré, no local onde é hoje o Café de La Régence, aguarda um homem, com lápis a postos e papel na mão. Trata-se de Louis David, uma das almas mais ignóbeis e um dos maiores artistas da época. Durante a revolução fora o mais disposto a gritar, servindo aos poderosos enquanto estavam no poder, mas abandonando-os diante do menor perigo. Ele pinta Marat no leito de morte, no 8 Termidor; jurou pateticamente a Robespierre que "beberia com ele o cálice até o fim", mas já no dia seguinte, na sessão fatídica, a heroica sede já passara, e o triste herói prefere esconder-se em casa, escapando da guilhotina por covardia. Inimigo feroz dos tiranos durante a revolução, foi o primeiro a se bandear para o lado do novo imperador e a obter, por ter pintado a coroação de Napoleão, o título de "barão", renunciando a seu antigo ódio pelos aristocratas. Tipo do eterno trânsfuga para o lado do poder, adulador dos bem-sucedidos, inclemente com os derrotados, pinta os vencedores na coroação e os vencidos a caminho do patíbulo.

Da mesma carreta de verdugo que conduz agora Maria Antonieta, avista-o mais tarde também Danton, que bem conhece sua vilania, açoitando-o ainda com a desprezível expressão: "Alma de lacaio!"

Embora fosse um espírito servil e uma criatura deploravelmente covarde, aquele homem tem um olho fantástico, uma mão infalível. Num rápido esboço, capta na simples folha de papel, de maneira imorredoura, o rosto da rainha em seu caminho para o cadafalso, um esboço terrível e magnífico, ainda exalando vida com uma incrível energia: a mulher envelhecida, não mais bela, apenas orgulhosa; os lábios altivamente cerrados, como a reprimir um grito interior; o olhar indiferente e distante, sentada com as mãos para trás de modo ereto e desafiador sobre a carreta do verdugo, como se estivesse no trono. Um incrível desprezo se exprime em cada linha do rosto de pedra, uma inquebrantável firmeza se expressa no tronco aprumado; a resignação transformada em obstinação, o sofrimento, em energia interior, proporcionam àquela figura sofrida uma nova e terrível majestade. Nesse esboço, nem o ódio consegue diminuir a nobreza com que Maria Antonieta, em sua grandiosa atitude, dominara a vergonha da carreta do verdugo.

A IMENSA PRAÇA DA REVOLUÇÃO, hoje place de la Concorde, está negra de gente. Dezenas de milhares de pessoas estão de pé desde as primeiras horas da manhã para não perder o espetáculo único da morte de uma rainha que, segundo as palavras grosseiras de Hébert, "será cortada com a navalha nacional". A multidão curiosa aguarda durante horas. Para não se aborrecer, eles conversam com uma bela vizinha, riem, gracejam, com-

A última viagem

pram jornais ou caricaturas dos vendedores, folheiam os mais novos pasquins, *Les adieux de la reine à ses mignons et mignonnes* ou *Grandes fureurs de la ci-devant reine*. Trocam palpites e apostas sobre as cabeças que amanhã ou depois rolarão para dentro do cesto, e, nesse ínterim, compram limonada, pãezinhos ou nozes dos ambulantes. O grande espetáculo merece um pouco de paciência.

Na confusão pesada e negra de curiosos, sobressaem duas silhuetas, as únicas inertes naquele espaço tão tumultuado: as linhas esguias da guilhotina, a trágica ponte de madeira que conduz da vida para a morte; nela, sob o pálido sol de outono, brilha a fulgurante flecha, a lâmina recém-afiada; ergue-se leve e livre contra o céu cinzento, brinquedo esquecido por um deus perverso. E os pássaros, sem compreender o significado sombrio do cruel instrumento, voam despreocupados ao seu redor, a brincar.

Ao lado, severa e séria, ultrapassando orgulhosamente o portal da morte, ergue-se a imensa estátua da liberdade sobre o pedestal que apoiara o monumento de Luís XV. Lá está ela, tranquila, a deusa inatingível, a cabeça coroada pelo barrete frígio, meditando, com a espada na mão; lá está ela, petrificada a sonhar, a rainha da liberdade. Seus olhos brancos miram para além da multidão inquieta a seus pés, adejando pela máquina da morte a seu lado, em direção a algo distante e invisível. Não vê a vibrante multidão humana ao redor de si, não vê a vida, não vê a morte, a inatingível e sempre amada deusa de olhos sonhadores de pedra. Não ouve os gritos daqueles que a invocam, não sente as guirlandas que lhe colocam em torno dos joelhos de pedra, tampouco o sangue que a terra absorve a seus pés. Ideia eterna e estranha no meio do povo, lá está ela, muda, e olha à distância, em direção a um alvo invisível. Não pergunta e não sabe o que é feito em seu nome.

De repente a multidão se agita, inquieta-se e emudece. No silêncio, ouvem-se agora gritos furiosos vindos da rue de Saint-Honoré. Avista-se a cavalaria que se aproxima, e agora dobra a esquina a trágica carreta do verdugo com a mulher de mãos atadas que fora um dia a soberana da França; atrás dela, Samson, o carrasco, segurando orgulhosamente a corda numa das mãos, o chapéu na outra. A enorme praça fica em total silêncio. Os vendedores não gritam mais, todas as vozes se calam. Tamanho é o silêncio que se ouve o pesado tropel do cavalo e o ranger das rodas. Os milhares de pessoas que há pouco tagarelavam e riam, atingidos de repente por um sentimento opressivo de horror, olham para a mulher pálida de mãos amarradas que não lhes dirige o olhar. Ela sabe: só mais esta provação! Mais cinco minutos para morrer – e depois a imortalidade.

A carreta para diante do patíbulo. Calma, "com um rosto mais pétreo do que quando saíra do cárcere" e rejeitando qualquer auxílio, a rainha sobe os degraus de madeira do cadafalso; seus pés, calçados com sapatilhas pretas de salto alto, sobem os últimos degraus de forma tão leve e ágil quanto outrora galgaram as escadarias de mármore de Versalhes. Ainda um olhar distraído por sobre a repugnante turba em direção ao céu! Na neblina outonal, reconhece ao longe as Tulherias, onde morara e padecera sofrimentos indescritíveis? Recorda-se nesse último minuto, o derradeiro, que a mesma multidão a saudara efusivamente naquele mesmo jardim como esposa do herdeiro do trono? Não se sabe. Ninguém conhece os últimos pensamentos de uma moribunda. Mas tudo logo termina. Os carrascos agarram-na pelos ombros, deitam-na sobre o patíbulo com um rápido golpe, a cabeça sob a lâmina, um puxão na corda, um lampejo da lâmina ao cair, um golpe surdo, e já Samson agarra pelos cabelos uma cabeça ensanguentada para erguê-la, tornando-a visível para toda a praça. Num só impulso, o horror contido da multidão transforma-se num grito frenético. "Viva a República!", berram as gargantas, como se liberassem um espasmo sufocante. Depois, mais depressa ainda, a multidão se dispersa. "*Parbleu*",[125] já passa do meio-dia, hora de almoçar, rápido para casa. Para que ficar por ali? Amanhã, nas próximas semanas e nos próximos meses ainda se poderá ver e rever quase diariamente o mesmo espetáculo na mesma praça.

É meio-dia. A multidão dispersou-se. Num pequeno carrinho de mão, o ajudante do carrasco conduz o cadáver, a cabeça ensanguentada entre os joelhos. Alguns policiais vigiam o cadafalso, mas ninguém se inco-

---

[125] "Puxa vida!"

moda com o sangue que devagar vai pingando para a terra. A praça está novamente vazia.

Apenas a deusa da liberdade, presa em seu mármore branco, manteve-se imóvel e continua a olhar à distância, em direção a um alvo invisível. Nada tinha visto, nada ouvira. Severa, mira por cima da labuta desenfreada e insana dos homens, em direção à eterna distância. Não sabe e não quer saber o que se faz em seu nome.

Lamento fúnebre

Naqueles meses acontece muita coisa em Paris para que se possa pensar numa morte só. Quanto mais rápido passa o tempo, mais diminui a memória das pessoas. Alguns dias, algumas semanas, e todos já esqueceram completamente que a rainha Maria Antonieta fora decapitada e enterrada. Um dia após a execução, ainda uiva Hébert em *Père Duchesne*: "Vi a cabeça do Veto feminino cair dentro de um saco, e eu queria, maldita seja (*foutre*), expressar a alegria dos *sans-culottes* quando a arquitigresa percorreu Paris na carreta de trinta e seis estacas... Sua maldita cabeça foi enfim separada de seu pescoço de meretriz, e o ar vibra – maldita seja – de gritos: Viva a República!" Porém, mal lhe prestam atenção. No ano do Terror, todos temem pela própria cabeça. Enquanto isso, o caixão permanece insepulto no cemitério; por um único cadáver não se cava um túmulo, seria caro demais. Esperam outras remessas da diligente guilhotina; só quando algumas dúzias se acumulam, o caixão de Maria Antonieta é coberto de cal virgem e atirado numa vala comum, com os recém-chegados. Com isso, tudo está acabado. No cárcere, o cãozinho da rainha ainda corre inquieto de um lado para outro, fareja de cela em cela, salta sobre os colchões à procura da dona, depois se acalma, e por compaixão o carcereiro toma-o para si. Além disso, um coveiro procura a prefeitura e apresenta a conta: "Seis libras pelo caixão da viúva Capeto, quinze libras e trinta e cinco centavos pelo túmulo e para os coveiros." Mais tarde, um meirinho recolhe algumas míseras peças de roupa da rainha, prepara uma trouxa e envia-as para um hospital; velhotas pobres passam a usá-las sem saber, sem perguntar a quem pertenceram um dia. Assim, para os contemporâneos, tudo que tinha o nome de Maria Antonieta estava liquidado. Anos

Lamento fúnebre

depois, quando um alemão aparece em Paris e pergunta pelo túmulo de Maria Antonieta, não se encontra mais na cidade uma só pessoa que possa fornecer a indicação do lugar onde estava enterrada a ex-rainha.

A execução de Maria Antonieta também não suscitou grande perturbação além das fronteiras, porque já era esperada. O duque de Coburgo, covarde demais para salvá-la a tempo, anuncia pateticamente uma vingança na ordem do dia do Exército. O conde de Provence, que com a execução dá um grande passo em direção ao futuro título de Luís XVIII – basta apenas manter ainda o pequeno delfim escondido no Templo ou afastá-lo de vez –, manda rezar, com aparente comoção, uma piedosa missa de exéquias. Na corte de Viena, o imperador Francisco, muito indolente para escrever uma carta em prol da salvação da rainha, determina luto pesado. As damas vestem-se de negro. Sua Majestade Imperial deixa de frequentar o teatro por algumas semanas, os jornais, obedecendo às ordens, manifestam grande indignação pelos atos dos cruéis jacobinos em Paris. Dignaram-se porém a aceitar os diamantes que Maria Antonieta confiara a Mercy e mais tarde acolhem a filha dela, em troca dos comissários republicanos presos. Contudo, quando se trata de restituir as somas gastas nas tentativas de salvar e de resgatar as notas promissórias emitidas pela rainha, a corte de Viena de repente faz ouvidos moucos. Aliás, não gostam de se lembrar da execução da rainha; pesa na consciência imperial o fato de ter abandonado uma parenta de sangue à própria sorte de modo tão flagrante e desprezível aos olhos do mundo. Anos mais tarde, Napoleão observa: "Sem dúvida estabeleceu-se na Casa da Áustria um propósito a ser seguido, o de manter absoluto silêncio sobre a rainha da França. Diante do nome 'Maria Antonieta', baixam os olhos e mudam de assunto durante a conversa, como se quisessem esquivar-se de um tema desagradável e inoportuno. É uma regra adotada por toda a família e extensiva até a seus embaixadores no estrangeiro."

Uma só pessoa sente o impacto da notícia em pleno coração: Fersen, o mais fiel dos fiéis. Dia após dia, seu temor esperava o pior: "Há muito procuro preparar-me, acho mesmo que por isso receberei a notícia sem grande abalo." Mas quando chegam os jornais de Bruxelas, sente-se aniquilado. "Aquela que significava a vida para mim", escreve à irmã, "e que não cessei de amar, não, nem por um instante, e a quem teria sacrificado tudo, tudo, ela... Sinto agora quanto era cara para mim. Ela, por quem teria dado mil vidas, não está mais entre nós. Ó, meu Deus, por que me punís, que fiz para merecer Vossa ira? Ela não vive mais, minha dor chegou ao auge e não compreendo por que eu mesmo ainda vivo. Não sei por que suporto minha dor, pois ela é grande demais e nada poderá mitigá-la. Eu a manterei sempre presente em minha lembrança para pranteá-la. Minha cara amiga, ah, por que não morri a lado dela e por ela naquele 20 de junho? Seria mais feliz que hoje, carregando meu sofrimento pela vida afora, cheio de culpas que só morrerão com a vida, pois nunca sua imagem adorada se apagará de minha memória." Fersen sente que só poderá viver para seu luto, para sua saudade: "A única pessoa que me preenchia, que reunia tudo para mim, não existe mais; e só agora percebo quanto estava ligado a ela. Sua imagem não cessa de habitar meus pensamentos, ela me persegue e continuará perseguindo onde quer que eu esteja; só consigo falar dela e recordar os mais lindos momentos de minha vida. Dei ordens para que se adquira em Paris qualquer objeto que tenha lhe pertencido; tudo dela é sagrado, são relíquias que continuarão a ser objeto de minha fiel devoção." Para Fersen, nada pode substituir a perda. Durante meses escreve ainda em seu diário: "Ó, cada dia sinto quanto perdi e quanto ela era perfeita em tudo. Nunca houve uma mulher como ela e nunca haverá." Passam-se anos e anos, e não diminui sua desolação, tudo é motivo para lembrar-se do amor perdido. Quando vai a Viena, em 1796, e lá vê a filha de Maria Antonieta na corte imperial, a comoção é tão grande que seus olhos ficam marejados: "Meus joelhos tremiam enquanto descia as escadas. Sentia muita dor e muita alegria, e fui tomado pela emoção."

Sempre que vê a filha pensa na mãe e emociona-se até as lágrimas, sente-se atraído pelo sangue do sangue de Maria Antonieta. Nem uma só vez permite-se que a menina dirija a palavra a Fersen. Seria uma ordem

Lamento fúnebre

secreta da corte, para que se esquecesse mais depressa da mãe sacrificada, ou seria a rigidez do confessor, que talvez tivesse tomado conhecimento das relações "ilícitas" da mãe da princesa? A corte de Viena vê com desagrado a presença de Fersen e ficou satisfeita ao vê-lo partir. O mais fiel e dedicado amigo jamais ouviu da casa de Habsburgo a palavra "obrigado".

APÓS A MORTE DE MARIA ANTONIETA, Fersen torna-se um homem retraído, severo. O mundo parece-lhe injusto e frio, a vida absurda, sua ambição política e diplomática se apaga para sempre. Nos anos da guerra, percorre a Europa como embaixador, ora está em Viena, em Karlsruhe, em Rastatt, ora na Itália e na Suécia; mantém relações com outras mulheres, porém tudo isso não o ocupa nem o tranquiliza internamente; em seu diário sempre aparece uma prova de como o amante vive em função da lembrança amada. Em 16 de outubro, dia da morte dela, ainda escreve, anos depois: "Este é para mim um dia de veneração. Jamais poderei esquecer o que perdi, meu pesar prosseguirá enquanto eu viver." Contudo, outra data também é assinalada por Fersen como dia funesto em sua vida: 20 de junho. Nunca pôde se perdoar por ter cedido, no dia da fuga para Varennes, à ordem de Luís XVI, deixando Maria Antonieta sozinha, em perigo; nessa data, sente sempre uma culpa pessoal, uma dívida não saldada. Teria sido melhor e mais heroico, lastima-se renovadamente, ter-se deixado estraçalhar pelo povo a continuar a viver assim e a sobreviver a ela, com o coração sem alegrias, a alma pesada de repreensões. "Por que não morri por ela então, em 20 de junho?" – a autocensura volta sempre como queixume em seu diário.

TODAVIA, O DESTINO ama as analogias do acaso e o jogo misterioso dos números; anos depois, o destino realiza o desejo romântico de Fersen. Justamente no dia 20 de junho ele encontra a morte almejada; e encontra exatamente como a desejara. Embora sem aspirar a honrarias, aos poucos, graças a seu nome, foi se tornando um homem poderoso em sua pátria:

marechal do reino e o mais influente conselheiro do rei, um homem poderoso, mas áspero e severo, com espírito dominador, do século passado. Desde aquele dia em Varennes, odeia o povo por ter-lhe roubado sua rainha, vê nele uma gentalha maldosa, uma canalha desprezível, e o povo retribui seu ódio. Seus inimigos espalham em segredo que aquele atrevido senhor feudal, para vingar-se da França, queria tornar-se ele próprio rei da Suécia e arrastar a nação à guerra. Quando, em junho de 1810, morre subitamente o herdeiro do trono da Suécia, não se sabe como, divulga-se em Estocolmo um rumor, uma boataria violenta e perigosa, segundo a qual o marechal Von Fersen o teria envenenado para tirá-lo do caminho e apossar-se da coroa. Desde esse instante a vida de Fersen vê-se tão ameaçada pelo ódio popular quanto a de Maria Antonieta durante a revolução. Por isso, no dia do enterro do rei, amigos bem-intencionados, que tinham ouvido falar de planos mirabolantes, advertem o homem teimoso para que não compareça à cerimônia fúnebre, para que fique em casa por cautela. Mas é dia 20 de junho, o místico dia funesto de Fersen, e uma vontade obscura o impele a realizar o destino predestinado. E ocorre nesse 20 de junho, em Estocolmo, o que teria acontecido dezoito anos antes em Paris se a multidão tivesse encontrado Fersen acompanhado de Maria Antonieta na carruagem; mal seu carro deixa o palácio, um populacho furioso rompe o cortejo das tropas, arranca a socos o homem grisalho da carruagem e golpeia o indefeso com paus e pedras. O sonho do dia 20 de junho realizara-se. Pisoteado pelo mesmo elemento selvagem e indomável que levara Maria Antonieta ao patíbulo, jaz diante do prédio da Prefeitura de Estocolmo, sangrento e despedaçado, o cadáver do "lindo Fersen", o último paladino da rainha morta. A vida não pudera uni-los. Assim, pelo menos morre de uma morte simbólica naquele dia fatal para ambos.

Com Fersen, desaparece a última pessoa que se dedicava com amor à memória de Maria Antonieta. Toda criatura, toda alma só continua viva de fato enquanto é amada por outra pessoa na Terra. O lamento fúnebre de Fersen é a última palavra de fidelidade a Maria Antonieta. Depois tudo

Lamento fúnebre

se cala. Logo morrem os outros amigos fiéis, o Trianon cai em ruínas, os delicados jardins transformam-se num matagal selvagem, os quadros e móveis em cuja harmonia perfeita a rainha refletia a própria graça são leiloados e liquidados, e com isso esvai-se definitivamente o último vestígio visível de sua existência. Mais uma vez o tempo corre dentro do tempo, sangue sobre sangue, a revolução expira e transforma-se no Consulado. Bonaparte surge, logo passa a chamar-se Napoleão, imperador Napoleão, e toma como esposa outra arquiduquesa da casa de Habsburgo, novamente um casamento fatídico. Mas também ela, Maria Luísa, embora unida à outra por laços de sangue – isso é incompreensível para nós –, com seu coração insensível e apático, nem sequer pergunta onde dormira seu sono amargo a mulher que antes dela vivera e sofrera nos mesmos salões do mesmo palácio das Tulherias. Jamais uma figura tão próxima, uma rainha, foi esquecida de maneira tão fria e cruel por seus parentes próximos e seus descendentes. Finalmente sobrevém uma mudança de curso, uma lembrança motivada pela consciência pesada. O conde de Provence, passando por cima do cadáver de três milhões de pessoas, afinal ascende ao trono francês como Luís XVIII; afinal o intrigante atinge o objetivo. Como aqueles que durante tanto tempo lhe tolheram o caminho e a ambição – Luís XVI, Maria Antonieta e o desventurado menino, Luís XVII – foram afastados com sucesso, e como os mortos não podem ressuscitar e reclamar seus direitos, por que não construir para eles, postumamente, um pomposo mausoléu? Agora enfim vem a ordem de mandar procurar a sepultura dela (o próprio irmão nunca perguntou pelo túmulo do irmão). Porém, após vinte e dois anos de infame indiferença, a tarefa não é fácil, pois naquele famigerado jardim de convento junto à Madeleine, cuja terra o Terror nutriu com milhares de cadáveres, o trabalho rápido não dava tempo aos coveiros de assinalar as sepulturas individualmente; eles transportavam e enterravam depressa, uns ao lado dos outros, os corpos que o cutelo todos os dias lhes mandava. *Nulla crux, nulla corona*, nenhuma cruz, nenhuma coroa distingue o local do sepultamento; sabe-se apenas que a Convenção ordenara que os cadáveres dos reis fossem cobertos com cal virgem. Assim, cavam e cavam. Por fim a pá encontra uma camada dura.

E por uma liga de meia semiapodrecida reconhece-se, com arrepios, que o punhado de cinzas esmaecidas retirado da terra úmida é o último vestígio da remota figura que foi, no seu tempo, a deusa da graça e do bom gosto, e depois uma rainha destinada e escolhida para todas as dores.

Epílogo

Costuma-se enumerar as fontes consultadas no fim de uma obra histórica; no caso específico de *Maria Antonieta*, parece-me de certa forma mais importante determinar quais fontes *não* foram utilizadas e por que motivo. Mesmo os documentos em geral mais confiáveis, isto é, os manuscritos das cartas, nesse caso se mostram pouco fidedignos. Como foi mencionado reiteradas vezes neste livro, Maria Antonieta, dado seu caráter impaciente, foi uma missivista negligente; quase nunca sentava-se espontaneamente àquela maravilhosa e delicada escrivaninha que se vê ainda hoje no Trianon; ao contrário, só escrevia quando impelida por real necessidade. Não surpreende que, mesmo dez ou vinte anos após sua morte, quase não se conhecessem cartas escritas por ela, exceto os inúmeros recibos assinados com o inevitável "Payez. Marie Antoinette". As duas correspondências realmente detalhadas, mantidas com a mãe e a corte de Viena, e a outra, íntima, com o conde Von Fersen, permaneceram guardadas e fechadas na época; por meio século também não puderam ser encontrados nos arquivos os originais das poucas cartas publicadas dirigidas à condessa de Polignac. Assim, tanto maior o espanto quando, nos anos 1840, 1850 e 1860, apareceram em quase todos os leilões de documentos originais de Paris cartas manuscritas que, curiosamente, traziam a assinatura da rainha, quando ela na verdade apenas raras vezes assinava seu nome. Depois, quase de modo simultâneo, foram lançadas volumosas publicações: a do conde Hunolstein, a coleção de cartas da rainha (ainda hoje a mais abrangente) organizada pelo barão Feuillet de Conches e a de Klinkowströms, com as cartas de Maria Antonieta a Fersen, em versão censurada por motivos morais. Mas a alegria do historiador rigoroso com o súbito e rico aumento de material não foi plena; apenas poucos meses após o lançamento das edições, é posta em dúvida uma série de cartas publicadas por Hunolstein e Feuillet de Conches; trava-se longa polêmica, e logo não restam mais dúvidas aos pesquisadores íntegros de que algum falsário genial e habilidoso ousadamente misturara coisas autênticas e falsas, e ao mesmo tempo lançara no mercado até papéis fictícios, assinados como se fossem originais.

Os estudiosos, movidos por singular consideração, não mencionaram o nome do magnífico falsário, um dos mais habilidosos de que se tem notícia. Porém, Flammermont e Rocheterie, os mais acatados pesquisadores, deram claramente a entender contra quem recaíam suas suspeitas. Hoje não há mais motivo para silenciar a respeito do nome em questão e para sonegar à história das falsificações um caso de grande interesse do ponto de vista psicológico. O zeloso multiplicador do tesouro epistolar de Maria Antonieta não foi outro senão o editor de suas cartas. O barão Feuillet de Conches, alto diplomata, homem de extraordinária cultura, excelente e divertido escritor, profundo conhecedor da história da cultura na França, examinara durante dez ou vinte anos todas as cartas de Maria Antonieta em todos os arquivos e coleções particulares, e, com reconhecido empenho e grande conhecimento, compilara aquela obra – feito que até hoje merece respeito.

Entretanto, esse homem diligente e de reconhecido valor tinha uma paixão, e paixões costumam ser perigosas: colecionava originais com inusitado empenho, era considerado o papa científico nesse campo; devemos a ele um excelente artigo sobre colecionadores, sob o título "Causeries d'un curieux". Sua coleção, ou, como dizia com orgulho, seu "cabinet", era a maior da França. Mas a que colecionador basta apenas sua coleção? É provável que, como não tivesse meios suficientes para ampliar seus arquivos o quanto desejava, tenha produzido de próprio punho uma série de documentos assinados por La Fontaine, Boileau e Racine – que até hoje aparecem nos leilões – e os haja vendido por intermédio de negociantes parisienses e ingleses. Todavia, as obras-primas propriamente ditas, sem sombra de dúvida, são as cartas falsas de Maria Antonieta. Feuillet de Conches, como nenhum outro, conhecia a matéria, assim como a letra e todo o contexto. Desse modo, após encontrar sete cartas verdadeiras escritas para a condessa de

Epílogo

Polignac, cujos originais fora o primeiro a examinar, não foi difícil para ele compor mais ou menos a mesma quantidade de cartas falsas ou pequenos bilhetes da rainha aos parentes que, como ele sabia, mantinham boas relações com ela. Graças a seu bom conhecimento da letra e do estilo da rainha, estava habilitado como ninguém para esse mister singular. Infelizmente, estava também decidido a produzir falsificações de perturbadora perfeição, tão semelhante era a letra, tão idêntico o estilo, tão apurado o conhecimento histórico de cada detalhe. Assim – admitamos com honestidade –, nem com a máxima boa vontade podemos determinar se algumas cartas são verdadeiras ou falsas, se foram pensadas e escritas por Maria Antonieta ou imaginadas e falsificadas pelo barão Feuillet de Conches. Para citar um exemplo, eu mesmo não saberia dizer com certeza se a carta ao barão Flachslanden, que se encontra na Biblioteca Municipal da Prússia, é autêntica ou falsa. A favor da autenticidade está o fato de que o texto se mostra revelador; a favor da falsificação, verifica-se a letra um tanto redonda e serena, e sobretudo o fato de que o antigo dono a adquirira de Feuillet de Conches. Por todos esses motivos, em prol da maior acuidade histórica, neste livro foi desconsiderado impiedosamente qualquer documento que não apresentasse outro dado quanto à origem a não ser a suspeita informação do *cabinet* do barão Feuillet de Conches; é preferível menos, porém autêntico, a mais e duvidoso; esse foi o princípio psicológico para a utilização das cartas aqui.

Também em relação aos testemunhos orais sobre Maria Antonieta a situação relativa à confiabilidade não é melhor que em referência às cartas. Embora lamentemos que em outras épocas históricas haja muito poucos textos de memórias e relatos testemunhais, no caso da Revolução Francesa devemos lastimar o excesso. Em décadas ciclônicas, em que uma geração é lançada sem parar de uma onda política a outra, resta pouco tempo para reflexão e para uma visão de conjunto; num intervalo de tempo de vinte e cinco anos, uma única geração vivencia praticamente sem pausas o último esplendor, a agonia da Monarquia, os primeiros dias venturosos da revolução, os dias horríveis do Terror, o Diretório, a ascensão de Napoleão, o Consulado, a ditadura, o Império, mil vitórias e a derrota decisiva, novamente um rei e novamente, durante cem dias, Napoleão. Após Waterloo, afinal chega a grande pausa; depois de um quarto de século, amainou-se o incomparável furor da tormenta mundial. Agora as pessoas despertam e esfregam os olhos. Admiram-se primeiro de estarem vivas, depois de tudo que viveram no período – nós mesmos sentiremos isso quando a enxurrada que implacavelmente nos assola desde 1914 tiver baixado de novo –, e assim, abrigados na margem firme e segura, querem refletir calma e objetivamente sobre o que observaram e experimentaram de maneira subjetiva e confusa. Todos desejam então ler a história a partir das lembranças de testemunhas, a fim de ordenar para si mesmos sua vivência desordenada. Desse modo, após 1815, surge uma conjuntura tão ávida de memórias quanto entre nós de histórias de guerra depois da guerra de 1914. Escritores profissionais e editores logo percebem o fenômeno e fabricam em série, depressa, para satisfazer a súbita curiosidade antes que o interesse decline – também isso ocorre entre nós –, memórias, memórias e mais memórias sobre a grande época. O público anseia pelas lembranças e experiências de qualquer um que tenha chegado, ao menos uma única vez, perto de uma das personalidades que se tornaram históricas. Porém, na maior parte dos casos, as pessoas humildes passaram aos tropeços pelos grandes acontecimentos históricos, e por isso se lembram de poucos detalhes; além disso, não são capazes de descrever aquilo de que se recordam de maneira interessante e divertida. Assim, jornalistas argutos começam a preparar uma massa de bolo; acrescentam-lhe as poucas uvas-passas daquelas testemunhas, adoçam-na com bastante açúcar e cobrem-na com tantas elucubrações sentimentais até que disso nasça um livro de sua autoria.

Cada um que, na época, vivenciara pessoalmente uma horinha de história nas Tulherias, nas prisões ou no tribunal da revolução, é celebrado como o autor do momento: a costureira, a camareira, a primeira, a segunda, a terceira governanta; o cabeleireiro, o guardião do cárcere de Maria Antonieta, a primeira, a segunda governanta das crianças, cada um de seus amigos; *last but not least*, até o carrasco, o senhor Samson – todos agora escrevem memórias ou no mínimo emprestam por dinheiro seu nome para um livro qualquer que outra pessoa escreve às pressas.

Obviamente esses relatos contradizem uns aos outros nos mínimos detalhes, e justamente em relação aos acontecimentos decisivos de 5 e 6 de outubro de 1789, sobre o comportamento da rainha durante o assalto às Tulherias ou sobre suas últimas horas, possuímos sete, oito, dez, quinze, vinte versões muito contraditórias das chamadas testemunhas oculares. São apenas unânimes na convicção política, ou seja, em sua incondicional, comovida e inquebrantável fidelidade à Monarquia; e pode-se compreender esse fato se nos lembrarmos de que foram todos, sem exceção, publicados sob o selo dos Bourbon. Os mesmos criados e carcereiros que durante a revolução tinham sido os mais ferrenhos revolucionários não se cansam de reiterar agora, sob o reinado de Luís XVIII, como veneraram e amaram secretamente a bondosa, nobre, pura e virtuosa rainha; se em 1792 apenas uma parcela desses partidários fiéis tivesse sido tão fiel e devotada quanto afirmam em 1820, Maria Antonieta jamais teria posto os pés na Conciergerie e muito menos no cadafalso. Noventa por cento das memórias da época são fruto, portanto, de sensacionalismo grosseiro ou de bizantina subserviência. Quem procura a verdade histórica não pode fazer outra coisa (ao contrário das primeiras descrições) senão, desde logo, deixar de lado como testemunhas pouco confiáveis, camareiras, cabeleireiros, guardas, pajens, em razão de sua memória por demais obsequiosa. Por príncipio, foi o que ocorreu aqui.

Daí se explica por que nesta minha apresentação de Maria Antonieta grande número de documentos, cartas e conversas que em livros anteriores foram utilizados sem restrições parece não ter sido aproveitado. O leitor sentirá falta de uma ou outra anedota que o encantara ou divertira naquelas biografias, a começar da primeira, segundo a qual o pequeno Mozart teria feito um pedido de casamento a Maria Antonieta em Schönbrunn; e assim por diante, até a última, pela qual Maria Antonieta, durante a execução, teria pisado sem querer no pé do carrasco, desculpando-se educadamente com um "Pardon monsieur" (espirituosa demais para ser verdadeira). Além disso, pode-se dar falta de inúmeras cartas, sobretudo aquelas comoventes, dirigidas ao "cher coeur", à princesa de Lamballe, simplesmente por que foram inventadas pelo barão Feuillet de Conches, e não escritas por Maria Antonieta; e também de toda uma série de expressões sentimentais e espirituosas, transmitidas oralmente, apenas por me parecerem espirituosas e sentimentais demais, não combinando com o caráter mediano de Maria Antonieta.

A essa perda no sentido do sentimento, não no sentido da verossimilhança histórica, contrapõe-se o ganho de um material novo e essencial. O exame detalhado dos arquivos de Viena, sobretudo, comprovou que, na correspondência entre Maria Teresa e Maria Antonieta, publicada supostamente na íntegra, foram omitidos trechos muito importantes, até os mais importantes, no intuito de preservar a intimidade das cartas. Aqui essas missivas foram utilizadas sem reservas, porque a relação conjugal de Luís XVI e Maria Antonieta se tornaria incompreensível do ponto de vista psicológico sem o conhecimento do segredo fisiológico ocultado por tanto tempo. Ademais, de extremo significado foi a pesquisa levada a cabo pela excelente estudiosa Alma Söderhjelm no arquivo dos descendentes de Fersen, que tornou possível restaurar inúmeros trechos submetidos a censuras de caráter moral: a *pia fraus*, a lenda piedosa do amor trovadoresco de Fersen pela inatingível Maria Antonieta não se sustenta mais graças a esses documentos que, justamente pelas rasuras, se tornam ainda mais convincentes; alguns outros detalhes obscuros ou obscurecidos puderam se esclarecer. Por sermos mais livres em nossa concepção a respeito dos direitos humanos e morais de uma mulher, mesmo que ela seja, por acaso, também uma rainha, nosso caminho em direção à sinceridade é mais próximo, e menor nosso temor diante da verdade psicológica; não acreditamos mais, como as gerações anteriores, que para conquistar o interesse por uma figura histórica seria necessário *à tout prix* idealizar, adocicar ou heroicizar seu caráter, ocultar traços de caráter essenciais e enfatizar outros de maneira trágica. Não se trata de endeusar, mas de humanizar, eis a lei máxima de toda a psicologia criadora; não desculpar com argumentos artificiosos, mas esclarecer, eis forçosamente sua tarefa. Foi isso que se tentou aqui realizar com um caráter mediano, que deve sua aura atemporal apenas a um destino extraordinário, e sua grandeza interior somente a uma desgraça incomparável, e que, pelo menos o espero, merece sem qualquer exagero, pela sua relatividade humana, conquistar o interesse e a compreensão de nosso tempo.

St. Z. 1932

Cronologia histórica

1755 2 de novembro: nascimento de Maria Antonieta.

1769 7 de junho: pedido formal de casamento por parte de Luís XV.

1770 19 de abril: casamento *per procurationem* em Viena.

16 de maio: casamento em Versalhes.

24 de dezembro: Choiseul cai em desgraça.

1772 11 de janeiro: chegada de Rohan a Viena.

5 de agosto: partilha da Polônia.

1773 18 de junho: desfile da delfina em Paris.

1774 10 de maio: morte de Luís XV.

O colar é oferecido a Maria Antonieta pela primeira vez.

Fersen vai a Versalhes pela primeira vez.

Rohan é transferido de Viena.

Beaumarchais vende seu pasquim a Maria Teresa.

1777 abril-maio: visita de José II a Versalhes.

agosto: primeiro relacionamento íntimo do casal.

1778 19 de dezembro: nascimento de Mme Royale, mais tarde duquesa de Angoulême.

1779 primeiro panfleto contra Maria Antonieta.

1780 1º de agosto: primeira participação no teatro do Trianon.

29 de novembro: morte de Maria Teresa.

1781 22 de outubro: nascimento do primeiro delfim.

1783 3 de setembro: Paz de Versalhes; a Inglaterra reconhece os Estados Unidos da América.

1784 27 de abril: estreia de *As bodas de Fígaro* no Théâtre Français.

11 de agosto: pretenso encontro com Rohan no bosque de Vênus.

1785 29 de janeiro: Rohan compra o colar.

27 de março: nascimento do segundo delfim.

15 de agosto: prisão de Rohan em Versalhes.

19 de agosto: apresentação do *Barbeiro de Sevilha* no Trianon, último espetáculo teatral ali encenado.

1786 31 de maio: anúncio da sentença do caso do colar.

9 de julho: nascimento da princesa Sophie-Beatrix.

1788 início do relacionamento com Fersen.

8 de agosto: convocação da Assembleia de classes em 1º de maio de 1789. Necker novamente ministro.

1789 5 de maio: abertura da Assembleia.

3 de junho: morte do primeiro delfim.

17 de junho: constituição do terceiro estado em Assembleia Nacional.

20 de junho: juramento no salão do Jogo da Pela.

25 de junho: liberdade de imprensa.

11 de julho: Necker é banido.

13 de julho: criação da Guarda Nacional.

14 de julho: tomada da Bastilha.

16 de julho: início da emigração (Artois, Polignac).

fim de agosto: Fersen em Versalhes.

1º de outubro: banquete das Gardes du Corps.

5 de outubro: marcha do povo de Paris a Versalhes.

6 de outubro: viagem da família real a Paris. Fundação do Clube dos Jacobinos em Paris.

1790 20 de fevereiro: morte de José II.

4 de junho: último veraneio em Saint-Cloud.

3 de julho: encontro com Mirabeau.

1791 2 de abril: morte de Mirabeau.

20-25 de junho: fuga para Varennes. Barnave e seus amigos nas Tulherias.

14 de setembro: o rei jura a Constituição.

1º de outubro: Assembleia Legislativa.

1792 13-14 de fevereiro: Fersen pela última vez nas Tulherias.

20 de fevereiro: Maria Antonieta pela última vez no teatro.

1º de março: morte de Leopoldo II.

24 de março: Ministério de Roland.

Cronologia histórica

29 de março: morte de Gustavo da Suécia.

20 de abril: a França declara guerra à Áustria.

13 de junho: destituição de Roland do Ministério.

19 de junho: veto do rei.

20 de junho: primeiro assalto às Tulherias.

10 de agosto: ataque às Tulherias. Danton é ministro da Justiça.

13 de agosto: suspensão do poder real. Remoção da família real para o Templo.

22 de agosto: primeira revolta na Vendeia.

2 de setembro: queda de Verdun.

2-5 de setembro: assassinatos de setembro.

3 de setembro: assassinato da princesa de Lamballe.

20 de setembro: canhonada de Valmy.

21 de setembro: Convenção. Abolição da Monarquia, proclamação da República.

6 de novembro: batalha de Jemappes.

11 de dezembro: início do processo contra Luís XVI.

1793 4 de janeiro: segunda partilha da Polônia.

21 de janeiro: execução de Luís XVI.

10 de março: instauração do tribunal da revolução.

31 de março: evacuação da Bélgica pelos franceses.

4 de abril: Dumouricz passa para o lado inimigo.

29 de maio: revolta de Lyon.

3 de julho: o delfim é separado de Maria Antonieta.

1º de agosto: transferência para a Conciergerie.

3 de outubro: acusação contra os girondinos.

9 de outubro: queda de Lyon.

12 de outubro: primeiro interrogatório de Maria Antonieta.

14 de outubro: início do processo contra Maria Antonieta.

16 de outubro: execução da rainha.

1795 8 de junho: suposta morte do delfim (Luís XVII).

1814 Luís XVIII (antigo conde de Provence), rei da França.

Posfácio
O making-of de M.A.

ALBERTO DINES

27 de outubro, 1931 – Continuo a trabalhar na M.A.: isto vai tornar-se terrivelmente volumoso.

30 de outubro – Volto ao trabalho. Não posso me abater, os materiais são de uma enorme riqueza, precisam antes ser selecionados e classificados.

2 de novembro – Prossigo na M.A. Ultrapassei o caso Mirabeau, progresso considerável, passagens tediosas serão resumidas, a partir da captura [da família real] ficará mais fácil. O que me falta é uma concentração rigorosa: não avançar antes que os elementos básicos sejam reunidos. Depois, desenvolver dois capítulos como experiência...

3 de novembro – Continuo M.A. Cheguei a um ponto delicado. O mais difícil parece feito; agora trata-se de separar o personagem do contexto histórico...

4 de novembro – Continuo M.A. até a fuga para Varennes...

6 de novembro – Não será mais do que um retrato, um retrato vivo.

10 de novembro – Termino a fuga amanhã, ocupará sozinha quarenta páginas impressas. Calculo que o livro inteiro comportará 500, me pergunto se conseguirei terminá-lo na primavera. Isso será possível se mantiver ou acelerar o ritmo. Ter cuidado para não prejudicar a qualidade. Comecei no início de setembro, ditei três meses, [agora] um mês para a revisão geral e três outros para a redação, o que me permitirá, *se tudo correr bem* [ênfase no original] terminar no fim de março. O prazer acaba aqui, depois as correções. Indispensável descartar o resto.

11 de novembro – M.A. se avoluma. Preciso suprimir o aspecto histórico para não perder de vista a personagem. Só consegui terminar alguns capítulos isolados. Trabalhar oito horas por dia. Eliminar muito. Concentrar-me mais.

22, 23, 25, 26 de novembro – M.A. avança... Continuo M.A... Continuo M.A.

Posfácio

M.A., ou *Maria Antonieta: retrato de uma mulher comum*, foi lançado no outono setentrional de 1932. Cronograma cumprido quase à risca. E com enorme sucesso: apesar do número de páginas (639 na versão original), apesar da crise econômica e da agitação política que antecedeu a ascensão de Adolf Hitler, venderam-se 40 mil exemplares em apenas dois meses.

De todas as obras de Stefan Zweig, a construção desta biografia é, aparentemente, a que melhor pode ser acompanhada, graças à publicação dos seus diários. Intermitentes, com enormes intervalos, mas o que registrou nestes cadernos é palpitante – caso destes 46 dias (21 de outubro a 6 de dezembro de 1931) em que a personagem tomava forma, o trabalho ganhava o ritmo alucinante habitual e o próprio Zweig ousava aparecer, ao invés de eclipsar-se como aconteceu em suas memórias.[1]

O cronograma revela que o texto começou a ser elaborado em setembro daquele ano e, embora a ficha bibliográfica da obra consigne apenas o ano de publicação, cartas trocadas com diversos amigos confirmam que o livro estava impresso no outono seguinte (1932).

O clima de maratona que envolveu a elaboração de grande parte de suas obras não transparece em sua autobiografia, mas foi flagrado na de sua primeira mulher, Friderike Zweig. O ritmo febril, às vezes desvairado, escapa pelas frestas de alguns cadernos dos diários. O "Carnê M.A." não esclarece as razões de tamanha premência, mas oferece indícios sobre algumas angústias que o dominam. Uma delas, a premonição de um levante fascista na Áustria, entrevisto mesmo na sossegada Salzburgo, a 300 quilômetros da inquieta Viena.

Uma das circunstâncias que o levaram a retomar os diários foi a morte do idolatrado Arthur Schnitzler, uma das glórias da literatura austríaca, que lhe fora comunicada por telefone na tarde anterior. Dois anos antes dedicara a ele a sua primeira biografia política, *Joseph Fouché*, agora se entrega à indignação diante do silêncio do governo e da ausência de ma-

---

[1] Os diários de Stefan Zweig foram publicados cerca de quarenta anos depois de sua morte, em 1984, e compreendem um período de 28 anos (1912-1940), divididos em doze cadernos, cinco deles dedicados à Primeira Guerra Mundial.

nifestações dos meios acadêmicos e literários. A omissão leva-o a concluir que aquele já não era o seu país: "Desconsolado com a política austríaca. É preciso anular a ideia de nacionalidade... Mas para onde ir...?"

A sigla M.A. aparece logo em seguida, evocada pela princesa austríaca convertida em rainha francesa e pela situação na França de 1780 – um castelo de cartas que a política e a diplomacia não conseguiam equilibrar.

Simetria forçosa: de dia trabalha freneticamente sobre acontecimentos que marcaram o final do século XVIII e à noite, no passeio para relaxar (ou na caminhada para a habitual partida de xadrez com os amigos), cruza com as patrulhas da Heimwehr – milícia da extrema direita austríaca –, encarregadas de sufocar qualquer ação bolchevique.

França e Áustria se entrelaçam não apenas no enredo desta tragédia, mas também através da documentação sobre a qual trabalhou. O amigo Erwin Rieger (autor de uma biografia elogiosa que Zweig detestou, publicada pouco antes) foi fuçar papeis inéditos nos arquivos franceses e vienenses.[2] Ele mesmo meteu a mão em pilhas de documentos empoeirados em busca das cartas que a imperatriz Maria Teresa havia trocado com sua filha em Versailles, jamais publicadas. Em Paris vasculhou a Biblioteca Nacional ao longo de seis semanas atrás de informações que completassem a correspondência entre o conde Florimond Mercy d'Argenteau, diplomata austríaco, conselheiro da imperatriz Maria Teresa, espécie de tutor de M.A. De Estocolmo recebeu papeis inéditos e livros raros que usou para reconstituir a figura do bravo conde Axel Fersen, o grande amor de M.A. "Conferi cada conta para verificar os gastos pessoais, estudei todos os jornais e panfletos do seu tempo, varei todos os documentos do processo..." conta em suas memórias.[3]

Sua familiaridade com a história europeia (doutorou-se na Universidade de Berlim) permitiu-o organizar e contextualizar o impressionante acervo de informações e até mesmo desmascarar peças falsificadas.

---

[2] Rieger o proibiu de mencionar a sua participação nas pesquisas. Zweig obedeceu e sequer cita-o nas memórias. Fritz Adolf Hünich, que ajudou Rieger a organizar a bibliografia completa da obra de Zweig, também auxiliou nas pesquisas em Viena.

[3] Stefan Zweig, *O mundo que eu vi*. Rio de Janeiro, Record, 1999, p.385.

Posfácio
493

A tensão política na Áustria e na Alemanha marca-o intensamente e isso tem a ver com a visita que fizera pouco antes (1928) à antiga União Soviética. Entusiasmou-se com os avanços artísticos e culturais de um regime iniciado apenas uma década antes, louvou o heroísmo do povo que enfrentava dificuldades e saudou a abnegação dos intelectuais que resistiam à tentação de ganhar fortunas no exterior (caso do cineasta Sergei Eisenstein, com quem se encontrou em Moscou e depois se correspondeu).

Em 1930, logo após o seu regresso, o suicídio do poeta Vladimir Maiakóvski associado às primeiras notícias sobre a repressão stalinista reverteram a empatia idealista, transformando-a numa intensa aversão à violência política e às confrontações iminentes.

Nas afobadas anotações, o diarista não se preocupou em explicar o biógrafo Zweig. Como *Dichter*, poeta, estava desobrigado de desenvolver análises e teorias literárias. A sequência de biografias organizadas em torno do mote "Os construtores do mundo" inaugurada em 1921 com a figura amada de Romain Rolland interrompe-se bruscamente em 1929 com *Joseph Fouché*, retrato do político pragmático, sem caráter e sem escrúpulos que sobrevive aos regimes e às lealdades.

No tríptico *A cura pelo espírito*, de 1931, esbarrou na figura do médico austro-alemão Franz Anton Mesmer, contemporâneo dos decapitados Luís XVI e Maria Antonieta. Encontrou, sobretudo, um novo ídolo, o médico-filósofo-crítico social Sigmund Freud, que forneceu as ferramentas para tirar dos arquivos a garota sapeca, princesa estouvada, rainha doidivanas identificada pela sigla M.A., a tola-trágica em cima da qual construiu a sua mais elaborada biografia.[4]

Menos assídua, porém presente nos diários, está uma mulher anônima, alheia à trama rococó: a moça dos correios, figura central da novela que

---

[4] A terceira figura do tríptico é a americana Mary Baker Eddy, criadora da Igreja de Cristo Cientista (Christian Science). Mesmer, introdutor dos estudos sobre magnetismo e da hipnose, foi um dos cientistas encarregados de examinar a eficácia do invento do dr. Guillotin, a guilhotina.

Zweig escreveu concomitantemente sobre a Áustria pós-Grande Guerra.[5] Gostava de se dividir em projetos simultâneos, admitiu-o numa entrevista à época da edição francesa:

> Quando escrevo história, continuo a escrever romances e novelas, a história desperta meu interesse por fatos... Antes de 1914 eu fazia parte do grupo de escritores que desprezava as notícias políticas e econômicas. De repente, fomos brutalmente despertados para tudo o que se passava à nossa volta .... Nos últimos vinte anos vivemos uma coleção inimaginável de situações extremas que antes se distribuíam ao longo de séculos .... As analogias jamais são perfeitas, a história não se repete, mas ela fornece eventos e personagens que nos convertem em melhores narradores e biógrafos .... O sentido da história e de seus relatos nunca surgiu tão claramente como agora, nestes anos de crises...[6]

O trabalho simultâneo em obras tão díspares funcionava como um excitante intelectual. Os demais estímulos vinham das grandes doses diárias de café e da nicotina dos charutos que não parava de fumar.

Zweig não se omite e logo no início do carnê admite que precisa tornar-se mais corajoso: "Quero que este diário me sirva de estímulo." Não explica a finalidade do estímulo. Mas, assim como o primeiro caderno dos diários pareceu atender ao impulso de contar o início do envolvimento amoroso

---

[5] Zweig não aguentou a dupla tensão e abandonou a novela logo em seguida. Trata-se de um relato curto, publicado postumamente, inacabado, *Rausch der Verwandlung*, no Brasil *Êxtase da transformação*, posteriormente rebatizado como *Posfräuleingeschichte* (em inglês *The Post-Office Girl*, "A moça dos correios"). O enredo foi convertido num roteiro cinematográfico escrito a quatro mãos com o amigo Berthold Viertel em 1940 e transformado no filme *Das gestohlene Jahr*, "O ano roubado", rodado em 1950.

[6] Entrevista publicada no semanário francês *Candide*, de tendência conservadora, em 4 de janeiro de 1932, pouco antes do lançamento da edição francesa. As mesmas ideias e formulações foram repetidas quase textualmente alguns anos depois quando Zweig chegou ao Brasil pela primeira vez, numa entrevista coletiva reproduzida na íntegra pelo *Jornal do Commercio* (Rio de Janeiro, 26 de agosto de 1936). Quando embarcou para o Brasil estava envolvido há tempos com o romance *Coração inquieto* e, não obstante, começou a preparar-se para escrever a biografia de Fernão de Magalhães. Na temporada final, em Petrópolis, envolveu-se simultaneamente com a finalização das memórias, a novela *Uma partida de xadrez*, a revisão do romance inacabado *Clarissa* e a biografia *Montaigne*.

Posfácio

495

com Friderike, este (o sétimo, treze anos depois), oferece fortes indícios de que foi iniciado com a finalidade de apressar uma ruptura. "Nossa vida conjugal se encaminha para uma catástrofe. Preferível ao marasmo."[7]

Outra associação com a Áustria não está mencionada no diário, mas aparece no relato biográfico de Friderike: no início de 1931, com Zweig já em condições de mergulhar na escrita da biografia, o casal passou dois meses em Cap D'Antibes, na Costa Azul, e levou como hóspede-acompanhante o jovem escritor-jornalista Joseph Roth, que começava a chamar a atenção da crítica. Trabalharam intensamente algumas semanas, lado a lado: Zweig às voltas com a Revolução Francesa e Roth – aparentemente sóbrio – mergulhado no romance que o tornaria conhecido, *A marcha de Radetzky*, épico sobre a dinastia imperial austro-húngara. Na realidade, o mesmo tema flagrado em dois momentos diferentes: o primeiro capítulo de M.A. é quase todo dedicado à dinastia dos Habsburgo, extraordinária história de sobrevivência em que os casamentos desempenham papel mais importante do que guerras de conquista.

Apesar do estresse produzido por M.A., Zweig encontra tempo e ânimo para atender a uma convocação de Richard Strauss, vinda de seu refúgio na Bavária, do outro lado da fronteira. O compositor o quer como parceiro para uma ópera-bufa e Zweig sabe que esta parceria, se bem-sucedida, poderá convertê-lo em sucessor do poeta e dramaturgo Hugo von Hofmannsthal, o mais constante libretista do maior nome da música alemã contemporânea.[8]

No meio deste turbilhão, o "dia negro", 28 de novembro de 1931, aniversário de 50 anos. A disposição melancólica não resiste à ideia de um

---

[7] Anotação de 9 de novembro de 1931. O problema parecia ser mais familiar do que conjugal, centrado nas duas filhas do primeiro matrimônio de Friderike (Alix e Susane) que sempre moraram com eles. Àquela altura com 24 e 21 anos, não conseguiam decidir o que fazer profissionalmente, para desespero do padrasto hiperativo. O primeiro caderno dos diários vai de 11 de setembro de 1912 a 28 de março de 1913, Ano I da relação com Friderike Maria von Winternitz.

[8] Esta ópera-bufa virá a ser *Die schweigsame Frau*, "A mulher silenciosa". Começou a ser trabalhada no fim de 1932 quando Strauss ainda não fora escolhido para ser o comissário de Hitler para a música, e estreou em Dresden em 1935 – pivô da demissão de Strauss, porque uma das cartas dirigidas a Zweig foi apreendida pela Gestapo.

almoço num pequeno e requintado restaurante judaico de Munique, o Schwarz's, ao lado de Fritzi (apelido da mulher) e do amigo Carl Zuckmayer, regado a champanhe (oferta da casa).

Sigmund Freud não aparece nos bastidores desta prolongada sessão de psico-história que foi a redação de M.A., mas destaca-se no momento dos aplausos. A carta que escreveu a Zweig equivale a um diploma de doutoramento:

> Nenhum [de seus livros] me pareceu tão convincente, tão tocante no plano humano, tão em conformidade com [a] verdade histórica ... do que o mais recente, sobre a desafortunada Maria Antonieta, nascida pequena, como o senhor diz, mas a qual os golpes do martelo do destino engrandeceram. ... o senhor desenvolve um trabalho de psicanalista ... . As coisas certamente se passaram conforme o senhor descreve. A vida humana tornou-se ... mais compreensível desde que podemos estudar tais aspectos do homem. ... Seu olhar penetrante capturou até os laços, inusitados para o historiador, que unem o aparentemente mínimo ao inegavelmente gritante ... .[9]

Exultante, o autor responde no dia seguinte: "Tudo o que escrevo é marcado por sua influência, e talvez o senhor sinta que a coragem de dizer a verdade, que é provavelmente o essencial de meus livros, vem do senhor: o senhor foi o modelo para toda uma geração." E revela o eventual inspirador da biografia, o médico francês Augustin Cabanés, autor de uma extensa bibliografia sobre personagens ilustres, entre os quais a popular coletânea *Indiscretions de l'histoire*. "Esse homem colecionou com admirável dedicação todos os *sexualia* da História e examinou-os de um ponto de vista médico – infelizmente sem ter qualquer noção de psicanálise, de modo que estes tesouros permanecem inexplorados. ... Ele tem instinto, é aplicado, percebe o que é interessante, mas não sabe interpretar os fenômenos – justamente porque lhe falta o conhecimento do seu método –, apenas enumerá-los."[10]

---

[9] Ver essa correspondência entre Freud e Zweig em www.zahar.com.br.

[10] Carta de Freud em 20 de outubro de 1932, resposta de Zweig no dia seguinte, 21. Augustin Cabanés (1865-1928), médico e historiador, divulgador de sucesso, autor de co-

Posfácio

O pródigo elogio do mestre o alvoroça de tal maneira que assume uma modéstia indevida, revelando uma fonte que não o engrandece. O dr. Cabanés desapareceu do mapa biográfico e científico, enquanto Zweig acrescenta à sua galeria de figuras femininas uma princesa insignificante que sem a irrupção da Revolução teria continuado a viver na maior tranquilidade em seu louco universo de prazeres, como registra no prólogo.

Friderike acompanhou de perto a elaboração de todas as obras do marido a partir de *Jeremias* (até *Castélio contra Calvino: uma consciência contra a violência*), porém nunca o viu tão imerso em documentos e tão tocado por uma personagem. Escritora e biógrafa, atribui ao marido algo que está em suas memórias: "O sentimento sabe mais do ser humano do que os documentos." Em *Maria Antonieta*, o biógrafo não deu a menor chance ao ficcionista, mas recebeu de braços abertos o psicanalista.

O excesso de "psicologismo" desagradou a alguns amigos como Hermann Kesten, que mais tarde definiu o livro como "ilustração para alguma conferência sobre psicanálise". Benno Geiger, amigo de juventude, ficou chocado com a descrição das cenas de alcova. Não foi o único. Zweig serve-se do erotismo para tornar ainda mais trágica a história daquela jovem mulher superficial, absolutamente comum, que os acontecimentos transformaram numa figura corajosa e estoica.

Angustiado com os confrontos ideológicos durante a elaboração da obra, atormentado pela ausência de soluções políticas à vista e perguntando-se seguidamente *"Wohin?"* – para onde ir? –, sequioso de quimeras (naquele momento já se interessara por conhecer de perto as promessas da América do Sul), Zweig tentou despolitizar aquele que foi um dos mais importantes episódios políticos dos últimos 150 anos, evitando que se desenrolasse apenas na esfera social e revolucionária.

Ao explicar ao amigo Erich Ebermayer por que deixou de lado uma novela ambientada na modernidade e mergulhou numa investigação histórica, coloca-se no centro das contradições do momento: "Hoje não po-

---

letâneas sobre personalidades históricas (*Les morts mysterieux*). A edição de *Indiscretions de l'histoire* utilizada por Zweig, certamente a original, tinha vinte volumes. As edições brasileiras têm seis volumes.

demos nos permitir publicar algo que seja depressivo e [por outro lado] não devemos publicar algo que transmita interiormente esperança ou qualquer coisa de reconfortante..."[11]

A história da moça dos correios, composta paralelamente, é o retrato da devastação pós-Grande Guerra ainda não reparada, enquanto a tragédia de M.A. conteria uma mensagem de superação, reparadora. Como sempre optou pelo complicado caminho do meio e desapontou os políticos, sobretudo os jovens radicais de esquerda. No Brasil, também houve exemplos dessa indignada reação. Num deles, o brasileiro Carlos Lacerda, comunista, ferrenhamente antiburguês, preparando-se para uma carreira literária não é caso único: "É um bom livro, mas já era um livro aberto ... não há ali criação ... há compilação e arrumação ... se isso é um mérito, esse é o mérito ... ofuscado pela riqueza dos outros [Zweig] penetra de rastros na intimidade dos vultos que estuda ... deslumbramento torpe ... maravilhado pela honra de gozar da intimidade respeitosa dos grandes do mundo ... ."[12]

No entanto, *Maria Antonieta* é um livro político. Friderike viu nele o mesmo impulso justiceiro que empurrou Voltaire a escrever o *Tratado sobre a tolerância*, defesa póstuma do homem de negócios protestante Jean Calas, condenado à fogueira por suspeita de ter assassinado o próprio filho prestes a se converter ao catolicismo.[13]

Os revolucionários queriam aniquilar a monarquia, para isso era preciso liquidar Maria Antonieta – mulher, linda e, ainda por cima, estrangeira. Caluniada, difamada e injuriada por pasquins, volantes e brochuras numa das primeiras campanhas de mobilização midiática de que se tem notícia, M.A. acabou incorporando todos os vícios, depravações e pecados da corte e do regime. Acusada de lésbica, ninfomaníaca, masturbadora do próprio filho, até mesmo a perversa recomendação aos que não tinham

---

[11] Para Erich Ebermayer (1900-1970), jurista e dramaturgo.

[12] Anotação do início de 1936, quando Lacerda, jovem militante escondendo-se da repressão de Getúlio Vargas na casa de uma tia no Rio de Janeiro, leu o livro de Zweig (cf. Cláudio Lacerda, "Lacerda, uma vida de lutas", *Fatos e Fotos*, 14 de novembro de 1983).

[13] Friderike Zweig, *Stefan Zweig*, Buenos Aires, Editorial Claridad, 1946, p.204-10. A edição original, em alemão, foi publicada no ano seguinte, 1947.

Posfácio

499

pão para comerem brioches foi uma falácia – na realidade, contada um século antes a propósito de uma princesa espanhola.[14]

Decapitada, foi convertida em santa quando em 1815 a monarquia foi restaurada. Zweig pretendeu resgatá-la da dupla falsidade com que as ideologias a reviveram – M.A. não foi a devassa como queriam os jacobinos e os panfletários nem a santa como a apresentaram os clericais e monarquistas que a ressuscitaram. Foi uma mulher comum que diante da execução inevitável escolheu a dignidade.

Terminado o frenesi, com o livro já nas livrarias, numa bem-humorada catarse Zweig confessou ao mestre Romain Rolland: "Marie Antoinette me exauriu como se eu fosse um de seus amantes."[15]

Naquele exato instante a editora Insel já vendera os direitos para quatorze traduções. Uma delas, a norte-americana, recebeu o invejável galardão de "Livro do Mês", o que levaria a poderosa Metro-Goldwyn-Mayer a convertê-la numa superprodução histórica, um de seus primeiros sucessos no gênero.[16]

Sete décadas depois dele, a diretora de cinema Sofia Coppola levou novamente à tela a história de Maria Antonieta, desta vez em cores exuberantes e espetacular trilha sonora contemporânea. Em entrevistas declarou que não leu a biografia de Zweig por considerá-la rigorosa demais. Preferiu a de Antonia Fraser, mais "simpática". Nesta o nome de Zweig é mencionado apenas na bibliografia.

O reconhecimento pleno chegou 56 anos depois do livro publicado, pelas mãos de dois consagrados especialistas franceses: "No meio da biblioteca de tagarelices sobre Marie-Antoinette, foram raros os esforços bem-sucedidos para tentar, como Stefan Zweig conseguiu num livro memorável, compreender esta vida no seu contexto."[17]

---

[14] Robert Darnton, *O Diabo na água benta, ou A arte da calúnia e difamação de Luís XIV a Napoleão*, São Paulo, Companhia das Letras, 2012.

[15] Carta de 20 de outubro de 1932 (coincidentemente, mesmo dia em que Freud escreveu a Zweig).

[16] Ver sobre isso o artigo de Zweig "A história e a tela", na próxima página.

[17] François Furet e Mona Ozouf, *Dictionnaire critique de la Revolution Française*, Paris, Flammarion, 1988, p.286.

Anexo
A história e a tela[1]
Autor austríaco debate a filmagem
de eventos de tempos passados

A missão do filme histórico é retratar o passado distante e irrevogável, e revelar ao mesmo tempo a imortalidade essencial de qualquer tempo passado, deixando claro que as pessoas sentiam e sofriam exatamente como fazemos hoje, mas com roupas diferentes e sob um céu diferente.

Assim, o filme perfeito desse gênero é uma combinação de eventos históricos e emoções sugeridas, e deveria dar a conhecer ao público não só fatos que ocorreram outrora, mas valores emocionais que prevalecem em qualquer ano e em qualquer clima. Só podemos compreender o presente através do passado; só podemos nos mostrar à altura de nossas mais elevadas potencialidades pelo conhecimento da intensa dor humana pretérita. O efeito máximo, portanto, tem caráter moral: nossas realizações emocionais são enriquecidas, nosso sentimento de indignação e protesto se fortalece, e a atitude diante das condições atuais torna-se muito mais profunda e vigorosa.

Para alcançar esse resultado é necessário, claro, que o filme se mantenha numa atmosfera de verdade (e não de simples exatidão), que não sentimentalize, não caricature nem atenue certos aspectos das figuras históricas. Pois até o maior dos homens é composto de muitas qualidades diversas.

Minha tentativa em *Maria Antonieta* foi dar igual medida a todas as facetas de sua personalidade, nunca ultrapassar nem ficar aquém das proporções reais. Os aspectos trágicos de sua existência, o resultado direto do fato de ela absolutamente não possuir qualquer concepção básica da

---

[1] Artigo de Stefan Zweig publicado no *New York Times* em 8 de abril de 1934.

Anexo

grandeza de sua tarefa. Ela teve de ser educada até a grandeza. Ao contrário de Beethoven, Napoleão ou Washington, Maria Antonieta não foi convocada a realizar sua função por um chamado interior. Sua posição extraordinariamente importante lhe foi concedida por nascimento, por poderes alheios a ela; nenhuma compulsão pessoal a impeliu para o trono francês. E sua tarefa não era algo pronto, à sua espera. Maria Antonieta teve de tomar consciência dela, aprendê-la, quase criá-la. É aí que vejo as possibilidades para um interessante filme sobre sua vida. Não temos nela uma personagem que encontra seu destino já automaticamente preparado, mas uma personagem que produziu seu destino ao longo de uma série de eventos sociais. [A Metro-Goldwin-Mayer está se preparando para fazer um filme baseado na biografia do sr. Zweig. – Ed.][2]

Um filme pode retratar esses contrastes sociais de maneira muito mais vívida do que fui capaz de fazê-lo no livro. Ele pode mostrar o conflito e a luta que produziu a tempestuosa explosão chamada Revolução Francesa; pode contrastar a miséria e a penúria das massas, a brutalidade e indiferença da corte, um contraste tão colossal que hoje dificilmente conseguimos compreender. O amplo desvio pela economia e a sociologia que o livro foi obrigado a fazer pode ser projetado no filme com maior ênfase e concisão, e a questão será mais bem elucidada para as massas do que o poderia fazer qualquer escritor ou historiador.

Há em Maria Antonieta uma extraordinária união de experiências pessoais e eventos mundiais, como talvez não exista igual na história; o tema é em si mesmo tão carregado de dramaticidade que se torna desnecessário inventar artifícios para o filme ou injetar episódios sentimentais e divertidos, ação considerada imperativa em muitos filmes históricos. Aqui a tragédia de um casamento infeliz está aliada à tragédia da realeza; a partir disso, a história levou a cabo um drama tão natural e inevitável que jamais poderia excedê-lo a imaginação de qualquer poeta. O círculo traçado é amplo porque todos os elementos da vida estão nele incluídos: sofrimento e amor, alegria e dor, luxo e penúria, humilhação exterior e

---

[2] O filme *Marie Antoinette*, dirigido por W.S. Van Dyke e lançado em 1938.

arrebatamento interior, frivolidade abandonada e sofrimento vivido, inocência e culpa. Mais que nunca antes, apreciamos como a história, em seus momentos mais elevados, supera todos os historiadores. Quanto mais devotadamente atores e diretor aceitarem esta verdade, maior será seu sucesso na realização de uma obra de arte que a história, o maior dos artistas, delineou para eles em grande escala. Quando tiverem projetado isso no escasso intervalo de duas horas, terão conseguido mais que todos os historiadores, e o filme influenciará nossa vida e nosso tempo mais profundamente que qualquer outra forma de expressão artística.

Assim essa figura pode se tornar de novo a rainha do coração de milhões de pessoas, como foi em seu próprio império, 150 anos atrás.

1ª EDIÇÃO [2013] 5 reimpressões

ESTA OBRA FOI COMPOSTA POR LETRA E IMAGEM EM DANTE PRO E
IMPRESSA EM OFSETE PELA GRÁFICA SANTA MARTA SOBRE PAPEL PÓLEN SOFT
DA SUZANO S.A. PARA A EDITORA SCHWARCZ EM SETEMBRO DE 2023

A marca FSC® é a garantia de que a madeira utilizada na fabricação do papel deste livro provém de florestas que foram gerenciadas de maneira ambientalmente correta, socialmente justa e economicamente viável, além de outras fontes de origem controlada.